AF809919

Die
abstrakte Forderung
nach deutschem Reichsrecht.

Von

Dr. jur. **Lorenz Brütt,**
Gerichtsassessor in Berlin.

Berlin 1908.
J. Guttentag, Verlagsbuchhandlung,
G. m. b. H.

Inhaltsverzeichnis.

§ 1.

Der Begriff des Rechtsgrundes.

Nicht selten ereignet es sich, daß die Rechtsordnung ein Lebensgut dem A zuspricht, aber ihn zugleich verpflichtet, den Gegenstand dem B herauszugeben oder ihm den Wert zu ersetzen. Hierin scheint ein innerer Widerspruch zu liegen. Warum gibt die Rechtsordnung mit der einen Hand, was sie mit der andern wieder nimmt? Wenn sie es für angemessen hält, daß das Rechtsgut X dem A zuteil werde, warum verpflichtet sie ihn dann, den Gegenstand oder seinen Wert an B herauszugeben? Wenn sie es aber für recht und billig hält, daß dem B das Rechtsgut X zufalle, warum verfällt sie auf den Umweg, den fraglichen Gegenstand zunächst dem A zuzusprechen und den B auf einen rein relativen Rechtsausgleich zu verweisen? Dieser Widerspruch bliebe unerklärlich, wenn es wirklich die Aufgabe des Rechts wäre, die Billigkeit restlos bis in ihre letzten Konsequenzen durchzuführen. Aber dieser Gesichtspunkt darf nicht ausschließlich maßgebend bleiben, vielmehr muß auch die Praktikabilität des Rechts gebührend berücksichtigt werden, oft darf ein Opfer an sachlicher Richtigkeit nicht gescheut werden, wenn hierdurch ein glatteres Funktionieren der Rechtsmaschinerie erzielt wird.

Ein besonders interessantes Beispiel einer solchen Abweichung von der prinzipiellen Durchführung der reinen Billigkeit liefert das von Jhering entdeckte Gesetz der analytischen Vereinfachung des Tatbestandes[1]). Zuweilen wird

[1]) Über die analytische Vereinfachung des Tatbestandes habe ich in meiner „Kunst der Rechtsanwendung“ S. 184 ff. nähere Ausführungen gemacht, auf welche ich zur Vermeidung von Wiederholungen verweise.

im Interesse der Praktikabilität der Rechtsordnung der Tatbestand dahin vereinfacht, daß gewisse Umstände, deren Berücksichtigung die Billigkeit erfordert, aus dem juristischen Tatbestand ausgeschieden werden, so daß ihr Fehlen den Eintritt der Rechtsfolge nicht ausschließt, sondern nur einen Anspruch und eine Einrede aus ungerechtfertigter Bereicherung gewährt. In diesem Falle pflegt man zu sagen, daß die durch den Rechtserfolg hervorgerufene Vermögensverschiebung zwar formell rechtsbeständig, aber inhaltlich ungerechtfertigt sei, oder daß sie mit andern Worten des rechtlichen Grundes ermangele.

Dieser technische Kunstgriff der analytischen Vereinfachung des Tatbestandes wird aus zwei verschiedenen Gründen vorgenommen. Einmal soll hierdurch die Klägerposition gestärkt werden, denn wird der Tatbestand in der Art analytisch vereinfacht, daß eine Reihe an sich beachtlicher Momente ausgeschlossen ist, so wird die Substanzierungs- und Beweispflicht des Klägers erheblich vereinfacht, da dem Beklagten die Möglichkeit genommen ist, seinen Gegner durch Bestreiten zu Beweisen zu zwingen, die unter Umständen schwierig oder vielleicht geradezu unmöglich sind. Ein ähnliches Resultat ließe sich freilich mit Hilfe von Rechtsvermutungen, von Substanzierungs- und Beweisverträgen erreichen, aber nicht selten haben die Rechtsordnungen den anderen ihnen gegebenen Weg betreten, indem sie den an sich beachtlichen Tatbestand analytisch vereinfachten. Dies gilt, wie später auszuführen sein wird, insbesondere von der durch das B.G.B. vorgenommenen Regelung der einfachen abstrakten Obligation, da hier die Trennung des formellen vom materiellen Tatbestand ausschließlich im Interesse der Klägerposition eintritt.

Viel wichtiger ist aber der andere Zweck, der durch die analytische Vereinfachung des Tatbestandes erreicht wird, nämlich die Sicherung der absoluten Rechtslage. Würde der Übergang eines Rechts von einer Hand in die andere von einem allzu komplizierten Tatbestand abhängig gemacht, so wäre der rechtsgeschäftliche Verkehr in hohem Maße beengt, weil ein jeder die Verfügungsmacht seines Vorgängers auf eigenes Risiko hin prüfen müßte. Wenn ihm auch bis zu einem gewissen Grade die Grundsätze über den Erwerb durch guten Glauben helfen würden, so ist doch nicht zu verkennen, daß diese Sicherheit viel geringer ist als der durch die analytische Vereinfachung des Tatbestandes bewirkte Vorteil, weil der Erwerber sich im letzteren Falle auf eine Erörterung über sein Wissen vom Rechtsmangel seines Autors gar nicht einzulassen braucht und daher auch nicht gezwungen werden kann, sich über einen diesbezüglichen Parteieid zu erklären.

Da aber die sachliche Richtigkeit nicht in höherem Maße geopfert werden darf, als es die Rücksicht auf die Praktikabilität unbedingt erfordert, so tritt überall dort, wo eine Rechtsfolge bloß den technischen Zwecken der Sicherung der Klägerposition oder der absoluten Rechtslage dient, in ihrem sachlichen Bestande aber als richtiges Recht nicht angesehen werden kann [1]), das außerordentliche Billigkeitsinstitut der Kondiktionen in Kraft, durch welches eine formell rechtsbeständige, aber inhaltlich unzutreffende Vermögensverschiebung in der relativen Rechtslage ausgeglichen wird. Es sind hier vor allem die im § 812 B.G.B. erwähnten zwei Hauptgruppen zu unterscheiden: entweder beruht die Veränderung der absoluten Rechtslage auf Leistung des Verlustträgers oder auf einer andern Tatsache, wie z. B. Verbindung, Vermischung usw. Daß in den letzteren Fällen die Vermögensverschiebung inhaltlich nicht gerechtfertigt ist, ergibt sich ohne weiteres aus der Erwägung, daß der Übergang des Eigentums nur im Interesse der absoluten Rechtslage angeordnet ist, weil an einer einheitlichen Sache nur ein einheitliches Eigentum bestehen kann. Viel schwieriger und interessanter sind die auf einer Leistung des Verlustträgers beruhenden Vermögensverschiebungen, die auch Zuwendungen genannt werden. Wie ist es überhaupt möglich, daß eine Rechtsveränderung, die auf dem Willen des durch sie Geschädigten ruht, diesem gegenüber eine Unbilligkeit enthält?

Was den Begriff „Zuwendung“ [2]) anlangt, so verstehe ich

---

[1]) Stammler, „Zur Lehre von der ungerechtfertigten Bereicherung“ S. 31.

[2]) Die Terminologie ist auch hier, wie so oft im Privatrecht, nicht feststehend: im weiteren Sinn versteht man unter „Zuwendung“ alle Handlungen, durch welche der Leistende einem andern einen Vermögens-

unter diesem Ausdruck jede auf dem Willen des Passivbeteiligten beruhende, zugunsten des Aktivbeteiligten erfolgende Verschiebung der Rechtszuständigkeit, durch welche das Vermögen des letzteren zu Lasten des ersteren vergrößert wird. Man kann auf die verschiedenste Art das Vermögen seiner Mitmenschen bereichern, die einzelnen Fälle sind folgende:

1. Zunächst sind die Übertragungen von Aktivposten zu erwähnen, zu denen die Auflassung von Grundstücken, die Tradition beweglicher Sachen, die Abtretung von Forderungen, die Bestellung beschränkter dinglicher Rechte usw. zählen[1]). Was das der Rechtsänderung dienende Mittel anlangt, so ist es für den Begriff der Zuwendung irrelevant, auf welche Weise die Übertragung erfolgt. Regelmäßig wird zwar die Verfügung durch ein Rechtsgeschäft vermittelt, aber notwendig ist dieser Weg nicht. Vielmehr kann der Berechtigte den Rechtseffekt auch auf indirekte Weise durch irgendwelche Schleichwege erzielen, so z. B. durch vorsätzliche Verbindung, Vermengung oder Vermischung oder durch wissentliche Herbeiführung der Verjährung oder der Ersitzung oder durch eine Dereliktion, welche nur zu dem Zweck vorgenommen wird, damit der Erwerber okkupiere. Da jedoch derartige Manipulationen nur

---

vorteil vorsätzlich verschafft. Demnach würden auch alle persönlichen Dienste pekuniärer Art, wie die Erteilung von Unterricht oder Rechtsrat, die Besorgung fremder Geschäfte, die Beaufsichtigung von Tieren, die einem andern gehören, usw. darunterfallen. Siehe hierüber Bekker, „Pandekten", Bd. 2, S. 145.

In dieser Abhandlung soll nur der im Text gegebene engere Begriff unter dem Ausdruck „Zuwendung" verstanden werden, während der weitere Begriff, welcher auch die rein naturalen Bereicherungen mit umfaßt, als „Leistung" bezeichnet wird.

[1]) Man kann diese Art von Zuwendungen auch als „Verfügungen im engeren Sinn" bezeichnen, während man unter „Verfügungen im weiteren Sinn" den von seiten des Berechtigten wissentlich und willentlich durch Tun oder Unterlassung herbeigeführten Verlust eines erworbenen Rechts zu verstehen hat. Unter diesen weiteren Begriff fallen also auch solche Rechtshandlungen, welche eine Aufgabe des Rechts schlechthin, aber keinen Erwerb von anderer Seite bezwecken, wie die Dereliktion. Für die Lehre von den Zuwendungen, welche ihrem Begriff nach stets einen Erwerb von seiten des Empfängers voraussetzen, kommt nur die engere Bedeutung des Wortes „Verfügung" in Betracht. Über die Begriffe „Verfügung" und „Gegenstand" siehe: Sohm. „Der Gegenstand" S. 7 ff.

sehr selten erfolgen und meistens dem Zweck, die Paulianische Anfechtung zu hintertreiben, dienen, so können diese anomalen Fälle für die vorliegende Arbeit, deren Thema mit der Lehre von der fraudolosen Benachteiligung des Gläubigers keine unmittelbaren Berührungspunkte hat, außer Betracht bleiben.

Das gemeinsame Merkmal dieser ganzen Gruppe besteht darin, daß der Verfügende zugunsten des Erwerbers um einen Aktivposten ärmer wird. Im einzelnen hat man hier drei verschiedene Unterarten zu unterscheiden: die Verfügung kann translativer, konstitutiver oder restitutiver Natur sein. Der erste Fall liegt vor, wenn ein Recht seinem ganzen Inhalt nach übertragen wird, wenn also z. B. A dem B das Eigentum an einer Sache übereignet, oder ihm seine Forderung gegen X abtritt. Von einem konstitutiven Erwerb spricht man, wenn A dem B ein Recht überträgt, das zwar seiner Erscheinung nach neu, aber aus einem dem A zustehenden Urrecht seiner Substanz nach hervorgegangen ist, wenn also z. B. A dem B sein Grundstück oder seine Forderung gegen X verpfändet. Der dritte Fall, nämlich der restitutive Erwerb, liegt vor, wenn A auf ein ihm gegen B zustehendes Forderungsrecht oder auf ein beschränktes dingliches Recht an dessen Sache verzichtet. Durch eine derartige Verfügung hört zwar das Recht seiner äußeren Erscheinung nach zu existieren auf, aber dem Inhalt nach wird es dem Erwerber zugewandt. Welcher Klasse die einzelnen Arten von Verfügungen zuzuzählen sind, hängt natürlich von der Regelung durch die betreffende Rechtsordnung ab. So weit z. B. das Institut der Eigentümerhypothek durchgeführt ist, fällt der Verzicht auf ein Grundstückspfandrecht unter die erste Unterabteilung, weil das Pfandrecht vom Eigentümer auch in seiner äußeren Erscheinung erworben wird und nicht im Grundstückseigentum seinem Inhalt nach verschwindet.

2. Die zweite Hauptgruppe von Zuwendungen wird dadurch vollzogen, daß der Zuwendende sein Vermögen mit einem Passivposten belastet. Hier müssen ferner zwei Unterfälle unterschieden werden: entweder geht der Zuwendende dem Empfänger gegenüber eine neue Verbindlichkeit ein (konstitutive Forderungsbelastung), oder er tritt in ein schon bestehendes obligatorisches Verhältnis ein (translative Forderungs-

belastung)[1]), sei es, daß der neue Schuldner völlig an die Stelle des alten tritt (privative Schuldübernahme), oder daß er neben ihm haftet (kumulative Schuldübernahme und Bürgschaft). Diese beiden Arten von Passivzuwendungen müssen deshalb besonders genau unterschieden werden, weil bei der originären Forderungsbelastung die analytische Vereinfachung des Tatbestandes regelmäßig nicht Platz greift.

Aber nicht jede Veränderung der Rechtslage, welche der Passivbeteiligte zugunsten einer andern Person vornimmt, kennzeichnet sich als eine Vermögenszuwendung. Vielmehr muß wirklich ein Wandel in der Ruhelage der Werte beabsichtigt sein. Dieses ist bei den fiduziarischen Geschäften nicht der Fall, weil der Verfügende den Erwerber nicht bereichern, sondern ihm nur die Rechtsmacht, den Gegenstand im eigenen Namen geltend zu machen und zu veräußern, erteilen will. Um diesen Zweck zu erreichen, steht den Parteien freilich das Rechtsinstitut der Vollmacht als Mittel zur Verfügung. Oft ziehen sie es aber vor, anstatt eine Vollmacht zu erteilen, den Gegenstand selber dem vollen Umfang nach zu übertragen, indem das Grundstück aufgelassen, die bewegliche Sache tradiert oder die Forderung abgetreten wird.

Das fiduziarische Rechtsgeschäft darf mit dem simulierten nicht verwechselt werden: denn wird eine Willenserklärung nur zum Scheine abgegeben, so wird die auf den bestimmten Rechtserfolg gerichtete Absicht im gemeinschaftlichen Einverständnis nur vorgespiegelt, während sie in Wahrheit gar nicht vorhanden ist. Dagegen ist bei einer fiduziarischen Rechtsübertragung der Rechtserfolg durchaus ernst gemeint, denn das Eigentum oder die Forderung soll nicht bloß scheinbar, sondern wirklich übergehen. Nur eine Bereicherung des Empfängers ist nicht beabsichtigt, vielmehr soll dieser den Gegenstand zu treuen Händen für den Fiduzianten innehaben.

Nicht nur bei Verfügungen ist diese Rechtsform gegeben, auch Forderungen kann man in der Art begründen, daß der Gläubiger nicht eigentlich bereichert werden, sondern nur eine Rechtsmacht erlangen soll, um zu Lasten des Fiduzianten Verfügungen vorzunehmen. So stellt der Geschäftsherr A einen

[1]) Die Zulässigkeit von Passivsukzessionen hat vor allem Hellwig, „Rechtskraft" S. 309 ff. dargetan. Gegen ihn Sohm, „Gegenstand" S. 48.

auf B gezogenen Wechsel an die Order seines Geschäftsführers C aus und übergibt diesem die Urkunde mit dem Auftrag, den Wechsel an D zu diskontieren und den Betrag eventuell nach Abzug einer Provision an ihn herauszugeben. Durch Ausstellung und Aushändigung des Wechsels wird C zwar Regreßgläubiger seines Geschäftsherrn A. Da aber von den Parteien keine Vermögensverschiebung, sondern nur die Erteilung einer Rechtsmacht zum Diskontieren beabsichtigt war, so kennzeichnet sich die Gläubigerschaft des C als ein bloß fiduziarisches Recht.

Die juristische Behandlung der fiduziarischen Rechtsgeschäfte ist sehr bestritten und die Literatur über diese Frage sehr umfangreich, so daß eine eingehende Behandlung dieses Problems den Inhalt einer eigenen Abhandlung ausmachen würde. Es stehen sich hier hauptsächlich drei Theorien gegenüber:

1. Nach der ersten Ansicht[1]) hat es mit der Übertragung des Eigentums und der Forderung hinsichtlich der absoluten Rechtslage sein Bewenden. Der Fiduziant kann nur auf Grund der zwischen ihm und dem Erwerber bestehenden obligatorischen Beziehung gegen diesen vorgehen. Die sich hieraus ergebende Konsequenz, daß der Fiduziant weder im Konkurs des Fiduziars ein Aussonderungsrecht geltend machen, noch gegenüber den Pfändungsgläubigern die Interventionsklage erheben kann, ist wenig befriedigend, weil sie den Gläubigern des Fiduziars auf Kosten des Fiduzianten einen unverhofften Vermögenszuwachs verschafft.

2. Umgekehrt sieht die zweite Ansicht[2]) in dem fiduziarischen Rechtsgeschäft nur die Erteilung einer Vollmacht, aber keine echte Verfügung. Mit Hilfe dieser Konstruktion kann man freilich sehr leicht die Erklärung dafür geben, daß der Fiduziant die anvertraute Sache im Konkurs des Fiduziars

---

[1]) So Lang, „Archiv f. d. zivil. Praxis“, Bd. 83, S. 336—351; Endemann, „Lehrbuch d. B.G.B.“ Bd. 1, S. 286, § 62 Anm. 25.; Grünhut, „Wechselrecht“ Bd. 2, S. 144, § 89 Anm. 5.; L. Seuffert, „Konkursprozeßrecht“ S. 93, Anm. 10.; früher auch: Regelsberger, „Archiv f. d. zivil. Praxis“ Bd. 63, S. 187.

[2]) So Schöninger, „Archiv f. d. zivil. Praxis“ Bd. 96 S. 181; Wieland, „Der Wechsel“ S. 303.

vindizieren kann. Denn wenn überhaupt kein Verfügungsgeschäft vorgenommen, sondern nur eine Vollmacht erteilt ist, so bleibt der Fiduziant natürlich Eigentümer oder Vollgläubiger und kann daher ein Aussonderungsrecht ausüben und eine Interventionsklage erheben. Dagegen führt diese Theorie zu dem mißlichen Resultat, daß der Fiduziar den ihm anvertrauten Gegenstand nicht im eigenen Namen geltend machen kann, weil er das subjektive Recht nicht selber erworben hat, sondern ihm ausschließlich eine Vollmacht erteilt ist, welche nur zu einer Klageerhebung im Namen des Geschäftsherrn befugt. Daher kann der Fiduziar, welchem eine bewegliche Sache anvertraut ist, wohl die Besitzklage aus § 1007 B.G.B. erheben, aber es ist ihm nicht möglich, die rei vindicatio im eigenen Namen geltend zu machen. Ebensowenig ist der fiduziarische Zessionar in der Lage, die Forderung gegen den Schuldner beizutreiben. Alle diese Konsequenzen, welche das Rechtsinstitut des fiduziarischen Rechtsgeschäfts in praktischer Hinsicht vernichten würden, widersprechen dem Parteiwillen, welcher gerade darauf abzielt, daß der Fiduziar die Sache oder die Forderung im eigenen Namen geltend machen soll. Daher ist auch diese zweite Theorie abzulehnen.

3. Dagegen verdient die dritte Ansicht[1]), welche den Fiduzianten zwar gegen die Gläubiger des Fiduziars schützt, im übrigen aber dem letzteren ein gegenständlich unbeschränktes Recht gewährt, entschieden den Vorzug. Denn sie berücksichtigt gebührend den Umstand, daß keine eigentliche Vermögensverschiebung, sondern nur die Erteilung einer Rechtsmacht beabsichtigt ist und daß daher nur die formelle Seite des subjektiven Rechts auf den Erwerber übergeht, während die substantielle Seite beim Fiduzianten zurückbleibt.

An und für sich wäre der Fiduziant auf eine actio mandati aus der Geschäftsführung oder, sofern eine gültige obligatorische Beziehung zwischen den Parteien überhaupt nicht zustande gekommen ist, auf eine Kondiktion angewiesen. Beide Ansprüche würden wegen ihrer rein obligatorischen Natur dem

---

[1]) So vor allem Kohler, in Jherings Jahrb. Bd. 16 S. 349 und „Konkursrecht" S. 179; Jaeger, „Konkursordnung", S. 311 § 43 Anm. 17 ff.; Regelsberger, „Pandekten", Bd. 1 S. 519; Dernburg, „Lehrb. d. B.G.B.", Bd. 1 § 172 III, S. 566; Reichsgericht, Bd. 45 S. 80—87.

Fiduzianten im Konkurse des Fiduziars kein Aussonderungsrecht gewähren. Ein solches Resultat wäre aber nicht nur unbillig, sondern würde auch mit den gesetzlichen Bestimmungen des positiven Rechts wenig harmonieren. So bestimmt § 392 Abs. 2 H.G.B., daß Forderungen aus einem Geschäft, das der Kommissionär abgeschlossen hat, schon vor der Abtretung im Verhältnis zwischen dem Kommittenten und dem Kommissionär oder dessen Gläubigern als Forderungen des Kommittenten gelten. Es wäre völlig abwegig, die analoge Anwendung dieser Regel mit der Begründung abzulehnen, daß Sondersätze überhaupt nicht rechtsähnlich erweitert werden dürften. Denn eine solche Einengung von Ausnahmevorschriften ist ein jeder Begründung ermangelndes Vorurteil [1]). Vielmehr ist es die Pflicht des Rechtspraktikers, den in einzelnen Rechtssätzen in die Erscheinung tretenden Gedanken mit Hilfe einer generalisierenden Induktion ausfindig zu machen. Unter Zugrundelegung dieser Methode wird man zu dem allgemeinen Rechtsprinzip gelangen, daß bei allen fiduziarischen Rechtsgeschäften der anvertraute Gegenstand im Verhältnis zu den Gläubigern des Fiduziars als zum Vermögen des Fiduzianten gehörend angesehen werden muß. Daher ist der dem Fiduzianten zustehende kontraktliche oder kondiktizische Anspruch kein rein relativ wirkender Rechtsbehelf, der im Konkurs nur entsprechend der Dividende zur Hebung kommt, sondern der obligatorische Anspruch nimmt den Charakter einer dinglich wirkenden rei vindicatio utilis im Sinne Jherings [2]) an, sodaß der Fiduziant im Konkurs des Fiduziars aussonderungsberechtigt ist und auch gegenüber den Pfändungsgläubigern eine Interventionsklage erheben kann. Dagegen ist der Fiduziar im Verhältnis zu Dritten unbeschränkt und unbeschränkbar zu jeder Handlung befugt, zu deren Vornahme der Eigentümer fähig ist. Daher sind seine Verfügungen auch dann rechtsbeständig, wenn er den Anordnungen des Fiduzianten nicht gefolgt ist. Selbst wenn dem Dritterwerber dieser Umstand nicht unbekannt geblieben ist, kann

---

[1]) Brütt, „Kunst der Rechtsanwendung" S. 80.

[2]) Jhering (in seinen Jahrbüchern Bd. 1 S. 158ff.) versteht unter diesem Ausdruck einen obligatorischen Anspruch, welcher ausnahmsweise zur Konkursseparation berechtigt, aber Dritterwerbern gegenüber nicht geltend gemacht werden kann.

der Fiduziant nicht gegen ihn vorgehen, denn der Fiduziar war unbeschränkter Eigentümer oder Vollgläubiger und konnte daher als solcher ohne weiteres die Veräußerung vornehmen, ohne daß es auf den guten Glauben des Erwerbers noch irgendwie ankäme [1]).

Schließlich mag noch hervorgehoben werden, daß es auch gemischte fiduziarische Geschäfte gibt [2]), bei welchen eine echte Vermögensverschiebung mit der Erteilung einer überschießenden Rechtsmacht verbunden wird. So ziehen es die Parteien nicht selten vor, anstatt eine Sache oder eine Forderung zu verpfänden, vielmehr dem Gläubiger des zu sichernden Anspruchs das Eigentum oder die Vollgläubigerschaft fiduziarisch zu übertragen. Dieser Ausweg wird besonders dann gewählt, wenn man gewisse Schwierigkeiten der Pfandbestellung, wie das Verbot des Besitzkonstituts oder die Notwendigkeit der Denunziation (§ 1280 B.G.B.), vermeiden will. Auch in diesem Falle ist der Fiduziar Dritten gegenüber ganz unbeschränkt zu jeder Verfügung befähigt, auch wenn er mit der Veräußerung seine Verpflichtungen in bezug auf das Innenverhältnis verletzen würde. Andererseits kann sich der Fiduziant mittels einer rei vindicatio utilis gegen die Gefahr schützen, daß der veräußerte Gegenstand seinem Vermögen dadurch entfremdet wird, daß er durch einen Gläubiger des Fiduziars gepfändet oder in dessen Konkursmasse versilbert werde. Daher ist ihm unter diesen Umständen eine Interventionsklage nicht zu versagen, natürlich vorbehaltlich des dem Fiduziar auch der Substanz nach zustehenden Sicherungsrechts.

Da die eigentlichen Vermögenszuwendungen auf dem Willen des Verlierenden beruhen, in der Regel sogar durch ein von ihm vorgenommenes Rechtsgeschäft herbeigeführt werden, so könnte man zunächst glauben, daß der Handelnde sich über

---

[1]) Im Gegensatz zum Fiduziar ist die Rechtsstellung des germanischen Treuhänders gegenständlich beschränkt. Siehe hierüber Alfred Schultze in Jherings Jahrb. Bd. 43 S. 6 ff.

[2]) Schon Gaius, „Institutionen“ II, 60 unterschied die rein fiduziarischen Rechtsgeschäfte von den gemischten. „Sed fiducia contrahitur aut cum creditore pignoris jure, aut cum amico, quo tutius nostrae res apud eum sint.“ Siehe hierüber Oertmann, „Die fiducia im römischen Privatrecht“. S. 124 ff.

keine Unbilligkeit beschweren dürfe, da doch die Vermögensverschiebung gerade durch ihn selbst hervorgerufen sei. Diese Ansicht würde jedoch verkennen, daß die Zuwendung für den Verlierenden kein Selbstzweck, sondern nur ein Glied in der Kette von Mitteln und Zwecken ist, welche in der Vorstellung des Handelnden die Körperbewegung mit dem Endzweck verbindet, so daß immer das nachfolgende Glied Motiv, das vorhergehende aber Mittel eines bestimmten Zweckes ist [1]). Denn da die Zuwendung einen Verlust darstellt, so kann sie als solche nicht der Endzweck sein, weil niemand durch die Vorstellung von etwas Unerfreulichem zu einer Handlung angetrieben wird. Wenn der Handelnde trotzdem eine Zuwendung macht, so ist dieses Verhalten nur möglich, weil die Vorstellung, daß die Zuwendung außerdem ein ihm genehmes Resultat zeitigt, jenes Gegenmotiv überwindet. So gibt ein edler Wohltäter einem leidenden Menschen Geld, damit dieser sich in einem Badeort erholen kann, oder ein Beamter bezahlt seine Schulden, damit er nicht durch eine ihn bedrohende Zivilklage in den Augen seiner Vorgesetzten diskreditiert werde. Während die Zuwendung des Geldbetrages in beiden Fällen das Mittel darstellt, ist nach dem ersteren Tatbestand die Bereicherung des Kranken der Zweck und das Mitleid mit ihm das Motiv, während im letzteren Fall die Tilgung der Schuld als Zweck und die Furcht vor dem Einschreiten der vorgesetzten Behörde als Motiv der Handlung angesehen werden muß. Der Handelnde würde die Zuwendung nicht gemacht haben, wenn er gewußt hätte, daß sein Zweck nicht erreicht und sein Motiv nicht befriedigt würde. Daher würde er es wahrscheinlich als eine Unbilligkeit empfinden, wenn die Zuwendung rechtsbeständig bliebe und damit das Vermögensopfer unwiderruflich wäre, ohne daß er seinerseits den Zweck, welchen er mit der Zuwendung verfolgte, nämlich die Unterstützung des Kranken und die Tilgung der Schuld, erreicht hätte.

In der Tat kann es zweifelhaft sein, inwieweit die Zweckvorstellungen einer Leistung legislativ-politische Berücksichtigung verdienen. Das Interesse des Verlierers, dem man kein Opfer ohne psychologischen Gegenwert zumuten mag, spricht

[1]) Siehe hierüber die grundlegenden Ausführungen von Zitelmann, „Irrtum und Rechtsgeschäft" S. 83—199.

für die Beachtlichkeit von Zweckvorstellungen, während die Rücksicht auf die Verkehrssicherheit ein allzu weites Eingehen auf die Motive des Handelnden entschieden verbietet. Daher haben auch die einzelnen positiven Rechtsordnungen zu diesem Problem eine sehr verschiedene Stellung eingenommen. Bei Gestaltung des juristischen Tatbestandes macht das eine Recht einen größeren, das andere Recht einen kleineren Ausschnitt aus der psychologischen Kette von Mitteln und Zwecken, ersteres räumt den Motiven eine größere, letzteres eine gegeringere oder gar keine Bedeutung ein. Das gleiche gilt bezüglich aller Voraussetzungen, insbesondere auch von den negativen Voraussetzungen, den Vorstellungen vom Nichtvorhandensein eines Umstandes, bei dessen Fehlen das Rechtsgeschäft unterblieben wäre. Wenn also z. B. ein Erblasser eine fremde Sache in dem Glauben, daß es seine eigene sei, vermacht, so würde diese irrige Vorstellung als Voraussetzung des Rechtsgeschäfts zu bezeichnen sein, sofern ohne sie das Vermächtnis nicht angeordnet wäre, weil es dem Erblasser fernlag, seinen Erben mit der Erstehung einer fremden Sache zu behelligen.

Was die Berücksichtigung von Zweckvorstellungen und Voraussetzungen anlangt, so muß hier vor der Verwechslung zweier Fälle gewarnt werden: entweder genügt zum Eintritt eines Rechtserfolgs, daß der Handelnde sich von gewissen Motiven oder Voraussetzungen leiten ließ, während es völlig irrelevant ist, ob der Zweck erreicht wird und die Voraussetzung sich bewahrheitet. So konnte z. B. der Fiduziarerbe nach Justinianischem Recht Nachlaßgegenstände veräußern, sofern sie nur zum Zwecke der Bestellung einer Mitgift oder einer Eheschenkung bei Mangel sonstigen Vermögens erfolgte, während die Gültigkeit dieser Verfügung von der Erreichung des fraglichen Zweckes völlig unabhängig war [1]). Viel häufiger kommt aber der Fall vor, daß der Eintritt der Rechtsänderung von der Realisierung derjenigen Motive und dem Eintritt derjenigen Voraussetzungen abhängig ist, welche das positive Recht für beachtlich hält.

---

[1]) Siehe hierüber Windscheid-Kipp, „Pandekten“, Bd. 3 § 665 S. 706 Anm. 10.

Das letztere gilt insbesondere von der Lehre von den Zuwendungen, denn dem Verlustträger wäre wenig damit gedient, wenn die definitive Rechtsbeständigkeit der Zuwendung bloß von gewissen Motiven und Voraussetzungen und nicht vielmehr von ihrer Verwirklichung abhinge. Daher lassen auch die einzelnen positiven Rechtsordnungen die Wirkung der Zuwendung in höherem oder geringerem Maße von der Realisierung gewisser Motive und der Richtigkeit gewisser Voraussetzungen bedingt sein. Zu diesem Behufe stehen ihnen zwei Wege offen: entweder können sie die Gültigkeit der Zuwendung von der Realisierung der rechtlich relevanten Motive unmittelbar abhängig machen, so daß beim Fehlschlagen der fraglichen Zwecke die Zuwendung nichtig ist, oder es wird jener technische Kunstgriff angewandt, den wir oben als analytische Vereinfachung des Tatbestandes kennen gelernt haben. Bei dieser Art von Motivberücksichtigung bleibt die Zuwendung als solche auch beim Scheitern der rechtlich relevanten Zwecke an sich gültig, und es tritt nur in der relativen Rechtslage zwischen Verlierer und Gewinner ein Ausgleich mittels eines Anspruchs und einer Einrede aus ungerechtfertigter Bereicherung ein. Durch diese Regelung des Problems wird die absolute Rechtslage in ausreichender Weise gesichert, weil nunmehr ein späterer Erwerber nicht mehr zu prüfen braucht, ob sich bei einer früheren Zuwendung zwischen seinen Vorgängern ein rechtlich relevantes Motiv verwirklicht hat. Welche Zweckvorstellungen die Zuwendung alterieren und ob ihr Fehlschlagen direkt oder nur indirekt mittels Kondiktionen zur Geltung kommt, darüber kann nur die einzelne positive Rechtsordnung Auskunft erteilen[1]).

---

[1]) Was die Terminologie angeht, so wird bald das rechtlich relevante Motiv als solches allein, bald jenes Motiv zusammen mit seiner Realisierung als „Rechtsgrund" bezeichnet. Vielfach wird zur Vermeidung von Mißverständnissen der Ausdruck, wenn er in der ersten Bedeutung gebraucht werden soll, durch den Zusatz „im subjektiven Sinn" und wenn er in der zweiten Bedeutung angewandt wird, durch die Worte „im objektiven Sinn" näher gekennzeichnet. (So Bähr, „Anerkennung" § 3, S. 8 und 9). Umgekehrt wendet Klingmüller („Der Begriff des Rechtsgrundes" S. 116) den Ausdruck „objektiven Rechtsgrund" auf den juristischen Tatbestand an, während er das rechtlich erhebliche Motiv als „subjektiven rechtlichen Grund" bezeichnet. Zuweilen wird das Wort „Rechtsgrund"

Nachdem die Analyse des Begriffes „Rechtsgrund" gegeben ist, gilt es nunmehr nachzuweisen, welche Motive nach dem System des B.G.B. derart beachtlich sind, daß die Wirksamkeit der Zuwendung durch ihr Fehlschlagen irgendwie alteriert wird. Bezüglich dieser Frage hat Jung[1]) in seiner grundlegenden Abhandlung über die Bereicherungsansprüche meines Erachtens überzeugend nachgewiesen, daß nur der auf einen Rechtseffekt gerichtete Zweck nach B.G.B. die Zuwendung alteriert, und daß ferner nicht jeder Rechtseffekt genügt, sondern nur derjenige Erfolg in Betracht kommt, welcher in einer Einwirkung auf die relativen Beziehungen des Empfängers regelmäßig zum Zuwendenden besteht. „Diese Wirkung kann sowohl in der Lösung, wie in der Herstellung, wie in der teilweisen Veränderung eines obligatorischen Bandes bestehen." (S. 68.) Die Beabsichtigung dieses Rechtserfolgs ist mithin als Leistungs- oder Geschäftszweck und seine Erreichung als Rechtsgrund anzusehen, während die obligatorische Beziehung, deren Lösung, Herstellung oder teilweise Veränderung beabsichtigt wird, die der Zuwendung zugrunde liegende Kausalrelation heißt.

Da nach § 241 B.G.B. die Leistung, zu der auch die Zuwendung als Unterart gehört, den Inhalt des obligatorischen

---

auch für „rechtlichen Grund" im Sinne des § 812 B.G.B. gebraucht. Dann versteht man darunter die Differenz zwischen dem formellen und dem materiellen Tatbestand oder den Inbegriff derjenigen Umstände, welche dem bloß formellen Tatbestande fehlen, damit er auch inhaltlich gerechtfertigt sei. In dem Sinne von „juristischer Tatbestand" wendet auch das B.G.B. den Ausdruck an. So spricht § 288 Absatz 1 Satz 2 von dem Falle, daß der Gläubiger „aus einem andern Rechtsgrunde" höhere Zinsen als die gesetzlichen Verzugszinsen von 4% p. a. verlangen kann. Um Mißverständnissen vorzubeugen, empfiehlt es sich jedoch mehr, das Wort „Rechtsgrund" nur in dem Sinne von „Realisierung des rechtlich erheblichen Leistungszwecks" zu gebrauchen, für die übrigen Bedeutungen aber andere Ausdrücke zu wählen. Faßt man den relevanten Leistungszweck ohne Rücksicht auf seine Verwirklichung ins Auge, so genügt es, von „Leistungs"- oder „Geschäftszweck" zu reden. Im übrigen möge der Ausdruck „juristischer Tatbestand" oder, wenn man den Differenztatbestand meint, die Worte „rechtlicher Grund" zur Anwendung kommen.

[1]) Jung, „Die Bereicherungsansprüche und der Mangel des rechtlichen Grundes". Leipzig 1902.

Anspruchs ausmacht und ihr Vollzug nach § 362, B.G.B. sein Erlöschen bewirkt, so geht insoweit der Zweck der Zuwendung auf einen Rechtseffekt, nämlich auf die Tilgung eines obligatorischen Anspruchs. Häufig wird damit zugleich auch die obligatorische Beziehung gelöst, wie dieses bei der Rückzahlung des unverzinslichen Darlehns der Fall ist. Aber dieses Zusammentreffen ist keineswegs notwendig, vielmehr läßt die Erfüllung des Anspruchs das obligatorische Band sehr oft unberührt: so übt die Zahlung einer Mietzinsrate auf das Mietsverhältnis als solches keine lösende Wirkung aus. Nicht minder wie ein obligatorischer kann auch ein dinglicher Anspruch oder ein solcher aus einem andern absoluten Recht durch eine Leistung getilgt werden. Dies gilt z. B. von der Schadenersatzverpflichtung des rechtshängigen oder bösgläubigen Besitzers gegenüber dem Eigentümer (§ 989 bis 990 B.G.B.). In dieser Hinsicht kann es überhaupt zweifelhaft sein, ob es nicht richtiger ist, alle Ansprüche, also auch die dinglichen, unter den Begriff „Schuldverhältnis" zu subsumieren [1]). Diese Frage, welche im wesentlichen nur eine terminologische Bedeutung hat, dürfte wohl besser zu verneinen sein, da es zum richtigen Verständnis des Obligationenrechts ebenso wichtig ist, den persönlichen Anspruch vom Schuldverhältnis, aus dem er entsprungen ist, genau zu unterscheiden, wie die Trennung des absoluten Rechts von seinem Anspruch Vorbedingung für eine zutreffende Erfassung des Sachenrechts ist. Nur das eine Merkmal haben die Obligationen und die Ansprüche gemeinsam, daß sie nicht gegen jedermann gerichtet sind, wie die absoluten Rechte, sondern daß sie nur um bestimmte Personen ein rein persönliches Band schlingen. Daher kann man diese beiden Begriffe unter dem Ausdruck „relative Beziehung" zusammenfassen.

Aber nicht nur der Lösung, auch der Anknüpfung einer relativen Beziehung kann die Zuwendung dienen. Regelmäßig wird ein Schuldverhältnis durch bloße Willenserklärung, die in einem Vertrag oder in einem einseitigen Rechtsgeschäft bestehen kann, ins Leben gerufen, ein Fall, den die Römer als „contrahere nudo consensu" bezeichneten. Oft wird aber eine

---

[1]) So Hellwig, „Anspruch und Klagrecht" S. 39.

Obligation oder wenigstens der betreffende Anspruch nur durch das Mittel der Zuwendung geschaffen, man spricht in diesem Fall von einem Realvertrag. Bezüglich dieses Ausdrucks darf nicht übersehen werden, daß man hiermit zwei ganz verschiedene Begriffe bezeichnet. Einmal wird im Anschluß an das römische Recht unter einem Realvertrag ein solcher Vertrag verstanden, welcher nicht durch bloße Übereinkunft (nudo consensu) abgeschlossen werden kann, bei dem vielmehr als weiteres Erfordernis eine wenigstens von der einen Seite hergestellte Erfüllungsleistung hinzutreten muß. In diesem Sinne gibt es nach heutigem Reichsrecht ebensowenig wie früher nach gemeinem Recht Realverträge nach Art des römischen mutuum, depositum usw. Denn nach heutigem Recht ist die bloße Übereinkunft zur Begründung einer Obligation regelmäßig ausreichend; auch bestimmen keine der wenigen Ausnahmen von der Formfreiheit, daß gerade die Erfüllung von der einen Seite die notwendige Form des obligatorischen Rechtsgeschäfts darstellt. Nur alternativ ersetzt nach § 313 B.G.B. die durch Auflassung und Grundbucheintragung erfolgende Erfüllung den Mangel der gerichtlichen oder notariellen Beurkundung. Wenn Schloßmann[1]) lehrt, daß man sich nach B.G.B. zur Hingabe eines zinslosen Darlehns, zur Leihe oder zu einer unentgeltlichen Aufbewahrung nicht verpflichten könne, weil bei derartigen Gefälligkeitsgeschäften der Rechtszwang versage, so übersieht er, daß man sich sogar zu einer schenkweisen Zuwendung, die doch über eine bloße Gefälligkeit hinausgeht, obligieren kann. Unmöglich aber darf man die oben erwähnten Geschäfte, bei denen ein dauernder Vermögensverlust nicht beabsichtigt ist, strenger behandeln als die Schenkung. Daher kann nur in Frage kommen, ob nicht in obigen Zusagen, z. B. in der Abrede, 100 000 Mark auf zehn Jahre zinslos zu leihen, ein der gerichtlichen oder notariellen Beurkundung bedürftiges Schenkungsversprechen liegt. Unter keinen Umständen darf man aber so weit gehen, obigen Zusagen jede rechtliche Wirksamkeit abzusprechen.

Versteht man dagegen unter einem Realvertrag einen solchen Vertrag, bei welchem nicht durch zwingende Vor-

---

[1]) Schloßmann in Jherings Jahrb. Bd. 45, S. 70 ff.

schriften des Gesetzes, sondern durch die Parteiabsicht das Existentwerden der Obligation oder des Anspruchs davon abhängig ist, daß die Leistung wenigstens von der einen Seite vollzogen ist, so kann es keinem Zweifel unterliegen, daß es derartige Verträge auch noch nach heutigem Recht gibt. Und zwar ist das Verhältnis nicht etwa so zu denken, als ob einige Geschäftstypen, wie etwa das Darlehn, stets Realkontrakte, andere aber, wie Kauf oder Miete, stets Konsensualverträge seien. Vielmehr kann ein jeder Vertragstypus auf beide Arten vollzogen werden, man kann ebensowohl re kaufen als nudo consensu einen Darlehnsvertrag abschließen. Daß das Darlehn notwendigerweise ein Realvertrag sein müsse und daß das pactum de mutuo dando vel accipiendo mithin bloßer Vorvertrag sei, ist, wie Kohler[1]) überzeugend nachgewiesen, ein Irrtum, der sich nur historisch erklären läßt. Nach heutigem Recht ist vielmehr schon das Versprechen, ein Darlehn zu geben oder in Empfang zu nehmen, kein bloßer Vorvertrag, sondern das konsensuale Darlehn selber. Die Hingabe und der Empfang der Valuta kennzeichnet sich mithin als die Erfüllung einer bereits bestehenden Darlehnsverpflichtung. Der Anspruch des Darleihers auf Rückzahlung des Kapitals entsteht freilich erst mit der Auszahlung der Valuta, und insofern kann man sagen, daß durch diese Zuwendung nicht nur der Anspruch des Kreditsuchenden gegen den Kapitalisten getilgt, sondern auch die Rückgabepflicht des Empfängers re hervorgerufen wird. Ganz analoge Grundsätze gelten von anderen Verträgen, wie der Miete, deren konsensuale Natur bisher nicht in Frage gestellt ist. Denn auch bei der Miete entsteht der Anspruch auf Rückgabe der vermieteten Sache erst mit deren Hingabe. Rein theoretisch ließe sich freilich die Sachlage so denken, als ob schon durch den Konsensualvertrag eine Rückgabepflicht des Mieters und des Kreditsuchenden entstände. Würden der Vermieter und der Kapitalist auf Rückleistung klagen, bevor sie iherseits erfüllt hätten, so würde dem Mieter und dem Kreditsuchenden nur eine dilatorische Einrede zustehen, so daß sie im Ver-

[1]) Kohler, Archiv f. Bürgerlich. Recht, Bd. 2. S. 211—239. Stintzing. „Die Vorverpflichtung" S. 63.

säumnisverfahren verurteilt werden müßten, obwohl die Nichtübergabe der Mietsache und die Nichtzahlung der Valuta liquide wäre. Diese Konstruktion würde wohl kaum praktische Nachteile mit sich bringen, da es der Schuldner selten unterlassen würde, sich auf die ihm zustehende Einrede zu berufen. Aber diese Auffassung wäre allzu künstlich und würde dem konkreten empirischen Parteiwillen widersprechen, dem es völlig fernliegt, schon im Darlehnsvertrag eine Verpflichtung zur Rückzahluug zu begründen.

Mithin kann der Darlehnsvertrag ebensogut, wie die Miete und der Kauf durch bloßen Konsens abgeschlossen werden. Nur so viel ist der gegnerischen Ansicht zuzugeben, daß gerade beim Darlehn, bei der Leihe und bei der Verwahrung ein durch Leistung also re erfolgender Abschluß besonders häufig vorkommt. Wird ein Darlehn oder ein Kauf realiter abgeschlossen, so dient die in der Hingabe der Valuta und der Übertragung der verkauften Sache liegende Zuwendung nicht etwa der Tilgung eines schon vorher bestehenden obligatorischen Anspruchs, vielmehr wird mit diesen Leistungen umgekehrt die Anspinnung einer Darlehns- oder Kaufobligation und die Erzeugung eines auf Rückgabe des geliehenen Geldes und auf Berichtigung des Kaufpreises gehenden Anspruchs beabsichtigt. Mithin fügen sich auch die Realverträge der von Jung aufgestellten Formulierung ein.

Gegen seine Theorie können nur in der Richtung ernsthafte Bedenken erhoben werden, daß man bezweifelt, ob sich überall ohne Ausnahme die Leistungszwecke auf die Begründung, Lösung oder Modifizierung obligatorischer Beziehungen richten. In dieser Hinsicht sind insbesondere die Fälle der Schenkung, der Mitgiftbestellung, der Leistung condicionis implendae causa, sowie der Hingabe als Arrha und Pfand fraglich. Bei näherer Untersuchung ergibt sich aber auch hier, daß die genannten Leistungszwecke nicht minder eine Einwirkung auf relative Beziehungen erstreben als die ganz zweifellosen Fälle einer Erfüllung von Kauf- und Mietschulden.

Bezüglich der Schenkung hat man[1]) freilich nicht selten

---

[1]) So Bähr „Anerkennung" § 3 S. 7 und 8. Gegen ihn Burckhardt, „Schenkungsannahme" S. 18.

behauptet, daß die in ihr liegende Zuwendung Selbstzweck sei, weil mit ihr irgend ein außer ihr liegender Zweck nicht erstrebt werde. Diese Auffassung entspricht aber weder dem römischen Recht, noch dem B.G.B., überhaupt keinem Rechtssystem, das die Schenkung positiv als einen speziellen obligatorischen Vertrag auffaßt. Daher gewinnt auch die schenkungshalber gemachte Zuwendung erst dann einen Rechtsgrund, wenn die Parteien durch den Schenkungsvertrag ein obligatorisches Band knüpfen und damit in eine „rechtliche Sonderverbindung zu bestimmtem sozialen Zusammenwirken“ [1]) treten. Gegen die Ansicht, daß durch jede Schenkung, also auch durch das Handgeschenk, ein obligatorisches Band erzeugt wird, kann man nicht geltend machen, daß durch das Handgeschenk kein Anspruch entstehe, denn die Obligation ist mit den einzelnen Ansprüchen, welche aus ihr hervorgehen können, nicht identisch. Vielmehr ist sie nur die Voraussetzung der Rechtswirkung, daß von der einen oder andern Seite Ansprüche entstehen. Wie beim Handkauf der Käufer, so kann auch in geringerem Maße der Beschenkte beim Handgeschenk seinen Vertragsgegner wegen Sachmängel oder Rechtsfehler kontraktlich belangen, ein Beweis, daß auch beim Handgeschenk ein, wenn auch schwaches, obligatorisches Band geknüpft wird. Man muß daher auch bei der Schenkung zwischen der Zuwendung und der Einwirkung auf die relativen Beziehungen, welche in diesem Fall in der Begründung einer Schenkungsobligation besteht, strenge unterscheiden. Diese begriffliche Trennung ist besonders dort von Wichtigkeit, wo die Zuwendung ohne Zutun des Empfängers erfolgt. Wenn jemand z. B. die Schulden seines Freundes ohne dessen Wissen bezahlt, so fehlt der Zuwendung zunächst der Rechtsgrund, da keine Einwirkung auf die relativen Beziehungen zum Empfänger erfolgt ist. Damit eine Schenkung und durch sie ein Rechtsgrund entsteht, müssen die Parteien erst einen Vertrag abschließen. Um dies zu erleichtern, bestimmt § 516 Abs. 2 B.G.B., daß ein der Zuwendung nachfolgender Schenkungsvertrag als stillschweigend abgeschlossen zu betrachten sei, wenn der Beschenkte nach Aufforderung

[1]) Stammler, „Recht der Schuldverhältnisse.“ S. 8.

des Schenkers innerhalb angemessener Frist keine ablehnende Erklärung abgegeben hat. Diese Erleichterung des Vertragsabschlusses ist durchaus zweckentsprechend, da sich die Menschen erfahrungsgemäß gern etwas schenken lassen. Immerhin ist es von Wichtigkeit, daß die Möglichkeit gegeben wird, eine schenkungshalber erfolgende Zuwendung abzulehnen, da nicht selten die Schenkungen in Bestechung ausarten, wie dies z. B. der Fall ist, wenn eine Prozeßpartei die Schulden des urteilenden Richters bezahlt. Das von der Schenkung Gesagte gilt auch von den sonstigen unentgeltlichen Geschäften, welche zwar gleich der Schenkung ein dauerndes Vermögensopfer mit sich bringen, aber kraft besonderer Vorschrift von der Schenkung ausgenommen sind, denn durch die genannten Verträge, zu denen z. B. die maßvolle Kindesausstattung (§ 1624 B.G.B.) und die Mitgiftbestellung gehören, wird ein der Schenkung verwandtes obligatorisches Band geknüpft.

Viel größere Schwierigkeiten dagegen bieten die condicionis implendae causa gemachten Leistungen. Es erscheint allerdings auf den ersten Blick zweifelhaft, ob es gelingen wird, auch diesen Leistungszweck dem Jungschen Schema einzufügen. Diese Anpassung dürfte nur dann gelingen, wenn man einen Begriff zur Erklärung heranzieht, der, wenn er auch zurzeit keinen großen Kurswert in der Wissenschaft besitzt, doch für ein tieferes Verständnis des Privatrechts nicht zu entbehren ist, nämlich „die Voraussetzung".

Die Bedeutung des Begriffs der Voraussetzung für das Privatrecht erkannt zu haben, gehört zu den größten und schönsten Verdiensten Windscheids [1]), eine Tat, die nicht immer genügend gewürdigt worden ist. Hieran trug zum Teil der Umstand Schuld, daß Windscheid selber in der Begründung seiner Lehre die psychologische Analyse nicht ausreichend durchgeführt und sich daher nicht immer von bedenklichen Fehlern freigehalten hat. Zunächst war es wenig glücklich, daß er (S. 107) die Auflage für eine Unterart der Voraussetzung hielt. Diese Konstruktion ist verfehlt, denn die Auflage ist

---

[1]) Windscheid, „Die Lehre des römischen Rechts von der Voraussetzung". Düsseldorf 1850.

eine einer unentgeltlichen Zuwendung beigefügte, unter keinen andern Geschäftstypus fallende Nebenabrede, kraft welcher der Empfänger sich zu einer Leistung verpflichtet [1]). Wenn daher auch eine Auflage zugleich Voraussetzung sein kann, so ist dieses Zusammentreffen keineswegs notwendig. Die Unterscheidung zwischen diesen beiden Fällen besteht darin, daß allemal, wenn die Auflage zugleich Voraussetzung ist, die Möglichkeit vorliegt, die unentgeltliche Zuwendung ganz oder teilweise zu widerrufen [2]), während sonst nur Erfüllung verlangt werden kann.

Im übrigen unterschied Windscheid [3]) zwischen der „ersten Absicht“, durch welche mit Notwendigkeit eine Voraussetzung der Willenserklärung bezeichnet werde, und den übrigen Fällen, wo sich aus den die Willenserklärung begleitenden Umständen eine Voraussetzung ergäbe. Gegen den Begriff der ersten Absicht erhebt sich vor allem das psychologische Bedenken, daß der Ausdruck völlig vage und unbestimmt ist, da es an jedem Maßstab fehlt, um anzugeben, bis zu welchem Glied der psychologischen Kette die erste Absicht reicht. Wenn jemand z. B. im Begriffe steht abzureisen und deshalb sein Dienstmädchen ruft, damit ihm dieses eine Droschke für die Fahrt zum Bahnhof holt, so kann niemand mit Bestimmtheit sagen, was man als erste Absicht des Rufens ansehen soll. Etwa das Herbeieilen des Dienstmädchens, das Holen der Droschke, das Einsteigen in dieselbe oder die Ankunft am Bahnhof? Wenn daher auch der Begriff der ersten Absicht als Unterart der Voraussetzung nicht verwertbar ist, so beweist doch das Aufstellen dieser Kategorie zur Genüge, daß Windscheid die richtige Ansicht vom Wesen des Rechtsgrundes vorschwebte, wenn ihm auch die zutreffende Formulierung, nämlich die Einwirkung auf die relativen Beziehungen, nicht geglückt ist.

---

[1]) Regelsberger, „Pandekten“. Bd. 1 S. 604.

[2]) Die Möglichkeit des Widerrufs fällt unter den von Seckel („Die Gestaltungsrechte des Bürgerlichen Rechts“ in der Festgabe für Koch, S. 205 ff.) aufgestellten Begriff des Gestaltungsrechts, während Zitelmann („Internationales Privatrecht“, Bd. II, S. 32) eine solche Befugnis als „Recht des rechtlichen Könnens“ bezeichnet.

[3]) Windscheid-Kipp, „Pandekten“. Bd. 1 S. 507 und Windscheid, „Voraussetzung“, S. 87.

Das bedenklichste aber an Windscheids Lehre ist die Tatsache, daß es ihm wenigstens in seiner Abhandlung über die Voraussetzung (S. 108) nicht gelungen war, für die übrigen Fälle ein sicheres Merkmal anzugeben, durch welches der Umfang der rechtlich relevanten Voraussetzungen in einer die Verkehrssicherheit schonenden Weise abgegrenzt werden kann. Dieser Mangel war es vor allem, welcher die Mehrzahl der Juristen bewog, die Lehre Windscheids, trotzdem ihr ohne Zweifel ein berechtigter Kern zugrunde liegt, vollständig abzulehnen [1]). In neuerer Zeit hat sich vor allem Kohler [2]) das Verdienst erworben, darauf hingewiesen zu haben, daß der Begriff der Voraussetzung im Privatrecht gar nicht zu entbehren sei. Gegen diese Lehre lassen sich auch vom Standpunkt des Schutzes der Verkehrssicherheit keine Einwendungen herleiten, sofern man nur nicht übersieht, daß die Voraussetzung zunächst nur eine psychologische Kategorie ist, zu der alle Vorstellungen gehören, ohne welche die Handlung nicht vorgenommen worden wäre, und daß daher die Richtigkeit der psychologischen Voraussetzung noch nicht ohne weiteres, sondern erst dann rechtlich relevant ist, wenn sie zum Inhalt des Rechtsgeschäfts erhoben ist [3]). In diesem Fall gewährt der Nichteintritt des vorausgesetzten Erfolges dem einen oder andern oder beiden Kontrahenten die Befugnis, von dem Vertrage abzugehen. Mietet man z. B. ein Fenster, um von dort aus dem Einzuge einer Fürstlichkeit zuzusehen, so geht man von der stillschweigend zum Vertragsinhalt erhobenen Voraussetzung aus, daß der Einzug wirklich stattfinden werde. Würde über den Mietzinsanspruch ein reines Schuldversprechen abgegeben, so läge in dessen Erteilung eine Zuwendung, deren Rechtsgrund die Erfüllung der Mietzinsforderung darstellte,

---

[1]) So vor allem Lenel, Archiv für die zivilistische Praxis. Bd. 74 S. 226.

[2]) Kohler, „Lehrbuch des bürgerlichen Rechts". Berlin 1906. Bd. 1 S. 570 ff. und Archiv f. d. zivil. Praxis. Bd. 101 S. 372 ff.

[3]) Später hat Windscheid in seiner Replik gegen Lenel („Gesammelte Abhandlungen", S. 406) selber die richtige Ansicht entwickelt, daß die bloße Mitteilung des Motivs zur Begründung einer Voraussetzung im Rechtssinne nicht genüge, sondern daß das Erkennbarwerden des Motivs als einer Willensbeschränkung erforderlich sei.

während der Einzug der Fürstlichkeit die rechtlich relevante Voraussetzung repräsentieren würde. Gerade dieses Beispiel zeigt, wie sorgfältig man die Begriffe „Rechtsgrund" und „Voraussetzung" auseinander halten muß. Fehlt der Rechtsgrund, weil die Einwirkung auf die obligatorischen Beziehungen wegen Ungültigkeit des Mietsvertrages mißlingt, so ist die Kondiktionslage ohne weiteres gegeben; würde aber bloß die rechtlich relevante Voraussetzung nicht eintreffen, weil die Fürstlichkeit durch Krankheit oder Tod verhindert ist, so wäre dem Mieter nur die Befugnis gegeben, vom Mietsvertrage abzugehen. Bevor er aber hiervon Gebrauch gemacht hätte, würde die Kausalrelation nicht wegfallen und deshalb keine Kondiktionslage gegeben sein. Erst wenn der Widerruf erfolgt ist, wird der mit der Zuwendung beabsichtigte Leistungszweck vereitelt. Mithin sind die sonstigen Voraussetzungen des Rechtsgeschäfts, abgesehen von denjenigen, welche sich auf eine relative Einwirkung beziehen, zwar nicht imstande, die Zuwendung unmittelbar in Frage zu stellen, aber sofern sie nur zum Inhalt des Rechtsgeschäfts erhoben sind, gibt ihr Fehlschlagen dem einen oder dem andern Kontrahenten oder ihnen beiden die Befugnis, das der Zuwendung zugrunde liegende obligatorische Verhältnis durch Widerruf einseitig zu lösen.

Wendet man die soeben entwickelte Lehre von der Voraussetzung auf die Leistungen condicionis implendae causa an, so ergibt sich ohne weiteres, wie unrichtig es ist, wenn man diese Art von Leistungszweck als besonderen Rechtsgrund den bisher besprochenen Fällen gleichsetzt, denn, wie Jung (S. 82) mit Recht ausführt, wirkt die Absicht, eine Bedingung zu erfüllen, höchstens als eine Voraussetzung im engeren Sinne, niemals aber als Rechtsgrund. Auf alle Fälle muß noch auf die relativen Beziehungen zum Empfänger in irgend welcher Weise eingewirkt werden. Der Empfänger muß die Leistung als Schenkung, Darlehn oder Erfüllung entgegennehmen. Mißlingt die Absicht, die Bedingung zu erfüllen deshalb, weil das Testament, durch welches der Zuwendende bedingt als Erbe eingesetzt ist, sich später als unwirksam herausstellt, so fällt der Rechtsgrund der Leistung nicht ohne weiteres fort, sondern der Leistende erhält nur für den Fall, daß die fragliche Voraussetzung zum Inhalt des Rechtsgeschäfts erhoben ist, die Befugnis, das zugrundeliegende obligatorische Geschäft des Darlehns oder der Schenkung zu widerrufen. Wenn also z. B. A, welcher von X unter der Bedingung, daß er dem B 1000 M. als Darlehn oder als Schenkung gebe, zum Erben eingesetzt worden ist, das fragliche Geschäft unter der ausdrücklichen oder stillschweigenden Voraussetzung der Bedingungserfüllung abgeschlossen hat, so kann er im Falle der Ungültigkeit des Testaments wegen Ermangelung der Voraussetzung das Darlehn oder die Schenkung widerrufen, während ihm das genannte Gestaltungsrecht nicht zusteht, wenn er den Vertrag voraussetzungslos abgeschlossen hat.

Auch die Pfandbestellung läßt sich dem allgemeinen Prinzip, wonach mit jeder Zuwendung eine Einwirkung auf relative Beziehungen beabsichtigt wird, subsummieren. Denn sie dient der Sicherung einer Forderung oder eines sonstigen Anspruchs und leitet damit die Lösung der relativen Beziehung ein. Daher kann man unbedenklich den Sicherungszweck als eine Unterart der causa solvendi betrachten, denn es ist keineswegs notwendig, daß nach der Parteiabsicht der Geschäftszweck mit der Zuwendung sofort erreicht werden soll. Vielmehr kann der Wille der Beteiligten eben so gut auch darauf gerichtet sein, eine Einwirkung auf relative Beziehungen nur vorzubereiten. In diesem Fall ist der Geschäftszweck als mißlungen zu betrachten, wenn der vorbereitende Schritt der bloßen Sicherung nicht geglückt ist, weil z. B. die fragliche Forderung nicht existierte. Als abwegig muß es bezeichnet werden, wenn man mit Jung (S. 103) der Ansicht ist, daß die Parteiabsicht bei der Pfandbestellung auf Herstellung des Verhältnisses, wie es zwischen Verpfänder und Pfandgläubiger bestehe, gerichtet sei. Denn eine derartige relative Beziehung ist nur eine Folge der ungleichartigen Rechtsgemeinschaft von Eigentum und Pfandrecht, aber nicht Zielpunkt der Zuwendung. Ebensowenig wird die Herstellung der gleichartigen Rechtsgemeinschaft des Miteigentums von einem bisherigen Alleineigentümer, welcher einen ideellen Teil der Sache auf eine andere Person überträgt, erstrebt. Vielmehr verfolgt dieser mit einer solchen Zuwendung eine ganz andere Absicht: so will er den ideellen Teil vielleicht verschenken oder durch die Übertragung eine Schuld berichtigen.

Ebensowenig dient die Hingabe einer Geldsumme als Draufgabe dem Zwecke, zwischen den Parteien das „Verhältnis des Arrhagebenden zum Arrhanehmenden“ [1]) herzustellen. Denn die Verpflichtung des Arrhaempfängers ist ebenso wie diejenige des Pfandgläubigers nur eine unbeabsichtigte Nebenwirkung, aber nicht der Zielpunkt der Zuwendung. Vielmehr dient die Hingabe als Arrha in gleicher Weise, wie die Verpfändung der Sicherung und Bestärkung einer sonstigen relativen Beziehung. Die konfirmatorische Draufgabe soll speziell den aus dem Hauptgeschäft entspringenden Anspruch dadurch sicherstellen, daß sie durch die in ihr liegende antizipierte Erfüllung eine Vermutung für den Abschluß des Hauptvertrags abgibt, während die im heutigen Reichsrecht nicht anerkannte konstitutive Draufgabe außerdem die Anknüpfung der relativen Beziehung überhaupt erst ermöglicht, also constituendi causa erfolgt. Das Versprechen einer Vertragsstrafe, welches den doppelten Zweck verfolgt, durch das indirekte Zwangsmittel der gewillkürten Androhung eines Nachteils dem Vertragsbruch vorzubeugen und den Umfang des aus der Nichterfüllung oder nicht rechtzeitigen Erfüllung einer Verbindlichkeit entstehenden materiellen oder ideellen Schadens im Voraus zu fixieren, dient ebenfalls nur der Sicherung einer Prinzipalforderung.

So fügen sich alle bisher erwähnten Leistungszwecke der Jungschen Formel ein. Zweifelhaft kann es nur sein, ob eine derartige Abhängigkeit zwischen der Zuwendung und der rechtlichen Einwirkung auf relative Beziehungen in unserm heutigen Privatrecht ausnahmslos durchgeführt ist. Denn da die Zuwendung auch, wie alle andern Handlungen, von Motiven der verschiedensten Art verursacht und von den mannigfachsten Voraussetzungen geleitet wird, so wäre es doch immerhin denkbar, daß nicht eine rechtliche Einwirkung auf relative Beziehungen zum Empfänger beabsichtigt zu werden brauchte, sondern daß es genügte, wenn irgendein bloß tatsächlicher Erfolg bezweckt würde, so daß sich der Rechtsgrund auf eine „der Leistung abstrakt gegenüberstehende Tatsache“ [2])

---

[1]) Jung, „Bereicherungsansprüche“ S. 103.

[2]) Bähr, „Anerkennung“ § 10, Ziffer III, S. 28.

bezöge. Dieser Fall läge z. B. vor, wenn A dem B eine Leistung in der Erwartung einer Gegenleistung macht, ohne daß B durch den Empfang der Zuwendung eine Verpflichtung zu dieser Gegenleistung einginge. Für das Recht des B.G.B. ist aber mit Jung[1]) anzunehmen, daß ein tatsächlicher Erfolg nicht genügt, daß vielmehr jede Zuwendung notwendig auch einen rechtlichen Erfolg bezwecken muß, damit ein Rechtsgrund vorhanden und die Kondiktion ausgeschlossen ist. Daher kennzeichnet sich nach B.G.B. der soeben erwähnte Fall, daß sich der Geschäftszweck auf eine der Leistung abstrakt gegenüberstehende Tatsache bezieht, als eine voraussetzungsbehaftete Schenkung. Ein praktischer Unterschied zwischen diesen beiden Auffassungen macht sich nur geltend, wenn die Zuwendung in der Eingehung eines reinen Schuldversprechens besteht. Faßt man die Kausalabrede als eine voraussetzungsbehaftete Schenkung auf, so muß nach § 518 B.G.B. das Versprechen gerichtlich oder notariell abgeschlossen werden, während die bloße Schriftlichkeit ausreichen würde, falls man die abstrakt gegenüberstehende Tatsache als eine besondere Unterart des Rechtsgrundes ansieht. Da es dem Zweck des § 518 B.G.B., die übereilte Vornahme noch nicht effektiv vollzogener unentgeltlicher Zuwendungen zu verhindern, mehr entspricht, die strengere Form zur Anwendung zu bringen, so dürfte es sich empfehlen, die erwähnten Leistungszwecke dem Begriff der Schenkung zu subsumieren. Hat daher ein Onkel seinem Neffen für eine Studienreise nach Italien 1000 Mark versprochen und geht er hierüber eine abstrakte Verbindlichkeit ein, so liegt dieser Zuwendung eine formbedürftige Schenkung, aber keine der Leistung abstrakt gegenüberstehende Tatsache als causa zugrunde.

Ferner könnte man gegen Jung einwenden[2]), daß nach den §§ 814 und 815 B.G.B. eine Kondiktion ausgeschlossen sei, wenn der Leistende gewußt hat, daß er zur Leistung nicht verpflichtet war, oder daß der Eintritt des mit der Leistung bezweckten Erfolgs von Anfang an unmöglich war, oder wenn die Leistung einer sittlichen Pflicht oder einer auf

---

[1]) Jung, „Bereicherungsansprüche“ S. 75 ff.

[2]) So Stammler, „Ungerechtfertigte Bereicherung“ S. 15 und 16.

den Anstand zu nehmenden Rücksicht entsprach, oder schließlich wenn der Leistende den Eintritt des Erfolgs wider Treu und Glauben verhindert hat. In allen diesen Fällen sei eine die Kondiktion ausschließende justa causa vorhanden, und doch könne hier von einer Einwirkung auf die relativen Beziehungen zum Empfänger nicht die Rede sein. Diese Auffassung, welche von dem Nichtvorhandensein der Kondiktionsmöglichkeit auf die Existenz eines Rechtsgrundes schließt, verkennt vollständig, daß trotz Vorhandenseins aller übrigen Kondiktionsvoraussetzungen besondere Umstände ein ausnahmsweises Zessieren dieses Billigkeitsinstitutes rechtfertigen können. Dies ist bei den obigen Tatbeständen der Fall. Die Rechtsordnung verleiht zwar bloßen Sittlichkeits- und Anstandspflichen keinen Rechtszwang, aber auf der andern Seite würde sie über das Ziel hinausschießen, wenn sie ihre Hand dazu bieten wollte, um eine freiwillige Erfüllung rückgängig zu machen. In gleicher Weise ist es gerechtfertigt, wenn dem Arglistigen, welcher den Eintritt des bezweckten Leistungserfolgs wider Treu und Glauben verhindert hat, der Rechtsbehelf der Kondiktionen versagt bleibt, so daß er in gleicher Weise behandelt wird, als ob der von ihm hintertriebene Erfolg eingetreten wäre. Auch bei der wissentlichen Zahlung einer Nichtschuld ist der Zweck in gleicher Weise, wie bei der irrtümlichen Berichtigung vereitelt, denn an sich kommt nur der erklärte Zweckwille in Betracht und dieser ist auf Erfüllung der Forderung gerichtet. Würde der Zahlende aber ausdrücklich äußern, daß er nichts schulde, während der Empfänger die Leistung als Erfüllung anzunehmen erklärte, so wäre der Leistungszweck schon wegen Mangels des Konsenses vereitelt. Daher fehlt bei der wissentlichen Zahlung einer Nichtschuld stets der Rechtsgrund. Der Ausschluß der Kondiktionen beruht auf der besonderen legislativ-politischen Erwägung, daß, wer wissentlich eine Nichtschuld zahlt, sich nicht über den von ihm selbst vorsätzlich verursachten Vermögensverlust beklagen dürfe. Der gleiche teleologische Grund trifft auf den Fall zu, daß die Leistung wissentlich zur Erlangung eines unmöglichen Erfolges hingegeben wurde.

Was die Klassifizierung der Geschäftszwecke angeht, so ergibt sich schon aus dem Gesagten, daß die übliche Einteilung der Leistungszwecke in die drei Klassen credendi, solvendi und donandi causa auf einer Vermengung mehrerer Einteilungsgründe beruht. Denn entweder geschieht die Zuwendung zur Anknüpfung oder zur Lösung einer Obligation oder eines Anspruchs, so daß danach die Leistungszwecke in solche constituendi oder in solche solvendi causa zerfallen, oder die Geschäftszwecke werden nach der Natur der Obligation, welche angeknüpft oder gelöst werden soll, klassifiziert.

In letzterer Hinsicht werden die obligatorischen Verträge in Verkehrsgeschäfte und in unentgeltliche Geschäfte eingeteilt. Erstere zerfallen ihrerseits in die Austausch- und Gemeinschaftsverträge: zu den Austauschkontrakten gehören die meisten Verkehrsgeschäfte, wie Kauf-, Tausch-, Miete-, Dienst- und Werkvertrag, entgeltliches Depositum, Versicherung gegen feste Prämie u. a., während als Hauptbeispiel der Gemeinschaftsverträge die Gesellschaft in ihren verschiedenen Formen zu erwähnen ist. Bezüglich der Verkehrsgeschäfte muß noch besonders hervorgehoben werden, daß sich bei ihnen der erstrebte rechtliche Erfolg nur auf die Wirksamkeit der Gegenverpflichtung, nicht aber auf die ihrer Erfüllung dienende Gegenleistung erstreckt. Zwar hat der Gegner des säumigen Teils im Falle des Leistungsverzuges, wie nach manchen andern Rechten, so auch nach § 326 B.G.B. ein Rücktrittsrecht, aber bis zur Ausübung dieses Gestaltungsrechts bleibt die Gegenverpflichtung und damit der Rechtsgrund bestehen. Kauft jemand z. B. ein Pferd und stellt über den Kaufpreis ein Schuldanerkenntnis aus, so kann er nicht schon, wenn der Verkäufer in Leistungsverzug kommt, sondern erst dann, wenn er seinerseits nach Maßgabe des § 326 B.G.B. vom Vertrage zurückgetreten ist, die in der Begründung einer abstrakten Obligation liegende Zuwendung kondizieren.

Was die unentgeltlichen Obligationstypen angeht, so werden diese in Gefälligkeitsgeschäfte und reine Freigebigkeiten eingeteilt. Der Unterschied zwischen diesen beiden Kategorien besteht darin, daß der Leistende bei den Gefälligkeitsgeschäften seinem Mitkontrahenten zwar unentgeltlich einen Dienst leisten, aber sein Vermögen nicht dauernd vermindern will. Dagegen ist der Schenker bereit, seinem Gegner einen Vermögensbestandteil zeitlich unbegrenzt zu überlassen, ohne ein Äquivalent zu beanspruchen. Zu den Gefälligkeitsgeschäften zählen das unentgeltliche Depositum und das Mandat. Unter diesen Vertragstypus fällt auch die Übernahme einer Bürgschaft und die Verpfändung eines Gegenstandes für fremde Schuld, sofern man sich keine Provision, sondern nur die Erstattung seiner baren Auslagen vom Hauptschuldner versprechen läßt. Zum Begriffe der Schenkung im weiteren Sinne gehören auch die Kindesausstattung und die Mitgiftbestellung. Diese Geschäfte sind, wie schon erwähnt, nur kraft besonderer Vorschrift, in der Absicht, sie von gewissen einengenden Schenkungsnormen zu befreien, aus dem Schenkungsbegriff herausgenommen worden. Der Unterschied zwischen den reinen Liberalitäten und den Gefälligkeitsgeschäften besteht darin, daß bei den Letzteren immer eine Gegenverpflichtung existiert, welche zwar nicht auf ein Äquivalent, wohl aber auf die Herstellung des status quo ante geht, daß dagegen bei den reinen Liberalitäten von der Auflage abgesehen niemals ein Gegenanspruch ins Leben tritt. Was die Zahl der obligatorischen Beziehungen angeht, so besteht zwischen den verschiedenen Rechtsordnungen darin ein großer Unterschied, daß manche Rechte, wie das reine römische, nur eine beschränkte Anzahl von Vertragstypen kennt, während man nach gemeinem Recht und B.G.B. jede beliebige Abrede, sofern sie nur nicht verboten ist oder gegen die guten Sitten verstößt, zum Inhalt einer Obligation machen kann. Durch diese Zulassung unbenannter Konsensualverträge ist die Zahl der Leistungszwecke natürlich ganz erheblich gestiegen.

Demnach ergibt sich folgendes Schema von Geschäftszwecken. Die Zuwendungen erfolgen zur

	I. Lösung.	II. Bindung.
	Erfüllung oder Sicherung	Begründung.
a) reinen Liberalitäten	a) eines Schenkungsversprechens	a) eines Handgeschenks
b) Gefälligkeitsgeschäften	b) eines Auftrags	b) eines unentgeltlichen Realdarlehns
c) Verkehrgeschäften	c) eines Konsensualkaufs	c) eines Handkaufs

Wenn dagegen die Zuwendungszwecke vielfach[1]) in causae praeteritae und futurae eingeteilt werden, so ist diese Klassifizierung insofern nicht korrekt, als sich ein Zweck notwendig immer auf die Zukunft beziehen muß. Immerhin liegt dieser Einteilung der richtige Gedanke zugrunde, daß es oft sofort feststeht, ob der Zweck erreicht ist, während in vielen Fällen erst zukünftige Ereignisse hierüber entscheiden. Das Erstere ist z. B. der Fall, wenn auf eine angebliche Schuld Erfüllung geleistet wird; besteht die Schuld in Wahrheit nicht, so ist die Vereitelung des Zwecks sofort objektiv gewiß, wenn auch die Parteien sich subjektiv im Irrtum befinden mögen. Bezahlt dagegen jemand eine erst künftig fällig werdende Mietsrate, so muß erst die Zukunft lehren, ob der Mieter so lange wohnen bleibt, daß er die gezahlte Rate schuldig wird.

Welche von den verschiedenen Leistungszwecken im einzelnen Fall gewollt ist, hat der Zuwendende dem Empfänger zu erklären. Diese Äußerung braucht nicht unmittelbar bei der Leistung zu geschehen, sondern kann auch später nachfolgen[2]). Wenn z. B. A dem B eine Geldsumme mittels Postanweisung zuschickt oder einen Geldbetrag auf das Bankkonto des B abschreiben läßt, so genügt es, daß ihm die Mitteilung des Geschäftszwecks später zuteil wird. Wenn sich der Empfänger zu der Zweckerklärung des Leistenden nicht äußert, so unterwirft er sich ihr damit stillschweigend; widerspricht er ihr aber, so ist wegen Mangels des Konsenses eine Kausalabrede nicht zustande gekommen und daher eine Einwirkung auf die relativen Beziehungen der Parteien nicht erfolgt, so daß die Zuwendung wegen Fehlens des Rechtsgrundes kondiziert werden kann. Schickt also A dem B eine Geldsumme mittels Postanweisung als Schenkung, während der Empfänger sie nur als Darlehn annimmt, so kommt eine Obligation und mithin ein Rechtsgrund nicht zustande, es sei denn daß der Leistende den eventuellen Willen kundgibt, die Summe dem Empfänger als Darlehn zu belassen.

Aber auch wenn mit einer Zuwendung die Erfüllung einer

---

[1]) Bähr. „Anerkennung" § 11 S. 29.

[2]) So mit Recht Windscheid. „Ges. Abhandl." S. 389 gegen Lenels Einwurf „Arch. f. d. ziv. Pr." Bd. 74 S. 224.

Verbindlichkeit beabsichtigt wird, muß der Geschäftszweck auf gegenseitigem Konsens beruhen. Von der herrschenden Ansicht[1]) wird freilich geleugnet, daß die Erfüllung notwendig auf einem Vertrage beruhe, da die rein faktischen oder naturalen Erfüllungshandlungen, wie z. B. das Teppichklopfen, überhaupt kein Rechtsgeschäft enthielten. Dieser Auffassung liegt aber eine Verwechslung der Zuwendung mit der Kausalabrede zugrunde. Die rein naturalen Zuwendungen, wie die Dienstleistungen, können freilich ohne rechtsgeschäftlichen Tatbestand vorgenommen werden, aber die Abrede, daß damit auf relative Beziehungen eingewirkt werden soll, setzt zu ihrer Gültigkeit einen Vertrag voraus. Auch für die Erfüllung gilt nichts Abweichendes, denn der Schuldner muß ausdrücklich oder stillschweigend bestimmen, auf welchen Anspruch die Leistung angerechnet werden soll, und andererseits darf auch dem Gläubiger gegen seinen Willen die Erfüllung nicht aufgedrängt werden. Durch eine ungerechtfertigte Weigerung gerät er freilich in Annahmeverzug, aber trotzdem erlischt der Anspruch nicht, sofern nicht der Gläubiger nachträglich seine Zustimmung zur Zuwendung gibt. Läßt z. B. A seinem Gläubiger C 1000 Mark mittels Giro abschreiben, so erlischt die Forderung nicht, wenn C erklärt, die 1000 Mark als Darlehn oder Schenkung entgegennehmen oder auf eine andere Forderung anrechnen zu wollen. Auch bei den rein naturalen Zuwendungen, bei denen der Gläubiger nicht mitzuwirken braucht, ist seine Zustimmung zur Tilgung notwendig, in den meisten Fällen kann man sie freilich nach Lage der Sache ohne weiteres unterstellen. Immerhin darf auch hier die Leistung dem Gläubiger selbst dann nicht aufgedrängt werden, wenn er durch Verweigerung seiner Zustimmung in Annahmeverzug geraten würde. Wer also z. B. Arbeiter zum Fällen von Bäumen gedungen hat, kann ihnen trotzdem jederzeit die Vornahme der Erfüllungshandlung verbieten. Oertmann[2]) versucht die hier vertretene Ansicht durch den Hinweis ad

---

[1]) Literatur siehe bei: Oertmann, „Recht der Schuldverh." S. 216; Staudinger, „Komment. z. B.G.B." S. 272; Für die Vertragsnatur der Erfüllung mit ausführlicher und scharfsinniger Begründung vor allem: Lent, „Anweisung" S. 7—33.

[2]) Oertmann, „Recht der Schuldverhältnisse" S. 216.

absurdum zu führen, daß nach ihr ein wahnsinniger Virtuose, der an dem festgesetzten Abend sein programmäßiges Pensum singe, infolge seiner Geschäftsunfähigkeit von seiner Engagementverpflichtung nicht befreit werde. Dieses Resultat, dessen Mißlichkeit nicht zu verkennen ist, kennzeichnet sich nur als eine Konsequenz des legislativ-politisch verfehlten Satzes, daß der völlig Geschäftsunfähige im Gegensatz zum beschränkt Geschäftsfähigen nicht einmal Rechtsgeschäfte, die ihm ausschließlich einen rechtlichen Vorteil gewähren, abschließen kann. Daher darf dieses Ergebnis ebensowenig gegen die Vertragsnatur der Erfüllung angeführt werden, wie man aus der Tatsache, daß der Wahnsinnige an der geschenkten Sache kein Eigentum erwirbt, gegen die Lehre vom dinglichen Vertrag verwenden darf. Übrigens wird das Mißliche des Resultates, daß der wahnsinnige Virtuose durch sein programmäßiges Singen nicht von seiner Verbindlichkeit befreit wird, durch die Erwägung gemildert, daß ein Erfüllungsvertrag auch nachträglich abgeschlossen werden kann, und daß der Gläubiger in der Zwischenzeit, wo ihm die Zuwendung zuteil geworden ist, jedenfalls kondiktizisch haftet.

Da bei der Kausalabrede, wie bei allen Rechtsgeschäften ein geheimer Vorbehalt nicht in Betracht kommt, so ist nur der erklärte Leistungszweck, nicht aber der tatsächlich vorhandene Zweckwille rechtlich beachtlich. Wenn also A dem B eine Summe als Darlehn gibt, so fällt es nicht ins Gewicht, daß er sich insgeheim vorbehält, dem Empfänger den Betrag zu schenken. Ein derartiger Vorbehalt wäre vielmehr nur dann beachtlich, wenn der Empfänger ihn kennen und sich stillschweigend mit ihm einverstanden erklären würde. Bezüglich der Bestimmung des Geschäftszwecks darf nicht übersehen werden, daß die Zuwendung unter Umständen zugleich verschiedenen Zwecken dienen kann. Dies trifft z. B. im Falle des Konsensualdarlehns zu: wenn der Kapitalist in Erfüllung seines dahingehenden Versprechens dem Kreditsuchenden die Valuta auszahlt, so befreit er sich selbst durch diese Leistung von seiner Verpflichtung aus der Kreditzusage und zugleich ruft er hierdurch einen ihm gegen den Empfänger zustehenden Anspruch auf Rückzahlung des Darlehns ins Leben.

Was die Vereitelung des Geschäftszwecks angeht, so ist die Erfüllungsabsicht mißlungen, wenn die obligatorische Beziehung nicht gelöst wird. Dieser Zweck kann aus den verschiedensten Gründen fehlschlagen. Ein besonders wichtiger Fall liegt vor, wenn der zu tilgende Anspruch überhaupt nicht existiert (condictio indebiti). Der Lösungszweck ist aber nicht schon dann vereitelt, wenn die Zuwendung nicht sofort den Anspruch befriedigt, sondern erst einen vorbereitenden Schritt zu diesem Ziele macht. In diesem Fall ist die Leistung nicht an Zahlungsstatt, sondern bloß zahlungshalber erfolgt. Diese Art von Zuwendungszweck kommt besonders oft vor, wenn ein Wechsel für eine bestehende Schuld ausgestellt wird. Aber auch bei andern Zuwendungen ist eine Leistung zahlungshalber möglich. So überträgt z. B. der Schuldner A seinem Gläubiger B das Eigentum an einem Pferde mit der Abrede, daß B dasselbe verkaufen, sich aus dem Erlöse befriedigen und den Überschuß herausgeben soll. In beiden Fällen erlischt die ursprüngliche Forderung noch nicht sofort mit der Ausstellung des Wechsels und der Übertragung des Eigentums, vielmehr wird durch diese Zuwendung nur der erste Schritt zur Lösung der Obligation getan. Nicht minder lassen sich bei den credendi causa erfolgenden Zuwendungen zwei Möglichkeiten unterscheiden: entweder wird das Darlehn schon unmittelbar durch die vom Kapitalisten dem Kreditsuchenden gemachte Leistung, also z. B. durch die Erteilung eines Wechselsakzepts oder Übertragung des Eigentums an einem Pferde ins Leben gerufen, oder der Entleiher wird erst, wenn er durch Einlösung des Wechsels oder durch Erlangung des Kaufgeldes für das veräußerte Pferd reale Valuta in Händen hat, aus dem Darlehnsvertrag gebunden. In Analogie der eben erwähnten Terminologie könnte man den ersteren Fall als Leistung an Kreditstatt und den letzteren Fall als Leistung kreditshalber bezeichnen. Im Zweifel ist, wie überall, so auch hier die geringere Wirkung, also die Leistung kreditshalber, als vereinbart anzusehen.

In beiden Fällen von Leistungszwecken, sowohl bei der Zuwendung constituendi, als bei derjenigen solvendi causa, darf der Zweck nicht hinterher dadurch wieder vereitelt werden, daß das obligatorische Band, das geknüpft oder gelöst werden soll, infolge eines ihm anhaftenden Mangels, z. B. wegen Eintritts einer auflösenden Bedingung oder Ausübung einer Rücktrittsbefugnis wieder wegfällt, denn es genügt nicht, wenn der Zweck nur vorübergehend erreicht wird. Vielmehr muß der Erfolg ein dauernder sein, sonst tritt der als condictio causa data causa non finita bezeichnete Rechtsbehelf in Wirksamkeit, um einen relativen Ausgleich herbeizuführen.

Nur die eigentlichen Vermögenszuwendungen bedürfen zu ihrer Rechtfertigung einer Vermögens-Causa. Dagegen würde es dem Wesen des fiduziarischen Rechtsgeschäfts, das dem Erwerber nur eine Rechtsmacht erteilen soll, widersprechen, sie als Mittel zur Einwirkung auf relative Beziehungen zu benutzen. Freilich muß die Gewährung einer solchen verdeckten Rechtsmacht ebenso, wie die Erteilung einer Vollmacht ihren Zweck haben, denn eine zwecklose Handlung wäre sinnlos, nur ist die Richtung der Parteiabsicht eine ganz andere, als bei den eigentlichen Zuwendungen. Im Fall des gemischten fiduziarischen Geschäfts ist die Erteilung der Rechtsmacht nur ein Annexum der Vermögenszuwendung, deren Sicherung oder Durchführung sie dient. Dem Gläubiger wird das Eigentum an einer beweglichen Sache übertragen, oder ein Wechsel indossiert, damit er durch eine möglichst einfache Versilberung rasch und bequem bares Geld erlangt. Die überschießende Rechtsmacht, um welche das Eigentum das Pfandrecht übertrifft, ist mithin nur gegeben, um die dem Sicherungszweck dienende Vermögenszuwendung zu schützen.

Ganz anders liegt die Sache hinsichtlich der rein fiduziarischen Zuwendung, durch welche dem Erwerber eine Rechtsmacht zuteil wird, die es ihm ermöglichen soll, für den Veräußerer über den anvertrauten Gegenstand Verfügungsgeschäfte abzuschließen. In diesem Fall kann der Fiduziant, da er die Geschäftsbesorgung jederzeit widerrufen darf, auf Grund des obligatorischen Anspruchs aus dem Mandat die Rückübertragung des Eigentums oder die Abtretung der Forderung verlangen, und damit die Wiedervereinigung der substanziellen und der formellen Seite des subjektiven Rechts in seiner Hand herbeiführen. Die gleiche Befugnis steht dem Veräußerer zu, wenn überhaupt kein Geschäftsbesorgungsverhältnis zwischen den Parteien besteht, nur daß in diesem Fall der Anspruch auf Rückübertragung nicht kontraktlicher, sondern kondiktizischer Natur ist. Der auf Rückgängigmachung des fiduziarischen Geschäfts gerichtete Anspruch gewährt trotz seines obligatorischen Charakters nach § 43 K. O. ein Aussonderungsrecht im Konkurs des Fiduziars, denn der fragliche Gegenstand gehört dem Gemeinschuldner in Wahrheit nicht, weil er zwar formell im Eigentum des Kridars steht, aber infolge der fiduziarischen Natur der Übertragung bezüglich der substanziellen Seite im Vermögen des Veräußerers geblieben ist. Daher kann man auch die auf Rückgängigmachung der fiduziarischen Übertragung gehende actio mandati oder die aufs gleiche Ziel gerichtete condictio wegen ihrer absoluten Reflexwirkung als eine utilis rei vindicatio bezeichnen.

Insoweit aber die Geschäftsführung zugleich im Interesse des Fiduziars erfolgen soll, wenn also z. B. Miterben oder Gesellschafter sich verpflichten, das gemeinschaftliche Gut einem Genossen zwecks Verwaltung fiduziarisch anzuvertrauen, so kann der einzelne Gesellschafter oder Miterbe diese Abrede nicht ohne weiteres beiseite schieben und seinen Eigentumsanteil zurückverlangen. Dagegen ist er imstande, seinen substanziellen Eigentumsanteil mit einer utilis rei vindicatio zu verteidigen, wenn ein Gläubiger des Fiduziars den Gegenstand pfändet oder letzterer in Konkurs fällt. Das gleiche gilt von einem Geschäftsherrn, der die fiduziarische Zuwendung zwar frei widerrufen kann, aber von dieser Befugnis noch keinen Gebrauch gemacht hat. Hinsichtlich der gemischten fiduziarischen Geschäfte versteht es sich von selbst, daß der Fiduziant, so lange die eigentliche Vermögenszuwendung besteht, dem Fiduziar auch die überschießende Rechtsmacht nicht rauben darf, während es ihm hier ebensowenig, wie bei den rein fiduziarischen Geschäften verwehrt ist, sein substanzielles Recht Pfändungs- oder Konkursgläubigern gegenüber zu verteidigen.

Bisher wurde nur der Fall ins Auge gefaßt, daß die Parteien mit ihren Vermögenszuwendungen auf ihre gemeinsamen relativen Beziehungen einwirken wollen. Diese Eventualität ist aber keineswegs die allein mögliche Gestaltung. Vielmehr können die Parteien, anstatt eine relative Beziehung unmittelbar zu knüpfen oder zu lösen, auch vereinbaren, daß die Zuwendung auf ihre beiderseitigen Beziehungen zu einem Dritten einwirken sollen. Im ersteren Fall sind sie kausal verbunden, während sie im letzteren Fall als kausal unverbunden bezeichnet werden müssen. Natürlich ist es möglich, daß neben dem Dritten noch weitere Rechtssubjekte als Zwischenpersonen treten. In diesem Fall soll nach der Parteiabsicht auf sämtliche Kausalrelationen, welche zwischen den einzelnen Gliedern bestehen, eingewirkt werden. Die Abrede einer derartigen indirekten Vermögenszuwendung[1]) ist nur dann wirksam, wenn der Dritte A seine Zustimmung erteilt. Die Willenserklärung, durch welche sich letzterer damit einverstanden erklärt, daß eine von B dem C gemachte Zuwendung mit Wirkung auf seine relativen Beziehungen erfolgt, kann man im Gegensatz zu der formalisierten schriftlichen Anweisung im Sinne der §§ 783 ff B.G.B. als Anweisung im materiellen Sinn bezeichnen. Bei einer indirekten Vermögensleistung kommen also immer mindestens zwei Kausalrelationen in Frage, von denen eine jede ganz verschiedener Natur sein kann. Nennt man den Leistenden B, den Empfänger C und den zwischen ihnen stehenden Dritten A, so sind die verschiedensten Kombinationen möglich: B will z. B. seine Schuld gegenüber dem A tilgen (Deckungsverhältnis), während dieser dem C ein Geschenk machen möchte (Valutaverhältnis), oder B gewährt dem A ein Darlehn, damit dieser seine Verpflichtung gegenüber dem C berichtigen kann. Ist die Abrede der indirekten Vermögensleistung infolge einer Anweisung der Zwischenperson A gültig zustande gekommen, so wird die Situation bezüglich der Kondiktionsansprüche gerade so beurteilt, als ob B dem A und dieser dem C die fragliche Leistung gemacht hätte. Ist daher im Verhältnis von B zu A die Einwirkung mißglückt, so kann B von A kondizieren. Ist dagegen ein Rechtsgrund zwischen A und C nicht gültig zustande gekommen, so steht der Kondiktionsanspruch dem A gegen C zu. Dagegen kann trotz der Fehlerhaftigkeit des Deckungsverhältnisses B/A B von C die Leistung nicht kondizieren, selbst wenn dieser von dem Mangel

---

[1]) Siehe hierüber: Windscheid „Gesammelte Abhandlungen“ S. 410 ff. und Lenel in Jherings Jahrb. Bd. 36, S. 113 ff. Die näheren Ausführungen folgen erst im § 4 dieser Abhandlung.

beim Empfang Kenntnis hatte. Nur wenn A trotz Fehlens eines Rechtsgrundes zwischen ihm und B deshalb nicht kondiktizisch haftet, weil er den Gegenstand dem C unentgeltlich zugewandt hat, so ist dem B gegen C nach § 822 B.G.B. ein Anspruch und eine Einrede aus ungerechtfertigter Bereicherung nicht zu versagen. Ferner findet auch dann, wenn beide Kausalrelationen nicht in Ordnung sind, ein direkter Ausgleich zwischen B und C statt, denn durch die Gewährung einer solchen via directa wird verhindert, daß der notwendig gewordene kondiktizische Ausgleich auf einen beschwerlichen und unsicheren Umweg verwiesen wird. Wenn die Kausalbeziehungen B/A und A/C zwar in Ordnung sind, aber die Abrede indirekter Vermögensleistung deshalb nicht gültig zustande gekommen ist, weil die Zwischenperson A ihre Zustimmung nicht rechtswirksam erteilt hat, so findet trotz Intaktheit beider Kausalrelationen eine Kondiktion unmittelbar zwischen den Zuwendungsparteien B und C statt, weil eine unmittelbare Kausalrelation, auf welche eingewirkt werden soll, nicht in Frage steht, eine indirekte Anrechnung aber mißglückt ist.

Daß die Zuwendungsparteien auf die relativen Beziehungen zu einem Dritten ohne dessen Zustimmung nicht einwirken können, ist selbstverständlich, soweit der Dritte dadurch belastet wird. Aber auch wenn dieser von einem derartigen Geschäft nur Vorteile erlangt, ist doch eine solche indirekte Einwirkung ausgeschlossen, denn sonst würden die Bestimmungen der §§ 164 ff. B.G.B., wonach ein Vertreter bei allen, also auch bei den rein lukrativen Geschäften einer Vollmacht bedarf, vollständig illusorisch gemacht. Daher kann B dem A nicht dadurch einen Darlehnsanspruch gegen C verschaffen, daß er diesem eine bestimmte Geldsumme auszahlt. Wohl aber können die Zuwendungsparteien einen Vertrag zugunsten des Dritten A schließen, indem B, der dem A schenken will, dem C tausend Mark als Darlehn gibt und zugleich vereinbart, daß der Anspruch dem A zustehen soll. In diesem Fall stehen aber B und C selber in einem kausalen Verhältnis, so daß von einer indirekten Vermögenszuwendung nicht die Rede sein kann [1]. In einem einzigen Fall kann jedoch der Leistende

---

[1] Hellwig, „Verträge" S. 50.

ausnahmsweise auf eine relative Beziehung des Dritten ohne dessen Zustimmung einwirken. Sowohl nach dem römischen Recht, als nach § 267 B.G.B. kann der Leistende B regelmäßig den Gläubiger C des Dritten A ohne die Einwilligung des Schuldners befriedigen. In diesem Fall liegt nicht einmal eine indirekte Beziehung zwischen den Zuwendungsparteien vor, vielmehr tritt der Anspruch des Empfängers C gegen den Schuldner A völlig an Stelle dieser fehlenden Beziehung, sodaß, wenn der angebliche Anspruch nicht existiert, die condictio indebiti dem Leistenden B, nicht aber dem angeblichen Schuldner A zusteht. Natürlich kann auch der Dritte als Stellvertreter des Schuldners den Gläubiger befriedigen, so daß beim Nichtvorhandensein der angeblichen Schuld die condictio indebiti dem vermeintlichen Schuldner A und nicht dem Zahlenden B zukommt, aber es wäre verfehlt anzunehmen, daß allein die Stellvertretung die Möglichkeit gewährte, fremde Schulden zu zahlen, vielmehr kann der Intervenient B die Leistung auch im eigenen Namen vornehmen, so daß ihm selber eine etwaige Kondiktion zusteht [1]).

Fast man daher die bisherigen Ausführungen in eine kurze Formel zusammen, so kann man sagen, daß eine Zuwendung nur dann einen Rechtsgrund hat, wenn die beabsichtigte Einwirkung auf die relativen Beziehungen zum Empfänger geglückt ist.

Diese scharfe und klare Inhaltsbestimmung des Begriffs „Rechtsgrund" verdankt die Wissenschaft der Arbeit Jungs über die Bereicherungsansprüche [2]). Durch seine Lehre wird wenigstens für die auf Leistung beruhenden Vermögensverschiebungen eine allgemeine und erschöpfende Formulierung der Kondiktionsvoraussetzungen gewonnen. Dagegen versagt die Jungsche Theorie für die übrigen Fälle, nämlich für die

[1]) Ebenso Hellwig, „Verträge" S. 142; Oertmann, „Arch. f. d. ziv. Pr." Bd. 82 S. 425 ff.; Oertmann, „Recht d. Schuldverh." S. 65; anderer Ans. v. Thur, „Krit. Vierteljahrsschr." Bd. 43 S. 554—556; Wieland, „Arch. f. d. ziv. Pr." Bd. 95 S. 181.

[2]) Ähnlich R. v. Mayr, „Der Bereicherungsanspruch des Deutschen Bürgerl. Rechts" S. 423.

nicht auf Leistung beruhenden Bereicherungen, denn nicht jede Veränderung der absoluten Rechtslage, die nicht von einer entsprechenden Modifizierung relativer Beziehungen begleitet wird, entbehrt des Rechtsgrundes. Jung (S. 39) muß selber zugeben, daß der gutgläubige Besitzer die in sein Eigentum getretenen Früchte nicht auf Grund eines Kondiktionsanspruchs herauszugeben braucht, obwohl doch eine relative Beziehung zwischen dem Besitzer und dem Eigentümer der Muttersache nicht besteht. Da die nicht auf Leistung beruhenden Fälle von ungerechtfertigter Bereicherung sich nicht für eine allgemeine technische Formulierung eignen, so bleibt hier nichts anderes übrig, als mit Stammler eine generelle Bezugnahme auf richtiges Recht eintreten zu lassen, so daß allemal ein Ausgleich stattzufinden hat, wenn sich „die nach technisch geformtem Recht eingetretene Rechtsveränderung in ihrem sachlichen Bestande als richtiges Recht nicht behaupten läßt [1].“ Unzutreffend wäre es aber, wenn man sich auch in den Fällen der auf Leistung beruhenden Zuwendungen, wo eine technische Formulierung möglich ist, mit einer Verweisung auf richtiges Recht begnügen wollte, denn im Interesse der Rechtssicherheit soll man eine exakte Regel derartigen Verweisungen, denen stets etwas Vages anhaftet, nach Möglichkeit vorziehen.

Bisher wurde der Begriff „Rechtsgrund“ im subjektiven Sinne in wenig klarer Weise aufgefaßt. Vielfach wurde das Wesen des Rechtsgrundes in dem erhaltenen Äquivalent gefunden und damit der Gegensatz zwischen der causa der romanistisch gefärbten Rechtsordnungen und der consideration des englisch-amerikanischen Rechts völlig verwischt [2]).

So sieht Liebe [3]), den Inhalt des Rechtsgrundes in „einer mit dem Versprechen in Wechselwirkung gesetzten Leistung von seiten des Gegners“. Dagegen unterscheidet Gneist [4]) die Fälle der Schenkung, wo die Zuwendung Selbstzweck sei, von

[1]) Stammler, „Unger. Bereicher.“ S. 31. Übereinstimmend Brütt, „Kunst der Rechtsanwendung“ S. 192. Dagegen begnügt sich Hellwig, „Verträge“ S. 135 unter Verzicht auf eine prinzipielle Formulierung mit einer Verweisung auf die kasuistischen Bestimmungen des B.G.B.

[2]) Über das Verhältnis von causa und consideration, siehe Hartmann, „Arch. f. d. ziv. Pr.“. Bd. 77 S. 160—242.

[3]) Liebe, „Die Stipulation und das einfache Versprechen“ S. 78.

[4]) Gneist, „Formelle Verträge“ S. 116.

den onerosen Geschäften, bei denen ein Austausch von Leistungen beabsichtigt sei. Auch Bähr [1]), erblickt das Wesen der Schenkung in der „Negation einer anderweitigen Kausa“ und kommt daher zu dem Schluß, daß die Vermögensübertragung entweder Selbstzweck sei, oder noch zu etwas außer ihr Liegendem in Beziehung stehen könne. In ähnlicher Weise führt Schlesinger [2]) aus, daß der Rechtsgrund in der Erlangung einer Gegenleistung oder in einer reinen Liberalität bestände. Diese Auffassung ist aber bezüglich einer jeden Rechtsordnung unzutreffend, welche die Schenkung rein positiv gestaltet und als besonderen obligatorischen Typus neben Kauf, Darlehn, Miete usw. stellt. Nach der gegnerischen Ansicht würde ein Rechtsgrund vorliegen und mithin eine Kondiktion ausgeschlossen sein, wenn der Leistende schenken, der Empfänger die Zuwendung als angebliche Erfüllung akzeptieren wollte, denn die Absicht des Leistenden, daß der Empfänger die Zuwendung unentgeltlich behalten sollte, ist ja zweifellos eingetreten. Dieses Resultat widerspricht aber sowohl dem römischen Recht, als dem ausdrücklichen Wortlaut des § 516 B.G.B. An diesem Punkt muß jede juristisch-technische Formulierung des Begriffes „Rechtsgrund“, welche der Schenkung als eines besonderen obligatorischen Vertrages nicht gerecht wird, notwendig scheitern.

Nach Lotmar [3]) gibt es Rechtgeschäfte, die ihrem Wesen nach unselbständig sind, wie z. B. die Tradition, weil sie nur als Mittel zum Zweck im Tatbestand eines zusammengesetzten Rechtsgeschäfts vorkommen. Ein derartiger Zweck welcher die notwendige Ergänzung einer unselbstständigen Willensäußerung enthält, ist ein begrifflicher und die Erreichung dieses Zwecks ist der Rechtsgrund des unselbstständigen Rechtsgeschäfts, während die übrigen Zwecke als außerbegriffliche nur dann rechtlich relevant sind, wenn sie von den Parteien durch Konsenserklärung zum Inhalt des Rechtsgeschäfts erhoben sind. Mit dieser Definition ist jedoch nichts gewonnen, da aus ihr nicht klar hervorgeht, wann ein

---

[1]) Bähr, „Anerkennung“. § 3 S. 8.

[2]) Schlesinger, „Zur Lehre von den Formalkontrakten und der Querella non numeratae pecuniae“ S. 4 und 5.

[3]) Lotmar, „Über causa im römischen Recht“ S. 43.

Zweck begrifflich und wann er außerbegrifflich ist. Da hierüber, wie Lotmar (S. 85) selbst zugibt, ausschließlich das positive Recht entscheidet, so liegt in obiger Definition der Verzicht auf jede prinzipielle Formulierung und eine Verweisung auf die kasuistischen Bestimmungen des positiven Rechts. Wenn Karlowa[1]) das Zuwendungsgeschäft als Teilwillen auffaßt, der einer Ergänzung durch eine Zweckberedung bedürfe, die auf einen faktischen Erfolg oder auf eine Rechtswirkung gerichtet sei, so muß auch dieser Definition der Vorwurf gemacht werden, daß sie ziemlich vage ist; ferner fragt es sich, ob jede Art von Zweckberedung ausreicht, ob insbesondere die Absicht auf einen tatsächlichen Erfolg gerichtet sein kann. Nach dem System des B.G.B. dürfte diese Frage, wie ausgeführt, wohl richtiger zu verneinen sein.

Vielfach ist schon unter der Herrschaft des gemeinen Rechts zur Erfassung des Wesens des Rechtsgrundes auf den Gegensatz von wirtschaftlicher und spezifisch juristischer Auffassung hingewiesen worden. So sieht z. B. Fitting[2]) die Zuwendung als die juristische und die Kausalberedung als die wirtschaftliche Seite eines jeden vermögensrechtlichen Geschäftes an, und in ähnlicher Weise definiert Lenel[3]) die causa als denjenigen Leistungszweck, der für die wirtschaftliche Natur der Leistung bestimmend sei. Diese Formulierungen sind aber wenig glücklich, denn jede Zuwendung als solche hat ebenso sehr eine wirtschaftliche, wie die Kausalberedung eine juristische Seite. Ferner kommt in der Definition nicht genügend zum Ausdruck, inwieweit die wirtschaftlichen Zwecke unter den Begriff des Rechtsgrundes fallen.

Was die unter der Herrschaft des B.G.B. entstandene Literatur angeht, so erinnert die von Klingmüller gegebene Definition[4]) an die ältere Lehre von Gneist und Bähr. Denn nach Klingmüller wird eine Eigentumsübertragung (richtiger Zuwendung) vorgenommen, entweder

---

[1]) Karlowa „Das Rechtsgeschäft“ S. 171.

[2]) Fitting, Arch. f. d. ziv. Pr. Bd 52, S. 389.

[3]) Lenel Arch. f. d. ziv. Pr. Bd. 74, S. 230. Ähnlich Buhl „Beiträge zur Lehre vom Anerkennungsvertrag“ S. 3.

[4]) Klingmüller, „Der Begriff des Rechtsgrundes“ S. 24.

I. um ihrer selbst willen, als Selbstzweck, donatio oder
II. unter Beziehung auf einen anderweiten Zweck.
Dieser kann sein:
1. Begründung eines Forderungsrechtes (causa futura),
2. Tilgung eines bestehenden Forderungsrechts (causa praeterita),
3. eine abstrakt gegenüberstehende Tatsache (verabredete Gegenleistung oder Ereignis zufälliger Art).

Der grundlegende Fehler der Klingmüllerschen Ansicht besteht darin, daß er die Schenkung als Selbstzweck und nicht vielmehr als einen besonderen obligatorischen Vertrag ansieht. Ferner scheint es mir für das System des B.G.B. nicht richtig zu sein, daß der Leistungszweck auch auf eine abstrakt gegenüberstehende Tatsache gehen könne, vielmehr muß die Absicht stets auf einen Rechtseffekt gerichtet sein.

Es ist schließlich nichts weiter als eine Nominaldefinition, wenn Kriegsmann[1]) unter Rechtsgrund im subjektiven Sinn jedes rechtlich-relevante Motiv erblickt. Kriegsmann ist sich der Leerheit seiner Definition voll bewußt, denn er sucht in dem dritten Kapitel seiner scharfsinnigen Abhandlung (S. 48 bis 64) für das System des B.G.B. den Inhalt des Rechtsgrunds im Anschluß an Lotmar näher zu entwickeln. Darnach sind zwei Arten von Zwecksatzungen mit der Wirkung rechtlich beachtlich, daß ihre Vereitelung die Kondiktionslage begründet. Es sind dies einmal diejenigen Zwecksatzungen, die auf die Herstellung einer Rechtswirkung unmittelbar durch die Übereignung (richtiger Zuwendung) gerichtet sind (S. 52) und ferner die mittelbaren Zwecke, auf deren Erheblichkeit konsentiert ist (S. 61). Auch diese Formulierung ist meines Erachtens abzulehnen. Darin ist Kriegsmann freilich ohne weiteres zuzustimmen, daß jede Zweckvorstellung als Voraussetzung rechtliche Relevanz gewinnt, wenn die Parteien über diesen Punkt einig sind. Aber durch eine solche Abrede wird die Zweckvorstellung und ihre Erfüllung noch nicht zum Rechtsgrund, da die Zuwendung durch die Vereitelung des Zwecks nicht unmittelbar berührt wird. Vielmehr wirkt die Vereitelung der durch Parteiwillkür zu rechtlicher Relevanz er-

---

[1]) Kriegsmann, „Der Rechtsgrund der Eigentumsübertragung" S. 5.

hobenen Zweckvorstellung nur auf die der betreffenden Zuwendung zugrundeliegende Kausalrelation und somit nur mittelbar auf die Zuwendung selber ein. An und für sich ist es freilich nur eine terminologische Frage, ob man ausschließlich die unmittelbar wirkenden Leistungszwecke oder beide Arten als Rechtsgrund bezeichnen will. Immerhin empfiehlt es sich, den Ausdruck auf die erstere Kategorie zu beschränken und im übrigen von Voraussetzungen im technischen Sinne zu reden, weil man sonst die beiden Begriffe nicht sprachlich auseinanderhalten kann. Diese Trennung ist von großer Wichtigkeit, weil die Zuwendung bei den kausalen Geschäften nur von der ersten Art von Leistungszwecken in ihrem Bestande abhängig ist.

Auch Schöninger[1]) leugnet, daß sich der Leistungszweck auf einen Rechtseffekt oder gar auf eine obligatorische Einwirkung richte, sondern er hält jeden Leistungszweck, auf den konsentiert sei, als Rechtsgrund für ausreichend. Im übrigen sind die Grundbegriffe bei Schöninger weniger klar herausgearbeitet; indem er die Leistung donandi und credendi causa mit der obligatorischen Schenkung und dem Darlehnsvertrag verwechselt, erklärt er die Schenkung und das Darlehn selber für Arten von Vermögenszuwendungen, welche neben die Erfüllung und die Leistung um eines künftigen Erfolges wegen treten. Durch diese Konstruktion wird er aber den positiven Bestimmungen des B.G.B. nicht gerecht. Denn dieses erblickt im Darlehn wie in der Schenkung einen obligatorischen Vertrag, welcher nicht die Zuwendung selbst, sondern ihren Rechtsgrund darstellt. Die Theorie Schöningers scheitert schon allein an der Tatsche, daß er sich genötigt sieht, in jedem Schenkungsversprechen eine abstrakte Schuld zu erblicken.[2])

Das Problem des Rechtsgrundes durch Bezugnahme auf wirtschaftliche Gesichtspunkte lösen zu wollen, ist auch unter der Herrschaft des B.G.B. versucht worden. Insbesondere hat es Stampe[3]) unternommen, die Frage durch Gegenüberstellung

---

[1]) Schöninger, „Die Leistungsgeschäfte d. bürgerl. Rechts" S. 190.

[2]) Oertmann, „Jur. Literaturblatt." Bd. 19, S. 56.

[3]) Stampe, „Das Causaproblem d. Zivilrechts"; „Causa und abstrakte Geschäfte" Ztschrft. f. Handelsrecht. Bd. 55, S. 387—416.

von Grundgeschäft und Hülfsgeschäft zu beantworten. Wie er (Causa S. 22) ausführt, fordern rechtspolitische Erwägungen die Scheidung von Güterzuweisungsgeschäften und Güterschiebungsgeschäften, eine Einteilung, welche sich im wesentlichen mit der bisher üblichen Unterscheidung von originärem und derivativem Erwerb deckt, und gegen welche daher Bedenken nicht zu erheben sind. Was die Güterschiebungsgeschäfte anlangt, so geht bei ihnen der Parteiwille, wie Stampe (Causa S. 24) bemerkt, auf Feststellung des Objekts und der Art der in concreto gewollten Güterschiebung, d. h. auf die Fixierung des wirtschaftlichen Gesamterfolgs; dieser Feststellungsakt bildet „den Inhalt der sogenannten causa des Rechtsgeschäfts, oder nach meiner Terminologie des Grundgeschäfts; er ist mit diesem Grundgeschäft identisch." Neben dieses Grundgeschäft tritt das sogenannte Hülfsgeschäft, das nicht auf den wirtschaftlichen Gesamterfolg, sondern auf spezifisch-juristische Wirkungen gerichtet sei und in einer notwendigen Abhängigkeit vom Grundgeschäft stehe. Stampe unterscheidet sechs Klassen von solchen Hülfsgeschäften:

1. die Erfüllungsgeschäfte, welche die betreffende Güterschiebung völlig zur Abwicklung bringen sollen;
2. die Sicherungsgeschäfte, welche zur Stützung der dem Grundgeschäft entwachsenden Obligationen dienen sollen, wie z. B. die Bestellung einer arrha, das Versprechen einer Konventionalstrafe, die Sicherstellung durch Pfand, Bürgschaft, Anerkenntnis und Vergleich;
3. die konstitutiven Geschäfte, durch welche eine Voraussetzung für die Wirksamkeit des Grundgeschäfts geschaffen wird; typisch hierfür ist die Erscheinung der sogenannten Realkontrakte;
4. die der Vorbereitung eines Grundgeschäftes dienenden Willensakte, so z. B. die Vorverträge und die Vollmachtserteilung zur Vornahme von Grundgeschäften;
5. die modifizierenden Geschäfte, durch welche die normalen Wirkungen des Grundgeschäfts durch andersartige Bestimmungen ersetzt werden, wie z. B. den Kaufpreis an einen Dritten zu stipulieren;

6. Die rekapitulierenden Geschäfte, durch welche die normalen ipso jure eintretenden Wirkungen des Grundgeschäfts noch besonders durch Willensakt festgelegt werden, um so die Klarheit und namentlich die Beweisbarkeit des Geschäftsinhalts zu fördern.

Die strenge Abhängigkeit, in der die Hülfsgeschäfte zu den Grundgeschäften stehen, äußert sich nach Stampe in doppelter Weise: entweder fehle dem Hülfsgeschäft infolge der Unwirksamkeit des Grundgeschäfts auch seinerseits die Rechtsbeständigkeit (kausales Rechtsgeschäft), oder es komme ihm wenigstens eine provisorische Wirkung zu, so daß nur ein Ausgleich mittels Kondiktionen stattfinde. (S. 33.)

Ich kann nicht finden, daß die Lehre von der causa durch die Ausführungen Stampes wesentlich gefördert worden sei[1]). Bezüglich des Gegensatzes von wirtschaftlichen und spezifisch-juristischen Wirkungen kann auf das oben über Fittings und Lenels Ansichten Gesagte verwiesen werden. Was die übrigen Ausführungen Stampes angeht, so ist es zunächst inkorrekt, von den Grundgeschäften zu reden, denn es ist ja gar nicht nötig, daß die dem sogenannten Hülfsgeschäft zugrundeliegende Beziehung einem Rechtsgeschäft ihre Existenz verdankt, vielmehr kann sie auch unmittelbar auf Gesetz, genauer auf einer andern Tatsache, als einer Willenserklärung beruhen. So ist es z. B. möglich, daß ein reines Schuldversprechen zwecks Tilgung einer Deliktsforderung ausgestellt wird. Deshalb dürfte es korrekter sein, anstatt von einem Grundgeschäft vielmehr von der zugrundeliegenden Kausalbeziehung zu reden. Sachlich ist an Stampes Lehre vor allem auszusetzen, daß sie unter dem Begriff „Hülfsgeschäft" die heterogensten Dinge, wie z. B. Erfüllung, Versprechen einer Vertragsstrafe, Vorverträge, Vollmachtserteilungen, nachträgliche Vereinbarung der Zahlung des Kaufpreises an einen Dritten usw. zusammenwürfelt, die nichts anderes gemeinsam haben als den Umstand, daß sie mit irgend einem sogenannten Grundgeschäft in Beziehung stehen. Wenn man nach dieser Methode die Zuwendungen, deren spezifische Eigentümlichkeit darin liegt, daß

---

[1]) Übereinstimmend Klingmüller, „Causa und Schuldversprechen" Zeitschrift f. Handelsr. Bd. 58, S. 157.

durch ihren Vollzug eine relative Beziehung alteriert wird, mit den verschiedensten Rechtserscheinungen unter den Oberbegriff „Hülfsgeschäft“ bringt, so gewinnt man durch diese Konstruktion gar nichts, sondern verwirrt nur das Causaproblem, indem man an stelle · eines klaren Begriffs eine verschwommene Vorstellung setzt.

Gleich Stampe betont auch Rümelin [1]), daß zur Erklärung des Wesens der causa vor allem wirtschaftliche Gesichtspunkte heranzuziehen seien. Leider gibt er keine Definition des Begriffs „Rechtsgrund“, weil er eine solche für unmöglich hält, denn unter „Rechtsgrund“ werde im allgemeinen Teil und im Obligationenrecht etwas ganz anderes verstanden; dort werde Rechtsgrund als Abmachung der Parteien über die Entgeltsfrage angesehen, während im Obligationenrecht das der abstrakten Forderung zugrundeliegende Kauf- oder Bürgschaftsgeschäft als causa bezeichnet werde. (S. 8). Dieser Gegensatz ist nur scheinbar vorhanden, in Wirklichkeit hat hier, wie dort der Begriff „Rechtsgrund“ den gleichen Inhalt, nämlich die bezweckte Einwirkung auf die relativen Beziehungen zum Empfänger. Der Fehler der Rümelinschen Ansicht beruht darauf, daß er die Zweckabrede mit ihrem Objekt, der relativen Beziehung, welche angeknüpft, gelöst oder gesichert werden soll, verwechselt. Vielmehr läßt sich eine zugleich für die Verfügungsgeschäfte und für die abstrakten Forderungen gültige Formulierung gewinnen: unter „Rechtsgrund“ ist die Verwirklichung der beabsichtigten Einwirkung auf relative Beziehungen zu verstehen, die in der Begründung, Erfüllung oder Sicherstellung einer Obligation oder eines Anspruchs bestehen kann.

---

[1]) M. Rümelin, „Zur Lehre von den Schuldversprechen und Schuldanerkenntnissen des B.G.B.“ S. 6 ff.

§ 2.

Das Wesen der abstrakten Forderung.

I. Allgemeine Grundsätze.

Schon im vorigen Paragraphen wurde hervorgehoben, daß die Zuwendung von ihrem Rechtsgrunde in einer doppelten Weise abhängig sein kann: entweder wird ihre Wirksamkeit durch das Fehlen des Rechtsgrundes nicht berührt und es tritt nur in der relativen Rechtslage ein Ausgleich mittels Kondiktionen ein (abstrakte Zuwendung), oder sie ist in ihrer rechtlichen Existenz von der Realisierung des Leistungszwecks unmittelbar abhängig (kausale Zuwendung). Beide Eventualitäten enthalten ferner zwei Unterfälle, je nachdem die vom Gesetz angeordnete Art der Abhängigkeit der Zuwendung von ihrem Rechtsgrund zwingender oder nachgiebiger Natur ist. Die Rechtsordnung, welche die Leistungsgeschäfte mit bloß kausaler Natur ausstattet, kann es zulassen, daß die Zuwendung einen abstrakten Charakter annimmt, wenn die Parteien einen diesbezüglichen Willen an den Tag legen, oder sie kann die kausale Regelung als eine zwingende anordnen, so daß eine Abstrahierung vom Rechtsgrund nicht einmal durch Parteiwillkür erfolgen kann. Umgekehrt kann eine Rechtsordnung, welche die Zuwendungen als abstrakte auffaßt, den Parteien gestatten, die Existenz der Zuwendung von der Realisierung des Leistungszwecks dadurch abhängig zu machen, daß sie dieses Moment zur Bedingung des Leistungsgeschäfts erheben, oder wenn das Gesetz die abstrakte Natur unter allen Umständen aufrecht erhalten will, so verbietet es, daß die Leistungsgeschäfte unter einer Bedingung abgeschlossen werden dürfen. Die Isolierung der Obligation von ihrem Rechtsgrund entspricht mithin der entgegengesetzten Abrede, daß eine dispositiv abstrakte Zuwendung ausnahmsweise von ihrem Rechtsgrund als einer gewillkürten Bedingung abhängig sein soll. Man hat daher vier Klassen von Zuwendungen zu unterscheiden:

1. Zwingend kausal (nach B.G.B. nur bei reprobierter causa vorhanden).
2. Dispositiv kausal (in der Regel die Forderungsbegründung).
3. Dispositiv abstrakt (die meisten Verfügungsgeschäfte, wie Übertragung des Eigentums an beweglichen Sachen, Bestellung beschränkter dinglicher Rechte, Forderungszession).
4. Zwingend abstrakt (die Auflassung und die Wechselerklärung).

Es ist bekannt, daß bezüglich des Kausaproblems das römische Recht und ihm folgend das B.G.B. bei den beiden Hauptkategorien von Zuwendungen eine entgegengesetzte Entscheidung getroffen haben. Während die Verfügungen in ihrer Existenz von der Verwirklichung des Leistungszwecks regelmäßig unabhängig sind und nur mit Hilfe von Kondiktionen ausgeglichen werden können, tritt bei der Begründung obligatorischer Verpflichtungen die umgekehrte Gestaltung ein, da sie nur in dem Falle gültig sind, wenn der Leistungszweck sich verwirklicht. An und für sich wäre es freilich logisch denkbar, die Forderungsbegründung ganz analog der Verfügung zu behandeln. Dann würde die Verwirklichung der beabsichtigten Einwirkung auf die relativen Beziehungen nicht auch zum formellen, sondern nur zum materiellen Tatbestand gehören. Der obligatorische Anspruch würde schlechthin in Kraft treten und wäre nur wegen mangelnden Rechtsgrundes mittels Kondiktionen angreifbar. Bei dieser Regelung würde der Käufer oder Mieter auf eine bestimmte Geldsumme schlechthin haften, auch wenn die Verpflichtung des Verkäufers oder Vermieters wegen ursprünglicher, objektiver Unmöglichkeit seiner Leistung nichtig wäre. Nur mittels eines Anspruchs oder einer Einrede aus ungerechtfertigter Bereicherung könnte dem Käufer oder Mieter geholfen werden. Ebenso würde sich die Lage des Versprechenden bei den Gefälligkeitsgeschäften gestalten, der Mandatar wäre an sich zur Geschäftsführung verpflichet und nur durch Kondiktionen geschützt, auch wenn der Mandant seinerseits aus irgendwelchen Gründen, z. B. wegen beschränkter Geschäftsfähigkeit, nicht gebunden wäre. Das Gleiche würde gelten, falls sich die Parteien nicht über den Leistungszweck des reinen Versprechens einigen könnten; würde sich also der Versprechende zur Zahlung von tausend Mark verpflichten, so wäre eine Schuld in dieser Höhe entstanden und nur mittels einer Kondiktion angreifbar, wenn der Versprechende die Summe schenken, der Empfänger sie aber als Darlehn annehmen wollte, oder wenn der umgekehrte Fall vorläge.

Diese Auffassung entspricht jedoch nicht den Bestimmungen des B.G.B., welches das Schuldversprechen nicht losgelöst von den relativen Beziehungen in Kraft treten läßt. Vielmehr ist ein Schuldversprechen regelmäßig nichtig, wenn die mit ihm beabsichtigte Einwirkung auf relative Beziehungen mißglückt ist. Daher ist zur Gültigkeit des Versprechens notwendig, daß durch diese Zuwendung entweder ein Anspruch getilgt, gesichert oder begründet oder irgend ein obligatorisches Band geknüpft werde. Im letzteren Fall können hieraus, wie z. B. beim Mandat, Gegenansprüche des Versprechenden gegen den Empfänger entstehen, aber dieser Rechtseffekt ist kein notwendiges Erfordernis des Rechtsgrundes. Die Parteien können vielmehr umgekehrt gerade darüber einig sein, daß das Versprechen ohne eine auch nur potentiell vorhandene Gegenleistung erfolge (Schenkung im weiteren Sinne).

Entsprechend dieser Regelung bei der konstitutiven Forderungsbelastung hat das B.G.B. auch für die Fälle der derivativen Forderungsbelastung, nämlich für die Bürgschaft, die kumulative und die privative Schuldübernahme, die kausale Gestaltung insofern durchführt, als es die neue Schuld von der Existenz der Urschuld abhängig sein läßt. Jedoch ist in den genannten Fällen der derivativen Forderungsbelastung die abstrakte Regelung darin zur Geltung gekommen, daß die Beziehung zwischen Urschuldner und Übernehmer oder Bürgen dem Gläubiger gegenüber nicht in Betracht kommt[1]). Mithin wird in diesen Fällen nur e i n e Kausalbeziehung, nämlich diejenige

[1]) Kohler, „Encyklopädie der Rechtswissenschaft", Bd. 1, S. 698.

zwischen Urschuldner und Übernahmeschuldner, ausgeschaltet, während die Beziehung zwischen Urschuldner und Gläubiger für das Verhältnis des neuen Schuldners zum Gläubiger maßgebend bleibt. Daher kann man die vom B.G.B. geschaffene Gestaltung der derivativen Forderungsbelastung als eine halb kausale bezeichnen.

Aber wenn das B.G.B. auch regelmäßig die Entstehung des Schuldversprechens an die Verwirklichung des Geschäftszwecks knüpft, so macht es doch von dieser Vorschrift für den Fall eine Ausnahme, daß die Parteien eine auf den Rechtseffekt der Isolierung gerichtete Absicht erklären. Die Rechtsordnung bestimmt also:

1. Für die Regel soll der Erfolg X, nämlich die Begründung eines Schuldversprechens, nur eintreten, wenn
   a) die Parteien eine auf Eintritt dieses Erfolgs gerichtete Willenserklärung abgeben = A,
   b) und wenn der mit dieser Zuwendung beabsichtigte Leistungszweck sich verwirklicht = B.
2. Ausnahmsweise soll jedoch der Erfolg X auch dann eintreten, wenn die Parteien außer der als A bezeichneten Erklärung die auf Lösung der Forderung von der Verwirklichung des Geschäftszwecks gerichtete Willenserklärung abgeben = C.

A B = X ist die Formel der normalen

A C = X ist die Formel der abstrahierenden Forderungsbegründung.

Gegen die Lehre vom Abstrahierungswillen wird nicht selten, so z. B. von Rümelin [1]) der Einwand erhoben, daß sie zwar logisch möglich, aber praktisch undurchführbar sei und daher bloß ein fiktives Dasein friste. Dieser Einwand ist aus der Lehre von den Rechtsgeschäften, wo er von allen Gegnern der Willenstheorie vorgebracht zu werden pflegt, wohl bekannt [2]). Jedoch wird die Ansicht, nach der der Erfolg des Rechtsge-

---

[1]) Rümelin, „Schuldversprechen" S. 65.

[2]) Siehe hierüber Windscheid-Kipp, „Pandekten". Bd. 1 S. 310 und die dort zitierten Schriftsteller. Hauptvertreter der Willenstheorie sind Savigny, Windscheid und Zitelmann, Gegner dagegen Schloßmann und Lenel.

schäfts deshalb eintritt, weil er von den Parteien gewollt, richtiger von ihnen vorsätzlich erklärt ist [1]), von jenem Einwurf nur getroffen, wenn man die Willenstheorie überspannt, indem man verlangt, daß sich die Kontrahenten den Rechtserfolg auch nach der juristisch-technischen Seite hin klar vorstellen, oder indem man vergißt, daß ein Rechtsgeschäft nicht selten auch unbeabsichtigte Nebenerfolge zeitigt. Vielmehr genügt es, wenn sich die Parteien den Rechtserfolg nur unbestimmt vorstellen. Gewöhnlich schweben ihnen die wirtschaftlichen Zwecke genauer vor, als die juristisch-technischen Absichten, denn es es kommt ihnen vor allem darauf an, eine bestimmte Wertlage wirtschaftlicher Güter sicher zu stellen, aber es wäre verkehrt, anzunehmen, daß ihnen eine juristische Absicht bei den Rechtsgeschäften völlig fernläge; sie wollen vielmehr einen bestimmten wirtschaftlichen Zweck rechtlich sicher stellen [2]). Die Aufgabe des interpretierenden Juristen besteht darin, aus diesen empirischen Zwecken den Rechtserfolgswillen herauszudestillieren, indem er die populären Vorstellungen der Laien in die juristisch-technische Sprache übersetzt. Oft wird diese Art der Interpretation freilich dadurch erübrigt, daß sich die Parteien, wie bei den notariellen Verhandlungen, eines sachverständigen Beirats bedienen, oder daß das Gesetz an bestimmte Formen und Ausdrücke typische Rechtswirkungen knüpft. Nichts anderes gilt auch für die abstrakte Forderung: auch bei ihr ist eine Willensinterpretation verhältnismäßig leicht, soweit es sich, wie bei der schriftlichen Anweisung und beim Wechsel, um Formalakte handelt. Sehr schwierig ist dagegen die Auslegung der Parteiabsicht in den Fällen des reinen Schuldversprechens und des Schuldanerkenntnisses, deren Abgrenzung von dem Gebiet rein deklaratorischer Rechtsakte im Einzelfall recht zweifelhaft sein kann.

Die Tatsache, daß für die abstrahierende Willenserklärung vom positiven Recht nicht selten eine besondere Form, meistens

---

[1]) Kohler in Jherings Jahrbüchern. Bd. 18 S. 129 ff. In neuerer Zeit ist die Lehre von den Rechtsgeschäften durch die Werke von Eltzbacher „Die Handlungsfähigkeit" und von Manigk „Willenserklärung und Willensgeschäft" wesentlich gefördert.

[2]) Siehe hierüber Gierke, „Deutsches Privatrecht". Bd. 1 S. 282 ff.; Danz, „Die Auslegung der Rechtsgeschäfte" S. 69 ff.

die Schriftlichkeit, gefordert wird, hat zu der Terminologie geführt, eine abstrakte Forderung als Formalobligation zu bezeichnen. Diese Ausdrucksweise ist aber entschieden mißverständlich, denn es ist keineswegs notwendig, daß eine abstrakte Forderung zu ihrer Begründung der Schriftform bedarf, wie es ja auch nach B.G.B. eine Menge Fälle gibt, wo die abstrahierende Willenserklärung bloß mündlich abgegeben werden kann.

Ferner muß man sich vor dem Fehler hüten, das reine Schuldversprechen mit dem sogenannten indiskreten Schuldschein zu verwechseln. Zuweilen schreibt das positive Recht vor, daß die ein Forderungsrecht verbriefende Urkunde den Schuldgrund angeben müsse, wenn sie zu Beweiszwecken gebraucht werden, oder wenn ihr eine konstitutive Wirkung zukommen soll (cautio indiscreta) [1]). Die Aufstellung dieses Erfordernisses wird sehr häufig mit der Verwerfung abstrakter Obligationen vermengt, obwohl beides voneinander völlig unabhängig ist. So erkennt der französische Code civil (Artikel 1131 und 1132), der die abstrakte Obligation verwirft, den indiskreten Schuldschein ausdrücklich an und andererseits könnte es vorkommen, daß eine Rechtsordnung abstrakte Obligationen zuließe und doch an dem Erfordernis diskreter Abfassung von Schuldscheinen festhielte. Aber auch in einem Rechtssystem, das, wie das B.G.B., sowohl reine Schuldversprechen, als indiskrete Schuldscheine anerkennt, fallen die beiden Begriffe keineswegs zusammen. Vielmehr kann eine ganz unbestimmt lautende Urkunde eine kausale Obligation verbriefen, ebenso wie umgekehrt ein Anspruch selbst dann, wenn die Urkunde den Rechtsgrund angibt, doch von dessen Gültigkeit in ihrer Existenz unabhängig sein kann. Das Entscheidende ist allemal die Frage, ob die Parteien den Abstrahierungswillen an den Tag legen oder nicht. Als Indiz für die eine oder andere Auslegung ist jeder Umstand verwertbar, die indiskrete Abfassung der Urkunde kann ein wichtiges Moment zugunsten des Abstrahierungswillens enthalten. Dieser Wahrscheinlichkeitsschluß kann sogar zur

[1]) Von der cautio indiscreta handeln die „unglückseligen Stellen“ l., 25 § 4 D, 22, 3 und c., 13 C, 4, 30; siehe hierüber Windscheid-Kipp „Pandekten“. Bd. 2 S. 828.

Rechtsvermutung erhoben sein, aber niemals darf man vergessen, daß die Indiskretheit des Schuldscheins und die Abstraktheit der Obligation begrifflich zwei ganz verschiedene Dinge sind.

Durch die Abstrahierung vom Schuldgrund werden die Schuldversprechen den übrigen Zuwendungen wiederum gleichgestellt. Die von der Regel der abstrakten Natur des Zuwendungsgeschäfts bestehende Ausnahme, daß nämlich das Schuldversprechen regelmäßig kausaler Natur ist, wird also im Falle der abstrakten Obligation durch eine weitere Ausnahme durchbrochen, sodaß die Regel wieder eintritt. Daher unterliegt die abstrakte Obligation, wenn sie ohne Rechtsgrund ins Leben 'getreten, gleich anderen Zuwendungen, die an diesem Mangel leiden, der Rückforderung wegen ungerechtfertigter Bereicherung und zwar wird hierzu die condictio in der Offensive und die exceptio in der Defensive gebraucht. Letztere kann nach § 821 B.G.B. auch dann noch vorgebracht werden, wenn der Anspruch auf Befreiung von der Verbindlichkeit verjährt ist. Der Parallelismus zwischen dem Verfügungsgeschäft und der Begründung einer abstrakten Obligation, welcher im § 812 Absatz 2 B.G.B. ausdrücklich anerkannt wird, ist auch von einigen Ausnahmen abgerechnet im Gesetzbuch konsequent durchgeführt. Die in der Begründung einer abstrakten Forderung liegende Zuwendung kann beim Fehlen des Rechtsgrundes in derselben Weise, wie andere Leistungen kondiziert werden. Dieselben Geschäftszwecke, die bei den Verfügungsgeschäften in Frage kommen, treten auch hier in die Erscheinung, denn die abstrakte Forderungsbegründung kann der Erfüllung oder Sicherung von Ansprüchen oder der Begründung obligatorischer Beziehungen dienen. Das Letztere ist z. B. der Fall, wenn ein Wechsel schenkungshalber ausgestellt wird. Eine Leistung solvendi causa liegt dagegen vor, wenn der Wechsel an Erfüllungsstatt oder erfüllungshalber für eine Forderung, die als gegenwärtig oder künftig existierend gedacht wird, hingegeben ist.

Zuweilen kann eine Art von Duplizität von Rechtsgründen insofern eintreten, als das Versprechen gerade im Hinblick auf eine Verpflichtung zur Eingehung einer abstrakten Forderung abgegeben ist. Dann kann der Versprechende kondizieren, obwohl die Grundobligation, die gesichert werden soll, rechtswirksam besteht, gerade wie unter gleichen Umständen der Verpfänder die Bestellung des Pfandes rückgängig machen kann. Dieser Kondiktionsanspruch ist aber nur unter der Voraussetzung gegeben, daß ausschließlich zwecks Erfüllung der auf Eingehung der abstrakten Schuld oder Bestellung des Pfandes gehenden Verpflichtung und nicht auch zugleich zwecks Tilgung der zu sichernden Grundobligation geleistet ist, ein Fall, der gewiß nicht häufig eintreten wird.

Aus dem Gesagten ergibt sich, daß die abstrakte Schuld allemal einen Rechtsgrund besitzen muß, der der verschiedensten Art sein kann: es kommen die Verkehrs-, die Gefälligkeitsgeschäfte und die Schenkung im weiteren Sinne in Frage. Daher ist es ganz schief, wenn zuweilen darüber gestritten wird, ob eine bestimmte Abrede eine Schenkung oder eine abstrakte Forderung enthalte, denn die Schenkung kann als obligatorische Grundbeziehung wohl dem Kauf, der Miete, dem Mandat oder unbenannten Konsensualverträgen, niemals aber dem reinen Schuldversprechen gegenübergestellt werden. Auch wenn die fragliche Abrede als abstrakte Forderungsbegründung aufzufassen wäre, würde noch immer weiter darnach zu forschen sein, ob die obligatorische Beziehung, von der die abstrakte Forderung indirekt mittels Kondiktionen abhängt, sich als Schenkung, als Mandat oder als ein besonderer Geschäftstypus charakterisiere. Den gerügten Fehler hat selbst das Reichsgericht[1]) in dem viel verhandelten Fall begangen, wo sich ein Hypothekengläubiger dem Eigentümer gegenüber zu einer Prioritätszession mündlich verpflichtete und jener dagegen versprach, Geld zur Befriedigung des Gläubigers durch Aufnahme einer neuen Hypothek zu beschaffen. Das Reichsgericht hielt die mündliche Zusage der Prioritätszession für rechtlich unwirksam, weil sie sich entweder als Schenkung, oder als reines Schuldversprechen charakterisiere, für beide

[1]) Urteil vom 24. April 1901 Juristische Wochenschrift, 01. S. 382. Siehe hierüber: Neumann bei Gruchot Bd. 45, S. 503 ff. Klingmüller, Ztschrft. f. Handelsr. Bd. 58, S. 171 und Rümelin „Schuldversprechen" S. 38.

Eventualitäten aber die vom Gesetz geforderte Form nicht beobachtet sei. Diese ganze Deduktion ist abwegig, denn nur die Frage, ob Schenkung oder ein anderer Geschäftstypus anzunehmen sei, war wegen der Formvorschrift des § 518 B.G.B. zu entscheiden. Dagegen war eine Erörterung über das Vorhandensein eines reinen Schuldversprechens überflüssig, weil der Kläger keine diesbezüglichen Parteibehauptungen aufgestellt, vielmehr aus dem Kausalverhältnis geklagt hatte. Was aber dessen Natur anlangt, so lag dem Geschäft offenbar ein mandatsähnlicher Konsensualvertrag zugrunde, der keiner Schriftform bedarf. Denn das Synallagma ist in dem Umstand gegeben, daß der Eigentümer als Äquivalent für den Verzicht auf die Priorität die Verpflichtung übernahm, zwecks Beschaffung der nötigen Valuta besondere Vorkehrungen durch Anfnahme einer neuen Hypothek zu treffen.

II. Die Unterarten der abstrakten Forderung.

Durch die Gestaltung der abstrakten Forderung als Zuwendung scheint dieselbe in gleicher Weise wie eine körperliche Sache zu einem von den persönlichen Beziehungen losgelösten Vermögensstück geworden zu sein. Man könnte glauben, daß der Zessionar einer abstrakten Forderung von ihrer Causa ebsenowenig berührt würde, wie der Erwerber einer Sache durch das Verhältnis zwischen seinem Autor und dessen Vormann. Diese Folgerung ist aber für eine Rechtsordnung, welche, wie das römische Recht und das B.G.B. (§ 404), dem Schuldner gestattet, auch dem Zessionar gegenüber die ihm gegen den Zedenten zustehenden Einreden vorzubringen, in keiner Weise zutreffend. Vielmehr muß sich jeder fernere gutgläubige Erwerber die Einwendung gefallen lassen, daß ein früherer Gläubiger zur Zeit der Abtretung der Forderung ungerechtfertigt bereichert war. Man darf nicht etwa einwenden, daß der Zessionar, welcher die Forderung entgeltlich erworben hat, nicht mehr bereichert sei und daher der Einrede nicht unterläge. Denn der Schuldner macht ja garnicht eine ihm gegen den Zessionar, sondern eine ihm gegen den Zedenten zustehende Einrede geltend, ein Rechtsbehelf, der ihm durch einen einseitigen Akt des Gläubigers nicht entzogen werden kann[1]).

Durch diese absolute Wirkung der Bereicherungseinrede wird die abstrakte Natur der Obligation zum großen Teil wieder illusorisch gemacht. Von den beiden Zwecken, denen die analytische Vereinfachung des Tatbestandes dient, wird zwar die prozessuale Rücksicht einer angemessenen Gestaltung der Prozeßlage insofern befriedigt, als dem klagenden Gläubiger bezüglich seiner Behauptungs- und Beweispflicht Erleichterungen verschafft werden. Dagegen wird der zweite Zweck, nämlich die Sicherung der absoluten Rechtslage, durch die auch dritten gutgläubigen Erwerbern gegenüber wirkende Kondiktionseinrede beseitigt. Daher kann die gewöhnliche oder einfache abstrakte Obligation wohl dazu dienen, um dem Gläubiger eine bequemere Handhabe zur prozessualen Geltendmachung seiner Ansprüche zu gewähren, aber zu einem Verkehrsobjekt nach Art einer körperlichen Sache eignet sie sich nicht.

Ganz anders gestaltet sich die Lage im Falle der indirekten Vermögenszuwendung, bei welcher durch die in der abstrakten Forderungsbegründung liegende Zuwendung zugleich auf zwei Kausalbeziehungen eingewirkt werden soll. Man kann diesen Fall im Gegensatz zu der soeben besprochenen einfachen Abstraktheit als Delegationsabstraktheit bezeichnen. B verspricht auf Anweisung des A dem C in abstrakter Weise eine Leistung mit der Maßgabe, daß durch die in dem Versprechen liegende Zuwendung nicht auf eine Beziehung zwischen B und C sondern auf je eine Beziehung zwischen B und A, sowie zwischen A und C eingewirkt werden soll. Bei diesem dreieckigen Verhältnis kommen immer zwei Kausalrelationen in Betracht, nämlich das Deckungsverhältnis zwischen B und A und das Valutaverhältnis zwischen C und A. Jede dieser Beziehungen kann von der verschiedensten Art sein: so ist der Bezogene vielleicht Schuldner des Anweisenden (Anweisung auf Schuld), oder er will ihm die Summe vorschießen (Anweisung auf Kredit), oder schließlich honoriert er die Anweisung schenkungshalber.

---

[1]) Unrichtig Steinbach „Abstraktes Schuldversprechen" S. 10. Zutreffend Rümelin, „Schuldversprechen" S. 70.

Ebenso verschieden kann das Valutaverhältnis sein: durch die Anweisung will der Aussteller dem Nehmer vielleicht ein Darlehn gewähren, ihm eine Schenkung machen oder an ihn eine Kauf- oder Mietschuld bezahlen. Wenn der Bezogene auf Grund der Anweisung eine effektive Leistung macht, so folgt schon aus der abstrakten Natur der Verfügungsgeschäfte, daß ihre Gültigkeit von der Verwirklichung des Geschäftszwecks unabhängig ist. Daher kann regelmäßig nur ein relativer Ausgleich zwischen dem Aussteller und dem Nehmer auf der einen und zwischen dem Aussteller und dem Bezogenen auf der andern Seite stattfinden, wenn der eine oder der andere Rechtsgrund fehlt. Nur in den Fällen der Unentgeltlichkeit des Valutaverhältnisses (§ 822 B.G.B.) und der via directa steht die Kondiktion dem Angewiesenen unmittelbar gegen dem Empfänger zu. Ganz entsprechende Grundsätze gelten auch für die delegationsabstrakte Forderung, weil das abstrakte Versprechen, das in der uneingeschränkten Annahme der Anweisung liegt, zugleich auf das Valuta- und das Deckungsverhältnis angerechnet werden soll. In diesem als reine Delegation bezeichneten Fall kann der Akzeptant dem Empfänger gegenüber die Leistung nicht schon dann verweigern, wenn das eine oder das andere Verhältnis notleidet, sondern ihm ist nur zu helfen, wenn beide Kausalrelationen nicht in Ordnung sind. Insbesondere kann also der Annehmende daraus allein, daß das Deckungsverhältnis notleidet, selbst dem hiervon unterrichteten Empfänger gegenüber keine Einwendungen erheben. Nur die Fälle der via directa und der Unentgeltlichkeit des Valutaverhältnisses machen von dieser Regel eine Ausnahme.

Mit diesem als reine Delegation bezeichneten Fall delegationsmäßiger Abstraktheit darf die titulierte Delegation, nämlich die Forderungs- und die Schuldüberweisung, bei der, wie bei der Zession und der Schuldübernahme einschließlich Bürgschaft, immer nur e i n e Kausalrelation ausgeschaltet wird, nicht verwechselt werden. So verspricht B dem C nicht schlechthin 1000 M., sondern diejenigen 1000 M., welche er dem A schuldet (active), oder diejenigen 1000 M., welche A dem C schuldet (passive Delegation). Bei der Forderungsüberweisung wird nur das Valutaverhältnis, bei der Schuldüberweisung dagegen nur das Deckungsverhältnis ausgeschaltet.

Selbst wenn zugleich für die übrigbleibende Beziehung, also bei der aktiven Delegation für das Deckungs- und bei der passiven Delegation für das Valutaverhältnis, eine abstrakte Verbindlichkeit eingegangen wird, so würde damit keine Delegationsabstraktheit geschaffen, denn die in der abstrakten Forderungsbegründung liegende Zuwendung ist immer nur für eine Kausalrelation bestimmt, nämlich bei der aktiven Delegation für das Deckungs- und bei der passiven Delegation für das Valutaverhältnis. Die einfache Abstrahierung wird dadurch, daß sie mit einer titulierten Delegation verbunden ist, noch nicht zu einer delegationsmäßigen erhoben. Hierzu bedarf es vielmehr einer reinen Delegation, bei der die Zuwendung auf zwei Kausalrelationen angerechnet wird. Wenn für eine Kaufgeldschuld ein reines Schuldversprechen erteilt und zugleich für letzteres eine Passivdelegation vereinbart wird, so kann der Übernehmer beim Fehlen der Kaufgeldschuld gegen den abstrakten Anspruch eine kondiktizische Einwendung erheben, was nicht möglich möglich wäre, wenn er eine Anweisung abstrakt akzeptiert hätte.

Zweifelhaft kann es sein, ob der Gegensatz zwischen einfacher und delegationsmäßiger Abstraktheit mit dem Unterschied zwischen dem reinen Schuldversprechen und dem Schuldanerkenntnis einerseits und der Anweisungsannahme andererseits zusammenfällt. Diese Frage dürfte richtiger Ansicht nach zu verneinen sein, denn die beiden Gegensätze fallen oft, aber nicht immer zusammen. Auch das reine Schuldversprechen kann eine Delegationsabstraktheit enthalten, wenn die Parteien nicht kausal verbunden sind. Wenn also z. B. B dem A und A dem C 1000 M. schuldet, so können die Beteiligten übereinkommen, daß B dem C 1000 M. gemäß §§ 780—1 B.G.B. verspricht. Obwohl also formell nur ein reines Schuldversprechen oder Schuldanerkenntnis vorliegt, so erlangt der Gläubiger doch eine delegations-abstrakte Forderung. Wäre also die angebliche Forderung des A gegen B nicht vorhanden. wohl aber diejenige des C gegen A, so könnte B dem C die Einrede der ungerechtfertigten Bereicherung nicht entgegensetzen, weil die Zuwendung auf zwei Kausalrelationen angerechnet werden sollte. Man darf nicht etwa auf Grund eines sogenannten

Umkehrschlusses aus § 784 B.G.B. annehmen[1]), daß eine delegationsabstrakte Forderung nur durch die schriftliche Annahme einer formellen Anweisung erzeugt werden könne. Für diese Beschränkung läßt sich aus dem Gesetz selbst ein Argument nicht entnehmen, die in den Motiven[2]) enthaltene Bemerkung ist für die Auslegung nicht maßgebend. Innere Gründe sprechen vielmehr entschieden dafür, daß eine materiell delegationsabstrakte Forderung auch durch das formelle Mittel des reinen Schuldversprechens und des Schuldanerkenntnisses ins Leben gerufen werden kann. Denn es würde dem Willen der Parteien, welche dem neuen Gläubiger ein abstraktes Wertobjekt zuwenden wollen, wenig entsprechen, wenn man dem Schuldner gestatten wollte, aus dem Deckungsverhältnis Einwendungen herzuleiten. Auch im Interesse des Schutzes der Parteien ist es nicht erforderlich, an Stelle der gewollten reinen Delegation eine bloße Forderungsüberweisung zu setzen. Denn die formelle Anweisung und das schriftliche Akzept bringen keine größere Sicherung gegen Übereilung, als die Form des reinen Schuldversprechens. In beiden Fällen kommt es dem Schuldner zum Bewußtsein, daß er einem Dritten gegenüber, mit dem er nicht kausal verbunden ist, eine Verpflichtung eingeht. Daher muß er sich als sorgfältiger Geschäftsmann darüber klar werden, ob er dem Dritten die Leistung schlechthin versprechen, oder ob er ihm nur das seinem Gläubiger Geschuldete zuwenden will.

In dieser Hinsicht würde ihm das formelle Erfordernis des schriftlichen Akzepts wenig helfen. Höchstens könnte man im Beweisinteresse eine Formalisierung wünschen. In der Tat ergibt sich aus dem uneingeschränkten Akzept zwischen kausal-unverbundenen Parteien die Delegationsabstraktheit ohne weiteres, während es bei einem reinen Schuldversprechen zwischen kausal-unverbundenen Parteien stets ungewiß ist, ob eine Delegationsabstraktheit oder eine Forderungsüberweisung gewollt ist. Da der Gläubiger natürlich die weitertragende Wirkung der Delegationsabstraktheit zu beweisen hat, so wird

---

[1]) Daß der sogenannte Umkehrschluß ein echtes Sophisma ist, weil er nur hin und wieder zu richtigen Ergebnissen führt, habe ich in meiner „Kunst der Rechtsanwendung" S. 77—80 ausgeführt.

[2]) Siehe Motive zum Entwurf I. des B.G.B. S. 559—561.

er beim reinen Schuldversprechen immer in Gefahr sein, wegen Beweisfälligkeit allen Einwendungen aus dem Deckungsverhältnis ausgesetzt zu sein. Deshalb empfiehlt es sich für ihn, ein delegations-abstraktes Versprechen nur in der Form des Anweisungsakzepts entgegenzunehmen. Hieraus darf man aber nicht schließen, daß auch dann, wenn ein auf Schaffung einer delegations-abstrakten Forderung gerichteter Parteiwille feststeht, immer nur eine Forderungsüberweisung einträte, denn es wäre widersinnig, dem Gläubiger auch bei Liquidität des gewollten Rechtserfolgs seine priviligierte Stellung abzusprechen, nur weil er infolge Beweisfälligkeit unter Umständen um sein Recht gebracht werden könnte. Mithin kann auch einem reinen Schuldversprechen eine delegations-abstrakte Forderung zugrundeliegen[1]).

Umgekehrt ist es auch möglich, daß ein Anweisungsakzept nur eine einfache Abstraktheit enthält. Dies ist allemal der Fall, wenn zwischen dem Angewiesenen B und dem Empfänger C ein Kausalverhältnis besteht. Anstatt daß B, der von C ein Darlehn erhalten hat, diese Schuld dem C gegenüber direkt anerkennt, wird der Unbeteiligte A überredet, eine Anweisung zugunsten des C auf B zu ziehen, die dieser annimmt. In diesem Fall kann B dem C die Einrede der ungerechtfertigten Bereicherung entgegenhalten, wenn er die Valuta in Wirklichkeit nicht empfangen hat. Bei dem Gegensatz zwischen dem reinen Schuldversprechen und Schuldanerkenntnis einerseits und dem Anweisungsakzept andererseits handelt es sich um die äußere Form, während der Unterschied zwischen einfacher und delegationsmäßiger Abstraktheit das innere Wesen der abstrakten Forderung, nämlich die Art ihrer Abhängigkeit von den zugrundeliegenden Kausalbeziehungen, betrifft.

Durch die Delegationsabstraktheit wird mithin die Lage des Dritten in höherem Maße gesichert, als durch die einfache Abstraktheit, an der die absolut wirkende Bereicherungseinrede, wie ein Bleigewicht hängt. Aber zu einem gangbaren Verkehrsobjekt erhebt sich die abstrakte Obligation erst dann,

[1]) So zutreffend mit ausführlicher Begründung Rümelin, „Schuldversprechen“ S. 49—57. Siehe auch Wendt, „Das allgemeine Anweisungsrecht“ S 163—172.

wenn sich die Delegationsfunktion nicht in einer einmaligen Ausschaltung von Kausalbeziehungen erschöpft, sondern wenn sie sich, wie beim Wechsel und den übrigen abstrakten Orderpapieren, immer wieder von Neuem betätigt, sobald ein fernerer Erwerber mittels Indossement in das Forderungsrecht eintritt. Erst dann erlangt die Abstraktheit den höchsten Grad der Ausbildung, deren sie fähig ist. Diese dritte Stufe in der fortschreitenden Entwickelung der abstrakten Obligation ist als Orderabstraktheit zu bezeichnen. Durch sie wird das verbriefte Forderungsrecht immer mehr dem Sachenrecht angenähert, zumal da auch der gute Glaube des Erwerbers in höherem Maße geschützt wird, als bei den nicht an Order gestellten Forderungen. Aber auch hier gilt das oben bezüglich des Gegensatzes von Form und Inhalt Gesagte: auch der Wechsel kann eine einfache abstrakte Forderung verbriefen, sofern der Wechselgläubiger und der Wechselschuldner kausal verbunden sind. In diesem Fall gewährt der Wechsel im wesentlichen nur eine priviligierte Klägerstellung, aber erweitert in wirtschaftlicher Hinsicht die Rechte des Gläubigers nicht, weil der Schuldner diesem gegenüber aus dem Kausalverhältnis eine kondiktizische Einrede herleiten kann. Dagegen ist der umgekehrte Fall, daß das reine Schuldversprechen oder das Anweisungsakzept eine Orderabstraktheit enthält, nicht als rechtlich zulässig anzusehen, weil eine derartige Eventualität gegen die Exklusivität der Orderpapiere verstieße.

Hellwig[1]) hat freilich ein ziviles Orderpapier dadurch zu konstruieren gesucht, daß er bei einem Vertrag zugunsten Dritter eine Abrede für möglich hält, kraft der sich der Promissar die Befugnis reserviert, den Drittberechtigten durch Aushändigung der Urkunde, sei es allein, sei es in Verbindung mit einer besonderen Erklärung, mit der Maßgabe zu ernennen, daß dieser eine gleiche Substitutionsbefugnis bezüglich eines Viertberechtigten gewinnt und auf diese Weise jeder berechtigte Inhaber einen neuen Rechtsträger bezeichnen kann. Die Folge dieser Klausel bestände darin, daß sich der Berechtigte aus der Person des Vormanns nicht konnexe Einwendungen, wie die Kompensationsbefugnis aus § 406 B.G.B., nicht

[1]) Hellwig, „Verträge“ S. 230—233.

brauchte gefallen zu lassen, da er kein Zessionar, sondern ein Drittberechtigter ist. Gegen eine solche Konstruktion ist prinzipiell nichts einzuwenden, aber immer bliebe dem Schuldner nach § 334 B.G.B. die Kondiktionseinrede aus dem Deckungsverhältnis erhalten. Nun meint Hellwig (S. 275) freilich, daß die ursprünglichen Parteien den abstrakten Vertrag zugunsten Dritter in der Art abschließen können, daß die etwaige Kondiktionseinrede als nicht zum Vertrag gehörig angesehen werden soll und daher nicht unter § 334 B.G.B. fallen würde. Logisch kann gegen diese Auffassung kein Einwand erhoben werden, aber vom teleologischen Standpunkt aus verdient sie keine Billigung, weil sie gegen den Zweck des § 363 H.G.B., gewillkürte Orderpapiere auf Handelskreise zu beschränken, verstoßen würde. Das große Publikum soll vor den Orderpapieren mit seinen unbegrenzten Möglichkeiten und seinen unübersehbaren Gefahren behütet bleiben. Dem gegenüber darf man sich nicht etwa auf die allgemeine Wechselfähigkeit berufen, denn was bezüglich der bloßen Orderklausel nicht zutrifft, das gilt vom Wechsel: seine Gefährlichkeit ist auch dem großen Publikum bekannt und überdies enthält das Erfordernis, daß der Ausdruck „Wechsel“ oder ein ähnlicher in der Urkunde vorkommen muß, noch ein besonderes Warnungssignal. Dagegen wird die Bedeutung der Orderklausel von kaufmännischen Kreisen abgesehen in ihrer juristischen Tragweite nicht genügend gewürdigt, weil die meisten Laien der Ansicht sind, daß sie es nur mit dem Versprechungsempfänger zu tun hätten und daher auch Dritten gegenüber ihre Beziehungen zu diesem aufrollen könnten. Daher muß aus teleologischen Gründen das zivile Orderpapier als sozial bedenklich und als dem Zweck des Gesetzes widersprechend abgelehnt werden[1]).

Mithin gibt es drei Arten abstrakter Forderungen:

1. Die zwischen kausal-verbundenen Parteien bestehende einfache Abstraktheit, welche regelmäßig nur eine formelle Ausschaltung einer Kausalrelation enthält.

---

[1]) Auch Rümelin, „Schuldversprechen“ S. 78, spricht sich gegen die Zulassung ziviler Orderpapiere aus, weil er eine Überschwemmung des Verkehrs mit dubiösen Papieren befürchtet.

2. Die zwischen kausal-unverbundenen Parteien bestehende Delegationsabstraktheit enthält zwei Unterarten:
   a) die gewöhnliche Delegationsabstraktheit, auch Delegationsabstraktheit schlechthin genannt, welche sich in einer einmaligen Ausschaltung von mehr als einer Kausalrelation erschöpft;
   b) die Orderabstraktheit, welche ermöglicht, daß durch Indossament jedesmal weitere Kausalrelationen ausgeschaltet werden.

Durch die Form zu 1 wird dem Gläubiger im wesentlichen nur eine privilegierte Prozeßstellung verschafft. Durch die Form zu 2a wird ihm dagegen ein abstrakter Wertträger zugewandt, der sich aber zur Zirkulation nur in geringem Maße eignet, weil sich die Delegationsfunktion in einer einmaligen Ausschaltung von Kausalrelationen erschöpft. Im dritten Fall erhält der Glänbiger schließlich in der abstrakten Forderung einen Wertträger, welcher sich durch die ihm innewohnende Orderabstraktheit in seiner wirtschaftlichen Bedeutung dem Papiergeld annähert.

III. Die gegen den Begriff der abstrakten Forderung gerichteten Angriffe.

Dieser allgemeine von der Natur der abstrakten Obligation handelnde Paragraph darf nicht abgeschlossen werden, ohne daß auf die von Kindel, Neubecker und Wieland[1]) erhobenen Angriffe eingegangen wird. In dreifacher Richtung bewegt sich die Polemik der genannten Autoren: der weittragendste Einwand geht dahin, daß die abstrakte Obligation unmöglich sei, weil sie den psychologischen Gesetzen widerspräche. Ferner wird bestritten, daß die abstrakte Forderung vom geltenden Recht anerkannt sei und schließlich wird vom teleologischen Standpunkt aus die angebliche Trennung der Forderung von ihrem Rechtsgrund als verfehlt hingestellt.

Was den ersten Punkt der Existenzmöglichkeit anlangt, so leugnen insbesondere Kindel und Neubecker nicht etwa bloß,

---

[1]) Kindel, „Das Rechtsgeschäft und sein Rechtsgrund"; Neubecker, „Der abstrakte Vertrag" (Archiv für bürgerliches Recht, Bd. 22 S. 34 ff.). Wieland, „Der Wechsel und seine zivilrechtlichen Grundlagen".

daß die eine oder andere Rechtsordnung abstrakte Obligationen anerkenne, — das wäre eine historische Frage, die nur durch Erforschung des positiven Rechts beantwortet werden kann —, sondern die genannten Autoren gehen so weit, daß sie die Möglichkeit einer derartigen Regelung für ausgeschlossen halten. Es gibt kein abstraktes Wollen, so erklären Kindel (S. 14, 99 und 100) und Neubecker (S. 41) und glauben dadurch die abstrakte Obligation widerlegt zu haben. Dieser Deduktion liegt aber der bekannte in der Logik als quaternio terminorum bezeichnete Denkfehler zugrunde, daß die Verschiedenheit der Bedeutung des Wortes „abstrakt“ nicht beachtet wird. Einmal versteht man darunter eine Abstrahierung vom Kausalprinzip, das andere Mal die als analytische Vereinfachung bekannte Abstrahierung von einem Teil des juristischen Tatbestandes. Der Ausspruch, daß es kein abstraktes Wollen gäbe, ist unwiderleglich richtig, sofern man unter causa den subjektiven Bestimmungsgrund, die psychologische Ursache der rechtlich-relevanten Handlung, versteht, denn ohne Ausnahme unterliegen die menschlichen Handlungen dem unerbittlich waltenden Kausalgesetz. Der ursachlose Wille, welcher gleich einem Geist aus einer andern Welt in das Getriebe der empirischen Wirklichkeit eingreift, gehört in das Gebiet mythologischer Vorstellungen. Aber aus der Tatsache, daß der Determinismus die wissenschaftlich allein haltbare Lehre ist, kann man für die Theorie der abstrakten Obligation nur dann irgend welche Schlüsse ziehen, wenn man dem Worte causa die objektive Bedeutung „juristischer Tatbestand“ unterschiebt. Besonders charakteristisch tritt diese Verwechselung bei Neubecker (S. 41) hervor, wenn er sagt: „das Gesetz verleiht also den Parteien das Recht, die Fähigkeit, abstrakt zu wollen? ist das nicht, als ob das Gesetz einem Blinden das Recht, die Fähigkeit verliehe, zu sehen, einem Lahmen, zu gehen?“ Nun ist es freilich unbestreitbar, daß das Recht an die Naturgesetze gebunden ist, daher kann es ebensowenig einen ursachlosen Willen dekretieren, als es dem Wasser befehlen kann, bergauf zu fließen, oder der Sonne das Scheinen zu verbieten vermag. Aber wenn die Rechtsordnung auch nicht imstande ist, ein solches Fabelwesen, wie einen ursachlosen Willen zu schaffen, so steht es ihr doch völlig frei, den juristischen Tatbestand nach ihrem Belieben zu formen. Sie kann also, bildlich gesprochen, einen Umstand mit der Kraft ausstatten, einen bebestimmten Rechtseffekt zu erzeugen. Insbesondere kann sie auch mittels analytischer Vereinfachung des Tatbestandes die Rechtsfolge X schon beim Vorliegen von a eintreten lassen und zugleich bestimmen, daß, wenn nicht zugleich der Umstand b vorhanden ist, der Rechtserfolg X mittels Anspruchs oder Einrede aus ungerechtfertigter Bereicherung auszugleichen sei. Das Gesagte gilt auch von den Willenserklärungen; die Rechtsordnung kann den Zuwendungen ohne Rücksicht auf die Realisierung des Geschäftszwecks Wirksamkeit zusprechen und nur beim Scheitern dieses Zwecks einen kondiktizischen Ausgleich eintreten lassen und schließlich ist es möglich, daß die analytische Vereinfachung des Tatbestandes nur Platz greifen soll, wenn die Parteien dieses wünschen. Die Rechtsordnung erklärt dann, daß die Wirksamkeit der Zuwendung von der Frage unabhängig sei, durch welche Geschäftszwecke sich die Parteien leiten ließen und ob sich ihre Pläne erfüllten oder nicht, oder sie stellt die analytische Vereinfachung des Tatbestandes in das Belieben der Parteien, sodaß die Wirksamkeit der Zuwendung nur dann von der Realisierung des Geschäftszwecks unabhängig ist, wenn die Parteien einen auf diesen Rechtseffekt gerichteten Abstrahierungswillen erklären. In beiden Fällen, sowohl bei den gesetzlichen, als bei den gewillkürten abstrakten Geschäften, ist also die Rechtsbeständigkeit der Zuwendung von den Geschäftszwecken und ihrer Realisierung unabhängig, aber da der Parteiwille natürlich nicht minder, wie alle Handlungen von Zweckvorstellungen geleitet wird, so muß auch die in dem reinen Schuldversprechen liegende Zuwendung einem Geschäftszweck dienen. Aus dem Gesagten ergibt sich mit völliger Klarheit die quaternio terminorum im Neubeckerschen Syllogismus:

I. Das von seiner causa losgelöste Wollen ist etwas Unmögliches.

II. Nun bestimmt die Rechtsordnung ein von seiner causa losgelöstes Wollen.

III. Folglich bestimmt sie etwas Unmögliches.

Wenn trotz der Richtigkeit der beiden Prämissen die

Konklusion falsch ist, so liegt der Grund darin, daß der Mittelbegriff in beiden Sätzen zwar gleich lautet, aber einen völlig verschiedenen Sinn hat. Im Obersatz ist von der Kausalität, im Untersatz vom Erkenntnisgrund die Rede, dort bedeutet die Loslösung der Willenserklärung von der causa die Annahme eines ursachlosen Handelns, hier dagegen ist mit demselben Ausdruck gemeint, daß den Parteien die Befugnis zusteht, zu bestimmen, daß die juristische Relevanz der auf Vornahme einer Zuwendung gerichteten Willenserklärung von dem stets vorhandenen Geschäftszweck und seiner Verwirklichung unabhängig sei und nur ein kondiktizischer Ausgleich die Wertverschiebung rückgängig machen könne. Daher ist auch der Schlußsatz, daß die Rechtsordnung etwas Sinnloses oder Unmögliches anordne, ganz und gar unzutreffend. Man mag gegen die Gestaltung abstrakter Geschäfte vom teleologischen Standpunkt aus Einwendungen erheben, aber man darf nicht etwa behaupten, daß eine solche Regelung gegen die Logik oder gegen die Gesetze der Psychologie verstoße. Denn nicht an den abstrakten Willen im Sinne einer ursachlosen Handlung, sondern an das abstrahierende Rechtsgeschäft knüpfen das römische Recht und das B.G.B. die Wirkungen des reinen Schuldversprechens. Einen derartigen abstrahierenden Willen gibt es im Gegensatz zum ursachlosen sehr wohl: er enthält weiter nichts, als die Abrede, den Eintritt des Rechtserfolgs der Zuwendung abweichend vom dispositiven Recht, das den Effekt von der Realisierung des Leistungszwecks abhängig macht, von diesem Moment derart loszulösen, daß der Rechtsgrund zwar zum materiellen, aber nicht zum formellen juristischen Tatbestand gehört. Mithin ist die abstrakte Obligation keineswegs begrifflich unmöglich, aber mit dieser Erkenntnis ist ihre Existenz noch nicht erwiesen, denn die Möglichkeit ist wohl die abstrakte Voraussetzung des Seins, aber nicht die Realität selber.

Die genannten Autoren bestreiten nicht minder, daß das positive Recht eine abstrakte Obligation anerkennt. Vielmehr friste dieser Begriff nur ein fiktives Dasein, in Wahrheit erhalte der Gläubiger durch ein Versprechen gemäß § 780—81 B.G.B. keinen neuen materiellen Anspruch, sondern gewönne nur bezüglich des zugrundeliegenden Forderungsrechts insofern eine privilegierte prozessuale Stellung, als ihm die Substanzierungs- und Beweispflicht erleichtert werde. „Die praktischen Vorteile sind Klagfundament und Beweisstellung für den Gläubiger“ (Neubecker S. 39). Dagegen glaubt Kindel, der für die Stipulation Umkehrung der Beweislast durch die Form annimmt (S. 14), für die Gegenwart (1892) dem schriftlichen Schuld- oder Zahlungsversprechen mit Ausnahme des Wechsels und der kaufmännischen Orderpapiere die Fähigkeit zur Umkehrung der Beweislast absprechen zu dürfen (S. 100), wodurch die Misere der cautio indiscreta besiegelt wird. Diese Angriffe treffen aber nicht einmal für die einfach-abstrakten Schuldverhältnisse zu. Wenn man aber vollends soweit geht, auch dem Delegationsversprechen und dem Wechsel den abstrakten Charakter abzusprechen, so ist diese These noch unhaltbarer, denn sie widerstreitet nicht minder der historischen Entwickelung, als unzweideutigen Bestimmungen des positiven Rechts.

Zur Begründung der abstrakten Obligation könnte auf die Materialien zum B.G.B. verwiesen werden, denn zweifellos haben dessen Verfasser die Bährsche Theorie von der materiellen Wirkung des Anerkenntnisses kodifizieren wollen [1]). Aber nach der richtigen methodologischen Ansicht geht den Motiven und Protokollen jede Beweiskraft für die Gesetzesinterpretation ab, allein entscheidend ist vielmehr der Gesetzestext, auf den sich die gesetzgebenden Faktoren geeinigt haben [2]). Ein Zurückgehen auf die Materialien erscheint auch ganz unnötig. Denn sowohl der Wortlaut der §§ 780—781 B.G.B., als ihre Stellung in einem besonderen Titel neben den übrigen Obligationstypen weist doch unzweideutig darauf hin, daß durch das Schuldversprechen und das Schuldanerkenntnis ein materieller Anspruch geschaffen wird. Außerdem bestimmt § 812, Abs. 2, B.G.B., daß auch die durch Vertrag erfolgte Anerkennung des Bestehens oder des Nichtbestehens eines Schuldverhältnisses gleich den übrigen Zuwendungen kondiziert werden kann.

Neubecker (S. 50) hält freilich die abstrakte Obligation

[1]) Siehe Motive zum Entwurf Bd. 2, S. 687—694.

[2]) Ueber den Kultus der Materialien siehe: Kohler bei Grünhut, Bd. 13 S. 22 und Brütt, „Kunst der Rechtsanwendung“ S. 49 und die dort zitierten Autoren.

gerade deshalb für eine Fiktion, weil sie beim Fehlen der causa kondiziert werden könne, also im Grunde doch nichtig sei. Seine Deduktion lautet folgendermaßen: „Die sine causa begründete Verpflichtung kann kondiziert werden, insoweit kann exzipiert werden, insoweit besteht keine Verpflichtung, also ist die Verpflichtung, die kondiziert werden kann, keine." In dieser Kette befindet sich aber ein Satz der unzutreffend ist, nämlich die Behauptung: „insoweit besteht keine Verpflichtung." Es ist unrichtig, daß eine mittels exceptio entkräftbare Obligation einer nichtigen gleichsteht. Vielmehr unterscheidet das Gesetzbuch genau zwischen solchen Einwendungen, welche den Anspruch eo ipso vernichten, und den Einreden im technischen Sinn, welche dem Schuldner nur ein Weigerungsrecht gewähren [1].

Ein Tatbestand, der nur eine Einrede im technischen Sinn gewährt, wird vom Richter nur dann berücksichtigt, wenn sich die Gegenpartei auf jene Einrede beruft. Erscheint also der Beklagte im Termin überhaupt nicht, so ist gegen ihn auf Antrag selbst dann ein Versäumnisurteil zu erlassen, wenn sich aus dem Klagevorbringen ergibt, daß dem geltend gemachten Anspruch eine Einrede entgegensteht. Das Erfordernis einer besonderen Berufung auf die Einrede ist kein bloßer Formalismus, sondern durch praktische Erwägungen geboten. Denn nicht selten erfordert die Erhebung der exceptio von dem Beklagten ein materielles oder ethisches Opfer [2]. Wenn der die Einrede begründende Tatbestand von Amts wegen zu berücksichtigen wäre, so würde der Richter unter Umständen dem Beklagten einen schlechten Dienst leisten. Zunächst ist an das ethische Opfer zu erinnern, das die Geltendmachung mancher Einrede dem Exzipienten auferlegt; dies gilt vor allem von der Gewisseneinrede der Verjährung, deren Gebrauch dem Anstandsgefühl des Schuldners im einzelnen Fall überlassen bleiben muß. Ferner sind nicht selten mit der Geltendmachung der Einrede auch erhebliche materielle Nachteile verbunden. Beruft sich der Schuldner z. B. auf die Ein-

---

[1]) Für diesen Unterschied die weitaus herrschende Ansicht, sowohl für das gemeine Recht, wie für das B.G.B.; siehe hierüber Windscheid-Kipp, „Pandekten". Bd. 1 S. 202—216.

[2]) Leonhard, „Der Irrtum bei nichtigen Verträgen" S. 301—321.

rede der Wandlung, des Betrugs oder des Zwangs, so verliert er durch die auf Grund der Einrede erfolgende Klageabweisung seinen Gegenanspruch, oder er belastet sich mit der Verpflichtung zur Rückgabe der empfangenen Gegenleistung. Vielleicht ist es ihm aber trotz des gegen ihn verübten Betrugs oder Zwangs oder trotz der Fehlerhaftigkeit der Sache ganz erwünscht, beim Geschäft stehen zu bleiben, weil die gekaufte Sache inzwischen im Preise ganz erheblich gestiegen ist. Daher darf der Richter in allen Fällen die Einrede nur berücksichtigen, wenn sich die Partei darauf beruft, während die vollzogene Anfechtungserklärung auch von Amts wegen zu berücksichtigen ist, weil die erfolgte Anfechtung das betreffende Rechtsgeschäft zu einem von Anfang an nichtigen macht und daher auch den Anspruch eo ipso beseitigt. Die bloße Tatsache, daß in den Fällen des Zwangs und des Betrugs keine Nichtigkeit, sondern bloße Anfechtbarkeit eintritt, ist der schlagendste Beweis gegen die Richtigkeit der Neubeckerschen Ansicht von der Identität des nichtigen mit dem einredebehafteten Anspruch. Denn welchen Sinn hätte die Anfechtbarkeit, wenn der aus dem anfechtbaren Rechtsgeschäft entspringende und daher nach § 853 B.G.B. einredebehaftete Anspruch eo ipso nichtig wäre? Ferner geht aus der Bestimmung der §§ 768 Abs. 2 und 1211 Abs. 2 B.G.B., nach denen der Bürge und der Drittverpfänder eine Einrede nicht dadurch verliert, daß der Hauptschuldner auf sie verzichtet, zur Genüge hervor, daß das Gesetz sehr wohl die beiden Fälle von Unwirksamkeit zu unterscheiden weiß. Denn wäre ein einrede-behafteter Anspruch nichtig und würde sich daher der Verzicht als Neubegründung der Forderung charakterisieren, so wären die §§ 768 Abs. 2 und 1211 Abs. 2 B.G.B. unverständlich, denn daß der Bürge und der Drittverpfänder für eine andere Forderung als die ursprüngliche nicht haften, ist eine Trivialität, die kein Gesetzbuch zu erwähnen brauchte.

Ebensowenig als es zulässig ist, den mittels einer Einrede entkräftbaren Anspruch einem nichtigen gleichzustellen, darf man diese Befugnis mit dem Anfechtungsrecht verwechseln. Der Unterschied zwischen diesen beiden Rechtsbehelfen besteht nicht nur darin, daß die Einrede gegen einen Anspruch, das Anfechtungsrecht aber gegen ein Rechtsgeschäft und das aus ihm hervorgehende Rechtsverhältnis gerichtet ist, sondern die wesentlichste Differenz beruht in der verschiedenen Wirkung, welche die Ausübung des Anfechtungsrechts und die Geltendmachung der Einrede hervorrufen. Die erfolgte Anfechtung bewirkt, daß das angegriffene Geschäft als von Anfang an nichtig anzusehen ist (§ 142 B.G.B.), während die Einrede den Anspruch unberührt läßt und dem Schuldner nur die Befugnis gewährt, die Leistung zu verweigern. Hellwig [1]) lehrt zwar, daß die Erhebung der Einrede den Anspruch unter den Parteien in gleicher Weise, wie die Anfechtung aufhebe, aber diese Auffassung stimmt m. E. mit den Bestimmungen des B.G.B. nicht überein [2]). Aus den §§ 886, 1169 und 1254 B.G.B., welche bestimmen, daß, wenn ein durch Vormerkung, Hypothek oder Pfand gesicherter Anspruch durch eine peremptorische Einrede entkräftbar ist, der Passivbeteiligte von dem Gläubiger Verzicht auf die Vormerkung oder Hypothek oder Rückgabe des Pfandes verlangen kann, geht hervor, daß ein Anspruch durch Geltendmachung einer peremptorischen Einrede keineswegs erlischt. Denn träte diese stärkere Wirkung ein, so wären die zitierten Paragraphen gegenstandslos, weil beim Erlöschen des zu sichernden Anspruchs die Vormerkung ohne weiteres hinfällig wird, die Hypothek auf den Eigentümer übergeht und das Mobiliarpfandrecht erlischt, mithin ein Anspruch des Passivbeteiligten auf Beseitigung der Vormerkung, auf Hypothekenverzicht oder Pfandrückgabe überflüssig wäre.

Auch sonst führt die Hellwigsche Ansicht zu Konsequenzen, welche sich mit den gesetzlichen Bestimmungen schwerlich vereinigen lassen. Wenn selbst die außerhalb des Prozesses erfolgende Geltendmachung der Einrede den Anspruch zum Erlöschen bringt, so würde auch eine verjährte Forderung, falls sich der Schuldner einmal dem Gläubiger

---

[1]) Hellwig, „Anspruch und Klagrecht" S. 16 ff. und „Lehrbuch des Deutschen Zivilprozeßrechts". Bd. 1 S. 248—258; ähnlich Hölder, „Kommentar zum allgemeinen Teil des B.G.B." S. 405 ff.; anderer Ansicht derselbe, „Zeitschr. f. Ziv. Prozeß." Bd. 29 S. 71 ff.

[2]) Gegen Hellwig mit ausführlicher Begründung Langheineken. „Anspruch und Einrede" S. 344—347, 350; ferner Siber, „Der Rechtszwang im Schuldverhältnis" S. 142—149; Kipp, „Rechtswahrnehmung und Reurecht" in der Festgabe für Koch. Berlin 1903. S. 131—138; Graeffner, „Außergerichtliche Geltendmachung der Einrede" S. 17 ff.

gegenüber, wenn auch nur außerprozessual, auf die Einrede berufen hätte, endgültig erledigt sein; eine versehentliche Zahlung würde mithin zur Rückforderung mittels condictio indebiti berechtigen. Diese Konsequenz steht aber mit der ausdrücklichen Vorschrift des § 813 Abs. I, Satz 2 B.G.B. in Widerspruch, nach welcher die Berichtigung einer verjährten Forderung niemals rückgängig gemacht werden kann. Ferner wäre der Schuldner, den es vielleicht gereut, sich auf die Verjährungseinrede berufen zu haben, garnicht mehr im Stande, das unbedachte Wort zu widerrufen, er könnte auf die erworbene Verjährungseinrede nicht mehr verzichten und für die verjährte Forderung weder Bürgschaft, noch Pfand bestellen, da die alte Forderung durch die verhängnisvolle Berufung auf die Einrede definitiv erledigt wäre. Diese Konsequenzen, die nicht als zweckmäßig anerkannt werden können, sprechen umsomehr gegen die Hellwigsche Theorie, als sie auch der bisherigen geschichtlichen Entwickelung der exceptio widerstreitet.

Demnach kann ein einrede-behafteter Anspruch gleich einem gewöhnlichen im Prozeß, und wo dieses gestattet ist, auch außerprozessual, z. B. durch Selbsthülfe oder durch privaten Realisierungsverkauf eines Pfandes oder eines fiduziarischen Eigentums, vom Gläubiger zwangsweise verwirklicht werden[1]). Wenn der Schuldner trotz Mahnung nicht leistet, so kommt er zwar in Verzug, sodaß der Zinsenlauf beginnt und eine etwaige Vertragsstrafe verfällt. Aber diese Erweiterung des Hauptanspruchs wird, wie dieser selbst, durch die Berufung auf die Einrede gehemmt.

---

[1]) Im Falle des Pfandverkaufs ist dem Verpfänder dadurch Gelegenheit zur Geltendmachung der Einrede geboten, daß ihm der Verkauf nach § 1234 B.G.B. angedroht werden muß, eine Bestimmung, deren analoge Ausdehnung auf das fiduziarische Eigentum unbedenklich ist. Wie aber ist die Lage zu beurteilen, wenn die Androhung als untunlich unterbleiben darf? Dann wird man wohl bei der großen Wahrscheinlichkeit der Annahme, daß die Einrede geltend gemacht worden wäre, nach Treu und Glauben zu dem Schluß kommen, daß der Verkauf unzulässig sei. Im übrigen darf nicht übersehen werden, daß gerade die wichtigste peremptorische Einrede, nämlich die Einrede der Verjährung, gegenüber dem Pfandgläubiger und dem fiduziarischen Eigentümer nach § 223 B.G.B. — von Ansprüchen auf Rückstände von Zinsen oder anderen wiederkehrenden Leistungen abgesehen — nicht Platz greift.

Bezüglich der Frage, wann und wo der Schuldner die Einrede geltend machen muß, stehen sich zwei Theorien gegenüber. Nach der einen Ansicht genügt es, wenn sie irgendwie außerhalb eines Rechts-Verwirklichungsverfahrens dem Gläubiger gegenüber erhoben wird. Nach dieser Auffassung tritt schon hierdurch eine Lähmung des Anspruchs ein, sodaß der Richter, falls der Kläger außer der Einrede auch ihre außerprozessuale Geltendmachung im Termin zur mündlichen Verhandlung unvorsichtigerweise behaupten würde, ein Versäumnisurteil nicht erlassen werden dürfte. Diese Ansicht[1]) widerspricht aber nicht nur der historischen Kontinuität, sondern auch der Zweckmäßigkeit. Namentlich bei der Gewissenseinrede der Verjährung ist es von Wert, daß der Beklagte gezwungen wird, sich dem Richter gegenüber direkt auf die Einrede zu berufen[2]). Daher erscheint es richtiger, wenn man verlangt, daß die Einrede im Rechtsverwirklichungsverfahren selber erhoben wird. Eine außerprozessuale Geltendmachung ist nur für das konkrete Verfahren, wie Prozeß, Selbsthülfe, Pfandrealisierung usw. von Wirksamkeit, während die Einrede in einem neuen Prozeß noch einmal erhoben werden muß. Ausnahmsweise kann freilich die außerprozessuale Geltendmachung der Einrede im Verhältnis zum Gläubiger oder zu dritten Personen noch weitergehende materiellrechtliche Wirkungen ausüben. Wenn der Erbe z. B. die ihm nach § 1990 und 1991 B.G.B. zustehende Unzulänglichkeitseinrede erhebt, so erlangt der Nachlaßgläubiger hierdurch den Anspruch auf Herausgabe des Nachlasses zum Zwecke seiner Befriedigung. Ferner erhält der Vermächtnisnehmer, welchem der Betrag seines Vermächtnisses vom Belasteten, wenn auch nur durch eine außerprozessuale Erklärung, wegen Beschränkung der Erbenhaftung oder auf Grund der §§ 2318, 2187 B.G.B. gekürzt ist, seiner-

---

[1]) Diese Ansicht wird vertreten von: Suppes, „Der Einredebegriff“, S. 38. Anderer Ansicht sind Friedenthal, „Einwendung und Einrede“ S. 66. Zitelmann, „Allgemeiner Teil“ S. 29, welche aber übersehen, daß das Rechtsverwirklichungsverfahren nicht mit dem Prozeß zusammenfällt. Zutreffend: Kohler, „Lehrb. d. B.G.B.“ Bd. I, S. 190. Crome, „Lehrb. d. B.G.B.“ Bd. I, S. 183.

[2]) Ebenso: Siber, „Rechtszwang“ S. 148.

seits ein Kürzungsrecht gegenüber denjenigen Bedachten, denen er verpflichtet ist. (§ 2188, B.G.B.)[1]).

Auf alle Fälle aber bleibt der einredebehaftete Anspruch in seiner Existenz, sowohl von der prozessualen, als von der außerprozessualen Geltendmachung der Einrede unberührt. Wenn jedoch infolge der Berufung auf die Einrede ein dem Schuldner günstiges Urteil erlassen worden ist, so steht einer erneuten Einklagung die Rechtskraft des Urteils entgegen, auf welche richtiger Ansicht nach nicht verzichtet werden kann. Wenn der Schuldner die wegen Verjährung rechtskräftig aberkannte Forderung berichtigt, so muß unterschieden werden: befand er sich hinsichtlich der Entscheidung im Irrtum, so kann er kondizieren; war ihm dagegen die infolge der Rechtskraft des Urteils eintretende Vernichtung des verjährten Anspruchs bekannt, so ist der Kondiktionsanspruch nach § 814 B.G.B. ausgeschlossen. Eine durch Rechtskraft zu bewirkende Vernichtung des einredebehafteten Anspruchs kann der Schuldner auch durch Erhebung einer negativen Feststellungsklage erzielen. Hat der Schuldner ein Interesse an der alsbaldigen Feststellung seines Leistungsverweigerungsrechts, weil der Gläubiger sich seiner Forderung als einer einredefreien berühmt, so kann er im Prozeßwege die Feststellung herbeiführen, daß der fragliche Anspruch durch eine Einrede entkräftbar sei. Erwächst das ihm günstige Urteil in Rechtskraft, so ist der Anspruch in gleicher Weise beseitigt, als wenn die vom Gläubiger erhobene Klage rechtskräftig abgewiesen wäre.

Wann im einzelnen Fall nach den Regeln des B.G.B. eine wahre Einrede, und wann eine Einwendung vorliegt, kann hier nicht näher untersucht werden[2]). Daß jedenfalls die Berufung auf das zugrundeliegende Kausalverhältnis von seiten eines abstrakten Schuldners eine Einrede im technischen Sinn enthält, kann nach § 821 B.G.B. keinem Zweifel unterliegen. Daher hat der Richter auf das zugrundeliegende Verhältnis nur dann einzugehen, wenn der Schuldner die Einrede der ungerechtfertigten Bereicherung erhebt. Erscheint also der Be-

---

[1]) Langheineken, „Anspruch und Einrede“ S. 341.

[2]) Siehe hierüber: Langheineken, „Anspruch und Einrede“. S. 291ff.

klagte im Termin zur mündlichen Verhandlung nicht, so ist selbst dann ein Versäumnisurteil zu erlassen, wenn sich aus dem Klagevorbringen ergiebt, daß das abstrakte Versprechen des rechtlichen Grundes entbehrt. Die Parteien können dem Gericht den Einblick in ihre Geschäftsbeziehungen vorenthalten und brauchen es sich nicht zu gefallen lassen, daß dieses sie in bürokratischer Weise bevormundet. Daß das Gesetz die abstrakte Obligation als eine mittels kondiktizischer Einrede entkräftbare Zuwendung ansieht, hat noch die weitere praktische Bedeutung, daß das abstrakte Versprechen nur dann beseitigt werden kann, wenn die Voraussetzungen des Kondiktionsanspruchs vorliegen, im übrigen aber auch dann unangreifbar ist, wenn das Grundverhältnis nicht besteht. Wenn daher jemand eine Schuld konstitutiv anerkennt, obwohl er weiß, daß der Gegner nichts von ihm zu fordern hat, so kann diese Zuwendung nach § 814 B.G.B. nicht rückgängig gemacht werden und daher steht dem abstrakten Schuldner auch keine Einrede zu. Würde die Existenz des zugrundeliegenden Kausalverhältnisses Bedingung der Gültigkeit der abstrakten Forderung sein, so müßte im obigen Fall trotz der Kenntnis des Versprechenden von der Nichtschuld Ungültigkeit des Anerkenntnisses angenommen werden. Aus dem Gesagten dürfte sich zur Genüge ergeben, daß Neubeckers Behauptung, die materiell abstrakte Obligation sei eine dogmatische Fiktion, selbst für die einfach-abstrakte Forderung nicht zutrifft.

Wieland geht in seinem gedankenreichen Buch über den „Wechsel und seine zivilrechtlichen Grundlagen" noch über die Aufstellung Neubeckers hinaus. Leider hat er das reine Schuldversprechen als solches nicht behandelt, aber was er über die Klageposition des Wechselgläubigers sagt, beweist, daß er den Gläubiger noch ungünstiger stellt, als Neubecker. Denn nach seinen Ausführungen gilt der legitimierte Wechselinhaber zwar als gutgläubiger Dritt-Erwerber, d. h. es wird vermutet, daß die Parteien kausal-unverbunden sind, und daß der Gläubiger von den gegen seine Vormänner bestehenden Einwendungen nichts gewußt hat (S. 87), aber wenn feststeht, daß die Wechselparteien kausal verbunden sind, so streitet keine Vermutung für das Vorhandensein eines Kausalanspruchs. „Im Verhältnis kausal-verbundener Parteien liegt keinerlei Veranlassung vor, an Wille und Erklärung einen andern Maßstab anzulegen, als denjenigen, den das gemeine Zivilrecht an die Hand gibt" (S. 104). „Beweisrechtlich treten die normalen Beweislast- und Beweisregeln in Wirksamkeit" (S. 119). Nun kann sich freilich der Wechselgläubiger, der die kausale Verbindung zugegeben hat und daher seinerseits das zugrundeliegende Verhältnis beweisen muß, in der Regel auf ein Geständnis des Beklagten berufen, welcher zur Widerlegung der auf kausale Unverbundenheit gehenden Vermutung des Wechsels einen bestimmten Geschäftstypus behauptet hat. Aber zuweilen kann es sich auch ereignen, daß die Parteien über die kausale Verbundenheit einig sind, aber über die Natur des zugrundeliegenden Geschäfts streiten. Der Gläubiger behauptet, ein Darlehn gegeben und der Schuldner, einen Kauf abgeschlossen zu haben. Dann soll nach Wieland der Gläubiger den Beweis seiner Behauptung erbringen, ohne daß ihm eine Vermutung zur Seite träte, eine ganz unmögliche Entscheidung, welche den Wechsel unter Umständen auf das Niveau der cautio indiscreta, wie sie zur Zeit des gemeinen Rechts vor Bährs epochemachendem Buche herrschte, zurückschrauben würde. (S. 151, 172 und 180.).

Das Hauptargument, wodurch Wieland die herrschende Lehre von der abstrakten Natur des Wechsels zu widerlegen und seine Theorie von der Vermutung zugunsten des gutgläubigen Dritterwerbers zu stützen sucht, besteht darin, daß er zu zeigen unternimmt, wie die herrschende Ansicht in der Lehre von der Rechtshängigkeit und der Rechtskraft zu unannehmbaren Resultaten gelangt. Seine ganze Deduktion gibt zunächst zu methodologischen Bedenken Anlaß. Denn selbst wenn die abstrakte Natur des Wechsels zu mißlichen Ergebnissen führen würde, so wäre damit die herrschende Ansicht solange nicht widerlegt, als sie sich auf den Gesetzestext oder eine konstante Gewohnheit berufen könnte. Auch wenn Wieland Recht hätte, würde vielmehr nur in Frage kommen können, ob es sich nicht de lege ferenda empfehle, an Stelle der materiellen Abstraktheit das bloße Vermutungssystem des französischen Rechts zu setzen. Aber die Prämisse, daß die herrschende Ansicht zu mißlichen Resultaten führt, ist nicht einmal richtig, vielmehr erscheint die Regelung des deutschen

Rechts viel empfehlenswerter, als die von Wieland aus dem französischen Recht entnommene Theorie. Eine eingehendere Begründung dieser Behauptung kann erst gegeben werden, wenn die Theorie des Wechsels dargelegt ist, an dieser Stelle sollen nur vorläufig folgende kurze Bemerkungen eingeschaltet werden.

Der Einfachheit halber mag zunächst von dem Fall ausgegangen werden, daß die Wechselobligation zwischen den ursprünglichen Parteien des Kausalverhältnisses besteht. Die überaus schwierige und bestrittene Frage, inwieweit gegen dritte Wechselgläubiger Einwendungen aus dem Verhältnis zum ersten Nehmer hergeleitet werden können, ist an dieser Stelle noch nicht zu erörtern. Aus der abstrakten Natur des Wechsels folgt zweifellos, daß der Wechsel- und der Kausalanspruch nichts weniger als identisch sind. Die Befriedigung des Wechselanspruchs tilgt zwar die Kaufforderung, während eine Leistung, die ausschließlich der Berichtigung des Kausalanspruchs dienen soll, gegenüber dem Wechselanspruch nur eine Einrede aus ungerechtfertigter Bereicherung gewährt. Diese gegenseitige Abhängigkeit läßt jedoch die Selbständigkeit der beiden Ansprüche im übrigen unberührt. Wenn daher der Verkäufer seine Klage zunächst auf den Wechsel stützt, um dann auf den Kaufabschluß zurückzugreifen, oder, wenn er den umgekehrten Weg einschlägt, so liegt hierin eine Klageänderung[1]), die gegen den Willen des Beklagten nur in der ersten Instanz zuzulassen ist, falls dadurch seine Verteidigung nicht wesentlich erschwert wird. Deckt umgekehrt der Beklagte das Kausalverhältnis auf und repliziert der Kläger auf dieses Vorbringen, so liegt in diesem Verhalten natürlich keine Klageänderung, sondern nur eine Verteidigung gegenüber der Einrede. Man kann diese Regelung als durchaus zweckentsprechend bezeichnen, denn die Interessen des Klägers, der von dem einen auf den andern Anspruch übergeht, sind ausreichend geschützt, da das Gericht in den allermeisten Fällen die Klage-

[1]) So mit Recht Hellwig „Anspruch und Klagrecht", S. 91 und 106 und „Lehrbuch", Bd. 1, S. 263, während Rümelin („Schuldversprechen", S. 142) das Vorhandensein einer Klageänderung leugnet, weil „ein Stück eines Gesamttatbestands geltend gemacht war, das aber wegen seiner materiellen Unselbständigkeit von selbst auf das Grundgeschäft zurückverwies."

änderung zulassen wird. Aus der Tatsache, daß der abstrakte und der kausale Anspruch nicht identisch sind, ergiebt sich die weitere Konsequenz, daß der Beklagte, der zugleich aus beiden Ansprüchen belangt wird, nicht in der Lage ist, der zweiten Klage die Einrede der Rechtshängigkeit entgegenzusetzen. Dagegen ist er trotz der Rechtshängigkeit der Kaufgeldforderung nicht gehindert, der Wechselklage gegenüber die Einrede der ungerechtfertigten Bereicherung zu erheben, ebenso wie man im Prozeß auch mit einer rechtshängigen Gegenforderung aufrechnen kann.

Auch gegen diese prozessualen Resultate sind teleologische Bedenken nicht zu erheben. Wollte man dem Schuldner gestatten, sich gegenüber dem Kausalanspruch auf die Rechtshängigkeit des Wechselanspruchs zu berufen oder die Einlassung auf den Wechselanspruch mit dem Hinweis abzulehnen, daß die zugrundeliegende Kaufgeldschuld bereits Gegenstand eines weiteren Prozesses sei, so wäre damit der Prozeßverschleppung Tor und Tür geöffnet. Da die Parteien sehr häufig nicht darüber einig sind, ob die geltend gemachte Kaufforderung mit dem der Wechselklage zugrundeliegenden Kausalverhältnis identisch ist, so würde sich, falls man die Einrede der Rechtshängigkeit zuließe, die Notwendigkeit ergeben, über die Frage der Identität Beweis zu erheben. Unmöglich kann es aber als glücklich bezeichnet werden, wenn das Gericht schon bei Erledigung prozeßhindernder Einreden eingehende materiellrechtliche Erörterungen anstellen müßte. Aber auch dann, wenn die Identität feststeht, ist die Einrede der Rechtshängigkeit nicht gegeben, vielmehr steht dem Gericht nach § 148 Z.P.O. nur die Befugnis zu, den einen Prozeß bis zur Erledigung des andern Rechtsstreits auszusetzen. Von dieser Möglichkeit wird das Gericht wohl in der Regel Gebrauch machen, um zu verhindern, daß in den beiden Prozessen widersprechende Urteile ergehen. Hat der Kläger freilich für den einen Anspruch schon ein rechtskräftiges Urteil erstritten, so kann er den übrigbleibenden Anspruch nur noch insofern gerichtlich weiter verfolgen, als dies durch ein besonderes Interesse gefordert wird, denn an und für sich ist es nach Möglichkeit zu vermeiden, dem Gläubiger für eine wirtschaftlich identische Leistung zwei Vollstreckungstitel zu verschaffen, weil der Schuldner hierdurch leicht der Gefahr ausgesetzt wird, zweimal leisten zu müssen. Würde daher der Verkäufer, nachdem er mit dem einen Anspruch durchgedrungen wäre, auch den anderen geltend machen, so müßte seine zweite Klage, falls die Identität der Kaufgeldforderung mit dem Wechselgrundgeschäft erwiesen würde, regelmäßig am Mangel des Rechtsschutzinteresses scheitern. Hätte er aber auf Grund des ersten Urteils den Betrag in der Zwangsvollstreckung beigetrieben, so läge nicht bloß ein Mangel in den prozessualen Klagevoraussetzungen vor, sondern der andere Anspruch wäre materiell entkräftet, und zwar der Wechselanspruch nur mittels Einrede, der Kausalanspruch aber ipso jure.

Das Hauptbedenken, das Wieland der herrschenden Ansicht über das Wesen der abstrakten Obligation entgegenhält, betrifft das Problem der objektiven Begrenzung der Rechtskraft. Wenn das Kausalverhältnis von keiner Seite aufgerollt wird, so gibt die Entscheidung auf keinen Fall zu Bedenken Anlaß. Mag der Wechselanspruch wegen Formmangels oder wegen Unzurechnungsfähigkeit des Zeichners abgewiesen, oder mag der Beklagte antragsmäßig verurteilt werden, immer wird nur der Anspruch aus der abstrakten Obligation rechtskräftig. Dagegen bleibt im ersteren Falle dem Kläger die Möglichkeit, die Kaufgeldforderung einzufordern, während der Beklagte im letzteren Falle noch immer in der Lage ist, eine etwaige condictio geltend zu machen. Hat er zur Abwendung einer drohenden Zwangsvollstreckung gezahlt, so ist er insofern noch günstiger gestellt, als ihm der § 814 B.G.B. erste Hälfte nicht entgegensteht, er kann vielmehr auch dann noch kondizieren, wenn er gewußt hat, daß er zur Leistung nicht verpflichtet war.

Schwierigkeiten erheben sich erst, wenn das Kausalverhältnis von der einen oder von der andern Partei aufgerollt worden ist. So wendet der Schuldner z. B. ein, daß der Wechsel wegen einer Kaufgeldforderung ausgestellt, der Kauf aber hinterher wegen Mangelhaftigkeit der Sache gewandelt sei. Wird die Identität des fraglichen Kaufs mit dem Wechselgrundgeschäft vom Kläger bestritten und vom Beklagten nicht erwiesen, so ist die prozessuale Lage gerade so gestaltet, als wenn auf das Kausalverhältnis gar nicht Bezug genommen worden wäre. Die Rechtskraft erstreckt sich daher zweifellos nur auf den Wechselanspruch. Wird dagegen die Identität nicht bestritten, oder wird sie erwiesen, so kann es allerdings fraglich sein, ob sich die Rechtskraft auch auf die Entscheidung über das Kausalverhältnis erstreckt. Kann es der Kläger, wenn sein Wechselanspruch wegen erfolgter Wandlung des zugrundeliegenden Kaufs abgewiesen ist, noch einmal mit der Kaufklage versuchen? Und ist es umgekehrt dem beklagten Käufer, dessen Wandlungseinrede aus irgendwelchen Gründen im Wechselprozeß verworfen worden ist, gestattet, den gezahlten Kaufpreis vom siegreichen Wechselgläubiger mittels einer neuen Klage zurückzufordern? Daß die Bejahung dieser beiden Fragen dem natürlichen Rechtsgefühl zunächst wenig entsprechen würde, unterliegt zwar keinem Zweifel. Dennoch zwingt uns die ausdrückliche Vorschrift des § 322 Z.P.O., die Erstreckung der Rechtskraft auf das Kausalverhältnis zu leugnen. Denn nach der erwähnten Vorschrift sind Urteile der Rechtskraft nur insoweit fähig, als über den durch die Klage oder Widerklage erhobenen Anspruch entschieden ist. Damit ist die Savignysche Lehre[1]), wonach auch die konstitutiven Elemente der Entscheidungsgründe rechtskräftig festgestellt werden, mit vollem Recht abgelehnt worden. Denn wer sich auf einen Prozeß einläßt, muß wissen, was er dabei im schlimmsten Fall riskiert. Würden dagegen, wie Savigny will, sämtliche präjudiziellen Vorfragen endgültig mit entschieden, so wäre dadurch die Rechtskraftwirkung ins Uferlose ausgedehnt. Verklagt z. B. A als Erbe des B den X wegen eines Darlehns von 10 Mark, das B dem X gegeben haben soll, und läßt sich X, welcher in der Tat das fragliche Darlehn erhalten hat, rechtskräftig kontumazieren, so würde nach Savignys Lehre damit zwischen X und A bindend festgestellt sein, daß A Universalnachfolger des B sei. Würde sich später herausstellen, daß nicht A, sondern X Erbe des B geworden wäre, so könnte doch X den A auf Herausgabe des Nachlasses nicht belangen, weil ihm nach Savignys Lehre die Einrede der Rechtskraft entgegengesetzt werden könnte, da die Erbenqualität zu den im Vorprozeß zugunsten des A entschiedenen

---

[1]) Savigny, „System", Bd. 6, S. 350—394.

Vorfragen gehört. Ein derartiges Ergebnis würde aber sehr wenig den Erwartungen der Prozeßparteien entsprechen, welche keine Ahnung davon hatten, daß das damals gar nicht in Zweifel gezogene Erbrecht des A rechtskräftig festgestellt werden sollte. Daher ist die von der Z.P.O. angeordnete Beschränkung der Rechtskraft auf die mittels Klage oder Widerklage geltend gemachten Ansprüche um so gerechtfertigter, als nach § 280 Z.P.O. dem Kläger durch Erweiterung des Klageantrags und dem Beklagten durch Erhebung einer Widerklage die Möglichkeit gegeben ist, die Rechtskraft auch auf die präjudiziellen Vorfragen auszudehnen.

Haben es die Parteien freilich unterlassen, eine Inzident-Feststellungsklage zu erheben, so erlangt zwar die Entscheidung der Vorfrage keine formelle Rechtskraft, aber damit ist doch der Vorprozeß für einen etwaigen späteren Rechtsstreit nicht verloren. Denn wenn die Entscheidung der Vorfrage im früheren Prozeß den Richter im späteren Prozeß auch nicht formell bindet, so wird er doch tatsächlich nur in den seltensten Fällen von dem früheren Urteil abweichen. Regelmäßig wird dies nur geschehen, wenn der Besiegte, also z. B. der mit dem Wandlungseinwand abgewiesene Wechselbeklagte, gewichtige neue Momente und Beweismittel zu seinen Gunsten anzuführen imstande ist. Zwar muß im Interesse der Rechtssicherheit, um endlosen Prozessen vorzubeugen, unter gewissen Voraussetzungen eine Präklusion neuen Vorbringens stattfinden, aber andererseits darf doch das formale Mittel der Rechtskraft, das zuweilen zu höchst unbilligen Resultaten führt, nicht über Gebühr ausgedehnt werden. Daher ist die durch die Z.P.O. getroffene Regelung, daß sich die Rechtskraft nur auf den Prozeßgegenstand erstreckt, und daß Vorfragen von ihr nur insofern betroffen werden, als sie zum Gegenstand einer Inzident-Feststellungs-Klage oder Widerklage erhoben sind, als durchaus sachgemäß zu bezeichnen.

Aber selbst wenn man diese Gestaltung für verfehlt hält, kann man doch nicht, wie Wieland dies versucht, aus der legislativ-politisch zu engen Umgrenzung der Rechtskraft irgend ein Argument gegen die abstrakte Obligation herleiten, weil jene rechtspolitische Frage als solche mit dieser Lehre in keiner näheren Beziehung steht, als mit jedem andern zivilistischen Problem, das einmal als Vorfrage in einem Prozeß auftauchen kann. Wenn also z. B. der Käufer unter Verwerfung der Einrede des nicht erfüllten Vertrages zur Zahlung des Kaufpreises verurteilt wird, weil der Verkäufer nach der Ansicht des Gerichts bereits geleistet hat, so kann der Käufer, ohne die Rechtskraft dieses Erkenntnisses fürchten zu müssen, in einem neuen Prozeß den Kaufgegenstand einklagen. Auch dieses Ergebnis, das auf den ersten Blick vielleicht unzweckmäßig erscheint, aber sich aus den Grundprinzipien der Z.P.O. ergibt, könnte man nach Wielands Methode dazu benutzen, um die Theorie von den gegenseitigen Verträgen aus den Angeln zu heben. Aber in Wahrheit kann hiervon keine Rede sein, weil das Problem der objektiven Begrenzung der Rechtskraft mit den gegenseitigen Verträgen ebensowenig etwas zu tun hat, als mit der abstrakten Obligation.

Aus dem Gesagten ergibt sich, daß die herrschende Ansicht, nach der die abstrakte Obligation einen selbständigen Anspruch erzeugt, zu durchaus angemessenen Resultaten führt. Dagegen erheben sich unüberwindliche prozessuale Schwierigkeiten, wenn man nach Neubeckers Vorgang (S. 39) die materiell-rechtliche Natur des reinen Schuldversprechens leugnet und dem Gläubiger der von ihrem Schuldgrund losgelösten Obligation bloß Klagefundament und Beweisstellung gewährt. Schon Rümelin (S. 109) hat hervorgeboben, daß es als ein entschiedener Fehler der Neubeckerschen Arbeit anzusehen ist, daß er die Schwierigkeiten, die sich aus einer rein prozessualen Auffassung des Parteiakts ergeben, nicht ausreichend gewürdigt hat. Neubecker sagt zwar, daß der Gläubiger der Forderung aus dem reinen Schuldversprechen und dem positiven Anerkenntnis abstrakt klagen könne; was aber eigentlich unter einer abstrakten Klage zu verstehen ist, und wie eine solche prozessual zu gestalten wäre, wird nicht näher ausgeführt. Die erheblichen Schwierigkeiten, welche sich einer solchen Lösung des Problems entgegenstellen, werden durch den zwischen Privat- und Prozeßrecht schillernden Begriff der abstrakten Klage mehr verdeckt als überwunden. Insbesondere bleibt es im Dunkeln, inwieweit sich eine solche abstrakte Klage mit der Vorschrift des § 253, Absatz 2. Ziffer 2,

Z.P.O. verträgt, nach welcher schon in der Klageschrift der „Grund des erhobenen Anspruchs" anzugeben ist.

Das Wesen des Klagegrundes gehört bekanntlich zu den umstrittensten Kontroversen des Prozeßrechts[1]). Viele halten die klagebegründenden Tatsachen als solche für den Klagegrund und fordern daher, daß schon in der Klageschrift die einzelnen Momente angegeben werden, aus denen sich nach Maßgabe des bürgerlichen Rechts ergibt, daß der Anspruch in der Person des Klägers gegenüber dem Beklagten entstanden ist (Substanzierungstheorie). Andere sehen es für ausreichend an, daß der Kläger solche Merkmale angibt, durch welche der geltend gemachte Anspruch von anderen in zweifelsfreier Weise unterschieden werden kann (Individualisierungstheorie). Auch nach dieser Ansicht hat der Kläger die den Anspruch begründenden Tatsachen in der mündlichen Verhandlung anzuführen, auch soll er sie nach § 130, Ziffer 3 in Verbindung mit § 253, Abs. 4, Z.P.O. schon in der Klageschrift erwähnen. Aber diese tatsächlichen Substanzierungen gehören als solche nicht zum Klagegrund, vielmehr genügt die Angabe irgend welcher Momente, sofern nur durch sie der Prozeßgegenstand ausreichend charakterisiert wird. Nach der letzteren Ansicht ist der Umfang der Rechtshängigkeit und der Rechtskraft ein viel größerer und die Einrede der Klageänderung ist viel weniger zu befürchten, als nach der Substanzierungstheorie[2]).

---

[1]) Literatur siehe: bei Seuffert, „Kommentar zur Z.P.O." zu § 253, Bd. I, S. 367 und bei Hellwig „Anspruch und Klagrecht" S. 77—115 und „Lehrbuch der Z.P.O." Bd. 1, S. 258—272. Die Substanzierungstheorie wird vom Reichsgericht, von Dernburg, Planck, Staub, Endemann und Gaupp-Stein vertreten, während der von Wach begründeten Individualisierungstheorie Hellwig, Fitting, Eccius, Seuffert und R. Schmidt in seiner „Klageänderung" huldigen. Mehr vermittelnd M. Rümelin, „Archiv f. d. zivil. Praxis" Bd. 88, S. 147 und die Lehrbücher der Z.P.O. von Weismann, Bd. 1, S. 63. Kleinfeller S. 268 und jetzt auch R. Schmidt, S. 392.

[2]) Rümelin bekämpft im Archiv f. d. ziv. Praxis, Bd. 88, S. 87 die herrschende Ansicht, daß der Begriff des Grundes des erhobenen Anspruchs in der Lehre von den Erfordernissen der Klageschrift die gleiche Bedeutung habe, wie in der Theorie von der Rechtshängigkeit und der Rechtskraft. M. E. tritt aber an den genannten drei Punkten dasselbe Problem, nämlich die Frage nach dem Gegenstand des konkreten Rechtsstreits, in die Erscheinung. Durch die Klageschrift soll der Kampfpreis

Da eine eingehendere Erörterung dieser Kontroverse den Rahmen der vorliegenden Arbeit durchbrechen würde, kann auf die einzelnen Argumente nicht näher eingegangen werden. M. E. ist aber die Individualisierungstheorie vorzuziehen, denn das gemeinrechtliche Gebot der tatsächlichen Substanzierung der Klageschrift war ein Produkt des schriftlichen Verfahrens und der Eventualmaxime und paßt daher nicht mehr für das mündliche und einheitliche Verfahren unserer jetzigen Z.P.O.[1]. Noch wichtiger ist das von R. Schmidt[2]) angeführte Argument, daß sich die Rechtskraft nach § 322 Z.P.O. nur auf Ansprüche und Rechtsverhältnisse, nicht aber auf Tatsachen erstreckt. Übrigens dürfte die ganze Frage, welche für die absoluten Rechte sehr wichtig ist, für die Forderungsrechte von geringerer Bedeutung sein, weil der Kläger den obligatorischen Anspruch regelmäßig nur dadurch individualisieren kann, daß er den rechtserzeugenden Tatbestand anführt. Daher fällt bei den Forderungsrechten das Erfordernis der Individualisierung mit der Substanzierungspflicht in der Regel zusammen, so daß zwecks Individualisierung der rechtserzeugende Tatbestand schon in der Klageschrift angegeben werden muß.

Für die Gegner, welche die Existenz abstrakter Forderungen leugnen, aber auf einen indiskreten Schuldschein hin eine sogenannte abstrakte Klage gewähren, erhebt sich hier die große Schwierigkeit, daß nach § 253 Z.P.O. der Grund des erhobenen Anspruchs schon in der Klageschrift dargelegt werden muß. Um dem Richter die Möglichkeit zu gewähren, auf einen in-

---

genau fixiert werden, denn durch ihn bestimmt sich der ganze weitere Verlauf des Verfahrens und auf ihn allein erstreckt sich die Rechtskraft. Daher darf der Kläger den Gegenstand des Prozesses weder durch Fallenlassen des ursprünglichen Anspruchs, noch durch Nachschieben neuer Ansprüche einseitig verändern. Jedoch hat die Novelle zur Z. P. O. § 264 die sehr zweckmäßige Ausnahme angeordnet, daß eine Klageänderung in der ersten Instanz zuzulassen sei, wenn nach dem Ermessen des Gerichts durch die Änderung die Verteidigung des Beklagten nicht wesentlich erschwert wird. Nur was diese Zulassung einer Klageänderung, nicht aber was deren Umfang anlangt, können Zweckmäßigkeitserwägungen, insbesondere die Rücksicht auf das „Deliberationsinteresse des Beklagten" (Rümelin, S. 120) in Frage kommen.

[1]) Seuffert, „Kommentar", Bd. 1, S. 369.

[2]) R. Schmidt, „Klageänderung", S. 200—208.

diskreten Schuldschein hin ein Versäumnisurteil zu erlassen, sehen sich die Gegner daher zu der Annahme gedrängt, daß die §§ 780 und 781 B.G.B. insofern eine Ausnahme vom § 253 Z.P.O. enthalten, als an Stelle der Darlegung des Grundes des erhobenen Kausalanspruchs die Bezugnahme auf den ein positives Anerkenntnis enthaltenden indiskreten Schuldschein genügt. Gegen diese rein prozessuale Auffassung der §§ 780 und 781 B.G.B. ließe sich zunächst einwenden, daß es höchst seltsam wäre, wenn man Substanzierungsvorschriften, welche eine Modifizierung des § 253 Z.P.O. enthielten, unter der Form einer speziellen Obligation in den besonderen Teil der Schuldverhältnisse gestellt hätte. Viel wichtiger sind aber die prinzipiellen Bedenken, welche sich einer derartigen Auffassung entgegenstellen. Es bliebe zunächst völlig im Dunkeln, welcher Anspruch eigentlich rechtshängig geworden wäre, denn nicht nur die Richter, sondern auch die Anwälte dürften hierüber nur in den seltensten Fällen orientiert sein. Häufig werden sogar die Parteien darüber im Zweifel sein, auf welche Kausalobligation sich die abstrakte Klage bezöge. Denn einem indiskreten Schuldschein kann es niemand ansehen, auf welches Geschäft er sich bezieht. Es bleibt nicht minder unklar, ob die Grundobligation in der Vergangenheit liegt, oder ob sie erst nach oder zugleich mit der Ausstellung des indiskreten Schuldscheins entstanden ist. Wendet als z. B. der Beklagte ein, daß die Klageforderung aus einem am 7. Februar abgeschlossenen Kauf herrühre, daß dieser aber am 10. April wegen Sachmängel gewandelt sei, so liegt in diesem Vorbringen nach der richtigen Ansicht eine Einrede wegen Wegfalls des Rechtsgrundes. Dagegen sieht die gegnerische Auffassung in dieser Verteidigung des Beklagten ein Bestreiten des Klageanspruchs mittels der rechtsvernichtenden Einwendung der vollzogenen Wandlung. Würde der Kläger daraufhin replizieren, daß nicht ein Kauf, sondern ein am 8. März gewährtes Darlehn den Grund des Anerkenntnisses darstelle, so würde nach der gegnerischen Ansicht der Beklagte genötigt sein, seine Behauptung zu beweisen, weil der indiskrete Schuldschein dem Kläger Beweisstellung verschafft. Wenn ihm dieser Beweis gelänge, oder wenn der Kläger selber später im Prozesse zugeben würde, daß sich das Anerkenntnis auf den

Kauf und nicht auf das Darlehn bezöge, so läge hierin eine Klageänderung, da der Kläger ursprünglich das Darlehn replicando als Klagegrund angegeben hat. Immerhin wäre dieses Ergebnis der gegnerischen Konstruktion noch erträglich, weil eine Klageänderung in der ersten Instanz auch gegen den Willen des Beklagten zugelassen werden kann, sofern dadurch seine Verteidigung nicht wesentlich erschwert wird. Da in der Mehrzahl der Fälle das Gericht gewiß keine Bedenken tragen würde, die Klageänderung zuzulassen, so wäre die prozessuale Situation von der Art, als wenn der Kläger ursprünglich aus dem Kauf geklagt und der Beklagte den Abschluß zugestanden hätte.

Schwieriger aber gestaltet sich die Sachlage für die gegnerische Auffassung, wenn der Kläger zunächst ein Darlehn, später aber einen Deliktsanspruch als Grund angegeben hätte, während der Beklagte auf seiner ursprünglichen Behauptung des Kaufabschlusses beharrte, denn dann fehlt dem Kläger das Geständnis des Beklagten, auf das er fußen könnte. Gewährt ihm auch jetzt noch der indiskrete Schuldschein eine privilegierte Prozeßstellung, so daß er sich auf ihn berufen könnte, um den bestrittenen Deliktsanspruch zu beweisen, oder ist der Schuldschein dadurch abgenutzt, daß er einmal für eine verkehrte Kausalbeziehung, nämlich das Darlehn, verwandt wurde?

Zu besonders unklaren und verschwommenen Ergebnissen führt die bekämpfte Ansicht bezüglich des Umfangs der Rechtskraft. Ist auf Grund eines indiskreten Schuldscheins ein rechtskräftiges Urteil zugunsten des Klägers ergangen, ohne daß die Kausalbeziehung aufgerollt wäre, so hat niemand eine Ahnung davon, auf welchen Anspruch sich die Rechtskraft bezieht. Jede der beiden Parteien müßte gewärtig sein, daß sich der Gegner auf das alte Erkenntnis bezöge mit der Behauptung, daß durch dieses der gegenwärtig streitige Anspruch rechtskräftig entschieden sei. Was aber schließlich rechtskräftig festgestellt wäre, wenn der Beklagte ohne Eingehen auf das Kausalverhältnis Klageabweisung wegen Formmangels des reinen Schuldversprechens erzielte, bliebe völlig im Dunkeln.

Noch schwieriger als bei einer Klage aus einem indiskreten Schuldschein gestaltet sich die Sachlage für die Gegner, wenn der Kläger aus einem diskreten Schuldschein mit bewußt wahrheitswidrigem Schuldgrund einen Anspruch herleitet. Beide Parteien sind darüber einig, daß sie einen Parteiakt gemäß §§ 780—781 B.G.B. haben vornehmen wollen, daß sie aber einen unrichtigen Grund, z. B. ein Darlehn, angegeben haben, um Dritten den Einblick in ihre Geschäftsbeziehungen zu verwehren. Dagegen streiten sie über den wahren Schuldgrund, der Kläger führt ein Delikt, der Beklagte einen Kauf als Kausalobligation an. Soll auch hier der bewußt wahrheitswidrige diskrete Schuldschein zugunsten der klägerischen Behauptung streiten? Welcher Anspruch wird rechtshängig und schießlich rechtskräftig? Der vom Kläger geltend gemachte Deliktsanspruch oder die vom Beklagten angeführte Kaufforderung? Wenn man sich grundsätzlich für die erstere Alternative entscheiden würde, so könnte weiter in Frage kommen, ob diese Regelung auch dann richtig ist, wenn, wie der Beklagte behauptet, in Wahrheit der Kauf dem reinen Schuldversprechen zugrundeliegt. Wie ist aber schließlich zu entscheiden, wenn beide Parteien unrecht haben, wenn weder das Delikt, noch der Kauf, sondern vielleicht ein Mandat den Anlaß zur Ausstellung des bewußt wahrheitswidrigen Schuldscheins bot?

Aus dem Gesagten ergibt sich zur Genüge, daß die Theorie der sogenannten abstrakten Klage nicht nur mit den Vorschriften des B.G.B. und der Z.P.O. im Widerspruch steht, sondern daß sie auch in ihren Konsequenzen zu wenig klaren Ergebnissen führt. Der von Wieland und Neubecker gegen die materiell-rechtliche Natur des reinen Schuldversprechens und des positiven Anerkenntnisses gerichtete Angriff kann als gescheitert angesehen werden. Daß man vollends das Wechselrecht nicht verstehen kann, wenn man nicht genau zwischen dem abstrakten Wechselanspruch und dem ihm zugrundeliegenden Kausalverhältnis unterscheidet, wird später auszuführen sein.

§ 3.

Das reine Schuldversprechen und das Schuldanerkenntnis.

Nachdem im vorhergehenden Paragraphen das Wesen der abstrakten Obligation im allgemeinen erörtert worden ist, gilt es jetzt im speziellen Teile, die einzelnen Unterarten einer eingehenderen Betrachtung zu unterwerfen. Als Einteilungsgrund könnte man entweder das formale Kriterium der äußeren Erscheinung, also die Unterscheidung in reines Schuldversprechen, Anweisungsakzept, Wechsel oder andere abstrakte Wertpapiere, zugrundelegen, oder die Unterarten wären nach dem Verhältnis, das zwischen dem abstrakten Anspruch und dem Kausalverhältnis besteht, als einfache, als delegationsmäßige oder als orderabstrakte zu klassifizieren. Da das Gesetzbuch die erstere Einteilung zugrundelegt, so dürfte es sich mehr empfehlen, von dieser Reihenfolge nicht abzuweichen. Daher ist zunächst das reine Schuldversprechen und das Schuldanerkenntnis zur Darstellung zu bringen. Um jedoch Wiederholungen zu vermeiden, muß der Ausnahmefall, daß das reine Schuldversprechen und das Schuldanerkenntnis zwischen kausal-unverbundenen Parteien abgegeben wird und daher eine delegations-abstrakte Forderung erzeugt, zunächst ausgeschieden werden, um im Zusammenhang mit dem Anweisungsakzept erörtert zu werden. Daher beschränkt sich die Darstellung zunächst auf das zwischen kausal-verbundenen Parteien abgegebene reine Schuldversprechen und Schuldanerkenntnis. Im Anhang zu diesem Paragraphen wird schließlich das im Prozeß abgegebene Anerkenntnis einer kurzen Erörterung unterzogen werden.

I. Die Voraussetzungen des reinen Schuldversprechens und des Schuldanerkenntnisses.

Das reine Schuldversprechen und das Schuldanerkenntnis sind im zwanzigsten Titel des speziellen Obligationsrechts in den §§ 780—782 B.G.B. geregelt worden. Der § 780 bestimmt, daß zur Gültigkeit eines Vertrages, durch den eine Leistung in der Weise zugesagt wird, daß das Versprechen die Verpflichtung selbständig begründen soll (Schuldversprechen), in der Regel schriftliche Erteilung des Versprechens notwendig sei. Das gleiche Formerfordernis stellt § 781 Satz 1 für die Gültigkeit eines Vertrages auf, durch den das Bestehen eines Schuldverhältnisses anerkannt wird (Schuldanerkenntnis), während der zweite Satz des § 781, sowie der § 782 Ausnahmen bezüglich der Form statuieren. Nach der ersteren Sonderregel bedarf der Anerkennungsvertrag, wenn für die Begründung des Schuldverhältnisses, dessen Bestehen anerkannt wird, eine andere Form vorgeschrieben ist, dieser Form und nach § 782 kann ein reines Schuldversprechen und Schuldanerkenntnis mündlich erfolgen, wenn es auf Grund einer Abrechnung oder im Wege des Vergleichs erteilt wird. Eine fernere Ausnahme enthält § 350 H.G.B. in Verbindung mit den §§ 351 und 4 H.G.B., wonach das von einem Vollkaufmann als solchem abgegebene reine Schuldversprechen und Schuldanerkenntnis auch mündlich gültig ist. Aus diesen Bestimmungen ergibt sich ohne Zweifel, daß bei Beobachtung der regelmäßig vorgeschriebenen Schriftform eine einfache abstrakte Obligation immer dann geschaffen wird, wenn die Parteien ihren auf diesen Rechtseffekt gerichteten Willen, den sogenannten Abstrahierungswillen, erklären.

Bei Abgabe dieser Willenserklärung kommt es ebenso, wie bei den übrigen Zuwendungen nicht selten vor, daß die Parteien, anstatt das Zuwendungsgeschäft, wie z. B. die Tradition, die Zession oder die abstrakte Forderungsbegründung, direkt mit dem richtigen Namen zu bezeichnen, vielmehr von „Anerkenntnis“ oder „Feststellung“ reden. Diese mittelbare Bezeichnung ist ohne jede juristische Bedeutung, denn die Parteien wollen mit dem Ausdruck „Anerkenntnis“ nur ihre Meinung aussprechen, daß sich die Anerkennung mit dem bisherigen Rechtszustand inhaltlich deckt, aber zugleich erklären, daß auf alle Fälle der dem Anerkenntnis entsprechende Rechtszustand ins Leben treten soll. Wenn A gegenüber dem B anerkennt, daß B Eigentümer der beweglichen Sache x sei, so liegt in dieser Erklärung eine Verfügung, sofern die Parteien darüber einig sind, daß B für den Fall, daß er nicht schon bisher Eigentümer sei, es nunmehr werden solle. Wenn die übrigen Erfordernisse eines Übertragungsaktes, also Übergabe der beweglichen Sache oder ein Surrogat, wie das Besitz-Konstitut oder die Abtretung des Herausgabeanspruchs, und ferner ein Verfügungsrecht des Anerkennenden oder guter Glaube des Erwerbers nach Maßgabe des B.G.B. oder H.G.B., vorhanden sind, so geht das Eigentum in gleicher Weise über, als wenn die Parteien einen gewöhnlichen Traditionsvertrag abgeschlossen hätten. Auch bei der Auflassung, bei der Begründung einer Servitut oder eines Nießbrauchs oder bei der Forderungsübertragung ist es völlig irrelevant, mit welchen Ausdrücken die Parteien ihren Verfügungswillen dokumentieren. Sofern nur die übrigen Voraussetzungen des Verfügungsgeschäftes, wie Eintragung ins Grundbuch usw., erfüllt sind, so genügt es vollkommen, wenn die Parteien die Erklärung ihres Verfügungswillens in die Form des Anerkenntnisses, daß das fragliche Recht dem Erwerber zustände, einkleiden. Es ist keineswegs notwendig, daß die Erklärung gerade den Rechtsübergang besonders hervorhebt, wenn sich nur aus den Umständen ergibt, daß das Anerkenntnis dispositiver Natur sein soll.

In gleicher Weise genügt es, wenn die Parteien ihren auf Schaffung einer abstrakten Obligation gerichteten Willen dadurch dokumentieren, daß sie das Bestehen eines Schuldverhältnisses anerkennen. Denn es ist völlig irrelevant, ob der eine Kontrahent dem andern eine Leistung selbständig verspricht, oder ob er das Bestehen eines Schuldverhältnisses in konstitutiver Weise anerkennt. Beide Fälle sind in den §§ 780 und 781 B.G.B. mit vollem Recht ganz gleichgestellt, denn die konstitutive Anerkennung ist ihrem juristischen Wesen nach mit dem abstrakten Schuldversprechen vollständig identisch, weil die Nichtexistenz der ursprünglichen Forderung auf die Gültigkeit des Anerkenntnisses keinen Einfluß ausübt und daher eine Bezugnahme auf das frühere Schuldverhältnis zur Substanzierung des Schuldanerkenntnisses unnötig ist. Zur Entstehung eines reinen Schuldversprechens genügt es vielmehr, daß der Wille, ein Forderungsrecht ohne Rücksicht auf seine causa zu schaffen, unzweideutig erklärt wird.

Mit diesem dispositiven Anerkenntnis dürfen gewisse Rechtserscheinungen nicht verwechselt werden, welche zwar nicht selten auch als „Anerkenntnisse“ oder „Feststellungen“ bezeichnet werden, ihrem juristischen Charakter nach aber mit dem reinen Schuldversprechen und Schuldanerkenntnis nicht das Geringste zu tun haben: es sind dies die deklaratorische Anerkennung und die Vertragsreproduktion. Oft haben die Parteien mit ihren Feststellungen durchaus nicht die Absicht, irgendwelche Dispositionen zu treffen, sondern sie wollen nur ihrer Ansicht über das, was rechtens ist, Ausdruck geben. Die Erklärung kann daher wohl als Beweisgrund dienen, aber eine Veränderung in der Rechtswelt ruft sie, — abgesehen von der Unterbrechung der Verjährung (§ 208 B.G.B.) — nicht hervor. Ferner wird der Ausdruck „Anerkenntnis“ auch gebraucht, wenn ein früherer Vertrag in der Art wiederholt wird, daß nunmehr die neue Abrede ausschließlich maßgebend sein soll. Diese zuerst von Degenkolb[1]) in ihrer Bedeutung erkannte Vertragsreproduktion erzeugt zwar im Gegensatz zum deklaratorischen Anerkenntnis eine Rechtsänderung, hat aber mit der abstrakten Forderungsbegründung als solcher garnichts zu tun, denn das reproduzierende Geschäft kann von der verschiedensten Art sein. Nachdem z. B. A dem B am 1. April mündlich 100 Tonnen Weizen verkauft hat, setzen die Parteien, um spätere Streitigkeiten zu vermeiden, am 1. Mai einen schriftlichen Kontrakt auf, der an Stelle des mündlichen Vertrags nunmehr allein maßgebend sein soll. In diesem Fall ist der schriftliche Vertrag nichts weniger als abstrakt, sondern gleich der mündlichen Abrede ein gewöhnlicher Kaufkontrakt. Die Rechtswirkung der Vertragsreproduktion besteht vielmehr nur darin, daß der erste Vertrag, insoweit als er von dem schriftlichen Kontrakt abweicht, als abgeändert zu gelten hat, weil nach der

---

[1]) Degenkolb, „Archiv f. d. zivil. Praxis“, Bd. 71, S. 161—226.

Parteiabsicht ausschließlich das zweite Rechtsgeschäft maßgebend sein soll.

Wegen der Vieldeutigkeit des Wortes „Anerkenntnis“ muß stets sorgfältig geprüft werden, ob die Parteien wirklich die Schaffung einer abstrakten Obligation bezwecken oder ob sie bloß ein deklaratorisches Anerkenntnis abgeben oder eine Vertragsreproduktion vornehmen wollen. Ist aber der Abstrahierungswille formgerecht geäußert worden, so entsteht allemal eine abstrakte Obligation, denn weitere Erfordernisse als dieser Abstrahierungswille und die in der Regel der Fälle zu beobachtende Schriftform sind vom Gesetzbuch nicht aufgestellt worden. Daher kann jede beliebige Leistung zum Gegenstand eines reinen Schuldversprechens oder Schuldanerkenntnisses gemacht werden. Dieses Rechtsinstitut ist also nicht auf fungible Sachen beschränkt, vielmehr kann auch eine ganz individuelle Leistung, z. B. die Übergabe der Stute Bellona oder bestimmte Dienste, versprochen werden. Ja, man kann sogar den Inhalt des reinen Schuldversprochens durch Verweisung auf ein kausales Geschäft näher bestimmen, indem man abstrakt verspricht, die Stute Bellona wie ein Verkäufer oder bestimmte Dienste nach den Grundsätzen der Dienstmiete leisten zu wollen. Derartige Versprechen sind trotzdem abstrakt, sofern sie nur von dem zugrundeliegenden Kausalverhältnis losgelöst sind. Hieraus ergibt sich, wie unrichtig jene Ansicht ist, welche die abstrakte Obligation dem individuell bestimmten Forderungsrecht gegenüberstellt, denn sie vermengt zwei Einteilungsgründe miteinander, nämlich den Gegensatz im Inhalt zwischen dem Forderungsrecht mit genau fixiertem Inhalt und demjenigen, dessen Inhalt durch Verweisung auf einen bestimmten Typus bestimmt wird, und den Gegensatz in der Art der Beziehung zwischen dem Versprechen und dem ihm zugrundeliegenden Kausalverhältnis. Der Inhalt der abstrakten Obligation kann nur insofern von Bedeutung werden, als die Formvorschrift sich verschärft, wenn ein bestimmter Gegenstand abstrakt versprochen wird. So muß nach § 781 Satz 2 B.G.B. für das dispositive Anerkenntnis und nicht minder für das reine Schuldversprechen die im § 313 B.G.B. angeordnete gerichtliche oder notarielle Form gewählt werden, falls die Übertragung des Eigentums an einem Grundstück oder die Bestellung oder Übertragung eines Erbbaurechts[1]) den Gegenstand der abstrakten Obligation bildet.

Auch dagegen ist nichts einzuwenden, daß die abstrakt versprochene Leistung von einer Bedingung, insbesondere von einer Gegenleistung, abhängig gemacht wird. Aus dem Wortlaut des Gesetzes können keine Argumente für die entgegengesetzte Ansicht hergeleitet werden und auch innere Gründe sprechen nicht für eine solche Einschränkung. Trotzdem behauptet Klingmüller[2]), daß der Inhalt eines reinen Schuldversprechens zwar von jeder anderen Bedingung, aber nicht von einer Gegenleistung abhängig gemacht werden könne. Gegen die Ansicht, welche eine solche Abhängigkeit für möglich hält, sprechen nach Klingmüller dogmatische Bedenken und praktische Erwägungen. Aber es verstößt gegen den Begriff der abstrakten Obligation, wie ihn auch Klingmüller zugrundelegt, in keiner Weise, daß der Schuldner nur zu leisten braucht, wenn der Gegner seinerseits eine Gegenleistung anbietet, denn durch eine derartige Gestaltung wird das Kausalverhältnis keineswegs in seinem ganzen Umfang in das reine Schuldverhältnis hineingezogen. Ein Synallagma und damit ein kausales Rechtsgeschäft wäre erst gegeben, wenn nicht die Ausführung der Gegenleistung, sondern die Verpflichtung des Gegners zur Gegenleistung Bedingung der Gültigkeit des Versprechens wäre, denn in diesem Fall würden sich der Abstrahierungswille und das Setzen der Bedingung gegenseitig aufheben und eine gewöhnliche kausale Obligation, aus der wechselseitige Ansprüche entständen, wäre das Ergebnis einer derartig verklausulierten Abrede. Was aber die praktischen Erwägungen angeht, so sprechen diese nicht für, sondern gegen die Klingmüllersche Theorie, denn es wäre in der Tat sehr wenig zweckmäßig, wenn man den Parteien verbieten wollte, das reine Schuldversprechen von der Bedingung der Gegenleistung abhängig zu machen, weil nicht selten die gesamte Interessenlage eine solche Gestaltung als notwendig

---

[1]) Dass sich die Vorschrift des § 313 wegen 1017 Absatz 2 B.G.B. auch auf die Bestellung und Übertragung eines Erbbaurechts bezieht, dafür hat sich die herrschende Meinung ausgesprochen. Literatur siehe bei Örtmann „Recht der Schuldverhältnisse“, S. 137.

[2]) Klingmüller „Schuldversprechen und Schuldanerkenntnis“, S. 110.

erscheinen läßt[1]). Dies gilt insbesondere, wenn die eine Partei auf Grund eines Vergleichs ein reines Schuldversprechen zur Sicherung des Gegners abgeben, aber sich doch dagegen schützen will, auf Grund des abstrakten Anspruchs leisten zu müssen, ohne daß der Gegner seinen Verpflichtungen seinerseits nachkommt.

Durch die vom B.G.B. getroffene Regelung ist die von Bähr inaugurierte Lehre von der materiellen Kraft des dispositiven Anerkenntnisses Siegerin geblieben über die entgegengesetzte Theorie, welche in einem dispositiven Anerkenntnis nur einen Substanzierungs- oder Beweisvertrag erblickt[2]). Künftig kann es sich nur darum handeln, ob ein Anerkenntnis einen dispositiven oder einen deklaratorischen Charakter an sich trägt, während ein Mittleres nicht in Frage kommt, denn ein Substanzierungs- oder Beweisvertrag ist für das heutige Recht abzulehnen. Freilich darf man nicht so weit gehen, daß man

---

[1]) Gegen Klingmüller auch Rümelin „Schuldversprechen", S. 35ff.

[2]) Die Lehre vom Substanzierungsvertrag wird von Windscheid „Pandekten" Bd. 2, S. 621 und 623 folgendermaßen formuliert: „Die Verpflichtung, welche durch diesen Vertrag übernommen wird, hat zum Inhalt a) wenn etwas als bestehend anerkannt worden ist, sich der prozessualischen Behauptung des als bestehend Anerkannten unterwerfen, d. h. diese Behauptung weder bestreiten, noch sie als prozessualisch unzulässig zurückweisen zu wollen; b) wenn etwas als nichtbestehend anerkannt worden ist, das als nichtbestehend Anerkannte prozessualisch nicht behaupten zu wollen. Wird die Behauptung des als bestehend Anerkannten dennoch bestritten oder prozessualisch bemängelt, so wird der Anerkennende verurteilt, als wäre dies nicht geschehen. Wird das als nicht bestehend Anerkannte dennoch behauptet, so wird diese Behauptung als unzulässig zurückgewiesen." Ähnlich J. W. Planck „Lehrbuch des Z.P.R." Bd. 1, S. 336—346. Für einen Beweisvertrag im Anschluß an ein Konstitut spricht sich Bruns aus („Zeitschrift für Rechtsgeschichte", Bd. 1, S. 127—130.) Für ein Konstitut auch Schlesinger „Formalkontrakte", S. 146—156. Für die materiell-rechtliche Wirkung Bähr selbst in Iherings Jahrbüchern, Bd. 2, S. 283—350, 367—455; Unger, in Iherings Jahrbücher Bd. 8, S. 179—220; Brinz „Pandekten", Bd. 2, S. 567, Anm. 3. Gegen die Zulässigkeit von Substanzierungs- und Beweisverträgen haben sich ausgesprochen: Bülow „Archiv f. d. zivil. Praxis", Bd. 64, S. 62—71; Wach, ebenda, S. 216—238; Kohler „Gesammelte Beiträge zum Zivilprozeß", S. 127—238; Bülow „Geständnisrecht", S. 186—193. Für das heutige Recht halten an Beweisverträgen fest: Crome „Lehrbuch des B.G.B.", Bd. 2, S. 913; G. Planck „Kommentar zum B.G.B." zu § 368 Bd. II, S. 224.

derartige Gebilde für schlechthin unmöglich hält. Ein solcher aprioristischer Satz würde wie alle naturrechtlichen Axiome der unendlichen Mannigfaltigkeit des empirisch gegebenen rechtsgeschichtlichen Stoffes nicht gerecht werden, denn es kann sich sehr wohl ereignen, daß ein positives Recht den Einzelnen die Befugnis erteilt, zivil-prozessuale Normen durch Parteiabrede außer Kraft zu setzen. Aber damit ist die Frage noch nicht entschieden, ob das gegenwärtige deutsche Zivilprozeßrecht im Zweifel bloß dispositive Normen enthält. Die Beantwortung muß im negativen Sinne ausfallen, denn das Zivilprozeßrecht unterliegt als jus publicum den Dispositionen der Parteien nur insoweit, als sich eine solche Befugnis aus besonderen Vorschriften oder aus dem Zusammenhang des Ganzen ergibt. Durch diesen Satz ist schon die Unzulässigkeit der Substanzierungs- und Beweisverträge für das gegenwärtige Reichsrecht erwiesen, denn die Grundsätze über Klagesubstanzierung gehören zweifellos dem Zivilprozeßrecht an. Nichts anderes gilt aber für die Regeln über die Beweislast, denn diese Sätze geben darüber Auskunft, welcher Partei die Illiquidität einer rechtlich relevanten Tatsache im Prozeß zum Nachteil gereichen soll. Da die Zivilprozeßordnung sowohl von Substanzierungs-, wie von Beweisverträgen schweigt, so ist deren Unzulässigkeit damit stillschweigend angeordnet. Mithin kann neben dem dispositiven Anerkenntnis immer nur ein als Beweisgrund für die richterliche Überzeugung fungierendes außergerichtliches Geständnis in Frage kommen.

Das Gesagte gilt sowohl vom positiven, als vom negativen Anerkenntnis: in beiden Fällen ist zu prüfen, ob derjenige, welcher das Bestehen oder Nichtbestehen einer Forderung anerkennt, damit nur seiner persönlichen Überzeugung Ausdruck verleihen, oder ob er mit seinem Gegner einen Vertrag abschließen will, wonach die anerkannte Schuld ins Leben gerufen und die aberkannte Forderung getilgt wird. Auch wenn das positive oder negative Anerkenntnis schriftlich abgegeben ist, muß immer noch untersucht werden, ob die Schuldurkunde oder die Quittung sich als außergerichtliches Geständnis kennzeichnen und daher ein bloßes Beweismittel sind, oder ob sie als Dispositivakte ein reines Schuldversprechen oder einen Erlaß enthalten. Bähr hat freilich in seinem grundlegenden

Werk über die „Anerkennung als Verpflichtungsgrund“ (S. 191 ff.) die These aufgestellt, daß der Schuldschein und die Quittung stets dispositive Willensakte seien, die ausnahmslos ein Forderungsrecht begründeten, resp. zum Erlöschen brächten. Er hat diese außerordentlich weitgehende Behauptung mit den berühmt gewordenen Worten verteidigt: „Ein Beweismittel für die Schuld wollen, heißt die Schuld wollen, und die Schuld wollen, heißt die Schuld versprechen.“ (S. 193.)

Diese Auffassung ist abzulehnen, denn es entspricht dem empirischen Parteiwillen sicherlich nicht, wenn man jeden Schuldschein und jede Quittung als Dispositivakt auffassen wollte, weil eine so weitgehende Wirkung durchaus nicht im Sinne der Beteiligten liegt. Vielmehr will der Aussteller eines Schuldscheins oder einer Quittung in der Regel nur seiner Überzeugung Ausdruck geben, daß sich die Sache so verhält, wie es in der Urkunde geschrieben steht. Daher sind der Schuldschein und die Quittung für den Inhaber nur dann von Bedeutung, wenn sie der Wahrheit entsprechen. Ist ihr Inhalt aber unrichtig, weil sie in Erwartung der gegnerischen Leistung, also der Darlehnshingabe oder der Erfüllung, ausgehändigt sind, so können sie an und für sich weder dem Gläubiger zur Begründung seiner Klage, noch dem Schuldner zur Verteidigung dienen. Vielmehr muß der Gläubiger die Hingabe des Darlehns und der Schuldner die Rückzahlung beweisen. Das scheinbar unbillige Ergebnis, daß der antizipierte Schuldschein und die antizipierte Quittung eine formelle Beweiskraft nicht besitzen, wird durch die Erwägung beseitigt, daß der Richter auf Grund freier Beweiswürdigung keinen Anstand nehmen wird, die Hingabe oder Rückzahlung des Dahrlehns als bewiesen anzusehen, wenn der Gläubiger die Quittung oder der Schuldner den Schuldschein längere Zeit, ohne Protest zu erheben, in den Händen des Gegners beläßt, weil dann die Vermutung nahe liegt, daß die Auszahlung des Darlehns oder die Erfüllung der Aushändigung des Schuldscheins oder der Quittung nachgefolgt ist. So kommt die Ansicht, welche dem Schuldschein und der Quittung regelmäßig nur eine deklaratorische Bedeutung beimißt, auch im Falle antizipierter Aushändigung zu durchaus sachgemäßen Ergebnissen. Umgekehrt führt die gegnerische Theorie, namentlich bei der

Quittung, zu wenig ansprechenden Konsequenzen. Denn wird eine Quittung irrtümlich ausgestellt, so wäre die ursprüngliche Forderung mit ihren Sicherungen definitiv verloren; dem Gläubiger stände zwar ein Anspruch auf ungerechtfertigte Bereicherung zu, aber für diesen Aktivposten würden die Bürgschaft und das Pfand der fälschlich quittierten Schuld nicht mehr haften.[1]). Aber auch die Annahme, daß jeder Schuldschein ein reines Schuldversprechen verbriefe, wäre höchst bedenklich, denn dadurch würde die Zahl der abstrakten Obligationen in einer Weise ausgedehnt, die nicht als volkswirtschaftlich gesund angesehen werden kann. Wäre die Ausstellung des Schuldscheins allemal ein dispositiver Willensakt, so könnte die Urkunde nur im Kondiktionsrahmen angegriffen werden, während eine bloße Beweisurkunde durch einfachen Gegenbeweis entkräftbar ist. Eine solche Einschränkung der Angreifbarkeit eines Schuldscheins ist aber nur dann gerechtfertigt, wenn der Aussteller wirklich die Absicht hatte, die Beziehungen zu seinem Gegner auf eine neue Grundlage zu stellen.

Aber wann darf eine solche Absicht unterstellt werden? Die Parteien befinden sich über die juristische Tragweite ihrer Handlung meistens im Unklaren, und jedenfalls wird nur sehr selten im Schuldschein selbst zum Ausdruck gebracht, ob er deklaratorisch oder konstitutiv wirken soll. Es bleibt hier, wie so oft im Privatrecht, nichts anderes übrig, als den Parteiwillen aus der Interessenlage heraus zu interpretieren. Regelmäßig hat der Aussteller eines Schuldscheins die Absicht, die Forderung seines Gläubigers sicherzustellen, und dieser nimmt das Dokument entgegen, weil er damit einen festen Boden für seinen Aktivposten zu erlangen glaubt. In dieser Voraussetzung dürfen die Parteien nicht getäuscht werden. Daher muß der Schuldschein so interpretiert werden, daß er seinen Sicherungszweck erreichen kann. Ist die Urkunde diskret abgefaßt, d. h. gibt sie den rechtserzeugenden

---

[1]) Daß die Quittung stets einen Erlaß enthalte, behauptet Endemann, „Lehrbuch des B.G.B." Bd. I, S. 798. § 141, für das heutige Reichsrecht. Dagegen die herrschende Ansicht. Literatur siehe bei Windscheid-Kipp, „Pandekten" Bd. 2, S. 832 und Oertmann, „Recht der Schuldverhältnisse" S. 225.

Tatbestand in so genauer und vollständiger Weise an, daß eine ausreichende Klagesubstanzierung auf sie gegründet werden kann, so kommt dem Schuldschein im Zweifel nur Beweiskraft zu, denn die Sicherungsabsicht wird durch diese Konstruktion vollkommen erreicht und es liegt daher beim Fehlen sonstiger Indizien zur Annahme der weiter tragenden Wirkung eines dispositiven Anerkenntnisses kein Grund vor.

Ganz anders ist aber die Situation, wenn der Schuldschein indiskret abgefaßt wird, mag er den Schuldgrund überhaupt nicht angeben oder ihn nur ganz im allgemeinen bezeichnen. Die absolute und die relative Indiskretheit ist in dieser Hinsicht ganz gleich zu behandeln, weil sich in beiden Fällen eine Klage auf die Schuldurkunde nicht aufbauen läßt. Ein solcher indiskreter Schuldschein ist zu Substanzierungs- und Beweiszwecken nicht zu gebrauchen, weil er entweder überhaupt keine Tatsachen enthält, oder doch jedenfalls den Sachverhalt in ganz ungenügender Weise darlegt. Soll daher ein solcher Schuldschein nicht überhaupt wertlos sein, so bleibt nur die Annahme eines reinen Schuldversprechens übrig. Eine derartige Interpretation tut den Parteiintentionen keine Gewalt an, denn wenn ein indiskreter Schuldschein ausgestellt wird, so geben die Beteiligten damit ihrer Absicht, die zwischen ihnen bestehenden Beziehungen auf eine neue Grundlage zu stellen, den deutlichsten Ausdruck. Natürlich ist die Grenze zwischen einem diskreten und einem relativ indiskreten Schuldschein sehr flüssig und daher kann auch die Beantwortung der Frage, ob ein Anerkenntnis einen dispositiven oder einen deklaratorischen Charakter an sich trägt, im Einzelfall sehr zweifelhaft sein. Insbesondere hat man bei den einzelnen Geschäftstypen einen verschiedenen Maßstab anzulegen, so wird man bei einem Kauf strengere Anforderungen bezüglich der Substanzierung stellen müssen, als bei einem Darlehn. Daher kann man wohl einen Schuldschein, in welchem jemand bekennt, aus einem Darlehn 1000 Mark schuldig geworden zu sein, für einen diskreten halten, nicht aber einen Schuldschein, in welchem die gleiche Erklärung bezüglich eines Kaufs abgegeben wird. Alle diese Regeln sind keine Rechtsvermutungen, sondern bloße Erfahrungssätze, sie gelten daher nur, soweit nicht die Sachlage eine abweichende Interpretation erfordert. Daher kann auch unter Umständen ein diskret abgefaßter Schuldschein eine abstrakte Obligation verbriefen, ebenso wie umgekehrt bei indiskreten Urkunden die Annahme eines reinen Schuldversprechens nicht angebracht wäre, wenn sich z. B. herausstellen sollte, daß die Parteien nur aus Unachtsamkeit den Schuldschein unvollständig abgefaßt haben.

Noch entschiedener als die indiskrete Abfassung eines Schuldscheins spricht die Tatsache, daß die Parteien einen fingierten Rechtsgrund in den Schuldschein aufnehmen, für das Vorhandensein eines dispositiven Rechtsakts. Denn wenn die Parteien einen Tatbestand schriftlich fixieren, von dem sie beide wissen, daß er der Wahrheit nicht entspricht, so können sie unmöglich die Absicht gehabt haben, den Beweis gewisser Tatsachen sicherzustellen. Liegt einem solchen Schuldschein ein ernster Geschäftszweck zugrunde, ist er nicht bloß aus Scherz oder in Simulationsabsicht ausgestellt, so bleibt nur die Annahme übrig, daß die Parteien eine abstrakte Obligation ins Leben rufen wollen und nur, um ihre Geschäftsbeziehungen zu verdecken, einen fingierten Rechtsgrund im Schuldschein hervorheben. Das Entsprechende gilt von der Quittung: bekennt der Gläubiger, die geschuldete Leistung empfangen zu haben, obwohl beide Parteien darüber einig sind, daß die Forderung noch nicht erloschen ist, so muß auch hier unterstellt werden, daß die Quittung nicht, wie es den Anschein hat, bloß ein Empfangsbekenntnis enthält, sondern daß sie sich als Erlaß charakterisiert.

Ein ferneres Indiz für den Abstrahierungswillen liegt in der Tatsache, daß dem Versprechen oder dem Anerkenntnis ein Streit oder eine Ungewißheit über eine Rechtsbeziehung vorhergegangen ist. Ein solcher Fall, den man als „Feststellung“ bezeichen kann, darf nicht mit der „Anerkennung“ im Sinne des § 781 B.G.B. verwechselt werden. Bei letzterem ist der Ausdruck „Anerkennung“ nichts anderes, als ein Mittel zur Erklärung des Abstrahierungswillens. Daher ist es auch gar nicht nötig, daß ein Streit oder eine Ungewißheit vorhergegangen sei. Ja es ist sogar unschädlich, wenn die Parteien über die Nichtexistenz der angeblich anerkannten Forderung einig sind, weil das Wort „Anerkennung“ nichts weiter als eine inhaltsleere Floskel ist, durch welche die Parteien Dritten den Einblick in ihre Rechtsbeziehungen verwehren wollen. Die angeblich anerkannte Forderung ist in Wahrheit gar nicht die der abstrakten Obligation zugrundeliegende Kausalrelation, der Rechtsgrund muß vielmehr in ganz anderen Beziehungen gesucht werden. Wenn dagegen über einen Anspruch Streit oder Ungewißheit geherrscht hat und schließlich vom Schuldner zur Sicherung des Anspruchs ein reines Schuldversprechen oder Schuldanerkenntnis abgegeben wird, so ist die festgestellte Forderung wirklich die Kausalrelation, deren Fehlen die Kondiktionslage begründet. Freilich decken sich die beiden Begriffe „Anerkennung“ und „Feststellung“ in sehr vielen Fällen, denn meistens werden die Parteien, wenn sie nach Beseitigung der Ungewißheit für einen Anspruch eine gewöhnliche abstrakte Obligation begründen wollen, den Ausdruck „Anerkennung“ bevorzugen, aber dieses Zusammentreffen ist keineswegs notwendig. Vielmehr kann sehr wohl von Anerkennung einer Forderung, z. B. eines Darlehns, die Rede sein, obwohl die Parteien über die Nichtexistenz dieses Anspruchs einig sind, und daher die Zuwendung einen ganz anderen Rechtsgrund haben muß. Nicht minder können die Parteien, auch wenn sie eine Feststellung vorgenommen haben, zur Sicherung des festgestellten Anspruchs ein Schuldversprechen und nicht ein Schuldanerkenntnis vereinbaren. Daher müssen die Begriffe „Anerkennung“ und „Feststellung“ genau unterschieden werden.

Abweichend von der hier vorgetragenen Ansicht sieht Pagenstecher[1]) in den Feststellungsgeschäften, durch welche Streit oder Ungewißheit beseitigt wird, keinen Anwendungsfall der einfachen abstrakten Obligation, sondern einen besonderen kausalen Vertrag, dessen Rechtsgrund eben in der Beseitigung von Streit oder Ungewißheit besteht. Ein solcher Vertrag, „der seiner Idee nach stets, seinen Wirkungen nach häufig rein deklaratorischer Natur ist“ (S. 97), erzeugt einen neuen Anspruch nicht schlechthin, sondern nur, wenn der alte nicht bestanden hat. In diesem Fall ist aber eine Kondiktion

[1]) Pagenstecher, „Zur Lehre von der materiellen Rechtskraft“, Berlin 1905, S. 94—136.

im Gegensatz zum reinen Schuldversprechen ausgeschlossen, weil der Zweck des Geschäfts, nämlich die Beseitigung von Streit oder Ungewißheit, erreicht ist. Sicherlich ist eine derartige Parteiabrede, wie sie Pagenstecher entwickelt, logisch denkbar und auch mit den Bestimmungen des B.G.B. vereinbar, aber sie enthielte kein kausales, sondern ein abstraktes Geschäft, denn die Beseitigung von Streit oder Ungewißheit bewirkt an und für sich ohne Hinzutritt weiterer Momente als ein rein tatsächlicher Vorgang keine Einwirkung auf relative Beziehungen. Der von Pagenstecher gegebene Fall charakterisiert sich vielmehr als ein reines Schuldversprechen, das von der Bedingung der Nichtexistenz der alten Schuld abhängig ist, während sich der Verzicht auf die Kondiktionseinrede als ein nach § 518 B.G.B. der gerichtlichen oder notariellen Form unterworfenes Schenkungsversprechen darstellt. Diese Konstruktion dürfte, wenn sie auch begrifflich möglich ist, doch in der Wirklichkeit kaum vorkommen, denn die Auslegung, daß ein abstrakter Anspruch nur ins Leben treten soll, wenn der ursprüngliche Anspruch nicht existiert, wird den Parteiintentionen wenig gerecht. Im Gegenteil wollen die Beteiligten ihre Rechtsbeziehungen auf alle Fälle neu fundieren. Auch die praktischen Konsequenzen, zu denen die Pagenstechersche Ansicht führt, sind wenig ansprechend, weil nach seiner Lehre die Bürgschaft und das Pfand, die für die neue Forderung bestellt werden, gerade für den normalen Fall, daß der alte Anspruch bestanden hat, rechtlich unwirksam sein würden.

Die Feststellung kann sich auf einen einzelnen Schuldposten (einfache Feststellung) oder auf mehrere Posten derselben Partei (Berechnung) oder schließlich auf gegenseitige Forderungen und Schulden der Parteien (Abrechnung) beziehen. Nicht selten wird die Beseitigung des Streits oder der Ungewißheit nur durch ein gegenseitiges Nachgeben erzielt, in diesem Fall schiebt sich zwischen die Anerkennung und das ursprüngliche Kausalverhältnis noch eine besondere Vergleichskausa. Daß bei diesen Feststellungsgeschäften die Annahme eines Abstrahierungswillens besonders nahe liegt, hat das Gesetzbuch dadurch zum Ausdruck gebracht, daß es das auf Grund eines Vergleichs oder einer Abrechnung abgegebene

Schuldversprechen dem Formzwang entzieht. Da bezüglich der einfachen Feststellung eine ähnliche Vorschrift fehlt, so kann eine solche mündlich nur von einem Vollkaufmann abgegeben werden. Das Gleiche gilt von dem bloß sichernden Schuldversprechen, dem ein Streit oder eine Ungewißheit nicht voraufgegangen ist. Dieser letztere Fall hat wenig Bedeutung, da ein Schuldner, welcher seinem Gläubiger eine prozessuale Sicherung gewähren will, sich regelmäßig schon aus praktischen Gründen der Schriftform bedienen wird. Dagegen ist es bedauerlich, daß die mündliche Feststellung auf Vollkaufleute beschränkt ist. Denn wenn z. B. Parteien zusammenkommen, um sich vielleicht nach eingehendem Aktenstudium über ihre Beziehungen zu orientieren, und dann schließlich feststellen, daß A dem B so und so viel schuldet, oder daß er noch bis zum 1. Juli des kommenden Jahres in der Mietwohnung bleiben kann, so ist es legislativ-politisch ganz verfehlt, dem mündlichen Anerkenntnis bindende Kraft abzusprechen und ihm entgegen dem Willen der Vertragsschließenden eine bloß deklaratorische Bedeutung zukommen zu lassen[1]). Wenn jedoch auf der einen Seite mehrere Forderungen vorhanden sind, so ist eine formlose Anerkennung der Additionssumme gültig, denn man kann diesen gewöhnlich als Berechnung bezeichneten Fall zur Not noch unter den Begriff der Abrechnung im weiteren Sinne subsumieren.

Während bei den nur die Beweisstellung sichernden Fällen der einfachen abstrakten Obligation die Möglichkeit einer Vermischung von dispositiven und deklaratorischen Parteiakten besonders nahe gerückt ist, besteht umgekehrt bei den Feststellungsgeschäften immer die Gefahr, daß die Grenze zwischen den kausalen und den abstrakten Geschäften nicht genügend beobachtet wird, weil allen Feststellungsgeschäften sehr leicht ein Vergleichsmoment innewohnt. Daß aber der Vergleich ein kausales Rechtsgeschäft ist, sollte billigerweise nicht bestritten werden[2]). Denn wie das Kaufgeschäft den

---

[1]) Gegen das Erfordernis der Schriftform beim Schuldanerkenntnis spricht sich de lege ferenda Bähr aus. („Archiv für bürgerliches Recht" Bd. 2, S. 106 und 107.)

[2]) Rümelin („Schuldversprechen" S. 85) faßt zwar den Vergleich als kausales Hilfsgeschäft auf, fügt jedoch hinzu, daß kein Zweifel darüber

Verkäufer zur Lieferung und den Käufer zur Preiszahlung und Abnahme obligiert, so verpflichten sich die Vergleichsparteien bezüglich des streitigen oder ungewissen Rechtsverhältnisses zum gegenseitigen Nachgeben. Dieses kann in doppelter Weise geschehen: entweder bezieht sich die Konzession der beiden Parteien auf den Streitgegenstand selbst, so daß ein jeder Teil ein Stück des Objektes erhält, oder der Streitgegenstand wird dem einen Teil gegen eine Abfindungssumme vollständig zugesprochen. Im letzteren Falle kommt der Vergleich einem Kauf besonders nahe. So glaubt z. B. A, daß sein Firmenrecht von B verletzt werde, und bedroht ihn daher mit einer Klage auf Unterlassung gemäß § 37 H.G.B., während B einen widerrechtlichen Eingriff bestreitet. Schließlich einigen sich die Parteien dahin, daß B dem A 1000 Mark zahlt und dafür seine bisherige Firma fortführen darf. Oder der Hund des A wird bei X in Pension gegeben, aber von diesem dem B verkauft und übergeben. A vindiziert ihn von B mit der Behauptung, daß dieser beim Erwerb nicht in gutem Glauben gewesen sei, was B bestreitet. Die Parteien vergleichen sich dahin, daß B den Hund gegen eine bestimmte Abfindung behält. In beiden Fällen ist die versprochene Geldsumme das Äquivalent dafür, daß dem B der Streitgegenstand verbleibt. Für diese Abfindungssumme kann in gleicher Weise, wie für einen Kaufpreis ein konstitutives Anerkenntnis abgegeben oder ein Wechsel ausgestellt werden. Nicht minder liegt ein Vergleich vor, wenn der Streitgegenstand selbst unter die Parteien der Abrede gemäß verteilt wird. In den obigen Beispielen könnten die Vertragsschließenden etwa vereinbaren, daß B seine Firma in einigen Punkten zu verändern habe, sie aber im übrigen weiter führen dürfe, oder daß A und B den Hund als Miteigentümer zu gleichen Teilen behalten.

---

bestehen könne, „daß der Gesetzgeber tatsächlich die vergleichsmäßigen Feststellungen, indem er sie aus dem Zusammenhang des Kausalgeschäfts herauslöste, als selbständige Obligierungen gefaßt und sie somit in Zusammenhang mit den abstrakten Schuldverträgen gebracht hat.“ Diese Bemerkung ist in methodologischer Beziehung nicht einwandsfrei. Wie kann es auf angebliche Meinungen eines mystisch im Hintergrund schwebenden Gesetzgebers ankommen, da doch der Rechtsdogmatiker bezüglich aller Konstruktionsfragen vollständig frei dasteht, sofern er nur den positiven Normenstoff seinem juristischen Wesen nach richtig bestimmt?

Diese von absoluten Rechten handelnden Fälle bereiten keine Schwierigkeiten, da aus einer derartigen Abrede gegenseitige kaufähnliche Verpflichtungen entstehen, über deren kausale Natur ein Zweifel nicht möglich ist. Aber auch wenn über eine angebliche Forderung des A gegen B ein Vergleich abgeschlossen wird, so kennzeichnet sich dieses Rechtsgeschäft in gleicher Weise als ein synallagmatischer Konsensualvertrag. A glaubt z. B. gegen B einen Anspruch auf 1000 M. aus Darlehn, Delikt, Auftrag usw. zu haben; B, welcher diese Forderung bestreitet, bietet dem A vergleichsweise die Hälfte der Summe an, worauf dieser eingeht. Ein solcher Vergleich kann novatorisch gemeint sein, sodaß die angebliche Urschuld mit den sie sichernden Bürgschaften und Pfändern durch Verzicht erlischt, wofür der Gläubiger die Abfindungssumme von 500 M. erhält. Dieser Fall ist ebenso zu behandeln, wie in den obigen Beispielen das Versprechen einer Abfindungssumme für ein absolutes Recht, denn die Geldentschädigung ist das Äquivalent für das untergegangene Forderungsrecht. Im Zweifel ist aber der Vergleich bloß akzessorischer Natur, so daß die alte Forderung neben der neu versprochenen Geldentschädigung bis zu deren Betrag bestehen bleibt [1]). Gerade beim akzessorischen Vergleich wird nicht selten übersehen, daß der neue Anspruch in gleicher Weise, wie die Abfindungssumme für die Aufgabe absoluter Rechte, einen kausalen Charakter an sich trägt, weil er sich als Äquivalent für den Verzicht auf den die Vergleichssumme übersteigenden Betrag der Streitforderung darstellt.

Die Verwechslung zwischen dem kausalen Vergleichsanspruch und dem abstrakten Forderungsrecht ist einmal darauf zurückzuführen, daß sehr oft mit dem Vergleich ein konstitutives Anerkenntnis verbunden ist. Noch mehr aber hat die Bestimmung des § 782 B.G.B., nach welchem auch ein mündliches Versprechen gültig ist, sofern es im Wege des Vergleichs erteilt wird, dazu beigetragen, das Verhältnis des Vergleichs zum reinen Schuldversprechen und Schuldanerkenntnis zu verwirren. Eine oberflächliche Interpretation der Gesetzesworte könnte zu dem Ergebnis führen, daß der Vergleich nur

---

[1]) Anderer Ansicht Zitelmann, „Allgemeiner Teil" S. 147. Gegen ihn spricht aber der Satz, daß Verzichte nicht vermutet werden.

eine besondere Art des reinen Schuldversprechens und nicht vielmehr ein kausales Geschäft gleich dem Kauf sei. Diese Ansicht ist grundfalsch: im Gegenteil muß der Vergleich von der abstrakten Obligation ebenso scharf geschieden werden, wie jede andere causa. Der Unterschied macht sich praktisch bemerkbar, wenn der Vergleich nichtig, aber das Anerkenntnis gültig ist, weil z. B. der Gläubiger zur Zeit der fraglichen Abrede beschränkt geschäftsfähig war und daher wohl ein Anerkenntnis entgegennehmen, aber keinen gegenseitigen Vertrag abschließen konnte. In diesem Fall würde der Anerkenntnisanspruch gültig und nur mittels einer Einrede aus ungerechtfertigter Bereicherung entkräftbar sein, weil die zugrundeliegende Vergleichskausa nichtig ist.

Die in § 782 B.G.B. enthaltene Ausnahme von der Formvorschrift bezieht sich natürlich nicht auf den Vergleichsanspruch, denn daß ein Vergleich formlos abgeschlossen werden kann, ergibt sich schon aus § 779 B.G.B. Jene Ausnahmebestimmung befreit vielmehr das für einen solchen Vergleichsanspruch abgegebene reine Schuldversprechen und Schuldanerkenntnis von der Formvorschrift, weil hier ein besonderer Schutz vor Übereilung nicht notwendig erscheint und das Vorhandensein des Abstrahierungswillens besonders nahe liegt. Durch diese Regelung wird der Vergleich in seiner Bedeutung wesentlich gestärkt, denn nunmehr kann ein abstrakter Anspruch dadurch genügend substanziert werden, daß ein auf Grund eines Vergleiches mündlich abgegebenes reines Schuldversprechen oder Schuldanerkenntnis behauptet wird. Ohne diese Ausnahmevorschrift wäre die abstrakte Obligation wegen Formmangels ungültig. Freilich könnte der Gläubiger auch in diesem Fall den Vergleichsanspruch geltend machen. Eine derartige Klage müßte aber viel eingehender substanziert werden, insbesondere müßte das ursprüngliche Rechtsverhältnis dargelegt und gezeigt werden, inwiefern bezüglich desselben Streit oder Ungewißheit bei den Parteien geherrscht hat und wie die Differenz durch beiderseitiges Nachgeben erledigt worden ist. Aller dieser Schwierigkeiten ist der Kläger überhoben, wenn er sich auf ein reines Schuldversprechen oder Schuldanerkenntnis stützen kann. Daher wird auch meistens ein solches beim Vergleich abgegeben, weil die Parteien dafür, daß sie einen Teil des Streitobjekts aufgeben, den Rest um so sicherer und unbestreitbarer erlangen wollen.

Während der Vergleich nichts anderes als ein gewöhnlicher synallagmatischer Konsensualvertrag ist, kennzeichnet sich die einseitige Feststellung als ein abstraktes Schuldversprechen, weil es ihr an einem dem Gegner zu leistenden Äquivalent fehlt. Eine solche einseitige Feststellung liegt z. B. vor, wenn ein Automobilbesitzer, welcher einen Fußgänger überfahren hat, diesem gegenüber eine bestimmte Summe anerkennt, ohne daß der Fußgänger auf weitere Ansprüche verzichtete [1]). Freilich hat die einseitige Feststellung mit dem Vergleich das Moment gemeinsam, daß ein Streit oder wenigstens eine Ungewißheit der Abrede vorhergegangen ist, aber der Unterschied zwischen den beiden Geschäften liegt darin, daß beim Vergleich die Ungewißheit durch gegenseitiges Nachgeben beseitigt wird, während der Schuldner bei der einseitigen Feststellung den Anspruch in vollem Betrage anerkennt, indem er zur Sicherung dieses Anspruchs ein reines Schuldversprechen abgibt. Eine derartige einseitige Anerkennung unterscheidet sich von sonstigen Fällen eines der Klageerleichterung dienenden Schuldversprechens nur durch den juristisch ganz irrelevanten Umstand, daß ein Streit oder eine Ungewißheit vorhergegangen ist. Aus welchem Grunde der Schuldner seinen ursprünglichen Widerstand ohne Äquivalent aufgegeben hat, ist völlig einerlei; vielleicht hat er sich von der Richtigkeit des gegnerischen Standpunkts überzeugen lassen, oder er war nur des Streites gründlich satt. Der wichtige Unterschied zwischen dieser einseitigen Feststellung und dem Vergleichsanerkenntnis besteht darin, daß der Schuldner im ersteren Fall nach allgemeinen Grundsätzen kondizieren kann, wenn der ursprüngliche Anspruch nicht zu Recht bestand, während der Vergleich ein Zurückgehen auf das ursprüngliche Rechtsverhältnis nach Maßgabe des § 779 — abgesehen von einem Irrtum im Voraussetzungstatbestand — unmöglich macht und daher eine Kondiktion nur Platz greift, sofern die Vergleichskausa nicht in Ordnung ist.

Freilich kann auch bei der einseitigen Feststellung der

---

[1]) Dieses Beispiel bildet Rümelin „Schuldversprechen" S. 88.

Anerkennende, welcher ein Zurückgehen auf das ursprüngliche Rechtsverhältnis unter allen Umständen vermieden sehen will, die Erklärung dahin abgeben, daß das Versprechen ein für allemal maßgebend sein soll. Eine solche Feststellung stärkeren Grades [1]) enthält eine eventuelle Schenkung. Der Anerkennende erklärt: „Ich gehe von der Voraussetzung aus, daß der alte Anspruch besteht, und gebe zum Zweck seiner Sicherung ein reines Schuldversprechen ab. Sollte ich mich aber irren, besteht der ursprüngliche Anspruch in Wahrheit nicht, so schenke ich den Betrag". Wird auf die einseitige Feststellung stärkeren Grades die vom § 518 B.G.B. geforderte gerichtliche oder notarielle Beurkundung nicht angewandt, so ist die Eventualschenkung nichtig. Daher kann in diesem Fall in gleicher Weise, wie bei einer Feststellung minderen Grades eine Kondiktion wegen Nichtvorhandenseins der ursprünglichen Forderung erhoben werden, weil sich keine gültige Schenkungskausa zwischen den urspünglichen Anspruch und das reine Schuldversprechen einschiebt. Ist jedoch auf eine formlose Feststellung stärkeren Grades hin eine effektive Leistung gemacht worden, so hat es hierbei sein Bewenden. Eine etwaige Kondiktion, die sich auf das Nichtvorhandensein des ursprünglichen Anspruchs aufbaut, ist ausgeschlossen, weil die Eventualschenkungskausa nachträglich durch die effektive Bewirkung der versprochenen Leistung vom Formmangel geheilt ist.

Bei allen Arten von Feststellungen streitiger oder ungewisser Rechtsverhältnisse muß also stets genau untersucht werden, inwieweit sich dem abstrakten Versprechen kausale Momente beimischen. Die beiden in Betracht kommenden Vertragstypen sind der Vergleich und die Schenkung. Ihre wegen der Formvorschrift des § 518 B.G.B. wichtige Unterscheidung kann im einzelnen Fall sehr zweifelhaft sein, ebenso wie Kauf und Schenkung nicht selten ineinander übergehen. Wenn also jemand den gegen ihn geltend gemachten Anspruch bis auf einen sehr geringen Teil anerkennt und der Gegner auf den Rest verzichtet, so muß genau geprüft werden, ob hier wirklich ein Vergleich vorliegt, oder ob ein solcher nicht vielmehr nur simuliert und eine Schenkung dissimuliert ist.

---

[1]) Zitelmann „Allgemeiner Teil" S. 148.

Als Gegenstück zum Vergleich erwähnt Rümelin[1]) die doppelseitigen Feststellungen, denen wegen Fehlens eines beiderseitigen Nachgebens oder Fehlens von Streit, Ungewißheit oder Unsicherheit der Verwirklichung der Vergleichscharakter im Sinne des § 779 B.G.B. abzusprechen sei. Allerdings würde der Begriff des Vergleichs nicht Platz greifen, wenn es an einem gegenseitigen Nachgeben hinsichtlich des Streites oder der Ungewißheit fehlte, oder wenn zwar von beiden Seiten Anerkenntnisse abgegeben, die Erklärungen aber nicht in einem synallagmatischen Verhältnis zueinander stehen würden, so daß die Nichtigkeit des einen Anerkenntnisses die Unwirksamkeit des gegnerischen Anerkenntnisses nicht nach sich zöge. In diesen Fällen läge eine Kombination von zwei einseitigen Feststellungen vor, bei denen daher in jedem Fall zu untersuchen ist, ob die stärkere oder die schwächere Wirkung gewollt ist. Jedoch dürfte es sich kaum rechtfertigen, die doppelseitigen Feststellungen als eine besondere Kategorie aufzustellen, weil derartige Verträge äußerst selten sind. Denn auch was Rümelin an Beispielen anführt, charakterisiert sich als ein gewöhnlicher Vergleich. Wenn z. B. der Automobilbesitzer, welcher einen Fußgänger überfahren hat, dessen sehr hoch gegriffene Entschädigungssumme aus Angst vor der radikalen Presse gegen Verzicht auf weitere Ansprüche im vollen Betrage anerkennt, so ist nicht einzusehen, inwiefern sich dieser Fall von einem gewöhnlichen Vergleich unterscheidet, denn der Verzicht des Fußgängers auf weitere Ansprüche ist das Äquivalent für das ihm vom Automobilbesitzer gegebene Anerkenntnis seiner angeblichen Forderung. Wenn der Automobilbesitzer aus Angst vor der radikalen Presse oder aus anderen Gründen die Vergleichssumme besonders hoch gegriffen hat, so kann dieses rechtlich unbeachtete Motiv dem Geschäft keinen besonderen Stempel aufdrücken.

Ferner rechnet Rümelin den Fall des gegenseitig vorgespiegelten Vergleichs zu den doppelseitigen Anerkenntnissen. Beide Parteien kennen den Betrag der Schuld, behaupten aber das Gegenteil, indem der Gläubiger den Betrag zu hoch, der Schuldner ihn aber zu niedrig angibt. Schließlich einigen sich

---

[1]) Rümelin, „Schuldversprechen" S. 85.

die Beteiligten auf eine bestimmte Summe, welche höher oder niedriger als die wahre Schuld sein oder mit ihr übereinstimmen kann. Bei Würdigung dieses Tatbestandes muß man unterscheiden: handelten die Parteien in Übereinstimmung nur zum Schein, oder kannte die eine Partei den geheimen Vorbehalt der anderen, so ist der Vergleich nach § 117 und 116, Satz 2 B.G.B. nichtig. Eventuell könnte in Frage kommen, ob eine Schenkung dissimuliert ist, wenn die scheinbare Vergleichssumme größer oder kleiner ist, als die wahre Urschuld. Wußte aber keiner etwas von dem geheimen Vorbehalt des Andern, so ist der Vergleich wegen rechtlicher Unbeachtlichkeit der Mentalreservation nach § 116 Satz 1, B.G.B, gültig und höchstens wegen Betrugs gemäß § 123 B.G.B. anfechtbar.

Während die Feststellungsabsicht ein Indiz für den Abstrahierungswillen liefert, spricht dagegen die nach § 364 Absatz 2, B.G.B. nicht zu vermutende Abrede, daß die neue Forderung den ursprünglichen Anspruch vollständig ersetzen soll, nicht ohne weiteres für das Vorhandensein einer abstrakten Obligation, weil die neue novatorisch [1]) wirkende Schuld ebenso gut kausaler, als abstrakter Natur sein kann. Denn entweder ist die Begründung der neuen Schuld von der Tilgung des ursprünglichen Anspruchs abhängig, oder die neue Forderung tritt auf alle Fälle ins Leben, so daß ein Ausgleich nur im Kondiktionsrahmen erfolgen kann. Im letzteren Fall

[1]) Im Anschluß an das römische Recht bezeichnet man ein Schuldversprechen als akzessorich, wenn die neue Forderung neben den alten Anspruch tritt, dagegen als novatorisch, wenn der alte Anspruch durch die Begründung der neuen Forderung vollständig getilgt wird. Gegen diese Terminologie ist so lange nichts einzuwenden, als man sich daran erinnert, daß der Begriff der Novation im römischen Recht insofern enger war, als die neue Obligation auf denselben wirtschaftlichen Erfolg, wie die alte gerichtet sein mußte. Wenn z. B. A von B die Übergabe eines Pferdes zu fordern hat und die Parteien verabreden, daß B anstatt dieser Leistung vielmehr Dienste bestimmter Art ausführen soll, so würde kein Römer einen derartigen Vertrag für eine Novation angesehen haben. Für das heutige Recht jedoch empfiehlt es sich m. E. mehr, alle Fälle eines Versprechens an Erfüllungsstatt als Novation zu bezeichnen. Die Literatur über diese im wesentlichen terminologische Frage, siehe bei Berndorff („Die Annahme an Erfüllungsstatt", S. 45 ff.), welcher selber nur einen Teil der Novationsfälle, nämlich die Erfüllungs-Novation, als Versprechen an Erfüllungsstatt gelten läßt.

kann auch umgekehrt die Tilgung des alten Anspruchs von der Gültigkeit der neuen Forderung unabhängig sein, so daß die beiden Leistungen, nämlich auf seiten des Gläubigers Aufgabe des alten Anspruchs, auf seiten des Schuldners die Belastung mit einer neuen Schuld, einander völlig abstrakt gegenüberstehen und es daher für die Gültigkeit der einen Zuwendung ganz unerheblich ist, ob die andere wirksam wird. Aber ohne weiteres kann aus der bloßen Tatsache, daß die neue Forderung abstrakt ist, nicht geschlossen werden, daß die Aufgabe des alten Anspruchs ebenfalls abstrakt erfolgen soll. Freilich könnte man aus § 365 B.G.B. den Schluß ziehen, daß, wenn die neue Forderung ungültig ist, auch der alte Anspruch nicht bestehen bleibt, sondern daß dem Gläubiger nur ein Eviktionsanspruch aus dem Versprechen an Erfüllungsstatt zusteht. Der § 365 B.G.B. bezieht sich jedoch nur auf den Fall, daß eine gegen einen Drittschuldner bestehende Forderung hingegeben wird. Eine analoge Ausdehnung auf das Versprechen an Erfüllungsstatt erscheint aber nicht angezeigt, weil die Novation als bloß ideelle Erfüllung einer besonderen Behandlung bedarf. Wie nach § 364 Absatz 2 B.G.B. die Vermutung gegen die Novation und für die bloße Akzession spricht, so darf im Falle der Novation nur der geringere Verzicht, nämlich die Aufgabe des alten Anspruchs ausschließlich gegen die neue Forderung, unterstellt werden[1]).

Unter den Begriff der kausalen Novation fällt auch die in § 607 Abs. 2 B.G.B. erwähnte Schuldumwandlung, bei der verabredet wird, daß Geld oder andere vertretbare Sachen, welche aus einem andern Grunde zu leisten sind, künftig als Darlehn geschuldet werden sollen. Da in der Aufgabe des alten Anspruchs die Zuwendung der Darlehnsvaluta zu erblicken ist, so kommt der neue Anspruch auf Rückzahlung des Darlehnskapitals nur dann zustande, wenn die alte Forderung rechtsbeständig war. Würden die Parteien dagegen vereinbaren, daß die Darlehnsforderung von der Existenz des früheren Anspruchs unabhängig sein solle, so wäre in der Tat eine abstrakte Forderung, auf welche nach der Parteiabsicht die

---

[1]) Übereinstimmend Kipp in Windscheids „Pandekten“ Bd. 2 S. 509, welcher auf § 139 B.G.B. verweist.

dispositiven Bestimmungen des Darlehns Anwendung fänden, ins Leben gerufen. Eine derartige Obligation darf nicht etwa als abstraktes Darlehn bezeichnet werden, denn dieser Begriff enthält einen Selbstwiderspruch, weil ein Darlehn immer kausal ist und niemals abstrakt sein kann. Höchstens könnte man von einem abstrakten Quasi-Darlehn reden, weil die fragliche Abrede eine abstrakte Obligation erzeugt, auf welche die Bestimmungen der §§ 608 und 609 B.G.B. über die Zinsenzahlung und über die Kündigung Anwendung finden.

Jedoch muß vor dem Mißverständnis gewarnt werden, als ob die Umwandlung in ein Darlehn der einzige Fall einer kausalen Novation sei. Vielmehr kann an Stelle des alten Anspruchs eine neue abstrakte oder kausale Forderung jeglicher Art gesetzt werden. Wenn also z. B. A dem B ein Pferd schuldet und die Parteien verabreden, daß A dem B anstatt dessen Dienste gewisser Art zu leisten hat, so deckt sich die neue Forderung inhaltlich vollständig mit einem Dienstvertrag, nur daß als Äquivalent an Stelle des Dienstlohns die Aufgabe der alten Forderung tritt. Dasselbe gilt natürlich von einer an Stelle des alten Anspruchs tretenden Forderung aus einem Werkvertrag, Kauf, Miete, Pacht usw. Erforderlich ist immer nur, daß wirklich ein Versprechen an Erfüllungsstatt und nicht bloß die Erteilung einer Alternativermächtigung an den Gläubiger oder an den Schuldner beabsichtigt wird. Ein solches Versprechen an Erfüllungsstatt darf ferner nicht mit dem Abschluß eines Konsensualvertrags, wie Kauf, Miete, Pacht, Dienst- oder Werkvertrag und darauf folgender Aufrechnung verwechselt werden. Denn im letzteren Fall behält der Scheinschuldner seine Kontraktsklage auf Zahlung des Kaufpreises, des Mietzinses oder des Dienstlohns, da sein Anspruch aus dem Kauf etc. in Wirklichkeit wegen Fehlens der Gegenforderung gar nicht durch Aufrechnung untergegangen ist, während im ersteren Fall die neue Schuld wegen Unwirksamkeit der alten Forderung bei kausaler Novation eo ipso nichtig, bei abstrakter Novation dagegen mittels Einrede entkräftbar ist, so daß der Scheinschuldner sein Versprechen, die Sache zu liefern, nicht zu erfüllen braucht und nach geschehener Leistung nur einen Kondiktionsanspruch auf Rückgabe erwirbt.

Schließlich muß noch hervorgehoben werden, daß noch

weniger von einer Novation die Rede sein kann, wenn eine bestimmte Forderung nicht durch eine neue ersetzt, sondern nur nach gewissen Richtungen hin modifiziert wird. Dies kann insbesondere durch die Vereinbarung geschehen, daß die Forderung künftighin den dispositiven Grundsätzen vom Darlehn unterstehen soll. Praktisch macht sich der Unterschied zwischen der Novation und einem solchen Modifikationsvertrag darin bemerkbar, daß bei der ersteren etwaige Sicherheiten, wie Pfand, Bürgschaft usw. untergehen, während sie beim letzteren bestehen bleiben. Im Zweifel ist auch hier nur die geringere Wirkung anzunehmen. Wenn jedoch die Absicht der Parteien dahin zielt, dem Gläubiger durch Verlängerung der kurzen zwei- oder vierjährigen Verjährungsfrist auf die normale Zeit von dreißig Jahren größere Sicherung zu gewähren, so ist allerdings eine Novation zu unterstellen, denn durch die Annahme eines bloßen Modifikationsvertrages könnte die Parteiabsicht nicht erreicht werden, weil die Verjährungsfrist nach § 225 B.G.B. wohl verkürzt, aber regelmäßig nicht verlängert werden kann. Um dieses Ziel zu erreichen, muß vielmehr an Stelle der in zwei oder vier Jahren verjährenden Forderung ein in dreißig Jahren verjährender Anspruch, z. B. aus einem Darlehn oder einem reinen Schuldversprechen, gesetzt werden.

Wenn auch die Novationsabsicht feststeht, so ist damit noch nicht erwiesen, daß die neue Forderung abstrakter Natur ist. Im Gegenteil spricht die Vermutung für eine bloß sygnallagmatische Verknüpfung zwischen der Urschuld und der neuen Forderung. Soll daher ein reines Schuldversprechen oder ein Schuldanerkenntnis angenommen werden, so müssen auch hier noch außer der regelmäßig erforderlichen Schriftform Tatsachen angeführt werden, aus denen sich der Abstrahierungswille ergibt. In dieser Hinsicht kann auf das oben Ausgeführte verwiesen werden. Ein Abstrahierungswille ist insbesondere anzunehmen, wenn die Schuldurkunde indiskret abgefaßt ist oder eine bewußt wahrheitswidrige causa enthält, oder wenn der Gläubiger nach den Parteiintentionen eine besonders gesicherte Rechtsposition erhalten sollte. Ist die abstrakte Novation wegen Fehlens der Schriftform ungültig, so ist eine kausale Novation, die formlos eingegangen werden kann, als gewollt zu unterstellen, da sie sich im Verhältnis zu der ersteren als die geringere Wirkung charakterisiert.

Allzu groß ist der praktische Unterschied zwischen der kausalen und der abstrakten Novation nicht, denn wenn auch im ersteren Fall der Gläubiger die Entstehung der alten Forderung beweisen muß, so kann er sich doch auf den Umwandlungsvertrag selbst berufen, in welchem der Schuldner den gegen ihn bestehenden Anspruch stillschweigend in deklaratorischer Weise anerkannt hat. Nur in den Fällen, wo nach § 813 ff, B.G.B. die Kondiktion aus besonderen Gründen ausgeschlossen ist, macht sich der Unterschied zwischen den beiden Arten von Novation geltend. Wußte also der Versprechende, daß er nichts schuldig sei, oder kannte er zwar seine Nichtschuld nicht, entsprach er aber einer sittlichen Pflicht oder einer auf den Anstand zu nehmenden Rücksicht, so kann er die abstrakte Obligation nicht kondizieren, vielmehr muß er sein Versprechen erfüllen. Hätte er dagegen nur eine kausale Novation abgeschlossen, so wäre die neue Forderung unwirksam, weil der frühere Anspruch nicht rechtsbeständig war und es daher an dem erforderlichen Äquivalent fehlte.

Es muß jedoch hervorgehoben werden, daß es genügt, wenn die alte Forderung eine bloß naturale ist, denn auch die Aufopferung einer klaglosen Forderung ist als ein juristisches Äquivalent anzusehen, während sich das Versprechen der Erfüllung einer bloßen Sittlichkeits- oder Anstandspflicht als Schenkung charakterisiert[1]). Daraus ergibt sich, daß die Umwandlung einer bloß natürlichen in eine vollwirksame Obligation nicht notwendig ein reines Schuldversprechen als Mittel voraussetzt. In dieser Hinsicht macht es keinen Unterschied, ob die Klag-

---

[1]) In meiner „Kunst der Rechtsanwendung" S. 177 habe ich als Merkmale der Naturalobligation die beiden folgenden Momente aufgeführt:

1. „Die Reaktionsfähigkeit, d. h. die Erzwingbarkeit durch Klage oder Selbsthilfe muß aus materiell-rechtlichen Gründen ausgeschlossen sein,
2. Die Erfüllung der unvollkommenen Verbindlichkeit darf keine Schenkung im weiteren Sinn enthalten."

Die Natural-Obligationen müssen daher von den bloßen Sittlichkeits- oder Anstandspflichten, denen das Merkmal der Erfüllbarkeit fehlt, unterschieden werden.

losigkeit ipso jure wirkt, oder ob sie nur mittels Einrede geltend gemacht werden kann. In beiden Fällen kann die Erhebung der klaglosen Forderungen zu vollwirksamen durch eine formlose Novation erfolgen, ohne daß es eines reinen Schuldversprechens als Mittel bedürfte. Bei denjenigen Naturalobligationen, deren Klaglosigkeit nur mittels Einrede geltend gemacht werden kann, ist eine Erhebung zur Vollwirksamkeit auch ohne Novation durch einfachen formlosen Einredeverzicht möglich. Das klassische Beispiel einer solchen einredebehafteten Obligation ist die verjährte Forderung. Auch die durch Zwangsakkord (§ 173 ff K. O.) im Konkursverfahren oder durch einen außergerichtlichen Vergleich zwecks Abwendung der Zahlungseinstellung klaglos gewordene Schuld dürfte hierher zu rechnen sein. Die Annahme einer Gewissenseinrede hat auch in diesem Fall am meisten für sich, weil es nur auf diese Weise dem Schuldner möglich ist, die Forderung zu bestreiten, ohne sich auf den Zwangsakkord oder den außergerichtlichen Vergleich berufen zu müssen. Eine Natural-Obligation, deren Klaglosigkeit ipso jure wirkt, ist in der Vorschrift des § 253 B.G.B. enthalten, nach welcher der Ersatzpflichtige für den ideellen Schaden nicht aufzukommen hat[1]). Man würde fehlgehen, wenn man annähme, daß das B.G.B. dem Geschädigten den Anspruch auf Ersatz des ideellen Schadens überhaupt abgesprochen habe. Vielmehr ist diesem Anspruch nur die Reaktionsfähigkeit genommen worden, denn es liegt kein Grund zu der Unterstellung vor, daß das Gesetz den Ersatz des ideellen Schadens für unsachgemäß oder gar für unbillig hielte. Im Gegenteil verdankt die Bestimmung des 253 B.G.B. ihre Existenz nur der technisch-prozessualen Erwägung, daß es mißlich sei, dem Richter ein so weitgehendes diskretionäres Ermessen zu gewähren, wie es die Entscheidung einer Klage auf Ersatz des ideellen Schadens mit sich bringt. Daher kann die Vorschrift des § 253 B.G.B. unbedenklich als ein Fall einer Natural-Obligation angesehen werden, so daß sich das Versprechen der Entschädigung ideeller Interessen als Erfüllung und nicht als Schenkung charakterisiert.

---

[1]) Hierfür auch Rümelin, „Schuldversprechen" S. 94.

Beruht jedoch die Klaglosigkeit der ursprünglichen Forderung auf gesetzlicher Reprobation, wie dies bei Spiel, Wette, Ehemaklerlohn der Fall ist, so ist die Erhebung natürlicher Verbindlichkeiten zu vollwirksamen ebenso unzulässig, wie ihre Sicherung durch Pfand oder durch Bürgschaft, denn sonst würde der Zweck des Gesetzes, die genannten Geschäfte durch Statuierung der Klaglosigkeit zu beschränken, illusorisch gemacht. Daher ist es auch unzulässig, einen Konsensual-Darlehnsvertrag zwischen dem natürlichen Schuldner und Gläubiger zu vereinbaren, um den Anspruch des Schuldners auf Auszahlung der Darlehnsvaluta gegen den verpönten Anspruch aufzurechnen, denn, wenn auch eine vertragsmäßige Kompensation mit einer Spielschuld zulässig ist, so darf doch diese Befugnis nicht zur Umgehung des gesetzgeberischen Zweckes der Zurücksetzung von Spiel, Wette usw. mißbraucht werden [1]).

Wo aber eine solche Erhebung möglich ist, kann sie auf doppelte Art mittels abstrakter oder kausaler Novation erfolgen. Völlig abwegig wäre es, wenn man annähme, daß die Beseitigung der Klaglosigkeit nur durch Schaffung einer abstrakten Obligation möglich wäre. [2]). Natürlich kann beides miteinander kombiniert werden, aber an sich liegt in der Erhebung einer natürlichen Verbindlichkeit kein reines Schuldversprechen. Auch die praktischen Konsequenzen sind nicht unerheblich, denn existiert die natürliche Verbindlichkeit nicht, so vermag auch die Klagbarmachung keinen gültigen Anspruch zu erzeugen. War also z. B. im obigen Tatbestand der Versprechende gar nicht als Urheber des Schadens haftbar, so entsteht durch die fragliche Abrede auch kein Anspruch auf den Ersatz des ideellen Schadens. Hätte er aber ein abstraktes Versprechen abgegeben, so wäre dieses an sich gültig und nur nach den Regeln der condictio indebiti angreifbar.

Vielfach liegt aber, wenn die Erfüllung gewisser Anstandspflichten versprochen wird, weder eine Schenkung, noch eine

---

[1]) Anderer Ansicht Klemperer, „In Gruchots Beiträgen" Bd. 43, S. 578.

[2]) Rümelin, „Schuldversprechen" S. 91 ff. und Klingmüller. „Die Lehre von den natürlichen Verbindlichkeiten" S. 241. sind dieser m. E. unrichtigen Ansicht.

Erhebung einer naturalen zu einer zivilen Obligation vor, sondern es wird nur die nachträgliche Abänderung des ursprünglichen Schuldverhältnisses vorgenommen. Letzteres ist in dem von Rümelin erwähnten Beispiel anzunehmen, daß ein Prinzipal einem nach längerer Dienstzeit ausscheidenden Angestellten eine Abfindung oder Pensionierung verspricht. Hierin liegt eine Modifizierung des ursprünglichen Dienstvertrages, die auch noch nach Leistung der Dienste vorgenommen werden darf. Fraglich ist es, ob das Versprechen einer Pension in diesem Fall der Formvorschrift des § 761 B.G.B. unterliegt. Richtiger Ansicht nach ist diese Frage zu verneinen: das Versprechen einer Leibrente bedarf der Schriftform nicht, wenn es integrierender Bestandteil eines anderen Vertrages, nämlich in diesem Falle des Dienstvertrages, ist.[1]). Natürlich kann auch in derartigen Fällen ein reines Schuldversprechen zur Sicherung des Anspruchs aus dem veränderten Grundverhältnis abgegeben werden. Dieses abstrakte Rechtsgeschäft muß aber von der Modifizierung des Kausalgeschäfts strenge geschieden werden. Wenn Rümelin[2]) sowohl bei der Erhebung der natürlichen zu vollwirksamen Obligationen, als bei dem nachträglichen Versprechen einer Pension die Begründung einer abstrakten Forderung für notwendig hält, so ist dieser Irrtum eine Folge davon, daß in Rümelins Abhandlung der Begriff des Rechtsgrundes nicht scharf genug herausgearbeitet ist. Allein die Tatsache, daß Rümelin erwägt, ob das Pensionsversprechen an einen alten Angestellten Schenkung oder reines Schuldversprechen sei, beweist, daß die Fundamentalbegriffe nicht in Ordnung sind, denn die Schenkung kann nur anderen Kausal-Geschäften, wie Kauf, Tausch, Auftrag usw., niemals aber dem reinen Schuldversprechen gegenübergestellt werden. Rümelin verwechselt zwei Einteilungsgründe miteinander, nämlich die Entgeltlichkeit und die Abstraktheit. Durch den ersteren Gesichtspunkt werden die einzelnen Geschäftszwecke systematisch geordnet, während sich der Gegensatz der kausalen und der abstrakten Forderung auf das Verhältnis der Leistungspflicht zum Geschäftszweck

---

[1]) So mit Recht Oertmann, „Recht der Schuldverhältnisse“ S. 823.

[2]) Rümelin, „Schuldversprechen“, S. 94.

bezieht. Auch wenn festgestellt würde, daß das Versprechen abstrakter Natur wäre, müßte immer noch das Wesen des zugrundeliegenden Kausalverhältnisses daraufhin geprüft werden, ob etwa eine Schenkung in Frage käme, denn in diesem Falle wäre das reine Schuldversprechen nur gültig, wenn die gerichtliche oder notarielle Form beobachtet wäre.

Eben so wenig, wie die Novationsabsicht kann die Tatsache, daß auf Gestaltungsrechte, wie Kündigung, Anfechtung, Alternativermächtigung, oder auf Einreden verzichtet wird, ein Indiz für das Vorhandensein eines Abstrahierungswillens abgeben. Oft wird freilich mit einem reinen Schuldversprechen oder Schuldanerkenntnis ein Verzicht auf Gestaltungsrechte oder Einreden verbunden sein. Ja man darf eine solche Kombination im Zweifel unterstellen, wenn dem Schuldner bei Abgabe des reinen Schuldversprechens die Existenz der fraglichen Rechtsbehelfe bekannt war. Daher wird ein vorsichtiger Schuldner, der bei Eingehung der abstrakten Obligation über die Rechtslage orientiert ist, gut daran tun, sich die Geltendmachung der Einreden und die Ausübung der Gestaltungsrechte vorzubehalten, um sich auf diese Weise die Kondiktionsmöglichkeit gegenüber dem abstrakten Anspruch zu wahren.

Wenn auch mit der Begründung einer abstrakten Obligation in weitgehendem Maße ein Verlust von Gestaltungsrechten und Einreden verbunden ist, so darf man nicht etwa umgekehrt schließen, daß ein Einredeverzicht nur im Rahmen der §§ 780 ff B.G.B. möglich sei. Diese von Eccius[1]) wenigstens für einen Teil der Einreden aufgestellte Behauptung kann nicht als richtig anerkannt werden. Vielmehr ist ein vertragsmäßiger Verzicht auf Einreden auch formlos gültig, es sei denn, daß darin eine Schenkung läge, die der gerichtlichen oder notariellen Form bedarf, weil die in dem Einredeverzicht enthaltene Zuwendung nur ideell und nicht effektiv ist. Man würde dem Parteiwillen nicht gerecht, wenn man in jedem schriftlichen Einredeverzicht ein reines Schuldversprechen erblickte. Diese Auslegung würde auch zu dem bedenklichen Resultat führen, daß, wenn auf eine Einrede, z. B. diejenige

---

[1]) Eccius, „In Gruchots Beiträgen“ Bd. 50, S. 7—10. Gegen ihn Rümelin, „Schuldversprechen“ S. 324—328.

der Verjährung, verzichtet wäre und sich später die Nichtexistenz der Forderung herausstellte, eine Remedur nur im Kondiktionsrahmen erfolgen könnte.

Faßt man das Ausgeführte kurz zusammen, so kann man sagen, daß abgesehen von der regelmäßig notwendigen Schriftform zur Schaffung einer einfachen abstrakten Obligation nur der Abstrahierungswille erforderlich sei, und daß für diese Parteiabsicht eine Vermutung streitet, wenn ein Schuldschein entweder indiskret oder mit einer fingierten causa ausgestellt ist, oder wenn dem Versprechen oder dem Anerkenntnis Streit oder Ungewißheit vorhergegangen ist. Fehlt dagegen der Abstrahierungswille, so hat das Versprechen oder das Anerkenntnis wenigstens bezüglich der Existenz der Forderung nur beweisende Kraft, wenn es auch in anderer Hinsicht, z. B. was die Unterbrechung der Verjährung anlangt (§ 208 B.G.B.), Rechtswirkungen auszuüben vermag. Das deklaratorische Anerkenntnis kann daher vom Schuldner durch bloßen Gegenbeweis beseitigt werden, weil es eine selbständige Veränderung in der Rechtswelt nicht hervorruft. Nicht so leicht ist es dagegen für den Schuldner, ein reines Schuldversprechen oder Schuldanerkenntnis unschädlich zu machen, weil dieses in seiner Existenz von der Gültigkeit der Kausalrelation unabhängig ist. Immerhin ist auch die abstrakte Forderung gegen einen Mangel in der Grundobligation nicht unempfänglich, aber da sie vom B.G.B. als Zuwendung aufgefaßt wird, so kann ein solcher Mangel nur im Rahmen der Kondiktionstatbestände Berücksichtigung finden, eine These, deren Beweis und nähere Ausführung dem nächsten Abschnitt zufällt.

II. Die Einwendungen gegen das reine Schuldversprechen und das Schuldanerkenntnis.

Gegenüber dem Anspruch auf § 780 ff. B.G.B. kann der Schuldner zunächst alle Arten von Einwendungen vorbringen, welche auch gegenüber einer kausalen Obligation erhoben werden dürfen. So kann der Beklagte z. B. geltend machen, daß er beim Vertragsabschluß geschäftsunfähig oder beschränkt geschäftsfähig gewesen sei, oder daß das Anerkenntnis nur zum Scherz oder zum Schein eingegangen, oder wegen Irrtums, Betrugs oder Zwangs erfolgreich angefochten sei. Auch für den Fall, daß der Kläger nicht ursprünglicher Gläubiger, sondern Zessionar ist, wird die Möglichkeit, Einwendungen zu erheben, in keiner Weise eingeschränkt, denn das schriftliche Anerkenntnis ist kein Wertpapier öffentlichen Glaubens. Daher wird der gute Glaube des Erwerbers eines reinen Schuldversprechens in der Regel ebensowenig geschützt, als das Vertrauen des Zessionars eines gewöhnlichen, d. h. nicht skripturrechtlich verbrieften Kausalanspruchs Berücksichtigung findet. Nur in einem Fall wird dieser Grundsatz durch eine Ausnahme durchbrochen. Nach § 405 B.G.B. kann sich der Schuldner, der eine Urkunde über die Schuld ausgestellt hat, wenn die Forderung unter Vorlegung der Urkunde abgetreten wird, dem neuen Gläubiger gegenüber nicht darauf berufen, daß die Eingehung oder Anerkennung des Schuldverhältnisses nur zum Schein erfolgt, oder daß die Abtretung durch Vereinbarung mit dem ursprünglichen Gläubiger ausgeschlossen sei, es sei denn, daß der neue Gläubiger bei der Abtretung den Sachverhalt kannte oder kennen mußte. Der § 405 B.G.B. findet nicht nur dann Anwendung, wenn die Parteien einen Schuldschein über eine Darlehnsforderung oder einen abstrakten Anspruch ausstellen, welche deshalb nichtig sind, weil sich die Beteiligten im gegenseitigen Einverständnis vorbehalten, das Erklärte nicht zu wollen, sondern die Publizitätswirkung greift auch dann Platz, wenn die Urkunde über eine Schuld ausgestellt wird, von der die Parteien wissen, daß sie aus einem andern Grund, z. B. wegen Spiels oder wegen Verstoßes gegen die guten Sitten, nichtig ist, denn, wenn man in diesem Fall auch von keiner Simulation reden kann, so ist doch der ganze Sachverhalt so ähnlich gelagert, daß § 405 B.G.B. hier ebenfalls Anwendung finden muß. Ja man hat mit Rümelin [1]) noch einen Schritt weiter zu gehen und mit Hilfe einer analogen Ausdehnung des § 405 B.G.B. die Publizitätswirkung auch in dem Fall Platz greifen zu lassen, daß die Nichtigkeit wegen turpitudo utriusque oder solius promittentis eintritt, obwohl dem Versprechenden die rechtliche Unwirksamkeit des Rechtsgeschäfts unbekannt geblieben ist, denn wie

---

[1]) Rümelin, „Schuldversprechen" S. 263 ff.

bei der Simulation trifft den Schuldner auch in diesem Fall ein persönlicher Vorwurf, so daß er gegenüber dem gutgläubigen Zessionar keine besondere Schonung verdient. Hat also A dem B durch ein reines Schuldversprechen von 1000 Mark zur Ermordung des X angestiftet und über diese Forderung einen Schuldschein ausgestellt, so erlangt der gutgläubige C einen abstrakten Anspruch nach Maßgabe des § 405 B.G.B., auch wenn dem A die rechtliche Unwirksamkeit des gegen die guten Sitten verstoßenden Versprechens unbekannt geblieben ist. Wenn dagegen den Promittenten kein Verschulden trifft, weil weder ein Verstoß gegen die guten Sitten in Frage kommt, noch auch die Nichtigkeit der verbrieften Schuld ihm bekannt war, so darf er nicht den Interessen des gutgläubigen Zessionars geopfert werden, so daß z. B. der Spieler, welcher über seine klaglose Schuld ein abstraktes Anerkenntnis abgegeben hat, dem Dritten nur haftet, wenn er die rechtliche Unwirksamkeit des auf Grund des Spiels abgegebenen Versprechens gekannt hat. Noch weniger darf der gutgläubige Erwerber der verbrieften nichtigen Forderung zu Lasten des Schuldners geschützt werden, wenn der Versprechende nicht Dritte in unlauterer Weise täuschen will, sondern selber das Opfer seines Mitkontrahenten wird. Daher kann bei turpitudo solius accipientis von einer Anwendung des § 405 B.G.B. selbst dann keine Rede sein, wenn der Versprechende die Nichtigkeit gekannt hat, weil ihn trotzdem kein persönlicher Vorwurf trifft, so daß z. B. der Bewucherte, welcher ein abstraktes Schuldversprechen abgegeben hat, im Gegensatz zum Wechselschuldner auch gutgläubigen Dritterwerbern den Wuchereinwand stets entgegensetzen kann.

Abgesehen von der Vorschrift des § 405 B.G.B. wird der Erwerb des gutgläubigen Zessionars nur insoweit geschützt, als die besonderen Bestimmungen spezieller Rechtsgebiete, wie z. B. des Grundbuchrechts, Platz greifen. So erstreckt sich die Publizitätswirkung des Grundbuchs bei der Verkehrshypothek auch auf die persönliche Forderung, aber nur insoweit, als sie infolge des akzessorischen Charakters der Hypothek Voraussetzung des dinglichen Anspruchs ist. Dagegen erlangt der gutgläubige Erwerber niemals einen dem Zedenten nicht zustehenden persönlichen Anspruch gegen den Schuldner.

Wenn also z. B. der geisteskranke A von B ein Darlehn ausgezahlt erhält und für diese Schuld eine Verkehrshypothek an seinem Grundstück bestellt, welche der gutgläubige C erwirbt, so haftet A dem C nach § 1138 B.G.B. nur mit seinem Grundstück, dagegen nicht mit seinem übrigen Vermögen, während er im Falle, daß eine Sicherungshypothek bestellt ist, nach § 1185 Abs. 2 B.G.B. nicht einmal mit seinem Grundstück für die Schuld einzustehen hat. Alle diese Regeln gelten in gleicher Weise, mag die Hypothek für eine abstrakte, oder mag sie für eine kausale Forderung begründet sein. Denn wenn auch der gutgläubige Zessionar einer Verkehrshypothek, welche eine abstrakte Forderung sichert, einen dinglichen Anspruch erlangt, so ist dieser Erfolg doch ausschließlich Resultat der Publizitätswirkung des Grundbuchs, aber keine Folge der abstrakten Natur der gesicherten Forderung.

Während diese Fälle hier ausscheiden müssen, verdienen dagegen die besonderen Einwendungen, welche gerade aus der abstrakten Natur des Schuldversprechens und des Schuldanerkenntnisses hervorgehen, eine eingehendere Betrachtung. Inwieweit gegenüber einem abstrakten Anspruch auf das zugrundeliegende Kausalverhältnis zurückgegangen werden kann, ist sehr bestritten. Nur darüber dürfte Einigkeit herrschen, daß jedenfalls insoweit, als die Grundsätze über Kondiktionen dies gestatten, Einwendungen aus dem Grundverhältnis hergeleitet werden können. Denn die abstrakte Obligation ist eine Zuwendung, wie die Eigentumsübertragung, die Zession usw., und kann daher gleich diesen Leistungen wegen ungerechtfertigter Bereicherung angegriffen werden. Ein Unterschied besteht nur insofern, als der Verlustträger beim promissum sine causa regelmäßig die Beklagtenrolle innehat, während er beim datum sine causa als Kläger auftreten muß. Gegenüber dem abstrakten Anspruch kann der Schuldner seine Kondiktionsbefugnis auch zum Zwecke der bloßen Verteidigung mittels einer Einrede geltend machen. Man darf nicht etwa aus § 821 B.G.B. folgern, daß die Einrede der ungerechtfertigten Bereicherung erst gegeben sei, wenn der Anspruch auf Befreiung verjährt ist. Der genannte Paragraph hebt nur den allgemeinen Grundsatz, daß Einreden unverjährbar sind, noch besonders hervor, indem er bestimmt, daß die Erfüllung auch nach der Verjährung des Anspruchs auf Befreiung verweigert werden kann. Es wäre in der Tat nicht einzusehen, warum die Verjährung des Anspruchs dahin führen sollte, die Befugnisse des Schuldners durch Gewährung einer Einrede zu erweitern. Innere Gründe sprechen vielmehr dafür, dem Schuldner schon von Anfang an die Möglichkeit zu gewähren, die ungerechtfertigte Bereicherung nicht nur in der Offensive, sondern auch in der Defensive geltend zu machen.

Sehr fraglich ist es aber, ob es über den Rahmen des Kondiktionstatbestandes hinaus möglich ist, auf das zugrundeliegende Verhältnis zu rekurrieren. So nimmt Staub[1]) an, daß immer dann ein Einwand zulässig sei, wenn sich die Geltendmachung des formalen Rechts als doloser Mißbrauch des wahren Rechts darstelle. Eine solche exceptio doli generalis[2]) war im klassischen römischen Recht von großer Bedeutung, weil sie dem judex die Möglichkeit gewährte, gewisse Umstände, deren Berücksichtigung ein Gebot der Billigkeit war, seinem Urteil zugrundezulegen. Für das heutige Recht ist aber ein solcher Rechtsbehelf überflüssig, weil nach den §§ 157, 242 B.G.B. Treu und Glauben, d. h. die dispositiven Vorschriften des richtigen Rechts[3]), nicht bloß mittels Einrede, sondern ohne weiteres vom Richter zu berücksichtigen sind, und zwar gehen die Grundsätze von Treu und Glauben sogar den dispositiven Normen des gesetzten Rechts vor, so daß sie vom B.G.B. im weitesten Maße anerkannt worden sind[4]). Wo aber vom Gesetz die Herrschaft von Treu und Glauben irgendwie eingeschränkt ist, da darf diese Bestimmung nicht

---

[1]) Staub, „Kommentar zum Handelsgesetzbuch", 8. Auflage, Bd. 2, S. 1216—1217, Anm. 14 zu § 350.

[2]) Von einer exceptio doli generalis reden in ihren Lehrbüchern des B.G.B. Endemann, Bd. 1, S. 421. Eneccerus, Bd. 1, S. 294; Landsberg, Bd. 1, S. 518. Verworfen wird sie von Schneider, „Treu und Glauben" S. 155 ff. und D. J. Z. Bd. 8, S. 232 und von Oertmann, „Recht der Schuldverhältnisse" S. 14.

[3]) Brütt, „Kunst der Rechtsanwendung" S. 170.

[4]) Hierfür Stammler, „Schuldverhältnisse" S. 36—54; Crome, „Lehrbuch des B.G.B.", Bd. 2, S. 22; Wendt, „Die exceptio doli generalis im heutigen Recht", Archiv f. d. zivil. Praxis, Bd. 100, S. 105; dagegen Schneider, „Treu und Glauben" S. 105 ff. und Oertmann, „Recht der Schuldverhältnisse" S. 12.

etwa mit Hilfe einer exceptio doli generalis von Gottes Gnaden illusorisch gemacht werden, denn dem heutigen Richter ist im Gegensatz zum römischen Prätor die Befugnis zur Korrektur des positiven Rechtes nicht erteilt.

Eine solche Einschränkung ist gegeben, wenn die Rechtsordnung bewußtermaßen von der reinen Billigkeit sich abwendet, um bestimmte legislativ-politische Ziele zu erreichen. Es ist dies einmal der Fall bei den rechtspolizeilichen Instituten, welche, wie die Ausschlußfristen und die Verjährung, dem Rechtsfrieden dienen sollen. Auf diese Weise wird der große Vorteil erreicht, daß auf eine möglichst rasche Erledigung von Ansprüchen hingewirkt wird, aber mit der Anwendung dieser Rechtsinstitute ist auch eine mehr oder weniger große Unbilligkeit notwendigerweise verbunden, so versäumt z. B. ein rechtsunkundiger Geschäftsbeteiligter versehentlich eine Frist und verliert auf diese Weise seinen Anspruch. Aber es wäre völlig abwegig, etwa auf Grund einer exceptio doli generalis dieses unbillige Resultat beseitigen zu wollen, denn dadurch würde der mit jenen der Praktikabilität dienenden Instituten verbundene Zweck der Erhöhung des Rechtsfriedens illusorisch gemacht.

Eine noch weiter tragende Abweichung von den Grundsätzen der bloßen Billigkeit enthält die analytische Vereinfachung des Tatbestandes, welche der Erleichterung der prozessualen Rechtsverfolgung und der Sicherung der absoluten Rechtslage dient. Während bei der aus rechts-polizeilichen Gründen erfolgenden Abwendung von der sachlichen Richtigkeit ein späterer Ausgleich zugunsten der Billigkeit nicht erfolgen kann, weil dadurch der Zweck der Sicherung des Rechtsfriedens wieder vereitelt würde, tritt dagegen im zweiten Fall, nämlich bei der analytischen Vereinfachung des Tatbestandes, mit Hilfe der Kondiktionen bis zu einem gewissen Grade eine Reaktion der sachlichen Richtigkeit gegenüber dem formellen Rechte ein. Aber diese Reaktion hält sich durchaus in dem engen Rahmen der Kondiktionstatbestände. Wollte man darüber hinaus die Billigkeit in noch weiterem Maße berücksichtigen, so würde der mit der analytischen Vereinfachung des Tatbestandes verfolgte Zweck der Sicherung der Klägerposition oder der absoluten Rechtslage in Frage gestellt.

Daher darf man nicht etwa dem Käufer einer Sache aus Billigkeitserwägungen einen Anspruch gegen denjenigen Dritterwerber gewähren, welchem der Kaufabschluß von Anfang an bekannt war. Denn dadurch würde man zu einem jus ad rem gelangen, das mit der vom B.G.B. angeordneten abstrakten Natur der Verfügungsgeschäfte im Widerspruch steht[1]). Aus der Tatsache, daß der Richter die Billigkeit nur insoweit anwenden darf, als das gesetzte Recht diesem Verfahren nicht im Wege steht, geht unzweifelhaft hervor, daß es unzutreffend ist, gegenüber einer Abweichung von der sachlichen Richtigkeit eine Reaktion zugunsten der Billigkeit in höherem Maße eintreten zu lassen, als dies vom positiven Recht gestattet worden ist. Es wäre verfehlt, eine weitergehende Anwendung des richtigen Rechts etwa aus den §§ 157, 242, B.G.B. deduzieren zu wollen, denn die genannten Paragraphen setzen ja gerade voraus, daß die Billigkeit restlos zur Geltung kommen soll, was in den Fällen einer bewußten Abwendung von der sachlichen Richtigkeit nur in sehr beschränktem Maße der Fall ist. Wie man daher die Grundsätze über Ausschlußfristen oder Verjährung wegen angeblicher Unbilligkeit nicht ignorieren darf, ebenso unzulässig ist es, bei den abstrahierenden Rechtsgeschäften, deren Tatbestand analytisch vereinfacht ist, die Reaktion zugunsten von Treu und Glauben über den Rahmen hinaus zu erweitern, den das positive Recht in der Kondiktionenlehre aufgestellt hat.

Daher darf dem Schuldner auch gegenüber einer abstrakten Forderung eine exceptio doli generalis nicht gewährt werden. Mit dieser Feststellung soll jedoch keineswegs der Auffassung Endemanns[2]), daß beim reinen Schuldversprechen eine Auslegung nach Treu und Glauben ausgeschlossen sei, beigestimmt werden, denn, wie Rümelin mit Recht ausführt[3]), läßt sich ohne Berücksichtigung von Treu und Glauben die Tragweite des reinen Schuldversprechens nicht ermessen. Insbesondere kann man nur mit Hilfe einer bona fide Interpretation des Parteiwillens etwaige Nebenabreden, wie Ver-

---

[1]) Brütt, „Die Kunst der Rechtsanwendung" S. 212, Ziff. 8 und die dort zitierten Entscheidungen des Reichsgerichts.

[2]) Endemann, „Lehrbuch des B.G.B." Bd. 1, S. 1208 in § 194.

[3]) Rümelin, „Schuldversprechen" S. 216.

zicht auf Einreden oder Gestaltungsrechte, feststellen. Ferner darf nicht übersehen werden, daß mittels der Kondiktionen das den Grundsätzen des richtigen Rechts unterliegende Kausalverhältnis zur Entkräftung des reinen Schuldversprechens herangezogen werden kann und damit Treu und Glauben auch gegenüber der abstrakten Obligation zur Wirksamkeit kommen. Schließlich gewährt § 853 B.G.B. in Verbindung mit § 826 B.G.B. dem Schuldner eine peremptorische Einrede, wenn der Gläubiger die Forderung gegen den Verletzten durch einen Verstoß gegen die guten Sitten erworben hat. Man könnte auch diese Einrede eine exceptio doli generalis nennen, aber sie würde sich von ihrer römischen Namensschwester dadurch unterscheiden, daß sie nicht der Erhebung der Klage als einer unbilligen entgegentritt, sondern auf ein in der Vergangenheit liegendes deliktisches Tun hinweist, also praeteriti, nicht praesentis ist. Wenn für das heutige deutsche Reichsrecht die exceptio doli generalis abgelehnt wird, so bezieht sich das nur auf die exceptio doli praesentis, durch welche gewisse positive Rechtssätze wegen angeblicher Unbilligkeit beseitigt werden und den Grundsätzen von Treu und Glauben ein weiterer Spielraum gewährt werden soll, als dieses nach dem positiven Recht zulässig ist.

Insbesondere ist es verwerflich, die die Kondiktionsmöglichkeit einengenden Bestimmungen der §§ 813—815 B.G.B. insoweit außer Kraft zu setzen, als die erwähnten Rechtsregeln der Billigkeit nicht entsprechen. Daher kann auf Grund des Kausalverhältnisses gegen das reine Schuldversprechen und das Schuldanerkenntnis nur insoweit Einwendungen hergeleitet werden, als die Kondiktionsregeln dies gestatten.[1]). Soweit aber ein Anspruch aus ungerechtfertigter Bereicherung durch besondere Vorschrift ausgeschlossen ist, kann auch gegenüber der abstrakten Forderung keine Einrede aus dem Kausalverhältnis erhoben werden. Da nach § 813 Absatz 2 B.G.B. die vorzeitige Erfüllung einer betagten Verbindlichkeit einen Rückforderungsanspruch nicht hervorruft, so kann der Schuldner, welcher für eine betagte Forderung

---

[1]) Ebenso Dernburg, „Lehrbuch des B.G.B.“ Bd. II. 1. § 88, S. 212. Schneider, „Treu und Glauben“ S. 156 ff.

irrtümlicherweise ein sofort fälliges Schuldversprechen abgegeben hat, aus diesem seinen Versehen eine Einrede nicht herleiten. Das Gleiche gilt in dem Fall, daß der ursprünglichen Forderung eine aufschiebende Einrede, z. B. diejenige des Zurückbehaltungsrechts oder des nicht erfüllten Vertrages entgegensteht, da es hinsichtlich der Kondizierbarkeit unerheblich ist, ob die Befristung eo ipso wirkt oder nur mittels einer Einrede geltend gemacht werden kann. Das Resultat, daß der Schuldner die Betagtheit des Kausalanspruchs gegenüber der abstrakten Schuld nicht anführen darf, erscheint Staub[1]) so wenig annehmbar, daß er hier durch das Universalheilmittel der exceptio doli generalis glaubt helfen zu müssen. Aber die Berufung auf diesen Rechtsbehelf ist, wie ausgeführt, nach heutigem Recht nicht haltbar. Im übrigen lassen sich die praktischen Bedürfnisse auch ohne ein so fragwürdiges Rechtsinstitut vollauf befriedigen.

Was zunächst den Verlust der Einrede des nichterfüllten Vertrages anlangt, so darf man nicht vergessen, daß es dem abstrakten Schuldner bei Leistungsverzug seines Gegners gestattet ist, nach § 326 B.G.B. vom Vertrage zurückzutreten oder Schadenersatz wegen Nichterfüllung zu verlangen. Macht er von diesen Befugnissen Gebrauch, so kann er nicht nur wegen Wegfalls des Rechtsgrundes kondizieren, sondern es stehen ihm die noch weiter gehenden Ansprüche aus dem Rücktritt oder wegen Schadenersatz zur Seite. Was aber die übrigen Fälle der Betagtheit angeht, so dürfte es sich meistens nur um sehr kurze Fristen handeln, durch deren Verlust der Schuldner nicht wesentlich geschädigt wird. In den wenigen Fällen aber, wo die Frist von längerer Dauer ist, mag der Schuldner immerhin eine gewisse Einbuße durch seinen Irrtum erleiden, jedoch wird diese Unbilligkeit bei weitem durch den Vorteil ausgeglichen, daß es dem Schuldner in allen Fällen verwehrt ist, durch dilatorische Einreden aus dem Kausalanspruch den Prozeß über die abstrakte Forderung in die Länge zu ziehen. Man darf nicht vergessen, daß die Kondiktionen ein Billigkeitsinstitut sind, durch welches die Schneidigkeit der abstrakten Forderung nicht mehr be-

---

[1]) Staub, „Kommentar zum H.G.B." Bd. 2, S. 1217.

einträchtigt werden darf, als dies unbedingt notwendig ist. Kleine Unbilligkeiten, die sich in seltenen Fällen ereignen mögen, dürfen nicht dahin führen, daß dem Schuldner in sämtlichen Fällen eine Handhabe mehr geboten wird, durch Erhebung zweifelhafter Einreden dem Gläubiger die Verwirklichung seines Rechts zu erschweren.

Was die einzelnen Kondiktionstatbestände anlangt, so gelten bei dem reinen Schuldversprechen und dem Schuldanerkenntnis keine anderen Regeln als bei den übrigen Zuwendungen. Daher kann im wesentlichen auf die Ausführungen des ersten Paragraphen verwiesen werden. Da der Leistungszweck in der Einwirkung auf die relativen Beziehungen zum Empfänger besteht, so liegt ein Mangel des Rechtsgrundes vor, wenn weder ein Anspruch gesichert, getilgt oder begründet, noch eine obligatorische Beziehung angeknüpft, gelöst oder sonstwie modifiziert wird. Wenn eine abstrakte Obligation zwecks Lösung einer relativen Beziehung eingegangen wird, so sind, wie schon im ersten Teil ausgeführt wurde, im einzelnen zwei Möglichkeiten gegeben. Entweder wird durch die Schaffung der abstrakten Obligation der frühere Anspruch unmittelbar getilgt, oder er bleibt so lange bestehen, bis das neu eingegangene Schuldversprechen erfüllt ist. Im ersteren Fall erfolgt die Zuwendung an Erfüllungsstatt, im letzteren Fall nur erfüllungshalber. In Übereinstimmung mit dem allgemeinen Satz, daß Verzichte nicht zu vermuten sind, bestimmt § 364 Absatz 2 B.G.B., daß die neue Verbindlichkeit im Zweifel nicht an Erfüllungsstatt übernommen wird. Diese Präsumption ist durchaus sachgemäß: die sofortige Aufgabe der alten Forderung ist für den Gläubiger wenig vorteilhaft, weil er dadurch etwaige Sicherheiten, wie Pfänder oder Bürgschaften, verliert, ohne die Garantie zu haben, daß der Schuldner die neue Forderung erfüllt. Daher muß als sein Wille unterstellt werden, daß die Kausalobligation nicht ohne weiteres als aufgehoben gelten soll. Mit dieser Auslegung ist aber keineswegs gesagt, daß das neue Schuldversprechen ohne jeden Einfluß auf die alte Forderung sei. Vielmehr wird die letztere insofern in einen betagten Anspruch verwandelt, als der Gläubiger zunächst mit der abstrakten Forderung vorgehen muß und auf die alte Schuld erst zurückgreifen darf, wenn es offenbar wird, daß er mit der ersteren nicht durchzudringen vermag. Beim akzessorischen Schuldversprechen treten also zwei konkurrierende Ansprüche nebeneinander, welche im Verhältnis einseitiger Solidarität stehen, denn durch die Erfüllung der abstrakten Obligation erlischt auch die Kausalforderung, während eine Leistung, welche ausschließlich der Erfüllung der Kausalrelation gewidmet ist, den abstrakten Anspruch an sich unberührt läßt und dem Schuldner nur eine Einrede gewährt. Wenn A dem B für den von ihm geschuldeten Kaufpreis ein akzessorisches Schuldversprechen abgibt und daraufhin das letztere erfüllt, so erlischt auch die Kaufpreisforderung. Wäre die Leistung dagegen nur für die Tilgung der Kausalobligation bestimmt, so würde der Schuldner nur eine Einrede erlangen, die er freilich auch einem Zessionar entgegensetzen könnte. Daher hat die ganze Unterscheidung zwischen der eo ipso wirkenden und der nur mittels Einrede geltend zu machenden Erfüllung für die gewöhnliche abstrakte Forderung keine praktische Bedeutung; um so wichtiger ist diese Differenz für die abstrakten Order- und Inhaberpapiere, bei denen der spätere Erwerber in höherem Maße geschützt wird.

Mißlingt der Geschäftszweck, weil die zu tilgende oder zu sichernde Forderung nicht vorhanden ist, so erfolgt der Ausgleich mittels einer condictio indebiti. Es ist dies zwar der häufigste, aber keineswegs der einzige Fall einer vergeblich versuchten Lösung einer relativen Beziehung, denn der Geschäftszweck kann auch aus anderen Gründen scheitern, weil der Gläubiger z. B. beschränkt geschäftsfähig ist und daher wohl einen Gegenstand mittels einer Zuwendung erwerben, aber kein Erfüllungsgeschäft abschließen kann. Bezüglich der condictio indebiti trifft § 814 B.G.B. die besondere Bestimmung, daß die Leistung nicht zurückgefordert werden kann, wenn der Leistende gewußt hat, daß er zur Leistung nicht verpflichtet war, oder wenn die Leistung einer sittlichen Pflicht oder einer auf den Anstand zu nehmenden Rücksicht entsprach. Was den ersteren Punkt anlangt, so genügt ein bloßer Zweifel an der Existenz der zu tilgenden Forderung keineswegs, vielmehr ist es notwendig, daß der angebliche Schuldner von ihrer Nichtexistenz überzeugt ist. Ferner darf der Schuldner auch nicht etwa bei der Erfüllung mit der Eventualität gerechnet haben, daß die nichtige Schuld später konvaleszieren würde. Auf diesen Fall findet nicht § 814, sondern der folgende § 815 B.G.B. Anwendung, weil der Geschäftszweck auf die Zukunft abgestellt wird, so daß die Kondiktion nur ausgeschlossen ist, wenn der Leistende gewußt hat, daß der Eintritt der Erfüllung unmöglich sei. Daher kann der Käufer eines Grundstücks, der für den wegen Formmangels nichtigen Kaufpreis-Anspruch in der Erwartung, daß durch eine nachfolgende Auflassung und Eintragung eine Heilung der Nichtigkeit eintreten würde, ein reines Schuldversprechen abgegeben hat, diese Zuwendung stets kondizieren. Denn mag er auch die Nichtigkeit des Kaufs gekannt haben, so rechnete er doch damit, daß ein gültiger Anspruch später entstehen würde.

Ferner kann das solvendi causa Geleistete nicht zurückgefordert werden, wenn die Leistung einer sittlichen Pflicht oder einer auf den Anstand zu nehmenden Rücksicht entsprach. Was diese zweite Ausnahme angeht, so dürfen die Sittlichkeits- und Anstandspflichten [1]) nicht mit den Naturalobligationen verwechselt werden. Denn letztere sind rechtlich anerkannte Forderungen, denen nur das Moment der Reaktionsfähigkeit fehlt, die aber im übrigen gültig sind, während sich die Erfüllung der reinen Sittlichkeits- oder Anstandspflichten als Schenkung charakterisiert. Die in § 814 statuierte soluti retentio erstreckt sich nicht etwa auf die Naturalobligationen, für welche die soluti retentio schon aus ihrer Erfüllbarkeit ohne weiteres folgt, sondern auf die nur von den konventionalen Normen der Sittlichkeit oder des Anstandes geforderten Pflichten. Daher kann der wohlhabende Mann, welcher seinen armen Geschwistern in dem irrigen Glauben, zu ihrer Alimentation rechtlich verpflichtet zu sein, zur Erfüllung dieser vermeintlichen Rechtspflicht schriftlich das abstrakte Versprechen gibt, ihnen eine jährliche Rente zu zahlen, diese Zuwendung nicht kondizieren, weil sie einer sittlichen Pflicht entspricht, während das in Schenkungsabsicht abgegebene schriftliche Versprechen wegen Formmangels nichtig wäre, weil auch das zur Erfüllung einer Sittlichkeits- oder Anstandspflicht ein-

---

[1]) Stammler, „Richtiges Recht" S. 447 ff.; Brütt, „Kunst der Rechtsanwendung" S. 174 ff.

gegangene Schenkungsversprechen und mithin auch das zur Sicherung dieser Anstandsschenkung abgegebene reine Schuldversprechen der Formvorschrift des § 518 B.G.B. unterliegt.

Die abstrakte Obligation kann auch zur Tilgung eines erst künftig entstehenden Anspruchs eingegangen werden. Bietet A dem B ein Kaufgeschäft an und stellt ihm zugleich zur Sicherung des Kaufpreises ein reines Schuldversprechen aus, so kann A, wenn eine Einigung zwischen den Parteien über das Kaufgeschäft nicht erfolgt, die Urkunde kondizieren und gegenüber dem abstrakten Anspruch des B mit Erfolg eine Einrede vorbringen. Auch dann ist eine Kondiktion begründet, wenn die Kausalforderung zunächst entstanden, aber später wieder weggefallen ist. Hierunter ist natürlich nicht das normale Erlöschen durch Erfüllung, Aufrechnung usw., sondern ein Wegfall infolge eines der Kausalbeziehung als solcher anhaftenden Mangels zu verstehen, also z. B. die erfolgte Anfechtung, der Eintritt einer Resolutivbedingung, der Widerruf wegen Ausfalls der Voraussetzung. Dagegen greift beim Rücktritt zwar regelmäßig die schärfere Haftung der §§ 346 ff. B.G.B. Platz, aber darum ist der Bereicherungsanspruch nicht minder vorhanden, da ihm keine bloß subsidiäre Geltung zukommt.

Nicht minder ist es möglich, wenn es auch tatsächlich nicht gerade häufig vorkommen mag, daß ein Schuldversprechen oder ein Schuldanerkenntnis zur Begründung eines Anspruchs oder einer anderen relativen Beziehung hingegeben wird. Ein solches promissum obligandi causa liegt z. B. vor, wenn ein Kapitalist sich durch Entgegennahme eines von einem Kreditsuchenden ausgestellten reinen Schuldversprechens zur Auszahlung oder umgekehrt der Kreditsuchende sich durch ein gleiches Versprechen des Kapitalisten zur Rückzahlung der Valuta verpflichtet. Im letzteren Fall ist aber ebenso, wie bei einem Tilgungsversprechen nur die geringere Wirkung, nämlich die Hingabe erfüllungshalber, vermutet wird, nicht minder zu unterstellen, daß die Verpflichtung des Kreditsuchenden zur Rückzahlung des Darlehns erst eintritt, wenn er nicht bloß eine ideellle Zuwendung empfangen, sondern bereits die effektive Valuta erhalten hat.

Was schließlich die Schenkung und die ihr verwandten

Freigebigkeiten, wie die Ausstattung angeht, so muß auch bei diesen Geschäften zwischen der Zuwendung und der Anknüpfung einer obligatorischen Beziehung strenge unterschieden werden. Mißlingt die Anknüpfung, so kann die Leistung kondiziert werden und mithin ist auch gegenüber dem abstrakten Anspruch eine Einrede gegeben. Bei dem schenkungshalber gegebenen reinen Schuldversprechen dürfte die Zuwendung und die Anknüpfung einer Kausalbeziehung in der Regel zusammenfallen, aber notwendig ist dieses Zusammentreffen keineswegs. Namentlich wenn zur Begründung der Kausalrelation außer dem hierauf gerichteten Vertrag noch ein weiterer Umstand als Bedingung ihres Zustandekommens gehört, so liegt ein Rechtsgrund erst vor, wenn dieser weitere Tatbestand sich verwirklicht. Die Kausalrelation kann von einer Bedingung derart abhängig gemacht werden, daß sie erst mit einem gewissen Ereignis wirksam wird (Suspensivbedingung), oder mit einem bestimmten Ereignis außer Kraft tritt (Resolutivbedingung), ohne daß es noch einer besonderen Rücktritts- oder Widerrufserklärung bedürfte. Wenn z. B. A dem B für den Fall, daß dieser eine Ehe mit der C eingeht, 1000 Mark schenkungshalber verspricht und über diese Verpflichtung eine einfache abstrakte Obligation eingeht, so ist der mit der Leistung nach dem Inhalt des Rechtsgeschäfts bezweckte Erfolg der Begründung einer Schenkungsobligation wegen Ausfalls der Bedingung nicht eingetreten und mithin die Kondiktionslage ohne weiteres begründet, so daß der Mitgiftbesteller gegen den abstrakten Anspruch des Bräutigams B eine Einrede erheben kann. Auch dann ist ein Rechtsgrund nicht vorhanden, wenn der Geschäftszweck nachträglich vereitelt wird, weil die angeknüpfte Schenkungsrelation später wieder weggefallen ist. Dies ist insbesondere der Fall, wenn die Schenkung unter einer Voraussetzung abgegeben ist und sie darauf wegen Ausfalls der Voraussetzung widerrufen wird. Schenkt also z. B. der Onkel seinem Neffen 1000 Mark für eine Studienfahrt nach Italien und unterbleibt das Reiseunternehmen aus irgend welchen Gründen, so kann der Onkel die Schenkung widerrufen und das abgegebene reine Schuldversprechen kondizieren.

Oft entscheidet es sich sofort, ob der Leistungszweck erreicht ist, nicht selten aber tritt ein Schwebezustand objektiver Ungewißheit ein. Für diesen Fall bestimmt § 815 B.G.B., daß die Rückforderung ausgeschlossen ist, wenn der Eintritt des Erfolgs von Anfang an unmöglich war und der Leistende dies gewußt hat, oder wenn der Leistende den Eintritt des Erfolgs wider Treu und Glauben verhindert hat. Wenn daher im obigen Beispiel der Schenker die Ehe oder die Reise nach Italien wider Treu und Glauben verhindert hat, oder wenn er bei der Hingabe gewußt hat, daß es dem Beschenkten unmöglich sei, die fragliche Ehe zu schließen oder die Reise anzutreten, so ist ein Kondiktionsanspruch ebenso ausgeschlossen, als wenn der Leistende eine zukünftige Schuld, von der er weiß, daß sie niemals existent werden wird, bezahlen würde. Die Vorschrift des § 815 B.G.B. findet auf alle Arten der auf die Zukunft abgestellten Geschäftszwecke Anwendung. Die Zahlung einer zukünftigen Schuld fällt nicht minder darunter, als der Fall, wo das Existentwerden oder das Bestehenbleiben einer anzuspinnenden Kausalrelation von zukünftigen, ungewissen Ereignissen in irgendeiner Weise mittels Bedingung oder Voraussetzung abhängig ist. Dagegen greift § 815 nicht Platz, wenn ein Pendenzverhältnis nicht in Frage kommt, weil es sich sofort objektiv entscheidet, ob der Geschäftszweck erfüllt ist. Daher ist eine Kondiktion auch dann gegeben, wenn der Leistende wußte, daß die Anspinnung der Kausalbeziehung nicht geglückt ist, weil z. B. der Darlehnsempfänger nur beschränkt geschäftsfähig war [1]).

Sehr zweifelhaft ist die Stellung der im § 817 B.G.B. erwähnten condictiones ob turpem et injustam causam. Es fragt sich, ob die Fälle, in denen ein Anspruch aus ungerechtfertigter Bereicherung deshalb gegeben ist, weil durch den der Zuwendung zugrundeliegenden Geschäftszweck gegen ein gesetzliches Verbot oder die guten Sitten verstoßen wird, sich dem allgemeinen Schema einfügen, oder ob durch die Bestimmung des § 817 B.G.B. Kondiktionstatbestände anerkannt sind, welche nicht darauf beruhen, daß eine Einwirkung auf relative Beziehungen zum Empfänger mißlungen ist. Die erstere Alternative ist zutreffend, weil die obligatorische Beziehung,

[1]) Anderer Ansicht Rümelin, „Schuldversprechen" S. 241.

welche durch die Zuwendung angeknüpft oder gelöst werden soll, gegen ein gesetzliches Verbot oder die guten Sitten verstößt und daher nach den §§ 134, 138 B.G.B. nichtig ist, so daß die Einwirkung auf relative Beziehungen in der Tat mißlungen ist. Die Nichtigkeit der Kausalrelation und die hieraus entspringende Vereitelung des Geschäftszwecks der Zuwendung greift auch Platz, wenn das Geschäft an sich rechtlich unbedenklich ist, aber von einer gegen die guten Sitten verstoßenden Voraussetzung abhängig gemacht wird, wenn jemand also z. B. seiner Mätresse Geld schenkt, damit sie sich ihm künftig gefällig erzeige. In diesem Falle ist die Schenkung als solche an sich rechtlich unbedenklich, erst das zum Geschäftsinhalt erhobene Motiv drückt ihm den Makel eines Verstoßes gegen die guten Sitten auf. Bei der Handhabung der §§ 138 und 817 B.G.B. darf man, wenn man ganz unbefriedigende Ergebnisse vermeiden will, niemals vergessen, daß die guten Sitten nichts weiter sind als die zwingenden Vorschriften des richtigen Rechts, dagegen mit der Sittlichkeit als solcher ebensowenig etwas zu tun haben als das technisch geformte Recht [1]). Die Sittlichkeit gibt einen Maßstab, an welchem die Motivation des Handelnden als solche einer wertenden Betrachtung unterzogen werden kann, während das Recht immer nur einen bestimmten Ausschnitt aus der Kette von Mitteln und Zwecken betrachtet, sich aber im übrigen gegenüber dem Motiv indifferent verhält. Daher ist der Kauf eines Armbands gültig, auch wenn der Verkäufer weiß, daß der Käufer das Schmuckstück seiner Mätresse schenken will. Nichts anderes gilt aber für den viel erörterten Fall, daß gewisse Häuser in gewissen großstädtischen Straßen, von denen ein jeder weiß, daß sie dem Bordellbetrieb gewidmet sind, verkauft und aufgelassen werden, während der Kaufpreis kreditiert wird. Wenn man, das Recht mit der Moral vermengend, derartige Verkäufe als gegen die guten Sitten verstoßend für nichtig erklärte, so würde man zu dem wenig ansprechenden Resultat kommen, daß der neue Bordellwirt zwar das Eigentum an dem Grundstück erlangte, aber den Kaufpreis nicht zu zahlen brauchte und daher seinem Gewerbe mit

[1]) Brütt, „Kunst der Rechtsanwendung" S. 172. Dagegen Kohler in seiner Besprechung des vorstehenden Buchs in seinem Archiv für Rechtsphilosophie, Bd. I S. 334.

verstärkter Kapitalkraft obliegen könnte. Vielmehr ist ein Geschäft nicht schon dann wegen eines Verstoßes gegen die guten Sitten nichtig, wenn das Motiv verwerflich ist, sondern § 138 B.G.B. greift nur Platz, wenn der Inhalt gegen zwingende Normen des richtigen Rechts verstößt [1]).

Soweit die Zwecksatzung der Zuwendung gegen ein gesetzliches Verbot oder gegen die guten Sitten verstößt, ist eine Einwirkung auf die relativen Beziehungen mißlungen, da die Kausalrelation, welche gelöst oder angeknüpft werden soll, infolge besonderer gesetzlicher Bestimmungen oder wegen Verstoßes gegen die guten Sitten unwirksam ist. Daher fällt die in § 817 B.G.B. erwähnte condictio ob turpem et injustam causam unter die in § 812 B.G.B. behandelten Kondiktionsfälle. Dieses Resultat wird auch durch die Erwägung nicht beseitigt, daß der mit der Leistung bezweckte verwerfliche Erfolg sehr oft tatsächlich erreicht wird. Denn in der Kondiktionslehre kommt es nicht auf den tatsächlichen Erfolg, sondern nur auf den Rechtserfolg der relativen Einwirkung an, letzterer ist aber gerade wegen Verstoßes gegen die guten Sitten nicht erreicht.

Aber wenn sich auch die Fälle des § 817 B.G.B. dem allgemeinen Schema einreihen, so gilt doch für diese Kategorie insofern etwas Besonderes, als der Umfang der Kondiktionsmöglichkeit bald erweitert, bald aber verengert ist. Als Einteilungsgrund dient das subjektive Verhalten der Parteien, so daß sich vier Möglichkeiten unterscheiden lassen. Es fällt

1. keinem der beiden Parteien,
2. nur dem Empfänger,
3. nur dem Leistenden,
4. beiden Parteien

ein subjektiver Verstoß zur Last.

Was die erste Unterart anlangt, so kann es zweifelhaft sein, ob es überhaupt Fälle gibt, wo trotz eines objektiv vorliegenden Verstoßes gegen ein gesetzliches Verbot oder die guten Sitten keine der Parteien ein subjektives Verschulden

---

[1]) Siehe hierüber Brütt, „Kunst der Rechtsanwendung" S. 204—206 und die dort zitierten Entscheidungen des Reichsgerichts.

trifft. Meines Erachtens lassen sich derartige Fälle immerhin denken, wenn sie auch recht selten sein mögen. So gibt z. B. jemand einem kleinen Mädchen, gegen das er sich sittlich vergangen hat, Schweigegeld, welches dieses annimmt, ohne eine Vorstellung von der Verwerflichkeit des Empfangs zu haben. Wenn die Hingabe eines Schweigegeldes kein subjektives Verschulden des Leistenden enthält, was in der Tat zweifelhaft, aber richtiger Ansicht nach zu verneinen ist, weil man niemandem einen Vorwurf daraus machen darf, daß er sich durch ein Geldopfer vor dem Zuchthaus bewahren will[1]), so würde das erwähnte Beispiel einen Fall von bloß objektivem Verstoß gegen die guten Sitten darstellen. Weil der § 817 B.G.B. diese Unterart nicht besonders geregelt hat, so gilt für sie nichts von den allgemeinen Regeln des § 812 B.G.B. Abweichendes. Da die Kausalrelation wegen §§ 134, 138 B.G.B. nichtig ist und mithin der Rechtsgrund fehlt, so können effektive Leistungen kondiziert werden, außer wenn der Leistende die Nichtigkeit gekannt hat. Dagegen tritt in dem Fall zu 2 insofern eine Erweiterung der Kondiktionsmöglichkeit ein, als bei turpitudo solius accipientis der Leistende auch dann einen Anspruch oder eine Einrede aus ungerechtfertigter Bereicherung geltend machen kann, wenn ihm das Fehlschlagen der relativen Einwirkung bekannt war. Sofern aber die Zuwendung in der Begründung einer Obligation besteht, kann der Versprechende in allen vier Fällen kondizieren, mag ihn allein, mag nur den Empfänger, mag beide oder mag niemanden ein Vorwurf treffen. Dieser Rechtsbehelf ist ihm selbst dann gegeben, wenn er bei der Leistung gewußt hat, daß die zu tilgende Forderung nicht bestand, oder daß der Eintritt des Erfolges der relativen Einwirkung von Anfang an unmöglich war. Steht jedoch eine effektive Zuwendung in Frage, so tritt die Erweiterung der

---

[1]) Dagegen erblickt das Reichsgericht (Urteil vom 30. Mai 1904 Entsch. in Ziv. S. Bd. 58, S. 204) in der Hingabe eines Schweigegeldes regelmäßig ein Verschulden des Leistenden. Unter besonderen Umständen aber, wenn der Zuwendende die Leistung weniger macht, um sich der gesetzlichen Strafe zu entziehen, als um seine Angehörigen vor den schweren Nachteilen zu beschützen, die seine Verurteilung für sie bewirken müßte, will das Reichsgericht die Möglichkeit einer Entschuldigung zulassen.

Kondiktionsmöglichkeit nur ein, wenn ein subjektiver Verstoß dem Empfänger allein zur Last fällt. Hat also der Darlehnsschuldner Wucherzinsen gezahlt, so kann er auch dann kondizieren, wenn er über die Nichtigkeit des Darlehnsgeschäfts nicht im Zweifel war. Dasselbe gilt, wenn A dem B 1000 M. als Schweigegeld schenkt, weil er von B dabei ertappt wird, daß er mit dessen kleiner Tochter unsittliche Handlungen vornimmt. Auch wenn A bei der Leistung wußte, daß eine derartige Schenkung ungültig sei, so kann er doch kondizieren, weil nur den Empfänger, nicht aber ihn selbst ein subjektiver Verstoß trifft.

Umgekehrt ist bei der turpitudo utriusque eine Kondiktion effektiver Zuwendungen insoweit ausgeschlossen, als der Leistungszweck gerade wegen Verwerflichkeit der Kausalrelation nicht erreicht wird[1]. Daher kann z. B. A, der dem B 1000 M. schenkt, damit dieser den C ermorde, den geleisteten Betrag nicht kondizieren, obwohl die Einwirkung auf relative Beziehungen, nämlich die Anspinnung der Schenkungsobligation, mißlungen ist. Wenn dagegen die Zuwendung aus andern Gründen als wegen eines Verstoßes gegen die guten Sitten ungültig ist, so ist die Kondiktion ebensowenig wie die Vindikation ausgeschlossen, auch wenn den Leistenden nebenbei ein Vorwurf trifft. Wenn also z. B. ein entmündigter Verschwender einen Beamten besticht, so kann der Vormund kondizieren.

Die gleiche Einschränkung der Kondiktionsmöglichkeit greift auch bei der turpitudo solius dantis Platz, als deren Hauptbeispiel die Leistung des Wucherers zur Begründung des wucherischen Kreditvertrags anzusehen ist[2]. Auch der

---

[1]) Auch das Reichsgericht (Entsch. in Zivils. Bd. 63, S. 354) vertritt die Ansicht, daß „die Bestimmung im Satz 2 des § 817 B.G.B. auch dann anwendbar sei, wenn einem auf die allgemeinen Grundsätze über ungerechtfertigte Bereicherung gestützten Klageanspruch in Wirklichkeit ein von dem Beklagten einwandsweise geltend gemachter, unter die Bestimmung des § 817, Satz 2 B.G.B. fallender Tatbestand zugrundeliegt“.

[2]) Übereinstimmend: Dernburg, Lehrbuch d. B.G.B. Bd. 1, § 127, S. 431; Kohler in seiner „Enzyklopädie“, Bd. 1, S. 645, „Lehrbuch des B.G.B.“ Bd. 2, S. 460; Neubecker, D. Jur. Ztng. Bd. 7, S. 568. Entgegengesetzter Ansicht Eccius, D. Jur. Ztng., Bd. 8, S. 41.

Wucherer kann, trotzdem die Anspinnung der Kausalrelation mißlungen ist, doch nicht wegen Mangels des Rechtsgrundes kondizieren. Dieses Ergebnis folgt in der Mehrzahl der Fälle schon aus § 814 B.G.B., weil der Wucherer regelmäßig die Nichtigkeit des zu tilgenden Anspruchs gekannt haben wird. Aber auch wenn dies ausnahmsweise nicht der Fall ist, so bleibt doch eine Kondizierung der effektiven Leistung nach § 817 B.G.B. ausgeschlossen, weil der Leistende, dem allein ein Verstoß zur Last fällt, unmöglich günstiger gestellt werden darf, als in dem Fall der turpitudo utriusque. Ist dagegen die Zuwendung bloß ideeller Natur, hat also z. B. der Wucherer ein reines Schuldversprechen oder Schuldanerkenntnis abgegeben, so verbleibt es bei der Regel, daß unter allen Umständen, auch wenn ein Irrtum des Leistenden über die Ungültigkeit des Geschäftes nicht vorliegt, kondiziert werden kann. Das Ergebnis, daß der Wucherer die effektive Leistung nicht zurückverlangen kann, ist insofern wenig ansprechend, als der Bewucherte auf diese Weise auf Kosten des Wucherers bereichert wird. Aber andererseits wäre es auch nicht befriedigend, wenn der Wucherer auf Grund seines eigenen antisozialen Verhaltens sofort nach der Hingabe der Valuta eine erfolgreiche Kondiktionsklage anstellen könnte. Nach den Bestimmungen des B.G.B., welches die speziellen Vorschriften des Wuchergesetzes beseitigt hat, kann man zu keinem anderen Ergebnis gelangen. Legislativ-politisch hätte es sich am meisten empfohlen, das Wuchergeschäft nicht für schlechthin ungültig zu erklären, so daß auch der Wucherer sich auf die Nichtigkeit berufen dürfte, sondern dem Bewucherten nur eine Anfechtungsmöglichkeit zu gewähren, auf die so lange nicht verzichtet werden könnte, als die Voraussetzungen des Wuchers vorlägen [1]).

Sehr fraglich ist es, wie sich die Beziehung zwischen der Zuwendung und dem wegen Verstoß gegen ein gesetzliches Gebot oder die guten Sitten nichtigen Geschäftszweck gestaltet, ob die Verwerflichkeit des Grundverhältnisses auch

---

[1]) Die Ausführungen von Rümelin („Schuldversprechen", S. 253—255), der eine Art von Anfechtbarkeit annimmt, sind zwar de lege ferenda billigenswert, können aber de lege lata gegenüber der unzweideutigen Bestimmung des § 138 Abs. 2 B.G.B. nicht ernstlich in Betracht kommen.

die Nichtigkeit der Zuwendung nach sich zieht, oder ob der Mangel auch hier nur im Kondiktionsrahmen geltend gemacht werden kann. Es treten sich hier verschiedene Ansichten gegenüber:

1. Viele [1]) nehmen an, daß die wegen eines Verstoßes gegen ein gesetzliches Verbot oder die guten Sitten eintretende Nichtigkeit sich auch auf das Zuwendungsgeschäft bezieht. Dernburg gewährt dem Leistenden die rei vindicatio sogar in dem Fall der turpitudo utriusque. Wenn also z. B. A den B durch Hingabe einer Uhr zum Morde anstiftet, so kann ersterer sich den Mordlohn mittels eines dinglichen Anspruchs solange wieder verschaffen, als der Gegenstand noch in Natur vorhanden und nicht durch gutgläubigen Erwerb oder einen andern Grund in das Eigentum eines Dritten übergegangen ist. Wenn dagegen die Sache vernichtet oder in fremdes Eigentum getreten ist, so kann er den Wert vom Empfänger nicht zurückverlangen, denn nach § 817 B.G.B. ist die Kondiktion wegen turpitudo utriusque ausgeschlossen. Dagegen versagt Neubecker [2]) dem Anstifter auch den dinglichen Anspruch, weil niemand sich auf seine eigene Unsittlichkeit stützen könne, um einen geschaffenen Zustand zu ändern, während er es für unbedenklich hält, dem Konkursverwalter und dem Gläubiger des Anstifters die Vindikation zu gewähren.

2. Umgekehrt glaubt die herrschende Ansicht [3]) unter Bezugnahme auf den Wortlaut des § 817 B.G.B. und in der Erwägung, daß ein abstraktes Geschäft seinem Begriffe nach nicht gegen die guten Sitten verstoßen könne, daran festhalten zu müssen, daß das Zuwendungsgeschäft niemals deshalb, weil die Kausalrelation gegen die guten Sitten verstößt, ungültig sei, sondern immer nur nach Maßgabe der Kondiktionslehre angegriffen werden könne.

---

[1]) Lotmar, „Der unmoralische Vertrag" S. 62; Dernburg, „Lehrbuch d. B.G.B." Bd. II2, § 379 S. 687; Klingmüller, „Schuldversprechen" S. 127; Rümelin, „Schuldversprechen" S. 267.

[2]) Neubecker, „Der abstrakte Vertrag" S. 37.

[3]) Die Hauptvertreter der herrschenden Ansicht sind: Stammler, „Richtiges Recht" S. 493; Oertmann, „Recht der Schuldverhältnisse" S. 924; ferner Eneccerus, „Lehrbuch des B.G.B." Bd. I, § 98 S. 223 und § 355 S. 754; Collatz, In Jherings Jahrbüchern Bd. 40, S. 141; v. Tuhr, „Abstrakte Schuldverträge" S. 12. ff.

3. Schließlich hat Crome[1]) eine Mittelmeinung aufgestellt. Während er für die übrigen Zuwendungen der herrschenden Ansicht huldigt, macht er für die abstrakten Forderungsbegründungen eine Ausnahme. Bei diesen soll die Abstraktheit, weil sie nicht, wie bei den anderen Arten von Zuwendungen, dispositiver Natur ist, sondern auf Parteiabrede beruht, nicht so weit gehen, daß die Verwerflichkeit des Rechtsgrundes auf die Zuwendung ohne Einfluß bleibt.

Die Entscheidung dieser Kontroverse ist schwierig und sehr zweifelhaft. Wenn die Vertreter der herrschenden Ansicht die Frage durch die Bemerkung, daß ein abstraktes Geschäft eben wegen dieser seiner abstrakten Natur niemals gegen die guten Sitten verstoßen könne, erledigt zu haben glauben, so übersehen sie, daß es eben fraglich ist, ob ein Geschäft so abstrakt ist, daß ihm auch ein verpönter Rechtsgrund nichts anhaben kann. Diese ganze Deduktion bewegt sich in einem Zirkel, weil sie das zu Beweisende, nämlich den weiteren Umfang der Abstraktion, schon voraussetzt. Der Begriff des abstrakten Vertrages ist aber nichts absolut Festes und Bestimmtes im Sinne einer platonischen Idee, sondern ein juristisch-technisches Mittel, um bestimmte Verkehrsinteressen durch analytische Vereinfachung des Tatbestandes zu sichern. Wo aber wichtigere Gegeninteressen dieser Vorkehrung entgegentreten, da muß der technische Gesichtspunkt den sozialpolitischen Erwägungen weichen. Daher tritt die abstrakte Natur des Rechtgeschäfts gegenüber den zwingenden Vorschriften der §§ 134 und 138 B.G.B. zurück. Daß auch ein abstraktes Forderungsrecht wegen Verwerflichkeit des zugrundeliegenden Verhältnisses nichtig und nicht bloß kondizierbar ist, scheint mit dem Wortlaut des § 817 B.G.B. unvereinbar zu sein, denn in ihm wird auch die abstrakte Obligation als Objekt einer möglichen Kondiktion angeführt[2]). Hieraus scheint zu folgen, daß, wenn die Obligation schon an sich nichtig ist, für eine Kondiktion kein Raum bleibt, sondern daß höchstens eine negative Feststellungsklage in Frage kommen könnte. Daß der Wortlaut des § 817 B.G.B. gegen die hier vertretene

---

[1]) Crome, „Lehrbuch d. B.G.B." Bd. 2, S. 1001.

[2]) Hierauf weist Stammler, „Richtiges Recht" S. 493, hin.

Ansicht spricht, kann nicht geleugnet werden, aber andererseits ist in den §§ 656 und 762 B.G.B. ausdrücklich die Nichtigkeit der zur Erfüllung von Ehemakel-, Spiel- und Wettansprüchen gegebenen abstrakten Forderungen ausgesprochen. Man kann aber unmöglich annehmen, daß der naturale Charakter von Ehemakellohn, Spiel und Wette einen größeren Einfluß auf die abstrakte Obligation ausüben könnte als der Verstoß gegen die guten Sitten. Im schlimmsten Falle müßte man eine zwischen den §§ 817 einerseits und 656, 762 B.G.B. andererseits bestehende Antinomie annehmen, die aus allgemeinen Gründen, wie oben, zu entscheiden wäre.

Aber auch, wenn man die Forderung für nichtig ansieht, ist die Anwendung des § 817 B.G.B. auf die abstrakten Obligationen nicht ohne praktische Bedeutung, denn durch die von § 817 B.G.B. gewährte Kondiktionsmöglichkeit wird dem Schuldner neben der negativen Feststellungsklage ein privatrechtlicher Anspruch gegeben, vom Gläubiger die Anerkennung der Nichtschuld zu verlangen. Soweit das zugrundeliegende Kausalverhältnis wegen Verstoß gegen ein gesetzliches Verbot oder die guten Sitten nichtig ist, liegt immer nur der Schein einer abstrakten Forderung vor. Häufig ist es aber sehr fraglich, ob ein derartiger Verstoß vorhanden ist, daher kann ein abstrakter Schuldschein für den Schuldner, der vielleicht später nicht mehr in der Lage ist, den fraglichen Beweis zu führen, eine große Gefahr bedeuten, solange er sich in den Händen des Gläubigers befindet. Hiergegen schützt den Schuldner der § 817 B.G.B., der ihm die Möglichkeit verschafft, den Schuldschein zu kondizieren. Aber der Anspruch auf Herausgabe einer ungerechtfertigten Bereicherung geht noch auf ein Weiteres: der inhaltlich ungültige abstrakte Vertrag hat eine Rechtsattrappe geschaffen, welche äußerlich korrekt, inhaltlich aber hohl ist. Hierdurch ist dem Scheingläubiger zwar kein Recht, wohl aber eine Rechtsposition zuteil geworden, welche des Rechtsgrundes ermangelt. Daher hat der vermeintliche Gläubiger nach den Grundsätzen über den Ausgleich einer ungerechtfertigten Bereicherung seinerseits mitzuwirken, diese Rechtsposition zu beseitigen, was am besten durch ein negatives Anerkenntnis geschieht. Mithin hat der angebliche Schuldner nicht nur eine negative Feststellungsklage, sondern er kann auch, ohne sein Interesse auf alsbaldige Feststellung zu substanzieren, mittels einer Kondiktion vom Gläubiger verlangen, daß dieser, abgesehen von der Herausgabe eines etwa vorhandenen Schuldscheins, in konstitutiver Weise anerkenne, aus der abstrakten Obligation nichts fordern zu können.

Wenn mithin bei allen Zuwendungsgeschäften die Verwerflichkeit des Geschäftszwecks nicht bloß eine Kondiktion gewährt, sondern auch die Nichtigkeit der Verfügung herbeiführt, so ist doch auf der andern Seite die Vindikation in keinem weiteren Umfange gestattet als die Kondiktion. Daher ist die Dernburgsche Ansicht, daß das Zuwendungsgeschäft durch eine verwerfliche Kausalbeziehung stets nichtig werde, abzulehnen, denn sie führt zu der Konsequenz, daß der Geber bei zweiseitiger Verwerflichkeit wohl vindizieren, aber nicht kondizieren kann. Dieses Ergebnis, das Dernburg in der Tat zieht, ist deshalb verfehlt, weil es der ratio des § 817 B.G.B. „in pari turpitudine melior est condicio possidentis" entschieden widerspricht. Deshalb will Neubecker (S. 38) dem gegen die guten Sitten Leistenden im Gegensatz zu dessen Konkursverwalter oder Pfändungsgläubiger die Vindikation versagen, indem er sich auf den auch von Kohler verteidigten Satz stützt, daß sich niemand auf seinen eigenen Dolus berufen dürfe, um einen geschaffenen Zustand zu ändern. Neubecker stellt sogar die ganz naturrechtlich klingende Behauptung auf, daß es sich dabei nicht um einen positiven Rechtssatz, sondern um einen von den römischen Juristen entdeckten, dem Rechte seinem Begriffe gemäß immanenten Fundamentalsatz handele. Dieses Axiom ist aber in solcher Allgemeinheit unzutreffend, denn die Parteien können im Zivilprozesse beliebige Tatsachen behaupten, welche der Richter auf ihre juristische Erheblichkeit hin zu prüfen hat. Wenn das Parteivorbringen einen Anspruch begründet oder verhindert, so hat es hierbei sein Bewenden, auch wenn die Tatsachen auf die eine oder andere Partei ein mehr oder weniger ungünstiges Licht wirft. An diesem Ergebnis ist, wie Rümelin mit Recht hervorhebt[1]), nichts Anstößiges zu finden.

---

[1]) Rümelin, „Schuldversprechen" S. 261.

Warum sollte nicht ein Schuldner, der sich mit seinem Gegner in unlautere Geschäfte eingelassen hat, den Schuldschein kondizieren können, um sich vor der Gefahr zu schützen, später, wenn der Beweis des Verstoßes nur noch schwer zu erbringen ist, leisten zu müssen? Da es dem reumütigen Sünder erleichtert werden muß, sich aus den Sklavenketten unlauterer Geschäftsbeziehungen zu befreien, so ist es ihm zu gestatten, unter Umständen Tatsachen aufzudecken, die für ihn wenig schmeichelhaft sind. Es ist schließlich wenig konsequent, wenn Neubecker dem Konkursverwalter und dem Pfändungsgläubiger die Vindikation gestattet, da diese Personen unmöglich mehr Recht haben können als ihr Schuldner. Man muß daher entweder mit Dernburg das Zuwendungsgeschäft für schlechthin ungültig halten und dem gegen die guten Sitten verstoßenden Geber die Vindikation gestatten, oder man muß anerkennen, daß das Zuwendungsgeschäft bei beiderseitiger Verwerflichkeit nach dem Grundsatz „in pari turpitudine melior est condicio possidentis“ von dem Verstoß unberührt bleibt. Letztere Ansicht ist entschieden vorzuziehen, weil sie allein dem Grundgedanken des § 817 B.G.B. entspricht.

Hierbei wird jedoch vorausgesetzt, daß durch die Leistung nicht bloß eine Veränderung in der Rechtswelt hervorgerufen, sondern daß zugleich ein ihr entsprechender tatsächlicher Zustand geschaffen wird. Eine bloß ideelle Vermögensverschiebung liegt vor, wenn eine abstrakte Forderung begründet oder eine Sache durch Beisitzkonstitut übertragen wird. In diesen beiden Fällen ist die Zuwendung wegen Verwerflichkeit der Kausalrelation nichtig, während die effektiven Verfügungen von ihr unberührt bleiben. Wird für eine wegen Verstoßes gegen die guten Sitten nichtige Forderung eine Hypothek bestellt, so ist auch diese wegen ihrer akzessorischen Natur ungültig, während die Grundschuld wegen ihres selbständigen Charakters von der Nichtigkeit der Grundbeziehung unberührt bleibt. Dasselbe Verhältnis zwischen Zuwendung und verpönter Kausalbeziehung greift natürlich Platz, wenn bloß den Geber ein Vorwurf trifft, denn in diesem Falle wäre es besonders anstößig, wenn der Leistende, auf seinen eigenen Dolus gestützt, im Widerspruch mit § 817 B.G.B. dem Empfänger die Leistung mit einem dinglichen Anspruch wieder entreißen könnte.

Ganz anders ist dagegen die Sachlage bei der turpitudo solius accipientis; da hier unter allen Umständen eine condictio ob turpem causam gegeben ist, so folgt aus dem oben entwickelten Grundsatz von dem Parallelismus zwischen der Kondiktions- und der Vindikationsmöglichkeit, daß auch das Zuwendungsgeschäft nichtig ist. Wenn also jemand z. B. sein Mobiliar aus Not gegen einen bar zu zahlenden Spottpreis verkauft und übergibt, so ist das Eigentum wegen des wucherischen Kausalgeschäfts nicht übergegangen, und daher ist der Verkäufer nicht etwa auf einen Delikts- oder Kondiktionsanspruch gegen den Wucherer beschränkt, so daß er im Konkurse einen Aussonderungsanspruch nicht erheben könnte. Vielmehr erstreckt sich die Verwerflichkeit des Kausalgeschäftes auch auf die Zuwendung, so daß der Bewucherte sein Eigentum mit einem dinglichen Anspruch verfolgen kann. Auch die Rücksicht auf die Verkehrssicherheit ist nicht geeignet, dieses Resultat in Frage zu stellen. Denn sowohl im Sachenrecht, als bei den skripturrechtlichen Wertpapieren hinsichtlich des verbrieften Rechts wird der gute Glaube des Dritterwerbers hinreichend geschützt, während gewöhnliche Forderungen nicht Gegenstand des Handelsverkehrs sein sollen. Jedenfalls dürfte eine Interessenabwägung, welche den Schutz des Bewucherten den Verkehrsinteressen gegenüberstellt, um so eher zugunsten der Ungültigkeit des Zuwendungsgeschäfts ausfallen, wenn man sich daran erinnert, daß Leute, die sich abgewucherte Gegenstände übertragen lassen, keinen besonderen Schutz verdienen. Das Reichsgericht hat sich in dem Urteil vom 19. Februar 1904 (Bd. 57 S. 95) im Interesse des Bewucherten für die Nichtigkeit der Zuwendung ausgesprochen, während es in dem Urteil vom 21. April 1906 (Bd. 63 S. 184) ausführt, daß sich die Nichtigkeit des Erfüllungsgeschäftes auf den Fall des Wuchers beschränke[1]). Diese Interpretation, welche sich auf die im

[1]) Der reichsgerichtlichen Entscheidung lag ein Bordellverkauf zugrunde, der, wenn er überhaupt gegen die guten Sitten verstieße, jedenfalls eine beiderseitige turpitudo einschließt. Die Entscheidung des Reichsgerichts, welche die Auflassung für gültig erklärte, ist zutreffend, nicht etwa weil die Nichtigkeit nur beim Wucher eintritt, sondern weil

§ 138 Absatz 2 B.G.B. gebrauchten Worte „gewähren lassen" stützt, übersieht, daß es die Aufgabe der Rechtsanwendung sein muß, aus speziellen Vorschriften allgemeine Prinzipien zu induzieren. Es läßt sich nicht leugnen, daß es teleologisch ungerechtfertigt wäre, die übrigen Fälle von einseitiger Verwerflichkeit anders als den Wucher zu behandeln. Warum sollte der Bewucherte, nicht aber derjenige, welcher Terroristen zu eigener Sicherheit Subsidien gezahlt hat, vindizieren können?

Mithin kommt man zu dem Resultat, daß die effektiven Zuwendungen nur bei turpitudo accipientis vindiziert und kondiziert werden können, während die bloß ideellen Leistungen unter allen Umständen nichtig sind, mag ein subjektiver Verstoß beide Parteien, nur den Geber, nur den Empfänger oder niemanden treffen. Ist jedoch auf Grund einer solchen nichtigen abstrakten Obligation eine effektive Zuwendung gemacht, so kann diese bei turpitudo utriusque et solius dantis nach dem Schlußsatz des § 817 B.G.B. ebensowenig kondiziert werden, als wenn sich zwischen die nichtige Kausalbeziehung und die effektive Leistung keine abstrakte Obligation eingeschoben hätte.

Abgesehen von dem Fall der Reprobation der Grundbeziehung ist das reine Schuldversprechen und das Schuldanerkenntnis nach § 781, Satz 2 B.G.B. nichtig, wenn die über die bloße Schriftlichkeit hinausgehende Form, welche zur Begründung der Kausalrelation vorgeschrieben wird, nicht gewahrt worden ist. Es kommt hier vor allem das Schenkungsversprechen in Betracht, für welches nach § 518 B.G.B. die gerichtliche oder notarielle Beurkundung angeordnet ist, und zwar ist die abstrakte Obligation selbst dann ungültig, wenn zwar das Schenkungsversprechen, nicht aber die abstrakte Obligation selber in der vorgeschriebenen Form eingegangen worden ist. Daher kann der Schuldner den abstrakten Anspruch stets dadurch zu Fall bringen, daß er im Prozeß gegenüber einem bloß schriftlichen Schuldversprechen eine Schenkung als

---

beide Teile sich einen Verstoß haben zuschulden kommen lassen, während die Restkaufgeld-Hypothek als bloß ideelle Zuwendung entgegen der Entscheidung des Reichsgerichts trotz beiderseitiger turpitudo unwirksam ist.

Rechtsgrund einwendet. Jedoch darf man die Ungültigkeit nicht auch auf den Fall der sogenannten einseitigen Schenkung ausdehnen, wie dies von Neubecker und Rümelin[1]) geschieht. Verspricht daher der Schuldner in abstrakter Weise die Erfüllung eines Darlehnsanspruchs, von dem er weiß, daß er nicht existiert, so ist die Kondiktion wegen § 814 B.G.B. ausgeschlossen, aber auch eine Nichtigkeit auf Grund der Formvorschrift des § 518 B.G.B. kann nicht in Frage kommen, weil durch die Parteierklärungen nur eine Darlehnskausa festgelegt ist, die Schenkungsabsicht des Gebers aber als geheimer Vorbehalt auf rechtliche Anerkennung keinen Anspruch hat. Da die Verkehrssicherheit in hohem Grade gefährdet wäre, wenn man derartige unausgesprochene Motive berücksichtigte, so darf eine Schenkung nur unterstellt werden, wenn der auf diesen Rechtseffekt gerichtete Wille auch erklärt worden ist.

Soweit die abstrakte Obligation wegen Verwerflichkeit der Kausalbeziehung oder wegen Formmangels nichtig ist, kann hieran natürlich durch Parteiabrede nichts geändert werden. Dagegen ist es zweifelhaft, ob die Regel, daß gegenüber dem abstrakten Anspruch ein Zurückgehen auf die Kausalrelation nur im Kondiktionsrahmen statthaft sei, durch Parteivereinbarung modifiziert werden kann[2]). Zur Verteidigung der Ansicht, daß die Angreifbarkeit des reinen Schuldversprechens und Schuldanerkenntnisses durch besondere Abrede erweitert und verengt werden kann, darf man sich nicht etwa auf die Tatsache, daß zugleich mit dem Schuldversprechen auf Gestaltungsrechte, wie Anfechtung, Rücktritt usw., verzichtet werden kann, berufen. Denn durch derartige Nebenabreden wird die Kausalrelation selber modifiziert, während der Umfang des Kondiktionsrahmens unverändert bleibt. Eine Modifizierung der Kondiktionsgrundsätze würde nur vorliegen, wenn die Regeln der § 813 ff. B.G.B. durch besondere Abrede mehr oder weniger außer Kraft treten würden. Dies ist als zulässig anzusehen, soweit nicht zwingende Vorschriften im Wege stehen. Daher kann natürlich nicht auf Geltendmachung des § 817 B.G.B. verzichtet werden.

[1]) Neubecker, „Der abstrakte Vertrag" S. 51; Rümelin, „Schuldversprechen" S. 165.

[2]) So Klingmüller, „Schuldversprechen" S. 140.

Ebensowenig darf verabredet werden, daß eine Kondiktion auch dann gegeben sei, wenn die Leistung einer sittlichen Pflicht oder einer auf den Anstand zu nehmenden Rücksicht entsprach, oder wenn der Leistende den Eintritt des Erfolges wider Treu und Glauben verhindert hat. Dagegen steht nichts im Wege, wenn die Parteien eine Kondiktion auch für die Fälle zulassen, daß eine betagte Forderung vorzeitig erfüllt wird, oder daß der Leistende gewußt hat, daß er zur Leistung nicht verpflichtet, oder daß der Eintritt des Erfolgs von Anfang an unmöglich sei, denn hierdurch wird nicht gegen zwingende Vorschriften des gesetzten oder des richtigen Rechts verstoßen. Dagegen wäre es unzulässig, wenn der Leistende auf die Einrede der ungerechtfertigten Bereicherung schlechthin verzichten wollte, denn hierin läge ein formbedürftiges Schenkungsversprechen. Ist die Schenkung dagegen rechtsgültig zustandegekommen, so ist eine Kondiktion ausgeschlossen, aber nicht etwa, weil der Ausschluß der Kondiktionsmöglichkeit schlechthin gestattet wäre, sondern weil eine Schenkungskausa vorliegt und mithin der Tatbestand der ungerechtfertigten Bereicherung nicht erfüllt ist.

III. Die Abrechnung.

Zu den Feststellungsgeschäften im weiteren Sinne gehört auch die Abrechnung, deren juristische Natur sehr kompliziert und daher auch nicht unbestritten ist. Nur von der Abrechnung im engeren Sinne, bei der auf beiden Seiten Guthabenposten vorhanden sind, ist hier die Rede, während die Abrechnung, bei der dies nur auf einer Seite der Fall ist, keine besonderen Schwierigkeiten mit sich bringt, weil bei ihr für die Gesamtheit der Forderungen eine abstrakte Obligation, sei es akzessorischer, sei es novatorischer Natur, begründet wird. Dagegen liegt in dem Fall, daß zwar nur auf der einen Seite Forderungen entstanden, aber dafür von der anderen Seite Anzahlungen gemacht sind, keine bloße Berechnung, sondern eine Abrechnung im engeren Sinne vor, weil nach diesem Tatbestand immerhin Guthabenposten auf beiden Seiten in die Erscheinung treten. Der gewöhnliche Tatbestand der Abrechnung im engeren Sinn ist folgender: nachdem die Parteien einige Zeit in Geschäftsbeziehungen gestanden haben, gegenseitige Schuldverbindlichkeiten eingegangen sind und vielleicht auch Anzahlungen gemacht haben, schickt die eine Partei der andern eine Aufstellung zu, in der die beiderseitigen Aktivposten zusammengerechnet und die Differenz als Saldo fixiert wird. Oft kommen auch die Parteien persönlich zusammen, um ihre beiderseitigen Forderungen und Anzahlungen gemeinschaftlich zu addieren und den Überschuß durch Subtraktion festzustellen. Wird der von der einen Partei der andern zugeschickte Abrechnungsvorschlag von dieser ausdrücklich oder stillschweigend akzeptiert, oder wird das Verzeichnis gemeinschaftlich aufgestellt und der Saldo auf diese Weise fixiert, so liegt in einer solchen Tätigkeit ein dreifaches juristisches Element, nämlich ein Aufrechnungs-, ein Erfüllungs- und ein novatorischer Anerkennungsvertrag.

Insoweit als sich in dem Abrechnungsverzeichnis die beiderseitigen Forderungen decken, sind sie durch einen Aufrechnungsvertrag getilgt. Da dies auch für den Fall gilt, daß irrtümlicherweise eine nicht existierende Forderung in das Verzeichnis aufgenommen worden ist, so ist die dem Gegner zustehende Forderung auf alle Fälle erloschen und dem Geschädigten erwächst nur ein Anspruch auf die ungerechtfertigte Bereicherung. Denn wenn man auch mit der herrschenden Ansicht [1]) der einseitigen Aufrechnungserklärung eine bloß kausale Bedeutung zuerkennt, so daß die Forderung des Aufrechnenden nur dann erlischt, wenn die Hauptforderung getilgt wird, so läßt sich nicht leugnen, daß die Parteien beim Kompensationsvertrag auch die stärkere Wirkung vereinbaren können. Die abstrakte Natur des Aufrechnungsvertrags ist überall dort als Parteiwille zu unterstellen, wo es den Beteiligten darauf ankommt, durch die Vergangenheit einen Strich zu machen. Dies ist bei der Abrechnung zweifellos der Fall, denn bei diesem Geschäft gehen die Parteien davon aus, daß die bisherigen Einzelposten als erledigt zu betrachten sind. Es würde ihren Intentionen vollständig zuwiderlaufen, wenn die eine Partei eine der abgerechneten Forderungen unter dem

---

[1]) Siehe Oertmann, „Recht der Schuldverhältnisse" S. 250 und die dort zitierten Autoren. Für die abstrakte Natur unter anderen Kohler, „Lehrb. d. B.G.B.", Bd. 2, S. 215.

Vorgeben, daß eine Gegenforderung nicht existiert habe, geltend machen könnte, mag der Saldoschuldner sie zur Aufrechnung benutzen, oder mag der Saldogläubiger sie neben dem Saldo einklagen. Vielmehr ist hier ein abstrakter Aufrechnungsvertrag zu unterstellen, welcher sich von einem Doppelerlaß dadurch unterscheidet, daß seine Wirksamkeit auf den Zeitpunkt des Gegenübertretens der Forderungen zurückbezogen wird[1]).

Sofern die Erledigung der im Verzeichnis angeführten Forderungen durch die geleisteten Anzahlungen erfolgt, liegt ein Erfüllungsvertrag vor, durch den bestimmt wird, daß die Tilgungsraten, welche zunächst ohne nähere Bestimmung der zu erfüllenden Schulden nur im allgemeinen zum Zwecke der Verrechnung gezahlt worden sind, auf gewisse Forderungen des Gegners zur Anrechnung kommen sollen. Bezüglich des durch keine Gegenforderungen oder Anzahlungen gedeckten Betrags seiner Forderungen erhält der Gläubiger das Saldoanerkenntnis als Äquivalent für deren Aufgabe, denn die Feststellung des Überschusses gewährt ihm als dispositives Anerkenntnis einen abstrakten, von der bisherigen Forderung unabhängigen Anspruch. Ferner wirkt sie nicht akzessorisch, sondern novatorisch, d. h. die bisherigen Forderungen treten nicht etwa neben den abstrakten Anspruch, sondern gehen schlechthin unter. Die Annahme einer novatorischen Wirkung ist schon deshalb geboten, weil bei den Abrechnungen fast niemals angegeben wird, welche Forderungen durch Gegenforderungen und welche durch Anzahlungen getilgt werden sollen, und für welche der abstrakte Anspruch bestimmt ist, so daß man niemals genau wissen könnte, welche Ansprüche schließlich neben dem Saldoguthaben bestehen blieben. Bähr[2]), welcher im Zweifel eine bloß akzessorische Wirkung unterstellt, sieht sich zu ziemlich willkürlichen Vermutungen gedrängt, indem er ausführt, daß „die älteren Forderungen und Gegenforderungen wider einander getilgt seien, die jüngeren dagegen in der Abrechnungssumme fortleben". Aber ein derartiges Ergebnis wäre wegen seiner Kompliziertheit wenig

[1]) Für die abstrakte Natur des Kompensationsvertrages auch Regelsberger, „Archiv f. d. zivil. Praxis", Bd. 47, S. 165 und für das jetzige Recht, Kipp bei Windscheid, „Pandekten", Bd. 2, S. 497, § 351.

[2]) Bähr, „Anerkennung" S. 180 § 56 Anm. 3.

empfehlenswert und darf daher als Parteiwille nicht vermutet werden.[1]) Vielmehr entspricht es allein den Intentionen der Parteien, wenn durch die Abrechnung völlig reiner Tisch gemacht wird, so daß sämtliche verzeichnete Forderungen auf beiden Seiten als erledigt gelten. Nicht selten ist mit dem positiven Anerkenntnis noch ein negatives verbunden, indem beide Parteien in bindender Weise erklären, daß sie überhaupt keine weiteren Ansprüche gegeneinander besäßen, oder daß doch wenigstens aus bestimmten Beziehungen keine weiteren Forderungen als die verzeichneten entstanden seien. Durch ein derartiges negatives Anerkenntnis werden etwaige weitere Forderungen der einen oder anderen Partei getilgt und können nur im Kondiktionsrahmen wieder hergestellt werden.

Der im vorstehenden gegebenen Theorie, nach der bei der Abrechnung die Einzelposten gegeneinander verrechnet werden und nur für den Überschuß ein novatorisches Anerkenntnis gegeben wird, ist von Regelsberger[2]) eine abweichende Konstruktion entgegengesetzt worden, nach welcher die beiderseitigen Abschlußsummen mittels einer novatorischen Anerkennung in abstrakte Forderungen umgewandelt und dann diese gegeneinander aufgerechnet würden und schließlich für die Differenz ein drittes Anerkenntnis, die sogenannte Saldofeststellung, gegeben werde, welche zuweilen, wenn auch nicht notwendig, novatorischen Charakter an sich trage. Eine derartige dreifache Anerkennung, die auch einen dreifachen kondiktizischen Ausgleich erfordern würde, erscheint als eine unnötige Umständlichkeit, welche den Parteien völlig fern liegt. Wenn z. B. ein Bauer mit seinem Knecht, welcher in der Stadt Einkäufe macht und Produkte absetzt, allwöchentlich abrechnet, so stellen sie einfach fest, wieviel der eine vom andern noch zu fordern hat, und kommen überein, daß damit die Geschäfte der Woche erledigt sein sollen. Dagegen liegt

---

[1]) Dagegen auch Staub, „Komment. z. H.G.B.“ § 355 Anm. 4 S. 1111.

[2]) Regelsberger, „Die rechtliche Natur der Abrechnung“ in Jherings Jahrbüchern, Bd. 46 S. 1—38. An Regelsberger schließt sich an: Klingmüller, Zeitschrift f. Handelsr. Bd. 58 S. 179.

es ihnen gewiß völlig fern, zunächst zwei novatorische Anerkenntnisse für die beiden Abschlußsummen einzugehen, und daher muß es als unzulässig angesehen werden, ihnen eine so überaus verwickelte Parteiabsicht unterzuschieben. Zu besonders bedenklichen Konsequenzen gibt die gegnerische Konstruktion Anlaß, wenn auf der einen oder anderen Seite nicht bloß Gegenforderungen, sondern auch Anzahlungen zur Verrechnung kommen. Denn sie muß auch bezüglich derjenigen Raten, welche der Zahlende zur Erfüllung von Gegenforderungen, nicht aber zur Begründung eigener Forderungen bestimmt hat, ein novatorisches Anerkenntnis annehmen. Ein solches setzt aber begrifflich voraus, daß durch dasselbe Forderungen getilgt werden sollen, wenn auch die Erreichung dieses Zwecks nicht Bedingung für die Wirksamkeit der neuen abstrakten Forderung ist. Soweit Anzahlungen in Frage kommen, kann von einer Novation keine Rede sein, weil die Anzahlungen nur dazu bestimmt sind, Forderungen durch Erfüllung zum Erlöschen zu bringen und daher unmöglich selber durch Novation getilgt werden können. Regelsberger (S. 15) glaubt die Ansicht, nach welcher die Einzelposten, nicht aber die novierten Abschlußsummen zur Verrechnung kommen, durch den Hinweis widerlegen zu können, daß nach ihr in dem seltenen Fall, wo die Additionssummen gleich hoch seien und daher ein Saldo nicht vorhanden wäre, eine Novation überhaupt nicht Platz greife und daher immer noch auf die früheren Rechtsbeziehungen zurückgegriffen werden könne. Die Tatsache, daß in diesem Fall eine Novation nicht angenommen werden kann, ist nicht zu bestreiten, da es an einem Saldo fehlt, der anerkannt und noviert werden könnte. Aber darum ist ein Zurückgreifen auf frühere Rechtsbeziehungen nicht minder ausgeschlossen, weil die bisherigen Einzelposten durch den Aufrechnungs- und Erfüllungsvertrag erledigt sind und überdies nicht selten noch außerdem ein negativer Anerkennungsvertrag geschlossen wird, in welchem beide Parteien dispositiv feststellen, daß ihnen gegenseitig keine weiteren Ansprüche zustehen. Aber auch wenn letzteres nicht geschieht, so ist doch in hinreichender Weise dafür gesorgt, daß nicht im Widerspruch mit den Parteiintentionen ein Zurückgreifen auf frühere Rechtsbeziehungen auch außerhalb des Kondiktionsrahmens möglich sei. Daß die Anzahlungen nur nach den Regeln der condictio indebiti ausgeglichen werden können, bedarf keiner weiteren Ausführung, aber nichts anderes gilt für den Aufrechnungsvertrag und das novatorische Anerkenntnis, weil beide Rechtsgeschäfte nach den Parteiintentionen einen abstrakten Charakter an sich tragen.

Hieraus ergibt sich, daß die Abrechnung als solche ein rein abstraktes Geschäft, oder vielmehr eine Kombination mehrerer abstrakter Geschäfte ist. Sehr häufig aber kompliziert sich der Tatbestand noch insofern sehr erheblich, daß kausale Momente mit der Abrechnung verbunden sind. Insbesondere nimmt die Abrechnung häufig ein Vergleichsmoment als Bestandteil in sich auf, denn zuweilen erklärt die eine Partei, daß sie zwar die gegnerischen Posten bemängeln müsse, daß sie aber auf alle Einwendungen verzichten wolle, wenn der Gegner das gleiche bezüglich der anderen Reihe tun wolle. Geht der Vertragsgenosse auf diesen Vorschlag ein, so liegt ein Vergleich vor, denn der Streit oder die Ungewißheit über bestimmte Posten auf beiden Seiten wird im Wege gegenseitigen Nachgebens erledigt. In diesem Fall ist ein Irrtum über einen Posten nicht schon ohne weiteres nach den Grundsätzen über ungerechtfertigte Bereicherung ausgleichbar, sondern ein Angriff gegen das Endergebnis ist nur im Rahmen des § 779 B.G.B. zulässig. Es kommt also darauf an, ob das Moment, auf welches sich der Irrtum bezieht, schon beim Abschluß der Vergleichsabrechnung streitig oder ungewiß war, oder ob es in das „Gebiet der festen Grundlage“[1]) fiel. Im letzteren Fall kann der Irrende wegen Ermangelung der Voraussetzung vom Vertrag abgehen, weil der nach dem Inhalt des Vertrags als feststehend zugrundegelegte Sachverhalt der Wirklichkeit nicht entspricht und der Streit oder die Ungewißheit bei Kenntnis der Sachlage nicht entstanden sein würde. Dagegen kann natürlich von einem Widerruf keine Rede sein, wenn sich der Irrtum auf einen schon beim Vergleichsabschluß streitigen oder ungewissen Punkt bezog, weil ja gerade die Beseitigung dieser Fragen Gegenstand des Vergleiches ist.

---

[1]) Hedemann, „Der Vergleichsirrtum“ S. 95.

Abgesehen von dem Vorliegen eines Vergleichs kann die Abrechnung nach den gewöhnlichen Kondiktionsgrundsätzen angegriffen werden. In dieser Hinsicht gelten keine anderen Regeln als bei den übrigen abstrakten Geschäften, so daß auf die Kondiktionslehre an dieser Stelle nicht näher eingegangen zu werden braucht. Auch der unter Kaufleuten übliche Zusatz „S. E. e. O." ändert an dieser Rechtslage nichts, da durch jenen Vorbehalt weder die Angriffsmöglichkeit erweitert, noch durch sein Fehlen der kondiktizische Ausgleich irgendwie eingeschränkt wird. Sehr fraglich ist aber die Entscheidung, wenn auf der einen oder der andern Seite Posten vorhanden sind, welche auf gesetzlich reprobierten Kausalrelationen beruhen. Es kommen hier die gegen ein gesetzliches Verbot oder die guten Sitten verstoßenden Geschäfte und ferner die rechtlich verpönten Naturalobligationen, wie Spiel, Wette, Ehemakellohn und die für den Handelsverkehr besonders wichtigen Börsentermingeschäfte in Betracht. Die Schwierigkeit, welche daraus entsteht, daß sich in der Abrechnung reprobierte Posten befinden, ergibt sich aus dem Umstand, daß effektive Leistungen, wie Aufrechnungsvertrag, Erfüllung usw., in allen Fällen außer bei turpitudo solius accipientis nicht mehr rückgängig zu machen sind, während die in der abstrakten Obligationsbegründung und im Besitzkonstitut enthaltene bloß ideelle Zuwendung stets nichtig bleibt. Wenn freilich alle Posten des Saldogläubigers rechtlich reprobiert sind, so ist es ohne weiteres klar, daß auch der Saldo unwirksam ist.

Schwierig wird die Entscheidung dagegen, wenn dem Saldogläubiger teilweise vollgültige und teilweise klaglose Posten zustehen, denn soweit die letzteren durch Anzahlung oder Aufrechnung getilgt sind, wäre der Makel definitiv beseitigt, soweit sie aber nur durch das Saldoanerkenntnis gedeckt wären, würde die Klaglosigkeit die Wirkung haben, auch das Saldoanerkenntnis zu entkräften. Regelmäßig pflegen die Parteien die Posten, die gegeneinander aufgehoben werden sollen, nicht im einzelnen zu bezeichnen. Vielmehr findet der Ausgleich ganz allgemein zwischen den beiden Additionssummen statt. Wie diese Schwierigkeit zu beseitigen ist, darüber besteht in der Literatur und Judikatur eine große

Meinungsverschiedenheit. Staub[1]) hält das gesamte Abrechnungsgeschäft in der Regel für ungültig, weil nach § 139 B.G.B. die Nichtigkeit hinsichtlich eines Teils des Rechtsgeschäfts das ganze Rechtsgeschäft unwirksam macht, wenn nicht anzunehmen ist, daß es auch ohne den nichtigen Teil vorgenommen sein würde. Er kommt daher zu dem Ergebnis, daß die Schulden aus reprobierten Geschäften, auch soweit sie durch Erfüllungs- oder Aufrechnungsvertrag getilgt werden sollten, als klaglose fortbestehen. Hiergegen hat schon das Reichsgericht[2]) zutreffend ausgeführt, daß die Abrechnung nicht ein einheitliches Geschäft darstelle, sondern eine größere Anzahl selbständiger Rechtsakte enthalte, von denen ein jeder durch die Ungültigkeit eines andern nicht berührt wird. Daher darf der Erfüllungs- und Aufrechnungsvertrag wegen Nichtigkeit des Saldoanerkenntnisses keineswegs in Frage gestellt werden.

In der anderen Richtung gehen Regelsberger und Oertmann[3]) zu weit, wenn sie dem Saldoschuldner einen Angriff gegen das Anerkenntnis nur insoweit gestatten, als er nachweist, daß das Saldoanerkenntnis gerade für die klaglosen Posten abgegeben ist. Da ein solcher Beweis so gut wie unmöglich ist, so käme man im praktischen Endergebnis zu dem Resultat, daß das Anerkenntnis nur insoweit mit Erfolg angegriffen werden könnte, als sich die Debetseite ausschließlich oder doch zu einem die Kreditseite übersteigenden Betrage aus rechtlich reprobierten Posten zusammensetzt. Eine derartige den Gläubiger einseitig begünstigende Regelung ist aber ebenso verfehlt, als wenn man umgekehrt annehmen würde, daß im Zweifel der Saldo sich aus klaglosen Posten zusammensetze und daß daher der Gläubiger das Gegenteil beweisen müsse. Vielmehr entspricht es allein dem Wesen der Abrechnung, wenn man davon ausgeht, daß die Anrechnung der Aktivposten des Saldoschuldners auf alle — reprobierten,

---

[1]) Staub, „Kommentar zum H.G.B.“ Bd. 2 S. 1334. Exkurs zu § 376, Anm. 15.

[2]) Reichsgerichtsentscheidung in Zivilsachen Bd. 56 S. 24. Urteil vom 14. November 1903.

[3]) Regelsberger in Jherings Jahrb. Bd. 46 S. 27; Oertmann, „Recht der Schuldverhältnisse,“ S. 827.

wie vollgültigen — Passivposten verhältnismäßig vorzunehmen ist, so daß der Saldo in dem Verhältnis reduziert werden muß, in welchem die vollwirksamen Passivposten zu ihrer Gesamtsumme stehen.

A	B
1. 1000	1. 800
2. 3000	2. 2200
3. 1800	
4. 200	
6000	3000

Saldo: 3000

Nimmt man z. B. an, daß in der obigen Aufstellung der Posten A 1 aus einem klaglosen Börsentermingeschäft entstanden ist, während alle übrigen Posten vollgültig sind, so wären die beiden Aktivposten des Saldoschuldners auf seine sämtlichen Passivposten verhältnismäßig zu verrechnen und die Anerkennungssumme müßte im Verhältnis der gültigen Passivposten zu deren Gesamtsumme, also auf $^5/_6$, herabgesetzt werden, so daß der Saldo in Höhe von 2500 M. gültig wäre[1]). Diese Berechnung will das Reichsgericht[2]) auch in dem Fall zur Anwendung bringen, daß sich auf der Aktivseite des Saldoschuldners klaglose Posten befinden, welche ihrem Betrage nach die Summe der klaglosen Passivposten übersteigen. Danach würde der Saldoschuldner für die ihm zustehenden Ansprüche aus Differenzgeschäften vollständige Befriedigung erzielen, während der Saldogläubiger mit seinem viel geringeren Betrage von klaglosen Forderungen einen teilweisen Ausfall erlitte.

A	B
1. 1000	1. 2000
2. 3000	2. 1000
4000	3000

Saldo: 1000

---

[1]) Übereinstimmend jetzt auch Regelsberger, in Jherings Jahrb. Bd. 49 S. 407--418; Trumpler, Zeitschr. für Handelsrecht, Bd. 50 S. 489.

[2]) Reichsgericht, Entscheidungen in Zivilsachen, Bd. 59 S. 195. Urteil vom 26. November 1904.

Nimmt man z. B. an, daß in dieser Aufstellung die Posten A 1 und B 1 klaglos wären, so würde nach der Ansicht des Reichsgerichts trotzdem der Saldo in dem Verhältnis der gültigen Passivposten zu ihrer Gesamtsumme, also auf $^3/_4$ von 1000 M. gleich 775 M. zu reduzieren sein. Wären aber A 2 und B 1 klaglos, so müßte der Saldo im Verhältnis von $^1/_4$, also auf 225, herabgemindert werden. Hieraus ergibt sich, daß es nach der Auffassung des Reichsgerichts ganz unerheblich ist, ob sich die Aktivposten des Saldoschuldners aus klaglosen oder vollwertigen Posten zusammensetzen. Ja man würde sogar zu demselben Resultat kommen, wenn alle seine Aktivposten, B 1 und B 2, aus Börsentermingeschäften herstammten. Ein solches Resultat mag wohl den Gesetzen der formalen Logik entsprechen, aber darum verstößt es nicht minder gegen die elementarsten Grundsätze der Billigkeit. Wie alle andern Verträge, so muß auch die Abrechnung so ausgelegt werden, wie Treu und Glauben mit Rücksicht auf die Verkehrssitte es erfordern, und deshalb ist diejenige Interpretation des Parteiwillens vorzuziehen, welche den Geboten der Loyalität am meisten entspricht. Es würde aber entschieden gegen den Anstand verstoßen, wenn der Saldoschuldner zwar für die ihm zustehenden klaglosen Ansprüche Befriedigung entgegennähme, aber seinem Gläubiger für die vielleicht viel geringere Quantität klagloser Forderungen einen gleichen Vorzug nicht gewährte. Deshalb muß als Wille der Parteien unterstellt werden, daß zunächst die beiderseitigen klaglosen Ansprüche gegeneinander aufgehoben werden sollen, und daß dann erst die obige Berechnung der verhältnismäßigen Reduzierung eintritt, so daß der Saldo im vollen Betrage gültig wäre, wenn den klaglosen Passivposten des Saldoschuldners eine mindestens gleich große Quantität klagloser Aktivposten gegenüberstände. Wenn also in obigem Beispiele nur die Posten A 1 und B 1 aus klaglosen Börsentermingeschäften herstammten, so würden die 1000 des Postens A 1 gegen die 2000 des Postens B 1 aufzurechnen sein und daher der Saldo, weil er ausschließlich auf gültigen Posten ruht, in seiner ganzen Höhe vollwirksam sein. Wären aber A 2 und B 1 klaglos, so hätte zunächst wiederum eine Aufrechnung zwischen diesen Posten stattzufinden. Demnach würden unter den Aktivposten des A ein klagloser Betrag von 1000 M. und eine gültige Forderung in gleicher Höhe, nämlich A 1, einander gegenüberstehen, so daß der Saldo auf die Hälfte, nämlich auf 500 M., nicht aber, wie das Reichsgericht es will, auf 225 M. herabzusetzen wäre.

Den häufigsten Fall von Abrechnung bildet das Kontokorrent; von einem solchen spricht man, wenn jemand mit einem Kaufmann derart in Geschäftsverbindung steht, daß die aus der Verbindung entspringenden beiderseitigen Ansprüche und Leistungen nebst Zinsen in Rechnung gestellt und in regelmäßigen Zeitabschnitten durch Verrechnung und Feststellung des für den einen oder andern Teil sich ergebenden Überschusses ausgeglichen werden. (§ 355 H.G.B.). Durch das Kontokorrent als solches wird kein Kredit gewährt[1]), sondern nur eine besonders bequeme Art der Erledigung der gegenseitigen Rechtsbeziehungen vereinbart. Jeder der Beteiligten verpflichtet sich, seine Ansprüche weder vereinzelt geltend zu machen, noch auch sie zu zedieren, sondern sie ausschließlich in Rechnung zu stellen, damit sie im Wege der Abrechnung erledigt werden. Das Kontokorrentverhältnis kann zwar im Zweifel jederzeit gekündigt werden, aber so lange, als dies nicht geschehen ist, bleibt die Verpflichtung, die beiderseitigen Ansprüche und Leistungen ausschließlich durch Rechnungsabschluß auszugleichen, im vollen Umfang bestehen. Auf das Kontokorrent finden außer den bereits erwähnten Abrechnungsgrundsätzen noch folgende drei Regeln Anwendung:

1. Durch § 355 Absatz 1 H.G.B. wird das im § 248 Absatz 1 B.G.B. enthaltene Verbot des Anatozismus insofern durchbrochen, als der Saldogläubiger von dem Tage des Abschlusses an Zinsen von dem Überschuß auch, soweit in der Rechnung Zinsen enthalten sind, verlangen kann.

2. Ferner gibt § 356 H.G.B. bezüglich des Kontokorrents die durchaus singuläre Bestimmung, daß, wenn eine Forderung, die durch Pfand, Bürgschaft oder in anderer Weise gesichert ist, in die laufende Rechnung aufgenommen wird, der Gläubiger durch die Anerkennung des Rechnungsabschlusses nicht ge-

---

[1]) Siehe hierüber: Staub, „Kommentar z. H.G.B.“ Bd. 2 S. 1111 zu § 355, Anm. 7.

hindert wird, aus der Sicherheit insoweit Befriedigung zu suchen, als sein Guthaben aus der laufenden Rechnung und die Forderung sich decken. Diese Regel darf nicht etwa dazu verleiten[1])., die novatorische Natur der Abrechnung zu leugnen. Denn für die novatorische Wirkung sprechen gewichtige praktische Erwägungen, und sie allein wird dem empirischen Parteiwillen gerecht. Schließlich wäre die Annahme einer bloß akzessorischen Wirkung nicht einmal imstande, die singuläre Vorschrift des § 356 H.G.B. zu erklären. Denn träte die Saldoforderung wirklich neben die alten Ansprüche, so könnte sich dieses doch nur auf denjenigen Teil der Aktivposten des Saldogläubigers beziehen, welcher seinem Betrage nach der Differenz der beiden Additionssummen entspräche. In Wahrheit kann aber der Saldogläubiger die Sicherheiten sämtlicher Aktivposten für die Schlußanerkennung geltend machen. Um § 356 H.G.B. wirklich erklären zu können, müßte man mit Kohler[2]). annehmen, daß alle bisherigen Aktivposten bestehen blieben und nur insofern einen solidarischen Charakter annähmen, als der Saldogläubiger niemals mehr, als den Saldo erhalten dürfe. Meines Erachtens ist es aber nicht unbedenklich, derartige schwierige Konstruktionen den Parteien zu imputieren, vielmehr erscheint es richtiger, die Sonderrechtsnatur des § 356 H.G.B. offen zuzugeben als sie mit Hülfe so gewagter Konstruktionen zu beseitigen.

3. Schließlich gewährt § 357 H.G.B. dem Drittgläubiger an Stelle der Zugriffsmöglichkeit auf die einzelnen Posten eine Pfändungsbefugnis auf den Überschuß, und zwar kann der Pfändungsgläubiger den im Augenblick der Pfändung vorhandenen Saldo und nicht etwa den Überschuß für den Zeitpunkt, wo das Kontokorrent vertragsmäßig sein Ende findet, mit Beschlag belegen.

Das Kontokorrent setzt nach der im § 355 H.G.B. gegebenen Begriffsbestimmung voraus, daß wenigstens der eine

---

[1]) Siehe die Polemik Staubs gegen die Denkschrift in seinem „Kommentar zum H.G.B." Bd. 2 S. 1109, zu § 355 Anm. 4. Für die Novation hinsichtlich des früheren Rechts Greber, „Das Kontokorrentverhältnis" 1893 S. 125; Grünhut in Endemanns „Handbuch des Handelsrechts." Leipzig 1884, Bd. 3 Buch 3 S. 953.

[2]) Kohler, „Lehrbuch des B.G.B." Bd. 2 S. 219.

Teil Kaufmann ist, anderenfalls ist nur eine uneigentliche laufende Rechnung vorhanden. Für diese gilt zwar auch, daß eine besondere Geltendmachung oder Abtretung eines Anspruchs unzulässig ist, aber im übrigen finden die Bestimmungen der §§ 355—357 H.G.B. auf sie keine Anwendung[1]). Denn es können weder Zinseszinsen gefordert werden, weil § 248 Absatz 1 B.G.B. zwingender Natur ist und eine analoge Ausdehnung des § 355 Absatz 1 H.G.B. auf Nichtkaufleute bedenklich erscheint, noch ist es möglich, Sicherheiten der getilgten Einzelposten zugunsten des Saldos geltend zu machen, weil die am uneigentlichen Kontokorrent beteiligten Personen durch ihre Abrede die Verpflichtungen Dritter, nämlich der Mitschuldner, Bürgen oder Eigentümer der verpfändeten Gegenstände, nicht erweitern können. Auch eine Pfändung des jeweiligen Überschusses ist erst zulässig, wenn die Beteiligten ihn berechnet und anerkannt haben, da der Drittgläubiger nicht in der Lage ist, an Stelle seines Schuldners die Erfüllungs-, Aufrechnungs- und Anerkennungsverträge abzuschließen. Vielmehr kann der Pfändungsgläubiger nur die Einzelposten zwecks Einziehung pfänden lassen. Das Zessionsverbot, welches in dem uneigentlichen Kontokorrent liegt, hat zwar nach § 399 B.G.B. absolute Wirkung, aber der § 851 Absatz 2 Z.P.O. gestattet, daß die unübertragbare Forderung zwecks Einziehung überwiesen wird. Freilich muß der Pfändungsgläubiger stets befürchten, daß der Drittschuldner ihm gegenüber mit Gegenposten aufrechnet, aber eine solche Gefahr ist keine Eigentümlichkeit des uneigentlichen Kontokorrents, sondern mit jeder Pfändung verbunden.

IV. Die Beweislast.

Da die Beweislasttheorie für die Lehre von der abstrakten Obligation von besonders großer Wichtigkeit ist, erscheint es geboten, auch auf diese Fragen einzugehen, wenn auch eine erschöpfende Darstellung sich von selber verbietet. Gerade auf diesem Gebiet liegt die Versuchung besonders nahe, aus

---

[1]) Siehe hierüber Düringer-Hachenburg, „Kommentar z. H.G.B.“ Bd. 2 S. 360.

wenigen allgemeinen Prinzipien ohne Rücksicht auf die Praktikabilität ihrer Endergebnisse und mit Ignorierung positiver Einzelsätze die Konsequenzen zu ziehen. Dieses Verfahren verkennt jedoch, daß die Verteilung der Beweislast ein hervorragend praktisches Problem darstellt, denn es ist für den Ausgang des Prozesses, namentlich solange wir das formelle Beweismittel des Parteieides besitzen, von größter Wichtigkeit, welche Partei der Nachteil trifft, daß der Richter bezüglich einer rechtlich relevanten Tatsache zu einem non liquet gelangt. Daher würde es aller prozessualen Gerechtigkeit widersprechen, wenn man aus dem Bestreben nach übergroßer Vereinfachung alle oder fast alle Tatsachen ausschließlich der einen Partei aufbürden wollte. Vielmehr hat eine angemessene Verteilung der Beweislast einzutreten. Da der Kläger eine Veränderung der Besitzlage anstrebt, so ist es durchaus angemessen, wenn er grundsätzlich die anspruchbegründenden Tatsachen zu erhärten hat, wie umgekehrt der Beklagte aus demselben Grunde den Untergang oder die Veränderung des Anspruchs beweisen muß. Hierüber herrscht Einigkeit, während alles Weitere mehr oder weniger bestritten ist.

Man hat sich bei der Entwickelung der Beweislastgrundsätze vor zwei Extremen zu hüten: Man darf weder mit Leonhard[1]). bei dem obigen Satz, welcher dem Kläger den Beweis aller anspruchbegründenden Tatsachen, mithin auch der Abwesenheit von außerordentlichen Hinderungsgründen, wie Unzurechnungsfähigkeit usw., und umgekehrt dem Beklagten den Beweis der anspruchverneinenden oder modifizierenden Tatsachen auferlegt, stehen bleiben. Auf der andern Seite ist es ebenso unzulässig, mit der von Fitting, Betzinger, Rosenberg u. a. vertretenen Minimaltheorie[2]). zur prozessualen Klagebegründung den Beweis des Tatbestandes derjenigen

---

[1]) Leonhard, „Die Beweislast" Berlin, 1904 S. 143. ff. Siehe hierüber: Seuffert, „Zeitschrift f. Zivilproz." Bd. 35. S. 104—112. Dagegen die Replik von Leonhard, ebenda S. 441—454.

[2]) Der Minimaltheorie nahe verwandt ist die früher herrschende Negativentheorie, nach der nur positive Tatsachen darzutun sind, während der Beweis negativer Momente nicht geführt zu werden braucht. Zu der Negativentheorie neigt neuerdings Brodmann, Archiv f. d. zivil. Praxis. Bd. 98 S. 121.

Normen, welche den Klageanspruch beim Nichtvorhandensein besonderer Umstände erzeugen, für ausreichend zu halten und den Beweis des Tatbestandes der Gegennormen, welche in concreto den Effekt der Hauptnormen durchkreuzen, sämtlich dem Beklagten aufzuerlegen, denn danach würde diesen die Beweislast auch dafür treffen, daß er den fraglichen Vertrag nicht im eigenen Namen, sondern als Vertreter des X abgeschlossen hat.[1]). Durch eine solche Entscheidung würde aber der Beklagte in übertriebener Weise beschwert. Vielmehr muß man versuchen, zwischen diesen Extremen einen Mittelweg zu gewinnen, der, ohne den Beklagten in ungebührlicher Weise zu belasten, dem Kläger den Beweis seines Anspruchs erleichtert.

Im großen und ganzen hat die herrschende Ansicht, welche sich in gleicher Weise von den beiden Extremen der radikalen Leugnungs- und der radikalen Einredetheorie fernhält, das Richtige getroffen. Der Kläger hat zwar prinzipiell alle anspruchbegründenden Momente, sowohl die positiven als die negativen, zu beweisen, jedoch braucht er das Nichtvorhandensein exzeptioneller Umstände, welche den Eintritt des Erfolgs verhindern, nicht darzutun. Wo die Grenze zwischen den generellen Voraussetzungen des Klageanspruchs und dem Fehlen abnormer Umstände zu suchen ist, darüber läßt sich eine allgemeine Formel nicht aufstellen. Vielmehr entscheiden über diese Abgrenzung die Einzelsätze des positiven Rechts, die ihrerseits entweder auf Gesetz oder Gewohnheit beruhen[2]). Aufgabe der Rechtsdogmatik ist es, aus diesem Rohstoff mittels vorsichtiger Anwendung der Analogie allgemeine Rechtsprinzipien zu induzieren. Unter Zugrundelegung dieser Methode kommt man zu dem Resultat, daß in folgenden Fällen der Kläger bezüglich der Anspruchsbegründung und der Beklagte bezüglich der Anspruchsverneinung und Modifizierung nicht das Fehlen abnormer Umstände, sondern der Gegner ihr Vorhandensein beweisen muß:

1. Nicht die Geschäftsfähigkeit, sondern ihr Mangel ist zu erhärten, denn es wird vom Gesetz als Regelfall unterstellt,

---

[1]) So in der Tat Fitting, Zeitschr. f. Zivilproz. Bd. 13 S. 58.

[2]) Übereinstimmend auch Wach, Zeitschrift f. Zivilprozeß, Bd. 29 S. 367 und R. Schmidt, „Lehrb. d. Zivilproz." S. 475.

daß ein jeder, welcher sich im Rechtsverkehr bewegt, hierzu auch befähigt ist.

2. Ebensowenig braucht die Abwesenheit von Willensmängeln bewiesen zu werden, denn es ist ein Gebot der Verkehrssicherheit, daß eine äußerlich korrekte Erklärung im Zweifel als vollwirksam zu gelten hat.

3. Nach dem allgemein anerkannten Grundsatz „quisquis praesumitur bonus" kann ein jeder den Beweis erwarten, daß er sich irgendwie inkorrekt verhalten hat, indem er gegen gesetztes oder richtiges Recht, gegen Moral oder Anstand verstoßen hat.

4. Schließlich tritt entgegen der Lehre von Stölzel [1]) in dem Fall, daß die Essentialien eines Vertrages feststehen, eine Vermutung dafür ein, daß der Vertrag nach den dispositiven Normen abgeschlossen ist.

Wendet man diese Grundsätze auf die Lehre von der abstrakten Obligation an, so ergibt sich, daß der Kläger den Abstrahierungswillen und die eventuell notwendige Form zu beweisen hat, daß es aber Sache des Beklagten ist, den Mangel der Geschäftsfähigkeit oder etwaige Willensfehler darzutun. Nicht minder hat er zu zeigen, daß der abstrakte Anspruch deshalb ungültig ist, weil die Kausalbeziehung gegen ein gesetzliches Verbot oder die guten Sitten verstößt oder sich als eine verpönte Naturalobligation, wie Spiel, Wette, Ehemakel usw., charakterisiert. Deshalb braucht der Kläger nicht etwa darzutun, daß von Wucher keine Rede sein kann. Vielmehr muß der Beklagte diejenigen Tatsachen erhärten, aus denen sich ein solcher Vorwurf ergibt.

Schließlich hat der Beklagte, wenn er die abstrakte Obligation wegen Mangels des rechtlichen Grundes kondizieren will, zu beweisen, welcher Leistungszweck mit der Zuwendung verfolgt, ob das Versprechen zur Tilgung oder zur Begründung einer relativen Beziehung abgegeben worden ist. Sehr fraglich erscheint es, ob der Bereicherte, also der aus der abstrakten Obligation klagende Gläubiger, die Verwirk-

---

[1]) Stölzel, „Schulung f. d. zivil. Praxis". 6. Aufl., Bd. I S. XXV ff. u. S. 163; derselbe, Zeitschrift f. Zivilprozeß, Bd. 35 S. 1—64. Gegen ihn Staub, „Kommentar z. H.G.B.", Bd. 1 S. 12 ff. Allgemeine Einleitung, Anm. 31—63.

lichung des Leistungszwecks, oder ob der kondizierende Beklagte sein Fehlschlagen darzutun hat[1]). Die Entscheidung dieser überaus schwierigen Kontroverse hängt davon ab, ob man die Kausalberedung als integrierenden Bestandteil des Zuwendungsgeschäfts, oder als eine selbständige Nebenabrede auffaßt. Das erstere dürfte das Richtigere sein, denn es entspricht mehr den Intentionen der Parteien, daß die auf eine Vermögensverschiebung gerichtete Willenserklärung von der Erreichung des Geschäftszwecks suspensiv, als daß sie resolutiv bedingt sei, weil der Leistende davon ausgeht, daß die Zuwendung nur dann Bestand hat, wenn der Geschäftszweck erreicht wird. Daher hat auch bei der condictio indebiti nicht der Kondizent die Nichtschuld, sondern der Gegner die Existenz des Anspruchs, zu dessen Tilgung geleistet worden ist, darzutun. In der Regel der Fälle braucht er sich freilich nur auf die vom Kondizenten zu beweisende Erfüllung zu berufen, weil in dieser ein deklaratorisches Anerkenntnis der Schuld enthalten ist, so daß doch schließlich im Endeffekt der Kondizent die Nichtschuld dartun muß. Der Unterschied der beiden Theorien macht sich aber sofort geltend, wenn der angebliche Schuldner unter Vorbehalt gezahlt hat und später die condictio indebiti erhebt. In diesem Fall kann sich der Empfänger auf kein Geständnis des Zahlenden berufen und hat daher nach der hier vertretenen Suspensivtheorie den Beweis der Schuld zu erbringen, während es die Konsequenz der Resolutivtheorie mit sich bringt, daß der Zahlende nach wie vor trotz seines Vorbehalts die Nichtschuld dartun muß, weil durch Parteiabrede die Grundsätze über die Beweislast nicht modifiziert werden können.

Wenn aber die Parteien davon ausgehen, daß sich die Realisierung des Parteizwecks nicht sofort mit der Hingabe oder dem Versprechen, sondern erst in einer mehr oder weniger ungewissen Zukunft entscheidet, so geben sie damit in unzweideutiger Weise ihren Willen kund, daß in der Schwebezeit

---

[1]) Für die erstere Auffassung haben sich Windscheid, („Pandekten", Bd. 2 S. 909, § 429), Dernburg („Pandekten", Bd. II S. 386, § 142, Anm. 17) Bähr, („Anerkennung", S. 50 § 18), für die letztere Auffassung Witte, („Bereicherungsklagen" S. 169 ff.), und Erxleben, („Die condictiones sine causa" S. 499 ff.) ausgesprochen.

der Empfänger im unangreifbaren Besitz und Genuß des zugewandten Vermögensaktivums verbleiben soll. Daher hat der Kondizent in allen Fällen zu beweisen, daß die Entscheidung schon gefallen ist. Erst dann liegt es dem Gegner ob, darzutun, daß der Leistungszweck erreicht ist. Diese von Dernburg [1]) als überfein bezeichnete Lehre kommt bezüglich der condictio causa data causa non secuta im wesentlichen zu dem gleichen praktischen Resultat, wie die von Witte und Erxleben vertretene Ansicht. Denn der Bereicherte wird niemals so töricht sein, den Eintritt der Entscheidung zuzugeben, wenn er sich dadurch mit dem Beweise bezüglich des Ausfalls der Entscheidung belastet, so daß auch nach der Windscheidschen Ansicht der Kondizent in den allermeisten Fällen das Fehlschlagen des Leistungszwecks wird dartun müssen. Dieses Ergebnis ist auch aus innern Gründen entschieden vorzuziehen. Während die entgegengesetzte Ansicht zu dem der Parteiabrede widersprechenden Ergebnis führt, daß der Leistende sofort kondiziren könnte, wenn er also z. B. zur Sicherung künftiger Forderungen einen Kautionswechsel ausgestellt hätte, diesen sofort zurückfordern könnte. Daher würde die gegnerische Ansicht, welche dem Gläubiger und nicht dem Schuldner, der in Erwartung einer künftigen Gegenleistung ein abstraktes Schuldversprechen abgegeben hat, bezüglich der künftigen Valutazahlung die Beweislast auferlegt, zu dem praktischen Ergebnis führen, daß ein im voraus gegebenes Anerkenntnis das reine Danaergeschenk wäre. Denn eine solche konstitutive Urkunde würde in Wahrheit den Vorteil, den sie dem Gläubiger zu bieten scheint, daß ihm nämlich die günstigere Beweisstellung zuteil wird, im Gegensatz zu der gleichzeitig oder später gegebenen Urkunde gar nicht gewähren. Es liegt aber nicht die geringste Veranlassung vor, den Schuldner, welcher aus Voreiligkeit ein nicht valutiertes Anerkenntnis abgegeben hat, auf Kosten des Gläubigers vor der Beweisgefahr zu schützen.

Immerhin darf man die Beweislast des kondizierenden Schuldners nicht in allzu formalistischer Weise auffassen, vielmehr müssen die Erfahrungsgrundsätze berücksichtigt werden[2]).

---

[1]) Dernburg, „Lehrbuch des B.G.B.“, Bd. II, 2, § 377, Anm. 10. S. 685.

[2]) Hierauf hingewiesen zu haben ist ein entschiedenes Verdienst des Leonhardschen Buchs über die Beweislast. S. 200 ff.

Wenn der Schuldner bezüglich des Kausalverhältnisses substanzierte Behauptungen aufstellt, so darf sich der Gläubiger nicht darauf beschränken, ohne weitere positive Angaben das Vorbringen zu leugnen. Vielmehr muß er entweder selber den Sachverhalt darlegen oder glaubhaft machen, warum ihm die Kausalbeziehung unbekannt sei, z. B. weil er den indiskreten Schuldschein ohne nähere Angaben im Nachlaß seines Erblassers gefunden habe. Im übrigen muß es dem Takt des Richters überlassen bleiben, ob er die Behauptungen des Schuldners für so wahrscheinlich hält, daß diesem der richterliche Eid anvertraut werden kann. Besonders wenn das ganze Milieu der Parteien den Verdacht wachruft, daß das Schuldversprechen dazu bestimmt war, wucherische Manipulationen zu verdecken, wird der Richter geneigt sein, zu diesem Aushilfsmittel zu greifen. Auf diese Weise kann eine mit dem unentbehrlichen Institut der abstrakten Obligation notwendig verbundene Gefahr, wenn auch nicht beseitigt, so doch wenigstens erheblich vermindert werden.

V. Das Prozeßanerkenntnis.

Wenn am Schluß dieses Paragraphen ein kurzer Blick auf das vom § 307 Z.P.O. geregelte Prozeßanerkenntnis zu werfen ist, so bleibt es natürlich völlig ausgeschlossen, diese Frage im Rahmen der vorliegenden Abhandlung erschöpfend zu behandeln, weil das Thema den Umfang einer besonderen Arbeit erfordert, so daß ich mich auf eine kurze Skizzierung beschränken muß. Auch in der Lehre vom Prozeßanerkenntnis liegt ebenso wie bei der Regelung der Beweislast die Gefahr besonders nahe, in Begriffsjurisprudenz zu verfallen, indem man ohne Rücksicht auf die Praktikabilität der letzten Ergebnisse durch Deduktion aus gewissen aprioristisch angenommenen Prinzipien alle Kontroversen glaubt lösen zu können. Dies gilt insbesondere von jener Lehre[1]), welche das

---

[1]) So vor allem: Hegler, „Beiträge zur Lehre vom prozessualen Anerkenntnis und Verzicht“; Tübingen, Leipzig 1903 S. 42 ff.; Degenkolb, „Anerkenntnisurteil“ S. 145 ff; Hellwig, „Anspruch und Klagerecht“ S. 157; Hölder, Zeitschrift für Zivilprozesse Bd. 28 S. 392 und Walsmann, Archiv

prozessuale vom außerprozessualen Anerkenntnis vollständig trennt und im ersteren eine bloße Prozeßhandlung ohne jede zivilistische Wirkung erblickt, so daß das Anerkenntnis nach der Zurücknahme der Klage jede Bedeutung verlieren würde. Für diese einschneidende Lehre, welche in radikaler Weise zwei Unterarten eines Rechtsinstituts auseinanderreißt, werden weniger praktische Gründe als rein theoretische Argumente ins Feld geführt, denn es werden von ihren Anhängern fast nur Deduktionen aus dem Begriff des Anerkenntnisses als reiner Prozeßhandlung geliefert, aber es wird nicht nachgewiesen, daß die Ergebnisse dieser Theorie teleologisch befriedigend sind. Darin ist den Gegnern freilich ohne weiteres zuzustimmen, daß das Prozeßanerkenntnis gleich dem Prozeßverzicht und dem Prozeßvergleich eine Prozeßhandlung ist, aber nicht minder sind die genannten Vorgänge auch Prozeßrechtsgeschäfte. Dieses Zusammentreffen darf man nicht etwa so auffassen, als ob die genannten Geschäfte zwei Akte enthielten, ein Prozeßrechtsgeschäft und eine reine Prozeßhandlung[1]). Diese Ansicht übersieht, daß man ein einheitliches Geschäft nicht in zwei völlig selbständige Teile, von denen das eine ausschließlich dem Prozeßrecht, das andere ausschließlich dem Privatrecht angehört, zerreißen darf. Vielmehr sind Prozeßanerkenntnis, -verzicht und -vergleich durchaus einheitliche Rechtsinstitute, nämlich Prozeßrechtsgeschäfte in der Form von Prozeßhandlungen[2]).

Hieraus ergeben sich die praktischen Konsequenzen ohne weiteres: es finden auf die genannten Vorgänge zunächst alle Regeln, welche für die betreffenden Privatrechtsgeschäfte gelten, mit der Maßgabe Anwendung, daß diejenigen Modifikationen, welche sich aus ihrer Natur als Prozeßhandlung ergeben, „kraft der Übermacht des öffentlichen Rechts über das private“ (Kohler S. 2) eintreten. Was daher die Form des

---

für die zivil. Praxis, Bd. 102 S. 186 ff. Schließlich hat Paul, „Der Vergleich im Zivilprozeß“ S. 3 ff. den Mut gehabt, die rein prozessuale Theorie auch für den Prozeßvergleich durchzuführen.

[1]) So Klingmüller, „Schuldversprechen“ S. 97 ff. und für den Prozeßvergleich auch Hellwig, „Lehrbuch des Zivilprozesses“ Bd. 2 S. 388.

[2]) So Kohler, Zeitschrift für Zivilprozess, Bd. 29 S. 1—49; Gaupp-Stein, „Komm. zur Z.P.O.“ Bd. I, S. 727 ff.

prozessualen Anerkenntnisses und die Legitimation zu ihrer Vornahme anlangt, so kommt ausschließlich Prozeßrecht zur Anwendung, weil das Prozeßrechtsgeschäft der Anerkennung Bestandteil des Prozesses geworden ist und sich daher dessen äußerem Schema anbequemen muß. Deshalb bedarf es keines Vertrages, wie er für das dispositive Anerkenntnis des Privatrechts vorgeschrieben ist; auch ist die Schriftform unnötig, vielmehr genügt die vor Gericht formlos abgegebene einseitige Erklärung. Bezüglich des Umfangs der Vertretungsmacht entscheidet die Prozeßvollmacht, so daß der gewillkürte Prozeßvertreter ohne weiteres ein Anerkenntnis abgeben kann, ohne eine spezielle Vollmacht nachweisen zu müssen. Hierbei ist jedoch zu bemerken, daß nach § 83 Z.P.O. die Beschränkung der Prozeßvollmacht auch dem Gegner gegenüber insoweit rechtliche Wirkung hat, als diese Beschränkung die Beseitigung des Rechtsstreits durch Vergleich, Verzichtleistung auf den Streitgegenstand oder Anerkennung des von dem Gegner geltend gemachten Anspruchs betrifft. Entsprechendes muß auch vom gesetzlichen Vertreter gelten, so daß z. B. der Vormund eines unehelichen Kindes nach § 1714 B.G.B. bezüglich des Alimentenanspruchs gegenüber dem Erzeuger für die Zukunft einen unentgeltlichen Verzicht überhaupt nicht, einen Vergleich aber nur mit Genehmigung des Vormundschaftsgerichts eingehen darf.

Im übrigen aber bewahrt die Anerkennung ihren selbständigen Charakter als Prozeßrechtsgeschäft. Daher ist sie in ihrer Gültigkeit von der Rechtsbeständigkeit des Prozesses durchaus unabhängig, ihre Wirkungen bleiben bestehen, auch wenn der Rechtsstreit mittels Prozeßurteils zu einer absolutio ab instantia führen sollte. Was die Voraussetzungen der Willenserklärung angeht, so gelten dieselben Grundsätze wie beim zivilen Anerkenntnis: der erklärte Parteiwille muß darauf gerichtet sein, das anerkannte Rechtsverhältnis ohne Rücksicht auf seine bisherige Existenz ins Leben zu rufen. Liegen im übrigen die notwendigen Tatbestandsmomente eines Verfügungsgeschäftes vor, wie Tradition, Eintragung ins Grundbuch, Verfügungsmacht des Anerkennenden oder guter Glaube des Erwerbers, so geht auch das absolute Recht vom Anerkennenden auf dessen Gegner über. Auf alle Fälle aber entsteht ein abstrakter Anspruch auf Leistung gemäß dem Anerkenntnis. Indem der Kläger den Antrag auf Erlaß des Anerkenntnisurteils stellt, gibt er deutlich zu erkennen, daß er sein Klagebegehren nunmehr auf den neuen abstrakten Anspruch begründen will. Dieses Erfordernis eines besonderen Antrags spricht entschieden für die Theorie von der materiellrechtlichen Wirkung des Prozeßanerkenntnisses. Viel gewichtiger sind aber die Zweckmäßigkeitsgründe, welche für diese Lehre ins Feld geführt werden können. Denn nur auf diese Weise ist es möglich, daß das Anerkenntnis ohne Rücksicht auf den weiteren Verlauf des Prozesses rechtsbeständig bleibt und der anerkannte Anspruch durch Hypothek, Pfand oder Bürgschaft gesichert werden kann. Daß die gegnerische Ansicht hier überall das Gegenteil lehren muß, spricht entschieden gegen die teleologische Angemessenheit der Konstruktion[1]).

Gleich dem außerprozessualen kann auch das prozessuale Anerkenntnis nach allgemeinen Grundsätzen wegen Irrtums, Betrugs oder Zwangs angefochten werden. Ferner kann der Schuldner geltend machen, daß die Erklärung in der Erwartung abgegeben sei, der Mangel der Ernstlichkeit werde nicht verkannt werden (§ 118, B.G.B.). Dagegen ist es unzulässig, sich auf Simulation zu berufen, weil es simulierte Prozeßakte ebensowenig gibt wie einen simulierten Prozeß[2]). Die Tatsache, daß das Anerkenntnis prozessualer Natur ist, macht sich auch bei der Anfechtung insofern geltend, als die diesbezügliche Erklärung nur in prozessualer Form, nicht aber außergerichtlich erfolgen kann. Ist jedoch bereis ein rechtskräftiges Urteil ergangen, so ist eine Anfechtung der Entscheidung nur noch insoweit zulässig, als einer der Restitutionsgründe des § 580 Z.P.O. gegeben ist. Insbesondere kommt die Ziffer 4 in Frage, wonach ein Restitutionsgrund gegeben ist, wenn das Urteil von dem Vertreter der Partei oder von dem Gegner oder dessen Vertreter durch eine in Beziehung auf den Rechtsstreit verübte Handlung erwirkt ist, welche mit

---

[1]) Wie hier Weismann, „Lehrbuch des Zivilprozesses", Bd. 1 S. 104 Ziffer 3; R. Schmidt, „Lehrbuch des Zivilprozesses" S. 549.

[2]) Sintenis, „Der simulierte Prozeß", Zeitschrift f. Zivilpr. Bd. 30 S. 395; Kohler, „Prozeß als Rechtsverhältnis" S. 93.

einer im Wege des gerichtlichen Strafverfahrens zu verhängenden öffentlichen Strafe bedroht ist. Daher kann ein rechtskräftiges Anerkenntnisurteil angefochten werden, wenn der Gegner oder sein Vertreter das Anerkenntnis mittels eines strafbaren Betrugs oder einer Erpressung hervorgerufen haben. Was den Umfang der Anfechtungsmöglichkeit im einzelnen angeht, so gelten bezüglich des Prozeßanerkenntnisses die allgemeinen Grundsätze des B.G.B.[1]). Insbesondere ist ein Geschäftsirrtum nur dann beachtlich, wenn er sich auf den Inhalt der Erklärung bezieht, während der Irrtum im Motiv juristisch irrelevant ist. Daher kann der Anerkennende nicht etwa schon dann anfechten, wenn er sich über die Tragweite seiner Äußerung im unklaren befindet, sondern ein solcher Rechtsbehelf ist nur gegeben, wenn er sich über den Inhalt seiner Erklärung irrte oder eine Erklärung dieses Inhalts überhaupt nicht abgeben wollte, wenn er also z. B. die Bedeutung des Wortes „Anerkennung" wegen seiner Eigenschaft als Ausländer nicht kannte oder wenn er sich bei seiner Erklärung versprach, indem er das Wörtchen „nicht" ausließ.

Dagegen ist ein kondiktizischer Ausgleich ausgeschlossen, denn das Prozeßanerkenntnis enthält eine Feststellung stärkeren Grades, weil nur diese Interpretation der Willenserklärung den Parteiintentionen gerecht wird. Denn der im Prozeß anerkennende Beklagte will schlechthin ohne Rücksicht, ob der bisherige Anspruch begründet war oder nicht, die Sache definitiv erledigt sehen und nicht etwa nur dem Kläger die günstigere Prozeßstellung verschaffen. Die in jeder Feststellung stärkeren Grades liegende Eventualschenkung bedarf nicht etwa der gerichtlichen oder notariellen Beurkundung, denn, wie schon ausgeführt, unterliegt das Prozeßanerkenntnis bezüglich der Form ausschließlich prozessualen Grundsätzen.

---

[1]) Während Demmler, („Das gerichtliche Geständnis" S. 54) die freie Widerruflichkeit des Prozeßanerkenntnisses lehrt, hält umgekehrt die Mehrzahl der Anhänger der prozessualen Theorie eine Anfechtung für ausgeschlossen. So Hellwig, „Anspruch und Klagerecht" S. 158 Anm. 13; Paul, „Der Vergleich im Zivilprozoß" S. 6; Pollak, „Das gerichtliche Geständnis im Zivilprozeß" S. 37 und 43. Dagegen lassen Hegler, („Prozessuales Anerkenntnis und Verzicht" S. 295, 297) und Walsmann, (Archiv f. d. zivil. Praxis Bd. 102. S. 201—204) einen Widerruf, bzw. eine Anfechtung zu.

Freilich ließe sich auch der Fall denken, daß der anerkannte Klageanspruch gar nicht festgestellt werden sollte, sondern daß der Rechtsgrund der neuen abstrakten Obligation in ganz anderen Beziehungen zu suchen wäre. So erkennt z. B. der Beklagte die geltend gemachte Darlehnsforderung wider besseres Wissen an, weil ihm der Kläger als Äquivalent die Übergabe einer bestimmten beweglichen Sache zugesagt hat. Ist dieser Kauf wegen Unmöglichkeit der Erfüllung nichtig, so kann der Beklagte nicht etwa mittels einer condictio indebiti das prozessuale Anerkenntnis kondizieren, denn nach heutigem Zivilprozeßrecht dürfen die Prozeßakte nicht nach Art der römischen in jure cessio den Zwecken der freiwilligen Gerichtsbarkeit dadurch dienstbar gemacht werden, daß mittels fingierter Rechtsstreite eine Zuwendung gemacht wird, welche auf relative Beziehungen, die mit dem Gegenstand des Prozesses nichts zu tun haben, einwirken soll[1]). Daher ist gegenüber dem prozessualen Anerkenntnis ein kondiktizischer Rechtsbehelf nicht gegeben, wohl aber kann die Verwerflichkeit der Grundbeziehung geltend gemacht werden, und auch ohne Hinweis der Partei muß sie vom Gericht von Amts wegen berücksichtigt werden, so daß auf Grund einer anerkannten Spielschuld ein Anerkenntnisurteil nicht ergehen kann. Dagegen darf der Richter den Erlaß eines Anerkenntnisurteils nicht schon dann ablehnen, wenn ein rechtlich unwirksamer Anspruch, z. B. eine Forderung aus einem wegen Formmangels nichtigen Wechsel, anerkannt wird, sondern eine Klageabweisung hat nur Platz zu greifen, wenn die Kausalbeziehung rechtlich verpönt ist, weil nur unter dieser Voraussetzung auch das Anerkenntnis materiell nichtig und daher nicht geeignet ist, das Anerkenntnisurteil zu tragen.

---

[1]) Sintenis, Zeitschr. f. Zivilproz. Bd. 30 S. 369.

§ 4.

Die delegations-abstrakte Forderung.

Die Anweisung[1]) gehört zu den Schmerzenskindern des modernen Privatrechts, da es ihr bisher nicht geglückt ist, sich eine allgemein anerkannte Stellung im System zu erobern. Früher herrschte die Mandatstheorie[2]), nach welcher der Anweisung ein Doppelauftrag, nämlich ein solcher zwischen dem Assignanten und dem Assignaten und ein solcher zwischen dem Assignanten und dem Assignatar, zugrundeliege. Aber diese Auffassung ist mit vollem Recht längst aufgegeben worden, denn, wenn auch beiden Beziehungen ein Auftrag zugrunde liegen kann, so ist dieses doch keineswegs immer der Fall; im Valutaverhältnis bildet das Vorhandensein eines Auftrags nicht einmal die Regel. Vielmehr erhält der Assignatar die Anweisung in den meisten Fällen, ohne zur Geltendmachung verpflichtet zu sein, nur im eigenen Interesse, damit er durch Abhebung der Leistung eine ihm vom Assignanten solvendi,

---

[1]) Der Ausdruck „Anweisung“ ist mehrdeutig. Im engeren Sinne versteht man darunter nur die verbriefte Anweisung des einundzwanzigsten Titels im speziellen Obligationenrecht des B.G.B. Vielfach begreift man aber darunter jede Art von Anweisung, mag sie mündlich oder schriftlich erteilt sein. Im Text wird der Ausdruck regelmäßig im letzteren Sinne gebraucht. Wo ein Mißverständnis zu befürchten, wird der Zusatz „verbrieft“ hinzugefügt. Um die Darstellung nicht zu schleppend zu gestalten, wird der Assignant als A, der Assignat als B und der Assignatar als C bezeichnet werden.

[2]) Die Mandatstheorie, welche noch von Thöl („Handelsrecht“ Bd. 1, S 1073 ff. § 325) vertreten worden ist, wurde hauptsächlich von Salpius, („Novation und Delegation“ S. 54 ff.) und von Laband, (Zeitschr. f. Handelsr. Bd. 10 S. 203 ff.) und von Plucinski, (Archiv f. d. zivil. Praxis Bd. 60 S. 289—357) widerlegt. Nähere Literatur siehe bei Cohn in Endemanns „Handbuch d. Handelsrechts“ Bd. 3 S. 1093.

credendi oder donandi causa gemachte Zuwendung erlange. Im Deckungsverhältnis dürfte allerdings ein Mandat[1]) meistens vorhanden sein, aber auch dieses Moment ist nicht einmal unumgänglich notwendig, denn man kann auch auf solche Personen Anweisungen ziehen, mit denen man in gar keinem Zusammenhang steht. Freilich werden diese es wohl in der Regel ablehnen, die Anweisung zu honorieren, aber die geringe Wahrscheinlichkeit der Einlösung widerspricht dem Begriff der Anweisung durchaus nicht.

Aber ebensowenig, wie die Mandatstheorie ist die von Lenel[2]) vertretene Lehre, welche in der Anweisung eine bloße Inkassovollmacht des A an C bezüglich des zwischen A und B bestehenden Deckungsverhältnisses sieht, in ihren Konsequenzen haltbar. Einmal steht dieser Ansicht schon der Wortlaut der Anweisung entgegen, welcher eine an B gerichtete Aufforderung zu zahlen, enthält, aber von einer Vertretungsmacht des C nichts weiß. In Wahrheit liegt es den Parteien völlig fern, daß C als Vertreter des A im Deckungsverhältnis auftreten soll. Gegen eine solche Gestaltung spricht vor allem der Umstand, daß der Empfänger C über die Natur des Deckungsverhältnisses in den allermeisten Fällen gar nicht orientiert ist[3]), daß man es sogar als eine taktlose Aufdringlichkeit bezeichnen müßte, wenn er sich darüber erkundigen wollte, ob die Anweisung etwa auf Schuld oder auf Kredit oder auf Schenkung gezogen ist. Wäre C wirklich Bevollmächtigter des A, so wäre es nicht nur sein Recht, sondern sogar seine Pflicht, die fraglichen Punkte aufzuhellen, da ein Vertreter über die ihm anvertrauten Rechtsbeziehungen orientiert sein muß.

---

[1]) Den Ausdruck „Mandat“ verstehe ich im weiteren Sinne, also einschließlich eines Dienst- und Werkvertrags, der auf eine Geschäftsbesorgung geht (§ 675 B.G.B.).

[2]) Lenel in Jherings Jahrbücher Bd. 36. S. 113 ff. Übereinstimmend: Hellwig, „Verträge auf Leistung an Dritte“ S. 100, und Lent, „Die Anweisung als Vollmacht und im Konkurse“ S. 33 ff. Dagegen hat Oertmann, („Recht der Schuldverhältnisse“ S. 870) seine früher zustimmende Ansicht zurückgenommen.

[3]) Daher hält Lent („Anweisung“ S. 42) den C. für einen bloßen Boten, womit die ganze Inkasso-Vollmachtstheorie im Grunde aufgegeben ist.

Ferner verstößt die Lenelsche Lehre, wie v. Thur[1]) mit Recht ausgeführt hat, gegen die Bestimmung des § 787 Abs. 2 B.G.B., wonach der Angewiesene dem Anweisenden gegenüber nicht schon deshalb zur Annahme der Anweisung oder zur Leistung an den Anweisungsempfänger verpflichtet ist, weil er Schuldner des Anweisenden ist. Wäre die Anweisung wirklich nichts weiter als eine Inkassovollmacht, so würde der Angewiesene in Leistungsverzug geraten, wenn er auf Anforderung des Anweisungsempfängers nicht leistete, während die fragliche Bestimmung das Gegenteil anordnet.

Aber auch was die nähere Beantwortung der Frage nach den Kontrahenten des Leistungsgeschäftes angeht, gerät die Vollmachtstheorie in große Schwierigkeiten. Nach Lenel (S. 62) entscheidet darüber, ob der Vertreter C oder der Vertretene A das Eigentum an den übergebenen Sachen erhält, ausschließlich das zwischen A und C bestehende Kausalverhältnis. War dem C Vollmacht in rem suam erteilt, so erlangt dieser, sonst der Geschäftsherr A das Eigentum an dem einkassierten Gelde, während für diese Frage das zwischen B und C abgeschlossene Traditionsgeschäft ohne jede Bedeutung ist. Diese Auffassung widerspricht aber dem § 164 B.G.B., nach welchem über die Frage, ob ein Vertreter im Namen seines Geschäftsherrn oder im eigenen Namen abschließt, die ausdrückliche oder stillschweigende Erklärung der Parteien des Traditionsvertrages und nicht das rein interne Verhältnis zwischen dem Geschäftsherrn und seinem Vertreter[2]) entscheiden kann. Wäre C wirklich, wie Lenel meint, nichts anderes als Inkassobevollmächtigter bezüglich des Deckungsverhältnisses, so würde daraus folgen, daß A und nicht C das Eigentum an den geleisteten Sachen erwürbe, denn der Traditionsvertrag kann nach Treu und Glauben nicht anders ausgelegt werden, als daß auch in dieser Hinsicht C bloßer Vertreter des A ist und

---

[1]) v. Thur, in Jherings Jahrb. Bd. 48 S. 4.

[2]) So mit Recht Kipp bei Windscheid, „Pandekten“, Bd. 1 S. 775 § 155 Anm. 7 a; ferner F. Leonhard, „Vertretung beim Fahrniserwerb“ S. 17. 31. 50 ff.; v. Thur, in Jherings Jahrb. Bd. 48 S. 41 ff.; dagegen für Lenel auch Regelsberger in Jherings Jahrb. Bd. 44 S. 393 ff. Siehe ferner M. Rümelin, „Handeln in fremdem Namen“ Archiv f. d. Zivil. Praxis. Bd. 93. S. 232 ff.

diesem daher auf alle Fälle, also auch dann, wenn er die Vollmacht in rem suam erhalten hat, die Leistung erwirbt, während das Wesen der Anweisung gerade darin besteht, daß der Anweisungsempfänger C die Vollzugsleistung in eigenem Namen erhebt. Freilich wäre es ja möglich, daß der Empfänger C von A Inkassovollmacht erhielte und zugleich zwischen ihnen die Abrede getroffen würde, daß er das Geleistete als eine ihm von A gemachte Zuwendung behalten dürfte. In diesem Falle wäre zum Eigentumserwerb des Bevollmächtigten noch eine weitere Verfügung zwischen A und C notwendig. Nach allgemeinen Grundsätzen würde aber eine bloße traditio brevi manu genügen, die schon vor der Erlangung der tatsächlichen Gewalt durch den Vertreter abgeschlossen werden kann, so daß der Bevollmächtigte in rem suam doch schließlich das Eigentum sofort, wenn auch nur auf Umwegen, erwirbt.

Von alledem gilt bei der Anweisung das Gegenteil: hier ist die sogenannte Durchgangstheorie völlig verfehlt, vielmehr erwirbt C das Eigentum unmittelbar von B. Daß eine solche direkte Zuwendung des B an C eine Wirkung auf das Deckungsverhältnis auszuüben vermag, dieses Phänomen bleibt bei der Inkassovollmachtstheorie unerklärt. Aus demselben Grunde spricht gegen diese Theorie der Umstand, daß sich C durch Akzept die fragliche Leistung von B in eigenem Namen versprechen lassen darf, während ein Inkassomandatar die zu vollziehende Leistung nur in fremdem Namen erheben, aber keine andere Zuwendung, wie es ein ihm persönlich gegebenes abstraktes Versprechen sein würde, auf die Kausalrelation, bezüglich deren er bevollmächtigt ist, entgegennehmen darf. Daß eine bloße Inkassovollmacht so weit unmöglich reichen kann, fühlt auch Lenel (S. 124) heraus. Deshalb sieht er sich genötigt, in die Anweisung außer der Inkassovollmacht noch ein weiteres Moment hineinzulegen, nämlich die Vollmacht zur Entgegennahme des Akzeptes. Aus diesem Zugeständnis ergibt sich ohne weiteres, daß die Vollmachtstheorie unzureichend ist, weil sie gerade das entscheidende Moment, nämlich die Tatsache, daß eine zwischen B und C erfolgende Zuwendung auf das Deckungsverhältnis zwischen A und B einwirkt, nicht zu erklären vermag.

Noch weniger gelangt man freilich zu einer befriedigenden

Lösung, wenn man mit Wieland[1]) eine Doppelvollmacht, nämlich eine dem Empfänger C bezüglich des Deckungs- und eine dem Angewiesenen B bezüglich des Valutaverhältnisses erteilte Vollmacht, in die Anweisung hineininterpretiert. Bei einer vergleichenden Beurteilung dieser beiden Theorien darf nicht übersehen werden, daß Wieland insofern von Lenel abweicht, als er den Begriff der Vollmacht in einem weiteren Umfange, als es gewöhnlich üblich ist, auffaßt, indem er auch die Fähigkeit, durch Handeln in eigenem Namen auf die Rechtsbeziehungen des Geschäftsherrn einzuwirken, darunter begreift. Speziell für die Anweisung ist Wieland der Ansicht, daß sowohl C bezüglich des Deckungs-, als B bezüglich des Valutaverhältnisses zwar beide Vertreter des A seien, aber doch nicht in dessen, sondern in eigenem Namen handelten (Bd. 95 S. 178). Diese Theorie kann zwar im Gegensatz zu Lenels Lehre die Tatsache, daß C auf Grund der zwischen ihm und B vollzogenen Leistung das Eigentum erwirbt und aus dem Akzept persönlich berechtigt wird, dadurch erklären, daß die an der Vollzugsleistung beteiligten Personen auch bezüglich der Kausalverhältnisse in eigenem Namen handeln, aber auf der anderen Seite unterliegt die Theorie dem Einwand, daß es nach dem geltenden Recht nicht möglich ist, als Stellvertreter durch ein in eigenem Namen abgeschlossenes Rechtsgeschäft ein fremdes Forderungsrecht zum Erlöschen oder zum Entstehen zu bringen. Auch Lenel (S. 10) hält eine derartige Eventualität für ausgeschlossen, weil die Person des Gläubigers zur Individualisierung des Forderungsrechts nötig sei, während Lent (S. 46) dem gegenüber zwar geltend macht, daß ein Forderungsrecht auch durch andere Momente individualisiert werden könnte, aber auf der anderen Seite hervorhebt, daß eine Stellvertretung in eigenem Namen nur möglich sei, wenn der Kontrahent sich als den Berechtigten aufspiele (S. 53). Von einer Stellvertretung im technischen Sinne kann aber meines Erachtens immer nur dann die Rede sein, wenn der Geschäftsführer in fremdem Namen kontrahiert, so daß man als Stellvertreter in eigenem Namen nicht nur kein fremdes Forderungsrecht zum Erlöschen oder zum Entstehen

---

[1]) Wieland, Archiv f. d. zivil. Praxis, Bd. 95 S. 161—233.

bringen, sondern überhaupt kein Rechtsgeschäft abschließen kann. Aber wie man auch über diese Frage denken mag, jedenfalls kann gegen die Wielandsche Lehre dasjenige Argument, das gegen die Lenelsche Theorie spricht, in erhöhtem Maße ins Feld geführt werden. Die Auffassung, daß C bezüglich des Deckungsverhältnisses und B bezüglich des Valutaverhältnisses Vertreter des A seien, ist nichts als eine Fiktion, von der die Parteien nicht das Geringste wissen und welche man ihnen daher auch nicht unterschieben darf. Wenn C in der Regel der Fälle über das Deckungsverhältnis nur recht unvollkommen orientiert ist, so wird die angewiesene Person B, welche regelmäßig ein Bankiergewerbe betreibt, von dem Valutaverhältnis fast niemals auch nur die geringste Ahnung haben, weil sie gar kein Interesse daran hat, sich in die Privatangelegenheiten ihrer Kunden einzumischen.

Der Grundfehler der Lenelschen sowie der Wielandschen Theorie besteht darin, daß sie beide die Anweisung mit der Anknüpfung oder Lösung der Kausalrelationen in Beziehung setzen. Aber hiermit hat die Anweisung nicht das Geringste zu tun, sie ist vielmehr nichts anderes als die widerrufliche Zustimmungserklärung des A zu der zwischen B und C getroffenen Abrede der indirekten Anrechnung einer zwischen ihnen erfolgenden Vermögenszuwendung und fällt mithin unter den Begriff der einseitigen empfangsbedürftigen Willenserklärung [1]). Indem A den B anweist, an C eine bestimmte Leistung zu machen, z. B. 1000 M. zu zahlen, so erklärt er sich damit einverstanden, daß die auf Grund dieser Gestattung ausgeführte Zuwendung so angehen werden soll, als ob sie von B an A und von diesem an C gemacht worden wäre. Durch die Anweisung wird also dem B von A die Befugnis erteilt, ein aliud pro alio zu leisten, also bei der Anweisung auf Schuld wird ihm die Möglichkeit gewährt, sich durch eine

[1]) Windscheid („Pandekten" Bd. 2 S. 811, § 412 Anm. 8e) bemerkt mit Recht, daß die Anweisung ihrem Wesen nach in den allgemeinen Teil, und zwar in die Lehre von den Vermögenszuwendungen, gehöre. Diese ihre systematische Stellung hat schon Salpius („Novation und Delegation" S. 62) richtig herausgefühlt, wenn er auch die zutreffende Formulierung nicht gefunden, sondern die Anweisung irrigerweise mit den Realkontrakten in Verbinduug gesetzt hat.

Leistung an Erfüllungs Statt, nämlich durch eine Zuwendung an C, von seiner Verpflichtung zu befreien[1]). Aber darin erschöpft sich, wie v. Thur (S. 28) mit Recht ausführt, nicht das Wesen der Anweisung, denn sonst würde dieses Rechtsgeschäft auch vorliegen, wenn A seinem Schuldner B gestattete, sich dadurch von seiner Schuld zu befreien, daß er dem C eine Schenkung macht, ein Darlehn gewährt oder eine Sache verkäuft und übergibt. Aber in all diesen Fällen liegt eine indirekte Zuwendung überhaupt nicht vor, weil B und C durch ein unmittelbares kausales Band aus Schenkung, Darlehn oder Kauf vereint sind. Damit von einer Anweisung die Rede sein kann, darf eine direkte kausale Verbindung zwischen B und C nicht vorhanden sein, vielmehr muß anstatt dessen dem C von A die Befugnis erteilt werden, das Empfangene als eine ihm von A direkt gemachte Zuwendung für sich zu erwerben. Indem C die Leistung von B der Anweisung gemäß entgegennimmt, erklärt auch er sich damit einverstanden, daß er sich so behandeln lassen wolle, als ob er das Empfangene direkt von A erhalten habe.

Nicht minder, wie von der Vollmachtserteilung, muß die Anweisung demnach von dem Kommissionsauftrag unterschieden werden. Denn der Kommissionär handelt zwar auch wie der indirekt Zuwendende in eigenem Namen, aber die wesentliche Differenz zwischen den beiden Rechtsgebilden besteht darin, daß bei der Kommission die Zuwendung, also z. B. die Übergabe der vom Kommissionär gekauften oder verkauften Waren, nur auf die obligatorischen Beziehungen zwischen den Zuwendungsparteien selber einwirkt, während gerade das Wesen der indirekten Vermögenszuwendung darin besteht, daß die Parteien kausal unverbunden sind. Sofern man unter Ermächtigung ein Rechtsgeschäft versteht, kraft dessen jemand die Befugnis erhält, durch eine in eigenem Namen abgegebene Willenserklärung die Rechtslage des die Ermächtigung erteilenden Rechtssubjekts unmittelbar zu alterieren[2]), so wäre die Anweisung als eine Unterart der Ermächtigung anzusehen,

---

[1]) Auf die nahen Beziehungen zwischen der Anweisung und der Hingabe an Erfüllungs Statt weist Kohler hin, („Lehrb. d. B.G.B." Bd. 2 S. 61).

[2]) So Regelsberger, „Pandekten" S. 593.

nämlich als die Erteilung der Befugnis, durch eine Zuwendung auf relative Beziehungen des Erklärenden einwirken zu können, während die andere Unterart der Ermächtigung, nämlich die Zustimmung zur Verfügung, darauf abzielt, daß jemand, welchem die Rechtszuständigkeit zu einer bestimmten Verfügung fehlt, durch Erklärung des Rechtsträgers die Möglichkeit gewinnt, die fragliche Verfügung in eigenem Namen vorzunehmen, wie dies z. B. bei der Verkaufskommission der Fall ist.

Die Lehre von der Anweisung wird ferner dadurch kompliziert, daß der Empfänger C nicht selten bloßer Geschäftsführer des A ist. Wenn sich jemand z. B. durch sein Dienstmädchen mittels eines Schecks Geld von der Bank holen läßt, so darf das beauftragte Dienstmädchen natürlich das Geld nicht für sich behalten, sondern soll es der Herrschaft abliefern. Damit letztere das Eigentum an den Münzen erlangt, bedarf es einer weiteren Verfügung, nämlich einer Tradition oder eines Besitzkonstituts, das richtiger Ansicht nach schon, bevor der Vertreter die tatsächliche Gewalt erlangt, vorgenommen werden kann. Die herrschende Ansicht[1]) verwirft freilich ein solches antizipiertes Besitzkonstitut. Als wesentlichstes Argument gegen seine Zulässigkeit wird das Bedenken angeführt, daß der Vertreter auf diese Weise zum Sklaven, zum bloßen Erwerbsinstrument für einen andern herabsänke. „Es wäre dasselbe, wie wenn die Persönlichkeit verdammt wäre, der notwendige Repräsentant des andern zu sein, so daß, was sie erwirbt, dem andern verfiele[2]).“ Freilich kann nicht geleugnet werden, daß jenes Rechtsinstitut sehr leicht zur Ausbeutung wirtschaftlich schwacher Bevölkerungsklassen mißbraucht werden kann, aber darum ist das ganze Rechtsinstitut nicht schlechtweg zu verwerfen, sondern es muß nur besonders eingehend geprüft werden, ob nicht das konkrete Geschäft wegen eines Verstoßes gegen die guten Sitten nichtig sei. Das antizipierte Besitzkonstitut ist nicht nur nach den Bestimmungen des B.G.B. sehr wohl

---

[1]) So vor allem Lenel (Jherings Jahrb., Bd. 36 S. 67 ff.). Dagegen erkennt das Reichsgericht (Urteil v. 11. Oktober 1907, Juristische Wochenschrift, Bd. 36 S. 747) die Zulässigkeit eines erst in Zukunft wirksamen Besitzkonstituts an. Ebenso v. Thur, Jherings Jahrb., Bd. 48 S. 47.

[2]) Kohler, „Vertrag und Übergabe“ in seinem Archiv f. Bürgerliches Recht, Bd. 18 S. 102.

konstruierbar, weil nach § 182 ff. B.G.B. auch eine sukzessive Verwirklichung des juristischen Tatbestandes anerkannt ist und daher das Erfordernis der Erlangung der tatsächlichen Gewalt von seiten des Vertreters dem Übertragungsvertrag sehr wohl nachfolgen kann, sondern das genannte Rechtsinstitut ist auch praktisch gar nicht zu entbehren. Dieses gilt insbesondere von den Fällen, wo der Vertreter, wie das mit einem Scheck zur Bank gesandte Dienstmädchen, bloßer Besitzdiener des Anweisenden ist. Es ist durchaus angemessen und muß daher als Wille der Beteiligten unterstellt werden, daß der Besitzdiener, welcher in eigenem Namen kontrahiert, die erlangten Gegenstände notwendig für seinen Herrn erwirbt.

Aber auch in den Fällen, in denen ein Besitzkonstitut nicht angenommen werden kann, erlangt der Anweisungsempfänger C kein volles, sondern nur ein fiduziarisches Eigentum an den übergebenen Geldstücken, weil von A und C keine wahre, eines Rechtsgrundes bedürfende Vermögenszuwendung, sondern eine bloße Verschiebung der Rechtszuständigkeit zwecks Legitimation nach außen beabsichtigt ist. Gegen die Annahme, daß C durch eine auf Grund der Anweisung vollzogene Leistung nur ein fiduziarisches Recht erwirbt, können Bedenken nicht hergeleitet werden, sofern man überhaupt zuläßt, daß eine andere Person durch rechtsgeschäftliche Verfügung die Befugnis erlangen kann, ein materiell fremdes Recht in eigenem Namen geltend zu machen, denn für den fiduziarischen Rechtsverkehr, dessen Berechtigung ich im ersten Paragraphen zu erhärten versucht habe, kann es keinen Unterschied machen, ob die fiduziarische Vermögensleistung auf direktem Wege oder mittels Anweisung bewerkstelligt wird. Soll der eigentliche Vermögensträger A die dem C von B gemachte Leistung auch dem formellen Eigentum nach erlangen, so ist eine weitere Verfügung von seiten des Fiduziars notwendig. Während die ideelle Zuwendung des Akzepts der Zession bedarf, um vom Geschäftsherrn A erworben zu werden, muß bei Sachen die Tradition oder doch wenigstens ein Besitzkonstitut vorgenommen werden, welches zu Bedenken keinen Anlaß bietet, weil es erst nach dem Besitzerwerb des Vertreters erfolgt.

Eine Bezugnahme auf die Kausalbeziehungen ist in der

Anweisung als solcher nicht enthalten, aber natürlich müssen — von dem Fall der fiduziarischen Zuwendung abgesehen — zwischen den Parteien, also zwischen A und B einerseits und zwischen A und C andererseits, Kausalbeziehungen vorhanden sein oder wenigstens hergestellt werden, denn sonst würde es entweder im Deckungs- oder im Valutaverhältnis oder in beiden an einem Rechtsgrunde fehlen, der, wie ausgeführt, in der beabsichtigten Begründung, Lösung oder Modifizierung einer relativen Beziehung besteht. Eine solche Regelung der Kausalverhältnisse ist notwendig, um das Aufleben von Kondiktionsansprüchen zu verhindern. Deshalb muß sich A einmal mit B und ferner mit C verständigen, welche Geschäftszwecke sie mit der Leistung erreichen wollen. Zu diesem Behuf kann er den C in seinen Besprechungen mit B bezüglich des Deckungsverhältnisses und umgekehrt den B in seinen Verhandlungen mit C bezüglich des Valutaverhältnisses bevollmächtigen, aber derartige Vertretungen, die nicht eben häufig sind, haben mit der Anweisung als solcher gar nichts zu tun.

Daß die Anweisung von den Kausalbeziehungen losgelöst ist, ergibt sich schon aus der Tatsache, daß sich die Parteien trotz der Ausführung der Anweisung über die Leistungszwecke gar nicht zu einigen brauchen. Diese Eventualität ist z. B. im Valutaverhältnis gegeben, wenn A dem C, ohne nähere Angaben zu machen, einen auf B gezogenen Scheck zuschickt, den C abhebt. Erst später teilt A dem C mit, daß er ihm mit dem Geld ein Geschenk habe machen oder ein Darlehn habe geben wollen. C lehnt dies Anerbieten mit der Begründung ab, daß er den Scheck nur in dem Glauben abgehoben habe, daß das Geld für eine wohltätige Sammlung bestimmt sei. In diesem Fall ist überhaupt keine Kausalabrede bezüglich des Valutaverhältnisses zustande gekommen, bei der der Bezogene B als bevollmächtigter Vertreter fungiert haben könnte. Viel seltener dürfte es sich freilich ereignen, daß bezüglich des Deckungsverhältnisses eine Kausalabrede überhaupt nicht getroffen wird. Denn regelmäßig wird niemand eine Anweisung ziehen, bevor er sich vergewissert hat, daß sie honoriert werde, und sollte er dies einmal unterlassen haben, so liegt doch in der Anweisung zugleich ein Antrag zu einem Mandat, welchen der Bezogene durch Annahme oder Zahlung der Anweisung akzeptiert[1]). Trotzdem kann es sich ereignen, daß eine Einigung über das Deckungsverhältnis überhaupt nicht zustande kommt. So zieht z. B. ein Schwiegersohn auf seinen Schwiegervater eine Anweisung und bittet ihn, die Honorierung schenkweise zu vollziehen. Der Schwiegervater lehnt die Schenkung ab, aber löst zur Vermeidung eines Skandals die Anweisung pünktlich ein. Wo ist hier die Kausalabrede, bezüglich deren der Empfänger C als bevollmächtigter Vertreter fungiert hätte? Da die Anweisung ausgeführt worden ist, müßte doch nach Lenels Theorie C als angeblich bevollmächtigter Vertreter des A mit B über das Deckungsverhältnis einen Erfüllungs- oder einen andern Kausalvertrag abgeschlossen haben. Von alledem ist aber hier keine Rede, denn im Deckungsverhältnis fehlt es an jeder Einigung über den Leistungszweck. Hieraus ergibt sich, daß die Anweisung als solche mit den Grundgeschäften nichts zu tun hat.

Die Anweisung ermächtigt den Bezogenen nicht bloß dazu, die Leistung, auf welche die Anweisung lautet, dem C effektiv zuzuwenden. Er kann sich vielmehr auch damit begnügen, die Leistung bloß abstrakt zu versprechen, und zwar kann diese Art der Zuwendung sowohl durch Akzeptierung der verbrieften Anweisung, wie durch Abgabe eines reinen Schuldversprechens vollzogen werden. Die dem C gegenüber eingegangene Verbindlichkeit ist, wie schon im zweiten Paragraphen ausgeführt wurde, eine delegations-abstrakte Forderung, denn die ideelle Zuwendung des Akzeptes und des reinen Schuldversprechens soll auf zwei verschiedene Kausalrelationen angerechnet werden. Daher kann der Angewiesene B aus der Tatsache, daß das Deckungsverhältnis nicht in Ordnung ist, selbst dann keine Einwendungen herleiten, wenn der Gläubiger C hierüber orientiert war. Dagegen ist es dem Schuldner nicht verwehrt, dem Gläubiger eine Einrede entgegenzusetzen, wenn beide Kausalrelationen nicht in Ordnung sind, und daher sowohl B gegen A, als dieser gegen C einen Kondiktionsanspruch be-

[1]) So hebt Windscheid („Pandekten", Bd. 2 S. 809, § 412 Anm. 8a) hervor, daß „der jussus als solcher die actio mandati directa auf Herausgabe und die actio mandati contraria auf Ersatz nicht ausschließt, sondern begründet". Eine solche Gestaltung ist wenigstens im Zweifel zu unterstellen. And. Ans. Salpius, „Novation und Delegation", S. 62.

sitzt, denn es würde unnötige Ausgleichsforderungen hervorrufen, und daher wider Treu und Glauben verstoßen, wenn der Schuldner gezwungen wäre, trotz des Mangels sämtlicher Kausalrelationen dem C die versprochene Leistung zu machen[1]). Hierfür spricht ferner der Umstand, daß auf Grund des § 822 B.G.B. zugunsten des B eine Kondiktion gegen C auch dann gegeben ist, wenn zwar nur das Deckungsverhältnis Not leidet, aber A deshalb nicht bereichert ist, weil das Valutaverhältnis auf einem unentgeltlichen Vertragstypus beruht[2]). Ist jedoch der umgekehrte Fall gegeben, liegt dem Deckungsverhältnis eine gültige Schenkung und dem Valutaverhältnis keine wirksame Causa zugrunde, so ist dem B gegen C ein kondiktizischer Rechtsbehelf nicht zu gewähren. Vielmehr kann nur A gegen C eine Kondiktion geltend machen, denn immerhin hat B, wie Windscheid (S. 418) mit Recht hervorhebt, seinen Zweck, nämlich die Schenkung an A, erreicht. Zwar hat A nur eine Kondiktion gegen C erlangt, ohne von einer Schuld befreit zu werden oder einen Anspruch erworben zu haben. Immerhin ist ihm doch durch diese Kondiktion eine Zuwendung zuteil geworden, welche ihm B nicht dadurch entziehen darf, daß er seinerseits einen kondiktizischen Anspruch oder eine Einrede geltend macht. Der Gefahr, daß der vielleicht ganz insolvente C die abstrakte Forderung von B realisiert und dann A mit der Kondiktion von ihm nichts zu erlangen vermag, kann dadurch vorgebeugt werden, daß die dem A zustehende Kondiktion dem B zediert wird, damit dieser mit ihr gegen den abstrakten Anspruch aufrechne.

Ist jedoch eine Anweisung überhaupt nicht vorhanden, oder ist die erteilte Anweisung z. B. wegen Geschäftsunfähigkeit des A ungültig, so ist der Versuch der indirekten Vermögensleistung mißglückt. Daher kann B von C unter allen Umständen kondizieren, auch wenn das Valutaverhältnis in

---

[1]) Ebenso schon das römische Recht l. 2. § 4. D. de don. 39, 5; l. 7, § 1 D. de doli exc. 44, 4; siehe hierüber Windscheid, „Die indirekte Vermögensleistung“ in seinen von P. Oertmann herausgegebenen „Reden und Abhandlungen“, S. 418.

[2]) Ebenso im römischen Recht l. 2, § 3, de don. 39, 5; l. 7, pr. D. de doli exc. 44, 4; Windscheid, „Ges. Abhandl.“ S. 416 und Wendt, „Das allgemeine Anweisungsrecht“, S. 59 ff.

Ordnung war und mithin C das ihm Zukommende erhalten hat[1]. Selbst wenn außer dem Valuta- auch das Deckungsverhältnis ohne Fehler ist, entfällt doch die Kondiktion nicht, weil die Abrede der indirekten Vermögensleistung ohne die Zustimmung des A keine Gültigkeit hat. Ganz anders ist die Rechtslage, wenn B nicht eine indirekte Vermögensleistung machen, sondern einfach in eigenem Namen die Schuld des A gegenüber dem C tilgen wollte. In diesem Fall hat B selber und nicht A die condictio indebiti, wenn in Wirklichkeit A dem C nichts schuldete[2]. War in diesem Fall das Valutaverhältnis zwischen A und C in Ordnung, so kann B aus der Nichtexistenz einer Anweisung dem C gegenüber keine Einwendungen herleiten, vielmehr ist er auf seine etwaigen Regreßansprüche gegen A aus Mandat oder auftragloser Geschäftsführung beschränkt oder muß sich im ungünstigsten Fall mit einer Kondiktion gegen A begnügen.

Schließlich verlangt der Fall, daß das eine oder andere Kausalverhältnis gesetzlich reprobiert ist, noch eine besondere Betrachtung. Unterstellt man zunächst, daß das Valutaverhältnis und sodann daß das Deckungsverhältnis aus einer Spielschuld besteht. Im ersteren Fall kann der anweisende Spielschuldner bis zum Vollzug der effektiven Leistung oder bis zur Annahme nach allgemeinen Grundsätzen die Anweisung widerrufen und dadurch eine ihn berührende Zuwendung des B an C verhindern. Ist jedoch die Anweisung angenommen, so hat C damit ein unentziehbares Aktivum erworben, B darf ihm daher aus der Reprobierung der Valutakausa Einwendungen nicht entgegenhalten. Aber auch A ist nicht mehr imstande, die Zuwendung ungeschehen zu machen, er darf auch nicht, wie v. Thur (S. 57) meint, eine Kondiktion gegen C erheben, denn ein derartiger Anspruch stände mit § 762 Abs. 1 Satz 2 B.G.B. im Widerspruch, welcher besagt, daß das auf Grund des Spiels oder der Wette Geleistete nicht deshalb zurückgefordert werden kann, weil eine Verbindlichkeit nicht bestanden hat. Auch darf man sich nicht etwa auf den zweiten Absatz des genannten Paragraphen berufen, nach dem sich die

---

[1]) Siehe hierüber: Lenel, in Jherings Jahrb., Bd. 36, S. 119; Windscheid, „Gesammelte Abhandlungen", S. 424 und Hellwig, „Verträge", S. 144.

[2]) Oertmann, Arch. f. d. zivil. Praxis, Bd. 82 S. 445.

Ungültigkeit auch auf eine Vereinbarung erstreckt, durch die der verlierende Teil zum Zwecke der Erfüllung einer Spiel- oder Wettschuld dem gewinnenden Teile gegenüber eine Verbindlichkeit eingeht, insbesondere auf ein Schuldanerkenntnis. Denn diese Bestimmung setzt voraus, daß der Spielschuldner selber eine Verbindlichkeit eingeht, während er durch die Anweisung über ein ihm zustehendes Aktivum, nämlich über sein Guthaben bei B, disponiert. Der Empfänger C, dem gegenüber B ganz abstrakt angenommen hat, kann unmöglich schlechter gestellt sein als der Zessionar, welchem von A die Forderung gegen B abgetreten worden wäre. Da in der Abtretung, wie von keiner Seite bezweifelt wird, eine effektive Zuwendung liegt, so kann bezüglich des abstrakten Akzepts nichts anderes gelten, denn seine rechtliche Wirkung ist noch viel weittragender, weil bei der Abtretung, nicht aber beim Akzept aus dem Deckungsverhältnis Einwendungen hergeleitet werden können. Aber auch wenn der Spielschuldner auf Kredit zieht, so greift doch § 762 Abs. 2 B.G.B. ebensowenig Platz, als wenn er zur Tilgung seiner Spielschuld ein Darlehn aufnähme. Denn wenn in diesem Falle auch der verlierende Teil A eine Verbindlichkeit eingeht, so geschieht dieses doch nicht dem gewinnenden Teil C, sondern dem Mandatar B gegenüber.

Wenn dem Valutaverhältnis eine wegen Formmangels ungültige Schenkung zugrundeliegt, so finden die soeben entwickelten Regeln entsprechende Anwendung, weil in dem Akzept, welches B dem C erteilt, hinsichtlich des Valutaverhältnisses A/C eine effektive Leistung liegt, welche nach § 518 Abs. 2 B.G.B. den Mangel der Form heilt. Anders ist die Rechtslage dagegen zu beurteilen in dem Fall der turpitudo solius accipientis, welcher z. B. vorliegt, wenn A dem C zwecks Tilgung einer wucherischen Schuld eine Anweisung einhändigt. Unter dieser Voraussetzung kann A, auch wenn er die Ungültigkeit der Wucherschuld gekannt hat, nach § 817 B.G.B. trotz des Akzeptes die Urkunde nicht nur kondizieren, sondern auch vindizieren, weil die Reprobation des Kausalverhältnisses im Falle der turpitudo solius accipientis auch die Nichtigkeit des Zuwendungsgeschäfts bedingt und deshalb der Wucherer das Eigentum an der Anweisungsurkunde nicht erlangt. Daher ist auch der Angewiesene B in diesem Fall berechtigt. die Leistung aus dem Akzept zu verweigern, während ihm dieser Rechtsbehelf trotz Mangels im Deckungsverhältnis nicht zusteht, wenn dem Valutaverhältnis zwar eine reprobierte, aber durch effektive Leistung heilbare causa zugrundeliegt. Hat er jedoch die effektive Zuwendung an den Wucherer C vollzogen, so kann er sie trotz Nichtigkeit der Anweisung dem A in Rechnung stellen, weil er nicht minder Schutz verdient, als der debitor cessus, zu dessen Gunsten § 409 B.G.B. bestimmt, daß der bisherige Gläubiger, wenn er eine Urkunde über die Abtretung dem in der Urkunde bezeichneten neuen Gläubiger ausgestellt hat und dieser sie dem Schuldner vorlegt, oder wenn er dem Schuldner anzeigt, daß er die Forderung abgetreten habe, dem Schuldner gegenüber die angezeigte Abtretung gegen sich gelten lassen muß, auch wenn sie nicht erfolgt oder nicht wirksam ist. Die gleiche Regelung hat im Interesse der Bekämpfung des Wuchers Platz zu greifen, wenn dem Wucherer C nicht ein Anweisungsakzept, sondern ein reines Schuldversprechen von delegations-abstrakter Natur zuteil geworden ist. Gegen diese Gestaltung können keine Bedenken geltend gemacht werden, wenn man erwägt, daß der Schuldner infolge analoger Anwendung des § 409 B.G.B. den bezahlten Betrag unter allen Umständen dem A in Rechnung stellen kann, außer wenn er selbst wegen Kollusion aus § 826 B.G.B. haftet.

Eine abweichende Regelung tritt ein, wenn das Deckungsverhältnis rechtlich verpönt ist, denn das in der Annahme liegende abstrakte Versprechen des Spielschuldners ist eine bloß ideelle Zuwendung, welche an sich den Mangel des Deckungsverhältnisses nicht heilt. Trotzdem kann es keinem Zweifel unterliegen, daß B dem C nicht unterschiedslos den Spieleinwand entgegenhalten kann. Wenn freilich auch das Valutaverhältnis Not leidet, so ist schon nach allgemeinen Grundsätzen die Kondiktionslage zwischen B und C gegeben. Dagegen würde es nicht nur höchst unbillig sein, sondern auch die Bedeutung der Anweisung als Zahlungsmittel fast gänzlich entwerten, wenn B dem C gegenüber trotz völliger Intaktheit des Valutaverhältnisses aus der Reprobierung des Deckungsverhältnisses unterschiedslos Einwendungen herleiten dürfte. Aber auf der andern Seite würde man zu weit gehen, wenn man die Fälle, wo das Deckungsverhältnis gesetzlich reprobiert ist, mit dem Tatbestande, daß im Deckungsverhältnis die Kondiktionslage gegeben ist, gleichstellen wollte. Denn wäre dies richtig, so würde dem Schuldner B die Berufung auf die Spielkausa auch dann verwehrt sein, wenn C von den zwischen A und B bestehenden Beziehungen genau orientiert gewesen wäre. Eine solche analytische Vereinfachung des Tatbestandes ist aber nur zulässig, soweit keine Verstöße gegen gesetztes oder richtiges Recht oder keine reprobierten Naturalobligationen in Frage kommen. Vielmehr gilt es, zwischen diesen Extremen die richtige Mitte zu finden. In Anlehnung an den Artikel 74 der W.O. kann B dem C die Reprobation des Deckungsverhältnisses dann nicht entgegenhalten, wenn letzterer den Sachverhalt ohne grobe Fahrlässigkeit nicht gekannt hat. Im übrigen ist B nicht gehindert, die Verwerflichkeit des Deckungsverhältnisses aufzurollen. Durch diese Regelung wird einerseits die Verkehrssicherheit gebührend geschützt, denn es ist nicht zuviel verlangt, wenn man von C erwartet, daß er ohne grobe Fahrlässigkeit prüft, ob das Deckungsverhältnis reprobiert ist. Auf der andern Seite wird durch die Möglichkeit, daß bei dolus oder culpa lata des C das Deckungsverhältnis aufgerollt werden kann, verhindert, daß durch Vorschiebung einer dritten Person die fraglichen Verbotsgesetze umgangen werden. Auf diese Weise ist es dem C, der den B bewuchern will, unmöglich gemacht, durch Vorschiebung des Strohmannes A eine unanfechtbare abstrakte Forderung zu erlangen. Denn wenn auch das wucherische Kausalgeschäft zwischen A und B abgeschlossen ist, so kann letzterer doch, sofern er nur dem C dolus oder culpa lata nachzuweisen vermag, die für C gegebene delegations-abstrakte Forderung angreifen, mag sie in der Form des Anweisungsakzepts oder des reinen Schuldversprechens eingegangen sein[1]).

Ruht jedoch das Deckungsverhältnis auf einer wegen Formlosigkeit ungültigen Schenkung, so müssen die Fälle des reinen Schuldversprechens und des Anweisungsakzepts unter-

---

[1]) Ebenso hebt Rümelin („Schuldversprechen" S. 271) hervor, daß das Interesse des gutgläubigen Versprechensempfängers durchgreifen müsse.

schieden werden. Denn ersteres ist nach § 518 Abs. 1 Satz 2 B.G.B. grundsätzlich ungültig, freilich kann diese Unwirksamkeit dem nicht dolosen und dem nicht grob fahrlässigen Gläubiger nicht entgegengehalten werden, denn die wegen Mangels der Schenkungsform ungültige delegations-abstrakte Forderung kann nicht ungünstiger behandelt werden, als wenn das Deckungsverhältnis gesetzlich reprobiert wäre. Ist jedoch eine verbriefte Anweisung akzeptiert, so ist der delegations-abstrakte Anspruch als solcher natürlich gültig, da die verbriefte Anweisung und das Akzept ihre eigene Form an sich tragen und nicht nach Art des reinen Schuldversprechens durch gerichtliche oder notarielle Beurkundung abgegeben werden können[1]. Dagegen ist trotz Gültigkeit der Annahme zwischen A und B eine Kondiktion gegeben, weil im Deckungsverhältnis keine effektive Leistung vorliegt. Jedoch können von B gegenüber dem Gläubiger C, dessen Valutaverhältnis in Ordnung ist, aus der Tatsache, daß das Deckungsverhältnis auf einer wegen Formlosigkeit ungültigen Schenkung beruht, selbst dann keine Einreden hergeleitet werden, wenn C über die Sachlage orientiert war.

Im übrigen ist es dem Schuldner B natürlich unbenommen, alle diejenigen Einwendungen, welche sich aus den Rechtsgeschäften der Annahme oder des reinen Schuldversprechens ergeben, wie das Fehlen der Geschäftsfähigkeit, Willensmängel usw., geltend zu machen. In dieser Hinsicht wird auch der gute Glaube des Empfängers nicht geschützt, letzterer kann sich also z. B. nicht darauf berufen, daß er die Willensmängel weder gekannt hat, noch hätte kennen müssen. Schließlich kann sowohl die Anweisung als die Annahme inhaltlich beschränkt werden. Daher ist es auch nicht ausgeschlossen, beide Erklärungen von der Existenz der einen oder der andern Kausalbeziehung abhängig zu machen, und zwar kann B dem C entweder, was er selbst dem A schuldet (aktive Delegation), oder was dieser dem C schuldet (passive Delegation) versprechen[2]. Im ersteren Fall tritt ein neuer Gläubiger, im zweiten Fall dagegen ein neuer Schuldner auf.

---

[1]) Örtmann, „Recht der Schuldverhältnisse“ S. 449.

[2]) Unrichtig hält von Thur (Jherings Jahrbuch Bd. 48 S. 13) eine titulierte Delegation für ausgeschlossen.

Allzu häufig dürften derartige titulierte Delegationen in der Gegenwart nicht mehr vorkommen, weil nach den Bestimmungen des B.G.B., wie schon nach gemeinem Recht unmittelbare Forderungszessionen und Schuldübernahmen anerkannt sind. Besonders die ersteren gewähren vor der Aktivdelegation den großen Vorteil, daß bei ihnen Sicherungen nicht untergehen. Auch sonst kann die Annahme inhaltlich eingeschränkt werden, insbesondere ist es möglich, die Wirksamkeit des Versprechens von gewillkürten Bedingungen abhängig zu machen. Derartige Beschränkungen der Anweisung oder ihrer Annahme kann der Akzeptant dem Empfänger ebenso, wie etwaige Mängel der Annahme entgegensetzen. Im übrigen ist er aber bezüglich der Kausalbeziehungen auf den oben näher umgrenzten Rahmen beschränkt. Diese Sätze, welche sich aus dem Wesen der Anweisung ergeben, sind in § 784 B.G.B. klar und präzise mit den Worten ausgesprochen, daß der Akzeptant dem Empfänger nur solche Einwendungen entgegensetzen kann, welche „die Gültigkeit der Annahme betreffen oder sich aus dem Inhalt der Anweisung oder dem Inhalt der Annahme ergeben oder dem Angewiesenen unmittelbar gegen den Anweisungsempfänger zustehen."

Was die Rückwirkung der Anweisung auf die Kausalrelationen anlangt, so bestimmt § 788 B.G.B. bezüglich des Valutaverhältnisses, daß, wenn der Anweisende die Anweisung zu dem Zwecke erteilt, um seinerseits eine Leistung an den Anweisungsempfänger zu bewirken, die Leistung, auch wenn der Angewiesene die Anweisung annimmt, erst mit der effektiven Leistung des Angewiesenen an den Anweisungsempfänger bewirkt wird. Ist also die Leistung des A an C solvendi causa erfolgt, so erlischt die Forderung des C gegen A nicht schon mit der Annahme, sondern erst mit der effektiven Zuwendung, und ist sie credendi causa vorgenommen, so entsteht die Forderung des A gegen C ebenfalls erst mit der Zahlung. In der Zwischenzeit darf aber C bei der Leistung solvendi causa seine Forderung gegen A nicht geltend machen, anderenfalls könnte ihm dieser eine Einrede entgegenhalten. Vielmehr muß er sich zunächst aus dem Akzept zu befriedigen suchen und kann erst, wenn ihm dies mißglückt ist, auf die ursprüngliche Forderung zurückgreifen. Selbstverständlich sind alle diese Regeln dispositiver Natur, denn sie gelten nur, sofern kein entgegengesetzter Parteiwille zutage tritt. Bei der nicht verbrieften Anweisung, nämlich beim Giro und bei der Skontration, ist entsprechend dem römischen Satz „qui delegat, solvit" sogar als Regel zu unterstellen, daß schon mit der Zuschreibung, bzw. der Verrechnung, die alten Kausalbeziehungen definitiv erledigt sind.

Entsprechendes gilt für das Deckungsverhältnis: im Zweifel bewirkt auch hier erst die effektive Zuwendung und nicht schon die Annahme, daß der Bezogene B von seiner Schuld befreit wird. Wenn A aber in der Zwischenzeit zwischen Annahme und Zahlung gegen B vorgehen würde, so könnte auch dieser eine aufschiebende Einrede erheben. Wird auf Kredit gezogen, so kann B allerdings in der Regel nach der Annahme Deckung verlangen, weil im Verhältnis von A zu B in der Mehrzahl der Fälle ein Mandat vorliegt, und deshalb § 669 B.G.B. Platz greift, welcher bestimmt, daß der Auftraggeber dem Beauftragten für die zur Ausführung des Auftrags erforderlichen Aufwendungen auf Verlangen Vorschuß zu leisten hat.

Eine besondere Erwähnung verdient noch die Behandlung der Anweisung in dem Fall, daß über das Vermögen eines der Beteiligten das Konkursverfahren eröffnet worden ist. Im Gegensatz zum Auftrag (§ 23 K.O.) erlischt die Anweisung als Zustimmungserklärung zur indirekten Vermögensleistung nicht ohne weiteres mit der Eröffnung des Konkurses über das Vermögen des Anweisenden A. Vielmehr tritt hierdurch nur die Veränderung ein, daß an Stelle des Kridars A der Konkursverwalter das Widerrufsrecht auszuüben hat[1]). Ist jedoch die Anweisung vorher durch effektive Zahlung oder durch Akzept vollzogen worden, so kann sie auf Grund des Konkurses nur wie jede andere Zuwendung nach den Regeln der §§ 29—42 K.O. angefochten, aber nicht auf Grund der Anweisungslehre rückgängig gemacht werden. Eine andere Frage ist es freilich, ob der Angewiesene, der nach der Konkurseröffnung leistet, diese Zuwendung zu Lasten der Konkursmasse anrechnen darf[2]).

[1]) Dagegen will v. Thur S. 27 unter analoger Anwendung des § 23 der K.O. die Anweisung durch Eröffnung des Konkurses über das Vermögen des Anweisenden als erloschen betrachtet wissen.

[2]) Hierfür anscheinend Staub, „Kommentar z. H.G.B.", Bd. 2 S. 1155, zu § 363 Anm. 15. Anderer Ansicht Jaeger, „Kommentar zur K.O.", § 8, Anm. 2—5.

Da die Vollzugsleistung des A an C im Verhältnis zu A so angesehen wird, als ob sie direkt an A gemacht worden wäre, so kommen in dieser Hinsicht die §§ 7 und 8 der K.O. in Anwendung[1]). Ist also auf Schuld gezogen worden, so wird B nur befreit, wenn er entweder bezüglich der Konkurseröffnung in gutem Glauben war (§ 8 Abs. 2 und 3), oder wenn die Leistung in die Konkursmasse gekommen ist (§ 8 Abs. 1 K.O.). Zur Beantwortung der letzteren Frage muß das Valutaverhältnis herangezogen werden: liegt ihm ein Kreditgeschäft zugrunde, so hat die Masse unter der Voraussetzung der Solvenz des C ein dem verlorenen gleichkommendes Aktivum erlangt. War jedoch, was wohl in der Regel der Fall sein dürfte, die Bezahlung einer dem C gegen A zustehenden Forderung beabsichtigt, so wird zwar die Masse von einem Passivum befreit, aber sie verliert dafür ein Aktivum und wird insofern geschädigt, als C nunmehr volle Befriedigung erhält, während er sonst nur Prozente erlangt haben würde. Diesen Verlust muß B der Masse ersetzen, wenn er nicht in gutem Glauben war. Ist dagegen auf Kredit gezogen, so haftet die Masse nach § 7 K.O. überhaupt nur bis zum Betrage ihrer Bereicherung, auch wenn B in gutem Glauben gewesen ist. Nur in einer Hinsicht wird die unverschuldete Unkenntnis des B auch bei der Anweisung auf Kredit geschützt: das regelmäßig im Deckungsverhältnis vorhandene Mandat erlischt zwar nach § 23 K.O., aber zugleich wird in demselben Paragraphen zugunsten des Angewiesenen die analoge Anwendung des § 674 B.G.B. angeordnet, welcher bestimmt, daß der Auftrag, wenn er in anderer Weise als durch Widerruf erlischt, zugunsten des Beauftragten gleichwohl als fortbestehend gilt, bis der Beauftragte von dem Erlöschen Kenntnis erlangt oder das Erlöschen kennen muß. Unter dieser Voraussetzung kann B seine Auslagen wenigstens als Konkursforderung, wenn auch nicht als Masseforderung, anmelden (§ 27 der K.O.).

Fällt umgekehrt der Empfänger in Konkurs, so gehört die akzeptierte Anweisung nach § 1 der K.O. zweifellos zur Masse, so daß dieses Aktivum wie jede andere Forderung vom Ver-

---

[1]) Näheres siehe bei Lent, „Anweisung" S. 142 ff.

walter geltend gemacht werden kann. Nichts anderes gilt aber von der noch nicht angenommenen Anweisung, denn, wenn sie auch kein Recht im subjektiven Sinne ist, so charakterisiert sie sich doch als eine der Zession und der Pfändung unterworfene Rechtsposition und mithin als ein zur Konkursmasse gehöriges Aktivum[1]. Daher kann der Verwalter die Anweisung abheben und dadurch der Masse die Valuta erhalten, so daß eine etwaige Forderung des C gegen A getilgt wird und aus einem etwaigen Kreditverhältnis nach § 17 K.O. eine Masseforderung des A entspringt. Würde C nach der Eröffnung des Konkurses über sein Vermögen die Anweisung persönlich abheben, so müßte seine Masse diesen Akt im Rahmen des § 8 K.O. gegen sich gelten lassen. War also B in gutem Glauben oder erlangte die Masse den geleisteten Gegenstand, so wird die Rechtslage gerade so angesehen, als ob der Kridar über ein zur Masse gehöriges Forderungsrecht durch Einziehung verfügt hätte, da im Verhältnis zum Angewiesenen der Konkursbeschlag als nicht erfolgt gilt. Daher treten dieselben Wirkungen ein, als wenn der Verwalter die Anweisung abgehoben hätte, nur daß natürlich, wenn das Valutaverhältnis auf Kredit beruht, A keine Masse-, sondern eine bloße Konkursforderung erhält, weil der Verwalter nicht gemäß § 17 der K.O. in den zweiseitigen Kreditvertrag eingetreten ist.

Am einfachsten liegt die Sache, wenn der Bezogene B in Konkurs verfällt: ist die Anweisung vor der Eröffnung des Verfahrens akzeptiert, so erwächst dem C eine gewöhnliche Konkursforderung. Wenn auf Schuld gezogen ist, so dürfen A aus dem Kausalverhältnis und C aus dem Akzept zwar beide zugleich ihre Forderungen anmelden, aber es wird für sie nur eine einmalige Prozentquote reserviert, da sonst auf denselben Passivposten eine doppelte Befriedigung käme. Ist noch nicht akzeptiert worden, so wird der Verwalter die Honorierung regelmäßig ablehnen; sollte er sich aber doch dazu verstehen, so würde die Akzeptforderung des C als Masseforderung zu befriedigen sein. Eine Annahme der Anweisung

---

[1]) So Jaeger, „Kommentar zur K.O.", § 23 Anm. 20. Anderer Ansicht: v. Thur S. 32 und Lent S. 197. Siehe auch Kohler, („Lehrbuch des B.G.B", Bd. 2 S. 63), welcher bezüglich der Beantwortung dieser Frage das Valutaverhältnis heranzieht.

kann der Verwalter, ohne sich den Konkursgläubigern gegenüber regreßpflichtig zu machen, höchstens dann vornehmen, wenn auf Kredit gezogen ist, denn, wenn das Deckungsverhältnis auf Schuld beruht, würde er durch das Akzept zwar die Masse von einer Konkursforderung befreien, aber dafür mit einer Masseforderung belasten.

Bisher wurde ausschließlich der Fall ins Auge gefaßt, daß die indirekte Vermögensleistung zwischen nur drei Personen erfolgt, aber ebenso gut können noch mehr Beteiligte, D, E, F usw., herangezogen werden[1]). Damit in diesem Fall die Vollzugsleistung zwischen B und E auf sämtliche Kausalrelationen einwirkt, bedarf es außer der Anweisung von seiten des A noch je einer Übertragungserklärung des C und des D. Diese Rechtsgeschäfte haben einen doppelten juristischen Charakter, einmal enthalten sie eine Abtretung der erteilten Rechtsposition und zweitens eine neue selbständige Anweisung an B. Was die Angreifbarkeit der Vollzugsleistung, also vor allem der für E gegen B begründeten delegationsabstrakten Forderung anlangt, so findet das im vorhergehenden Ausgeführte entsprechende Anwendung. Insbesondere kann der abstrakte Schuldner aus dem zweiten und den folgenden Deckungsverhältnissen keine Einwendungen herleiten, ein Satz, der sich aus dem Wesen der Anweisung ergibt und außerdem im § 792 Abs. 3 B.G.B. noch besonders hervorgehoben ist. Daher kann sich B darauf, daß er mit C oder D besondere Abreden über Stundung getroffen hat oder ihnen gegenüber aufrechenbare Forderungen besitzt, selbst dann nicht berufen, wenn E hiervon orientiert ist. Ganz anders ist aber die Sachlage, wenn B nicht dem E, sondern dem D gegenüber die abstrakte Verbindlichkeit eingegangen ist und diese später dem E abgetreten wird. Dann finden die gewöhnlichen Regeln der Forderungszession Anwendung, so daß also B auch dem gutgläubigen E alle Einwendungen aus seinem Verhältnis zu D entgegenhalten und gemäß § 406 B.G.B. mit den ihm gegen D zustehenden Forderungen aufrechnen kann. Denn

---

[1]) Entsprechend heißt die Beziehung zwischen B und C Deckungsverhältnis Nr. 2 und diejenige zwischen C und D Valutaverhältnis Nr. 2, und ferner die Beziehung zwischen B und D Deckungsverhältnis Nr. 3 und diejenige zwischen D und E Valutaverhältnis Nr. 3.

das Wesen der delegations-abstrakten Forderung besteht ja gerade im Gegensatz zur Orderabstraktheit in der nur einmaligen Ausschaltung von mehr als einer Kausalrelation.

Die im 21. Titel behandelte verbriefte Anweisung ist zwar, wie schon ausgeführt wurde, der häufigste, aber keineswegs der einzige Fall einer Delegation im materiellen Sinne. Vielmehr gibt es auch delegations-abstrakte Forderungen, welche ausschließlich die Form der §§ 780—82 B.G.B. an sich tragen, wie dies z. B. bei der Giroabschreibung und der Skontration der Fall ist. Umgekehrt kann auch das auf einer verbrieften Anweisung erteilte Akzept, weil es zwischen kausal verbundenen Parteien abgegeben ist, in materieller Hinsicht eine gewöhnliche abstrakte Forderung sein. Auf diesen letzteren Fall, auf den die Regeln des vorhergehenden Paragraphen Anwendung finden, braucht hier nicht weiter eingegangen zu werden, sondern es wird im folgenden nur von den delegations-abstrakten Forderungen, die entweder die Form des Anweisungsakzepts oder diejenige des reinen Schuldversprechens oder des Schuldanerkenntnisses annehmen, die Rede sein. Es fragt sich insbesondere, welche Regeln auf alle delegations-abstrakten Forderungen und welche nur auf verbriefte Anweisungen Anwendung finden. Der wichtigste Unterschied zwischen den beiden Kategorien besteht darin, daß die verbriefte Anweisung ein Wertpapier, und zwar ein Rektapapier ist, weil die Begründung, Übertragung und Geltendmachung der Anweisung durch den Besitz der Urkunde bedingt ist. Denn wie die Anweisung nach § 783 B.G.B. erst mit der Aushändigung der Urkunde wirksam wird, so ist andererseits der Angewiesene B nur gegen Rückgewähr der Urkunde nach § 785 B.G.B. zur Leistung verpflichtet. Durch die erstere Vorschrift wird die Anweisung als konstitutive Urkunde, durch die zweite als Einlösungspapier charakterisiert.

Vor allem macht sich der Unterschied zwischen den beiden Arten der Anweisung geltend, wenn nicht eine effektive, sondern nur eine ideelle Zuwendung durch Eingehung einer delegations-abstrakten Forderung gemacht wird. Während das reine Schuldversprechen nur durch Vertrag eingegangen werden kann, erfolgt die Akzeptierung einer verbrieften Anweisung durch eine einseitige Willenserklärung, nämlich durch einen schriftlichen Vermerk auf der Urkunde (§ 784 Abs. 2 Satz 1 B.G.B.)[1]) Aus der Natur der verbrieften Anweisung als Wertpapier ergibt sich die wichtige Konsequenz, daß, wenn die Urkunde dem B von A und nicht von C zur Annahme vorgelegt ist, die einseitige Willenserklärung des Akzepts erst wirksam wird, wenn der Empfänger C durch Aushändigung von seiten des A oder B das Eigentum an dem stofflichen Substrat der abstrakten Forderung erlangt hat. Hat aber C die Vorlegung vorgenommen, so wird die Akzeptierung schon mit der Unterschrift wirksam und darf nicht etwa mittels Durchstreichens wieder beseitigt werden. In dieser Hinsicht besteht zwischen dem Wechsel und dem Anweisungsakzept keine irgendwie erhebliche Differenz. Überhaupt unterscheiden sich die bürgerliche Anweisung und der gezogene Wechsel im wesentlichen nur durch die der ersteren fehlende und dem letzteren zukommende Qualität der Indossierbarkeit und der Regreßpflicht, während sie in bezug auf das Akzept im großen und ganzen übereinstimmen. Daher findet Artikel 21 der Wechselordnung auch auf die Annahme der Anweisung Anwendung. Die Vermutung der Absätze 2 und 3, nach denen jede auf den Wechsel geschriebene und von dem Bezogenen unterschriebene Erklärung für eine unbeschränkte Annahme gilt, sofern nicht in derselben ausdrücklich ausgesprochen ist, daß der Bezogene entweder überhaupt nicht oder nur unter gewissen Einschränkungen annehmen wolle, und daß es gleichergestalt für eine unbeschränkte Annahme gilt, wenn der Bezogene ohne weiteren Beisatz seinen Namen oder seine Firma auf die Vorderseite des Wechsels schreibt, passen auch auf die verbriefte Anweisung des bürgerlichen Rechts, während der Absatz 4 des Artikels 21 der W. O., der die Unwiderruflichkeit der einmal erfolgten Annahme statuiert, eine bloße Konsequenz aus der Natur des Wertpapiers ist und

---

[1]) Oertmann, („Recht der Schuldverhältnisse", S. 874) und Jacobi, („Wertpapiere", S. 297) halten das Akzept ebenfalls für eine einseitige Willenserklärung, während Planck, („Komment. z. B.G.B.", 3. Aufl., Bd. 2 zu § 784c, S. 870) darin einen Vertrag erblickt. Gegen seine Auffassung spricht vor allem die Tatsache, daß auch eine beschränkte Annahme schlechthin gültig ist, auch wenn der andere Teil erklärt hat, daß er lieber keine, als eine beschränkte Annahme erlangen möchte.

daher auch für das Anweisungsakzept gilt. Nur der eine wichtige Unterschied bleibt bestehen, daß aus dem Wechselakzept nach Artikel 23 Abs. 2 der W. O. auch der Aussteller berechtigt wird, während der Anweisende, mögen ihm auch aus dem Deckungsverhältnis Ansprüche gegen B zustehen, niemals selber Akzeptgläubiger wird, sondern durch die auf seine Vorlegung erfolgte Annahme nur die Befugnis erlangt, durch Übergabe der Urkunde den Remittenten C zum Gläubiger zu machen.

Bei der Zession verleugnet sich die Wertpapiernatur der verbrieften Anweisung ebensowenig wie bei der Begründung. Dementsprechend stellt § 792 Abs. 1 B.G.B. drei Erfordernisse für eine gültige Abtretung auf: einmal den auf diesen Rechtseffekt gerichteten Vertrag, ferner schriftliche Erklärung, die freilich nicht notwendig auf der Urkunde selber zu erfolgen braucht, und schließlich die Übergabe der Urkunde. Fehlt eins dieser Momente, ist z. B. die Übertragungserklärung nicht schriftlich abgegeben, so geht die Anweisung nicht auf E über, so daß er nicht mit Wirkung für die Zwischenpersonen A, C, D die Leistung beim Bezogenen B erheben kann und daher eine trotzdem vorgenommene Zuwendung, also vor allem das Akzept, kondizierbar ist. Aber andererseits kann auch D die Anweisung nicht geltend machen, weil er die Urkunde nicht mehr in Händen hat. Daher ist eine anweisungsgemäße Leistung erst dann möglich, wenn entweder D die Urkunde mit dem Willen des E zurückerhält, oder umgekehrt letzterer durch schriftlichen Vermerk der Abtretung nachträglich legitimiert wird.

Alle diese Bestimmungen setzen eine formelle Urkunde voraus und können daher auf die der Form des reinen Schuldversprechens unterliegenden delegations-abstrakten Forderungen keine Anwendung finden. Das gleiche gilt von dem § 789 B.G.B., nach welchem der Anweisungsempfänger C dem Anweisenden A unverzüglich Anzeige zu machen hat, wenn der Angewiesene B vor dem Eintritt der Leistungszeit die Annahme der Anweisung oder später die Leistung verweigert, oder wenn der Anweisungsempfänger C die Anweisung nicht geltend machen kann oder will. Eine derartige formelle Notifikationspflicht paßt nur für Wertpapiere, wenn auch nicht verkannt werden darf, daß sich bei der nicht verbrieften Anweisung eine ähnliche Pflicht nach Treu und Glauben aus dem Kausalverhältnis ergeben kann. Zweifelhafter ist es, ob die Vorschrift des § 783 Abs. 1 B.G.B., wonach eine Anweisung nur auf vertretbare Sachen lauten darf, auch auf delegations-abstrakte Schuldversprechen Anwendung findet. Diese Frage ist richtiger Ansicht nach zu verneinen, denn, wenn auch nicht geleugnet werden darf, daß ein auf nicht vertretbare Sachen lautendes reines Schuldversprechen zu den größten Seltenheiten gehört, so ist doch auf der andern Seite in den §§ 780—82 B.G.B. eine solche Einschränkung nicht gemacht worden. Es wäre aber auch sehr mißlich, die Gültigkeit eines reinen Schuldversprechens von den Grundbeziehungen derart abhängig zu machen, daß ein auf einen nicht vertretbaren Gegenstand lautendes Schuldversprechen wirksam ist, wenn es sich nur auf e i n, dagegen nichtig, wenn es sich auf mehrere Kausalrelationen bezieht. Ebensowenig dürfte sich die Ausdehnung des § 786 B.G.B., nach welchem der Anspruch des Anweisungsempfängers C gegen den Angewiesenen B aus der Annahme in drei Jahren verjährt, auf delegations-abstrakte Schuldversprechen empfehlen, denn sonst käme man zu dem gewiß sehr wenig ansprechenden Resultat, daß ein reines Schuldversprechen je nach der Art der Kausalbeziehung in 30 oder in 3 Jahren verjährte. Auch die Vorschrift des § 792 Abs. 2 Satz 2 B.G.B., wonach die Ausschließung der Abtretungsbefugnis dem Angewiesenen B gegenüber nur wirksam ist, wenn sie aus der Anweisung zu entnehmen ist oder wenn sie von dem Anweisenden A dem Angewiesenen B mitgeteilt wird, bevor dieser die Anweisung annimmt oder die Leistung bewirkt, paßt nur auf die verbriefte Anweisung. Was den Ausschluß der Zedierbarkeit bei den übrigen Anweisungen angeht, so findet in dieser Hinsicht § 399 B.G.B. entsprechende Anwendung. Mithin ist die Übertragung ungültig, wenn sie vom Anweisenden A bei der Erteilung ausgeschlossen ist. Daraus folgt, daß das dem E von B gegebene reine Schuldversprechen wegen der Unwirksamkeit der zur indirekten Vermögensleistung notwendigen Gestattung kondiziert werden kann, trotzdem vielleicht sämtliche Kausalbeziehungen in Ordnung sind und jedenfalls E das ihm Zukommende erhalten hat. Mit der Möglichkeit, daß die formlose Anweisung infolge eines absolut wirkenden Zessionsverbots nicht übertragen werden kann, müssen spätere Erwerber immer rechnen. Wer diese Gefahr nicht laufen will, mag sich entweder bei A erkundigen, oder er muß sich eine verbriefte Anweisung geben lassen, bei der er durch § 792 Abs. 2 Satz 2 B.G.B. geschützt ist.

Alle andern als die erwähnten Bestimmungen finden dagegen auf sämtliche delegations-abstrakte Forderungen Anwendung. Dies gilt insbesondere von

1. § 784 Abs. 1 B.G.B. (denn in der Einschränkung der Einwendungen liegt ja gerade das Wesen der Delegations-Abstraktheit);
2. § 787 Abs. 1 (die im Falle einer Anweisung auf Schuld eintretende Befreiung von der Schuld durch Leistung in deren Höhe);
3. § 787 Abs. 2 (keine Verpflichtung des B zur Honorierung, auch wenn er Schuldner des A ist);
4. § 788 (Qui delegat, non solvit);
5. § 790 (Fortdauer der Widerrufsmöglichkeit bis zur effektiven oder ideellen Leistung des B, auch wenn A durch den Widerruf einer ihm gegen C obliegenden Verpflichtung zuwiderhandelt);
6. § 791 („die Anweisung erlischt nicht durch den Tod oder den Eintritt der Geschäftsunfähigkeit eines der Beteiligten“);
7. § 792 Abs. 1 Satz 1 (Übertragbarkeit der Anweisung); Abs. 2 Satz 1 (Ausschluß dieser Möglichkeit); Abs. 3 (Unzulässigkeit der Einwendungen aus dem zweiten und den folgenden Deckungsverhältnissen).

Da bisher in Deutschland — mit Ausnahme von Elsaß-Lothringen — ein Scheckgesetz nicht zustande gekommen, vielmehr erst im vergangenen Sommer ein Entwurf veröffentlicht worden ist[1]), so gelten zurzeit für den Scheck im technischen Sinne, den sogenannten weißen Scheck der Reichsbank, die Regeln des B.G.B. über die verbriefte Anweisung. Jedoch unterscheidet sich der Scheck von der gewöhnlichen auf Geld lautenden und auf Sicht zahlbaren Bankanweisung durch folgende drei Punkte:

---

[1]) Während der Korrektur dieser Abhandlung, am 14. März 1908, ist das neue Reichs-Scheck-Gesetz vom 11. März 1908 veröffentlicht worden.

1. Eine Annahme des Schecks ist zwar nicht verboten (anders § 8 des Entwurfs und § 10 des neuen Gesetzes), aber nicht üblich.

2. Regelmäßig sind im Kontext des Schecks dem Namen des Empfängers die Worte „oder Überbringer" hinzugefügt. Durch diese Klausel wird die Bank nur der Mühe und der Gefahr überhoben, die Legitimation des die Urkunde präsentierenden Inhabers zu prüfen. Keineswegs ist sie aber dem Anweisenden aus dem Scheckvertrag oder, falls dieser zugunsten Dritter lautet, auch dem Inhaber verpflichtet, an diesen zu zahlen. Die alternative Inhaberklausel macht den Scheck nur zum Legitimations-, nicht aber zum Inhaberpapier, denn das B.G.B. läßt eine auf den Inhaber gestellte Anweisung nicht zu, ein entgegenstehendes Handelsgewohnheitsrecht ist aber nicht nachweisbar. Noch weniger ist es freilich zulässig, den Scheck direkt auf den Inhaber zu stellen[1]). Allerdings kommen solche reine Inhaberschecks in der Wirklichkeit des Rechtslebens nicht selten vor, aber sie sind als verbriefte Anweisungen ungültig und können daher schon aus diesem Grunde nicht akzeptiert werden, ganz abgesehen davon, daß ein akzeptierter Inhaberscheck als ein Geldpapier nach § 795 B.G.B. der staatlichen Genehmigung bedürfte. Werden jedoch solche ungültige Inhaberschecks von der Bank eingelöst, so kann sie natürlich die betreffende Summe dem A auf Grund des Scheckvertrags in Rechnung stellen.

3. Ferner ist im Deckungsverhältnis gewöhnlich ein Vertrag zugunsten Dritter vorhanden, so daß der Anweisungsempfänger C oder sein Zessionar D nach § 328 B.G.B. einen selbständigen Anspruch auf Zahlung der Schecksumme in Gemäßheit des Scheckvertrags erlangt. Da diese Forderung nicht wie das Akzept abstrakter Natur ist, sondern auf dem Scheckvertrag beruht, so muß sich C oder sein Nachmann D alle Einwendungen aus dem Deckungsverhältnis gefallen lassen (§ 334 B.G.B.).

Der neue Entwurf, welcher in § 1 Ziffer 3 auch den

---

[1]) Übereinstimmend Jacobi, („Wertpapiere", S. 295) und Gierke (in Kohlers „Enzyklopädie" Bd. 1 S. 990,) während Cosack, („Lehrb. d. H.G.B.", S. 279 § 58) und Cohn (in Kohlers „Enzyklopädie" Bd. 1 S. 1072) zwar reine Inhaberschecks ebenfalls ablehnen, aber den mit der alternativen Überbringerklausel versehenen Scheck gleich einem Inhaberpapier behandeln und daher wegen § 795 B.G.B. für nicht akzeptabel halten.

reinen Inhaberscheck zuläßt, hat in § 11 ebenfalls das selbständige Klagerecht des Scheckinhabers gegen den Bezogenen auf Einlösung gemäß des Scheckvertrags anerkannt, dagegen in § 8 die Annahme des Schecks für ungültig erklärt [1]). Auch im übrigen ist er bestrebt gewesen, die Lage des Scheckinhabers möglichst günstig zu gestalten. Deshalb hat er nicht nur die Regreßpflicht des Ausstellers und des Indossanten anerkannt (§ 14), sondern den Scheck sogar zum gesetzlichen Orderpapier erhoben. Da der Scheck hierdurch einem Sichtwechsel sehr stark angenähert ist, so empfiehlt es sich, die eingehendere Besprechung des Entwurfs erst im folgenden von den Orderpapieren handelnden Paragraphen zu geben.

Gleich dem Scheck fällt auch der Kreditbrief unter den Begriff der auf Geld lautenden und meist auf Sicht zahlbaren Bankanweisung. Er ist nicht etwa, wie man wohl aus dem Namen schließen könnte, ein Auftrag zum Kreditieren im Sinne des § 778 B.G.B., denn durch die Abhebung des Geldes wird C nicht Schuldner des B und A Bürge dieser Forderung, vielmehr kommen, wie bei jeder anderen indirekten Vermögensleistung, zwischen B und C überhaupt keine kausalen Beziehungen in Frage. Der Kreditbrief unterscheidet sich vom Scheck dadurch, daß er gewöhnlich auf einen Höchstbetrag lautet, regelmäßig in Teilen abgehoben wird und ihm meistens die Überbringerklausel fehlt. Da er vielfach für Reisende, welche verschiedene Orte berühren wollen, ausgestellt ist, so enthält er nicht selten eine Mehrzahl von Bezogenen und von Zahlungsorten. (Zirkularkreditbrief.) [2])

Der häufigste Fall einer in der Form des reinen Schuldversprechens erteilten delegationsabstrakten Forderung ist die Giroabschreibung, deren Tatbestand kurz folgender ist:

Eine Anzahl Personen, die Girokunden, stehen mit einer Girobank derart in Geschäftsverbindung, daß letztere sich verpflichtet, einerseits für ihre Kunden Geldbeträge einzukassieren

---

[1]) Das neue Gesetz erkennt in § 4 zwar den Inhaberscheck an, hat aber im übrigen nicht nur im § 10 die Akzeptabilität ausgeschlossen, sondern auch das Klagerecht des Scheckberechtigten gegen den Bezogenen im Gegensatz zum Entwurf abgelehnt. (§ 13.)

[2]) Cosack, „Lehrb. d. H.R.“ S. 285 § 59 und Cohn in „Endemanns Hdb.“ Bd. 3 S. 1124.

und ihnen solche zuzuschreiben und andererseits bis zur Höhe ihres Guthabens oder des einen bestimmten Minimalbetrag übersteigenden Teils Geld auszuzahlen und auf ihre Anweisung Abschreibungen vorzunehmen. Regelmäßig ist mit dem Girovertrag noch ein Scheckvertrag verbunden, in welchem die Bank es übernimmt, bis zu einer bestimmten Höhe die von ihren Kunden auf sie gezogenen Schecks zu honorieren. Das Entgelt der Bank für ihre Bemühungen besteht darin, daß sie ihren Kunden für ihr Guthaben entweder gar keine oder doch geringere Zinsen als üblich berechnet. Deshalb muß der Girokunde der Bank ein bestimmtes Minimalguthaben belassen, oder letztere wird wenigstens berechtigt, für ihre Bemühungen eine besondere Provision in Ansatz zu bringen. Der zwischen der Bank und den Kunden abgeschlossene Girovertrag charakterisiert sich mithin als ein Werkvertrag, der eine Geschäftsbesorgung zum Gegenstand hat[1]). Das Recht und die Pflicht des Kunden, der Bank eine bestimmte Geldsumme als sein Guthaben zu belassen, ist nicht etwa ein selbständiger Darlehns- oder irregulärer Depositalvertrag, sondern nur ein integrierender Bestandteil des Giro- und Scheckvertrags.

Die juristische Natur der Girozahlung ist noch ziemlich ungeklärt: Brodmann[2]) geht von der Auffassung aus, daß die Bank sowohl für A als für C Kassenhalter sei, und sucht die Natur der Girozahlung dadurch zu erklären, daß er eine effektive Zahlung unterstellt, welche die Bank als direkter Vertreter des A mit sich selbst als Vertreter des C abschließe, und bei welchem nur das unnötige Hin- und Herschieben der Münzen vermieden werde. Gegen diese Theorie spricht vor allem das Bedenken, daß sie in Wahrheit gar keine Kon-

---

[1]) Da die Girobank als Großunternehmen ein in sozial-ökonomischer Hinsicht selbständiges Aktionszentrum ist, so nehme ich keinen Dienst-, sondern einen Werkvertrag an. Siehe Crome, „Lehrb. d. B.G.B.“ S. 642 u. 675.

[2]) Brodmann, „Zeitschrift f. H.R.“ Bd. 48 S. 132. An ihn schließt sich Mez an, („Archiv f. Bürgerliches Recht“ Bd. 30 S. 69). Auch Späing, („Der Girovertrag der Deutschen Reichsbank“ S. 49) folgt im wesentlichen Brodmann, nimmt aber an, daß die Bank als Ermächtigte des Abschreibenden an sich in eigenem Namen als Empfangsermächtigte des Erwerbers zahle. Hierdurch wird die Brodmannsche Theorie nur noch unhaltbarer, denn ein Kontrahieren mit sich selbst ist nur bei direkter, nicht aber bei indirekter Stellvertretung möglich.

struktion enthält, sondern mit ganz willkürlichen Fiktionen arbeitet. Das Wesen der Konstruktion besteht darin, die Rechtsnormen, welche eine konkrete Erscheinung des wirtschaftlichen Lebens regeln, den grundlegenden Prinzipien des positiven Rechts zu subsumieren. Hierbei darf man aber nicht, wie Brodmann dies tut, an Stelle der zu erklärenden Phänomene völlig abweichende Tatbestände setzen. Der Vorgang einer Girozahlung spielt sich in folgendem einfachen Verlauf ab: wenn der Girokunde A dem Girokunden C 1000 M. zuwenden will, so übersendet er der Bank einen Abschreibezettel, in welchem er seinen Antrag auf Abschreibung an C formularmäßig dokumentiert. Daraufhin belastet die Bank sein Konto mit 1000 M. und schreibt den gleichen Betrag dem Kunden C gut. Die konstruktive Aufgabe des Juristen in bezug auf diesen rechtlichen Vorgang besteht darin, zu erklären, warum sich die Bank gegenüber der Forderung des C aus der Gutschrift nicht auf das Deckungsverhältnis zu A berufen darf, ein Satz, mit welchem die Girozahlung als praktisches Rechtsinstitut steht und fällt. Zu diesem Behuf darf man aber nicht an Stelle dieses einfachen Vorgangs den oben erwähnten komplizierten Tatbestand einer fiktiven Zahlung setzen. Dieses in methodologischer Beziehung unzulässige Verfahren ist nicht einmal nötig, denn man kann auch ohne solche Fiktionen zu dem gewünschten Resultat, nämlich der Ausschließung der Einwendungen aus dem Deckungsverhältnis, gelangen, sofern man den Begriff der delegationsabstrakten Forderung zur Erklärung heranzieht [1]).

Der Abschreibezettel, im Giroverkehr mit der Reichsbank auch roter Scheck genannt, ist kein Scheck im technischen Sinne, überhaupt keine verbriefte Anweisung, sondern eine formlose Delegation zum bloßen Versprechen. Denn, wenn sie auch schriftlich erteilt wird, so verkörpert sich doch die Gestattung nicht in der Urkunde, weil sie nicht erst durch deren Aushändigung an C, sondern schon durch Mitteilung an B wirksam wird. Auch wird die Anweisung zum Versprechen nicht etwa durch eine auf die Urkunde gesetzte Annahme, sondern durch entsprechende auf den Konten der beiden Kunden von Seiten der Bank vorgenommene Vermerke

---

[1]) So schon Cohn in „Endemanns Handbuch“ Bd. 3 S. 1054.

ausgeführt. Der Abschreibevermerk hat bloß deklaratorische Bedeutung, denn er dokumentiert nur, daß die Anweisung vollzogen, und dadurch die Forderung des A gegen die Bank gemindert, oder sofern auf Kredit gezogen ist, umgekehrt eine Forderung der Bank gegen A ins Leben gerufen worden ist. Ganz anders ist aber der juristische Charakter der Zuschreibung: denn in ihr liegt die Begründung einer delegations-abstrakten Forderung, welche dadurch entsteht, daß die Bank mit sich selbst als Vertreter ihres Girokunden C einen reinen obligatorischen Vertrag abschließt. Die Verpflichtung der Bank erfolgt also nicht mittels Annahme der Anweisung, sondern durch Erteilung eines reinen Schuldversprechens, welches nach § 350 H.G.B. formlos erfolgen kann, denn eine Girobank als solche ist auch ohne Eintragung ins Handelsregister nach § 1, Ziffer 4 H.G.B. Vollkaufmann, da sie Bankier- und Geldwechslergeschäfte gewerbsmäßig als Großunternehmen betreibt. Dieses Moment ist praktisch von großer Wichtigkeit, weil die Zuschrift, wenn sie auch schriftlich erfolgt, doch den Erfordernissen des § 126 B.G.B. nicht entspricht, da eine eigenhändige Unterschrift der Bank nicht vorliegt.

Legt man diese Theorie der Giroabschreibung zugrunde, so ergeben sich die weiteren Konsequenzen ohne Schwierigkeit. Wird eine Zuschrift vorgenommen, so entsteht aus dieser Tatsache ohne weiteres eine abstrakte Obligation, sofern nur die Absicht der Forderungsbegründung vorhanden ist, was in der Regel der Fall sein dürfte. Auch wenn sie auf einen höheren Betrag als der Abschreibezettel lautet, so ist nichtsdestoweniger die Forderung ihrer ganzen Summe nach ins Leben getreten. Denn das Nichtvorhandensein der Anweisung stellt die Existenz der abstrakten Forderung nicht in Frage, sondern begründet nur einen kondiktizischen Ausgleich zwischen der Bank und ihrem Kunden C. Ist die Zuschrift zu Unrecht erfolgt, so darf daher die Bank die Eintragung nicht einfach durchstreichen, sondern sie muß den fraglichen Betrag stornieren[1]), indem sie das Versehen im Girobuch berichtigt und den Kunden hiervon in Kenntnis setzt, eine Erklärung, welche die Geltendmachung

[1]) Unter Stornieren des Guthabens oder eines Teils versteht man die von der Bank an ihren Kunden gerichtete Erklärung, daß sie ihm die Disposition über den Betrag entziehe und daher keine Abschreibungen

einer Einrede aus ungerechtfertigter Bereicherung enthält. Abgesehen von diesem Fall der fehlenden Anweisung, greift ein Anspruch oder eine Einrede nach Kondiktionsgrundsätzen nur dann Platz, wenn beide Kausalverhältnisse nicht in Ordnung sind, oder wenn nach § 822 B.G.B. zwar nur das Deckungsverhältnis notleidet, aber eine Haftung des A deshalb ausgeschlossen ist, weil er das Erlangte dem C unentgeltlich zugewandt hat. Insbesondere kann also die Bank allein aus dem Deckungsverhältnis keine Einwendungen gegen C herleiten. Hat sie also die Zuschrift vorgenommen, trotzdem A kein Guthaben mehr bei ihr hatte, so kann sie nur gegen A eine Mandatsklage erheben, aber die Zuschrift an C nicht rückgängig machen. An diesem Punkt zeigt sich am klarsten, daß die Giroabschreibung weder eine Zession eines dem A gegen die Bank zustehenden Anspruchs, noch einen Vertrag zugunsten Dritter, sondern die Begründung einer delegationsabstrakten Forderung enthält.

Sind A und C nicht Kunden derselben Girobank, so ist der Vorgang der Abschreibung insofern komplizierter, als die Girobank des A, nämlich B 1, die Zuschrift natürlich nicht selber vornehmen, sondern die Girobank des C, nämlich B 2, darum ersuchen muß. Hierin liegt eine Zession der Anweisung, verbunden mit einer neuen Delegation, auf welche die bisher entwickelten Grundsätze entsprechende Anwendung finden. Durch die für C von B 2 gebuchte Zuschrift kommt eine delegations-abstrakte Forderung zustande, durch welche auf drei Kausalrelationen eingewirkt wird, nämlich auf das Deckungsverhältnis von B 2 zu B 1, auf dasjenige von B 1 zu A und auf das Valutaverhältnis von A zu C. Durch den Vollzug wird also B 2 entweder von einer Schuld gegen B 1 befreit oder er erwirbt gegen ihn einen Revalierungsanspruch. Bezüglich der Einwendungen, die B 2 gegen C erheben kann, finden ebenfalls die obigen Grundsätze Anwendung. Daher kann B 2 von der Unentgeltlichkeit des Valutaverhältnisses abgesehen

---

für ihn mehr vornehmen werde, sei es, daß sie Gegenforderungen erhebt, sei es, daß sie sich auf eine Kondiktion bezieht. Für den Begriff des Stornierens ist es mithin unerheblich, ob sich die Erklärung als berechtigt ausweist oder ob der Tatbestand der Aufrechnungsbefugnis oder der Kondiktion nicht vorhanden war.

nur dann eine Kondiktion geltend machen, wenn sämtliche Kausalrelationen nicht in Ordnung sind, oder wenn es an einer gültigen Anweisung fehlt. Im übrigen darf aber B 2 aus den Grundbeziehungen keine Einwendungen herleiten, insbesondere darf er sich nicht auf sein Deckungsverhältnis zu B 1 berufen.

In Übereinstimmung mit dem altrömischen Satze „qui delegat, solvit“ und im Gegensatz zu § 788 B.G.B. gilt im Giroverkehr die Zuschrift als eine nicht bloß vorläufig, sondern definitiv wirkende Zuwendung, welche die Kausalrelationen endgültig erledigt. Fällt daher die Bank später in Konkurs, so kann sich C nicht etwa auf Grund des ursprünglichen Kausalverhältnisses an A schadlos halten, sondern er muß sich mit seiner Konkurs-Dividende begnügen. Diese Entscheidung ist durchaus der Billigkeit und der Verkehrsanschauung entsprechend, weil der Giroverkehr ebenso sehr den Interessen des Empfängers, wie denen des Anweisenden dient. Denn er erspart allen Beteiligten die mit großen Geldzahlungen notwendig verbundenen Kosten, Mühen und Gefahren und daher ist es auch durchaus sachgemäß, wenn ein jeder Girokunde bezüglich seines Guthabens das überaus geringe Risiko eines Bankkrachs trägt. An und für sich ist zwar niemand verpflichtet, sich durch Giroabschreibung bezahlen zu lassen. Wer aber bei einer Bank sich ein Girokonto eröffnen läßt, gibt damit der Allgemeinheit zu erkennen, daß er bereit sei, etwaige Zuschreibungen gegen sich gelten zu lassen. Daher muß er, wenn er im Einzelfall Barzahlung zu erhalten wünscht, eine besondere Gegenorder geben [1]).

Im Interesse der Volkswirtschaft ist eine möglichst große Ausdehnung des Giroverkehrs sehr zu wünschen, weil auf diese Weise Barzahlungen vermieden werden und dadurch namentlich in Zeiten der Geldknappheit der Geldmarkt eine wesentliche Erleichterung erlangt. In noch höherem Maße als durch Giroabschreibung wird die Notwendigkeit einer Barzahlung durch die Skontration eingeschränkt. Die zum Skontrationsverband gehörigen Firmen erledigen ihre täglichen Zahlungen auf folgende Weise: an jedem Morgen kommen die Vertreter

---

[1]) Unrichtig ist mithin die Vorentscheidung, welche dem Urteil des Reichsgerichts (Bd. 40 S. 162) zugrunde lag.

in dem Skontrationsbüro zusammen und melden hier die zu bewirkenden Zahlungen an. Nach Ablauf einiger Stunden, welche die Vertreter zur Information benutzen, gelten die erhobenen Ansprüche[1]) als anerkannt. Hierauf wird bezüglich eines jeden Teilnehmers berechnet, wie groß die Differenz zwischen der Summe seiner Forderungen und derjenigen seiner Schulden gegenüber allen andern Mitgliedern ist. Hiernach fallen die Beteiligten in zwei Parteien, die Aktiv- und die Passiv-Mitglieder. Ist richtig gerechnet worden, so muß die Gesamtsumme, welche die Passivmitglieder schulden, gleich hoch sein wie die Beträge, welche die Aktivmitglieder zu fordern haben. Hierauf lassen die Passivmitglieder die von ihnen geschuldeten Beträge von ihrem Girokonto bei der Reichsbank an dasjenige des Skontrationsverbandes abschreiben und dieser wendet den Aktivmitgliedern die gleiche Summe auf demselben Wege durch Vermittelung der Reichsbank zu. Durch dieses einfache und praktische Mittel, durch welches die Grundbeziehungen ebenso wie durch die gewöhnliche Giroabschreibung definitiv erledigt sind, werden alljährlich Bargeldumsätze von vielen Milliarden erspart. Die juristische Konstruktion dieses Rechtsinstituts, welches bisher mehr vom national-ökonomischen als vom juristischen Standpunkt aus behandelt worden ist, bietet erhebliche Schwierigkeiten. Cohn[2]) sucht den juristischen Vorgang beim Clearing dadurch zu erklären, daß er eine doppelte Reihe von Zessionen unterstellt. „Zunächst nämlich zediert jedes Vereinsmitglied seine sämtlichen nicht durch unmittelbare Kompensation getilgten Forderungen gegen die übrigen an den Verein als solchen. Der Verein wird in Höhe der Zessionsvaluta Schuldner der Zedenten und zugleich als Zessionar Gläubiger der debitores cessi. Da nun jedes oder doch fast jedes Mitglied sowohl Zedent, als auch debitor cessus ist, so kann der Verein mit jedem oder doch fast jedem insoweit kompensieren, als die

[1]) Der Kürze halber ist nur von dem gewöhnlichen Fall der solvendi causa vorgenommenen Zuwendung die Rede. Natürlich können aber die Zahlungen, deren Erledigung durch Skontration bewirkt wird, ebensogut credendi oder donandi causa erfolgen.

[2]) Cohn, in „Endemanns Handbuch", Bd. 3 S. 1072. Gegen die Zessionstheorie Cosack, „Lehrbuch des Handelsrechts" S. 294 § 63.

dem einzelnen gebührende Zessionsvaluta und die von ihm geschuldeten Beträge sich decken. Insoweit die Zessionsvaluta die Schuld übersteigt (Aktivsaldo), insoweit wird der Verein Schuldner seines Mitglieds; insoweit die Schuld die Zessionsvaluta übersteigt (Passivsaldo), insoweit wird der Verein Gläubiger seines Mitglieds". Wäre diese Auffassung richtig, so würde, wenn eine nicht existierende Forderung verrechnet worden wäre, die condictio indebiti dem vermeintlichen Schuldner gegen den Skontrationsverband als Zessionar des Kausalanspruchs und nicht gegen den ursprünglichen Pseudo-Gläubiger zustehen. Ein derartiges Ergebnis würde aber den Parteiintentionen vollständig zuwiderlaufen, denn der Skontrationsverband soll nur ein Werkzeug für eine bequemere Erledigung von Geldzahlungen sein, aber gerade deshalb muß er sorgfältig davor behütet bleiben, in den Strudel der Kausalbeziehungen seiner Mitglieder hineingerissen zu werden. Deshalb ist nur eine solche Konstruktion der Skontration annehmbar, nach welcher eine etwaige condictio indebiti nur zwischen den ursprünglichen Parteien zur Entstehung kommt. Dieses Ergebnis ist ohne Schwierigkeit dadurch zu erzielen, daß man folgende Parteiakte zugrundelegt: jedes Mitglied weist den Verein an, für denjenigen Betrag, den er dem einzelnen Genossen abzüglich von dessen Gegenforderungen schuldet, ein abstraktes Versprechen zu geben; den gleichen Betrag wird der Anweisende aus dem Deckungsverhältnis dem Verein als Revalierung schuldig. Hierauf rechnet der Verein mit den einzelnen Genossen auf und der auf diese Weise nicht getilgte Rest wird mittels Giroabschreibung bei der Reichsbank berichtigt. Da die von seiten des Vereins abgegebene abstrakte Schuld einen delegations-abstrakten Charakter an sich trägt, so kommt ein Mangel im Valutaverhältnis zwischen den Genossen weder für die abstrakte Forderung zwischen dem Verband und den Aktivgenossen, noch für das Deckungsverhältnis zwischen den Passivgenossen und dem Verband irgendwie in Betracht. Da die condictio indebiti nur in dem Valutaverhältnis zwischen den Genossen Platz greift, so bleibt der Verband von den Kausalbeziehungen völlig unberührt. Nur eine Konstruktion, welche dieses Resultat sicher stellt, kann das Rechtsinstitut der Skontration lebensfähig erhalten.

Ein ferneres Beispiel einer in der Form des reinen Schuldversprechens abgegebenen delegations-abstrakten Forderung liefert das Vinkulationsgeschäft, welches im deutschen Importverkehr mit dem europäischen Ost-Ländern, insbesondere mit Österreich, Rußland und Rumänien, üblich ist. Sein Tatbestand ist kurz folgender:

Der deutsche Importeur B hat von dem galizischen Händler A Eier oder Getreide gekauft, welche dieser seinerseits von den dortigen Produzenten ersteht. Da der kapitalarme österreichische Exporteur seine Lieferanten nicht bar bezahlen und von ihnen auch keinen Kredit erhalten kann, so sieht er sich genötigt, bei seinem Bankier C gegen Lombardierung der gekauften Waren ein Darlehn aufzunehmen, mit welchem er seine Lieferanten bezahlt. Zu diesem Zweck überträgt er dem Bankier das fiduziarische Eigentum an den fraglichen Produkten oder bestellt ihm wenigstens an ihnen ein Pfandrecht. Da A dem C den Vorschuß nur mit demjenigen Geld, das er von seinem Käufer B erhalten wird, zurückzahlen kann, C aber natürlich vor Berichtigung des Darlehns den Besitz an den verkauften Waren an A nicht herausgeben will, so ersucht A den C, die Waren dem deutschen Importeur B zuzurollen und ermächtigt ihn, den Kaufpreis einzuziehen und sich aus dem Erlös zu befriedigen. Der Bankier C sendet hierauf dem B die Waren mit dem Bemerken zu, daß er ihm in Erfüllung des zwischen A und B abgeschlossenen Kaufvertrags das Eigentum übertrage, falls B eine bestimmte Summe, deren Höhe regelmäßig dem Kaufpreis entspricht, an ihn C zahlen wolle. Gewöhnlich fügt der Vinkulant noch die Bemerkung hinzu, daß die Waren bis zur Berichtigung des Betrages in seinem Eigentum verbleiben. Häufig sendet auch der Verkäufer A an B eine Mitteilung, in welcher er ihn über die Sachlage aufklärt.

Natürlich braucht sich der deutsche Importeur C auf dieses Verfahren nicht einzulassen, außer wenn diese Art der Ausführung in dem ursprünglichen Kaufvertrag ausgemacht worden

---

[1]) Ein ähnliches Skontrationsverfahren wird an der Börse bei der Ultimoliquidation vorgenommen, nur daß der Gegenstand der Skontration nicht Geld, sondern solche Waren und Wertpapiere, welche im Börsenterminverkehr gehandelt werden, betrifft.

ist. Meistens wird er sich aber, um nur sein Geschäft realisieren zu können, in diese Modalität der Erfüllung fügen, indem er entweder den Vorschlag ausdrücklich annimmt, oder ihm stillschweigend durch Disposition über die ihm auf Grund des Vinkulationsbriefs zugesandten Waren zustimmt.

Wie sich in diesem Fall das zustande gekommene Geschäft juristisch charakterisiert, ist sehr fraglich. Die Annahme eines Kaufs oder einer Kommission[1]) liegt den Parteien völlig fern, weil diese nur auf Grund der Anweisung des A mit Bezug auf die ursprünglichen Kaufgeschäfte handeln. Die Annahme eines neuen zwischen B und C abgeschlossenen Kausalgeschäfts verbietet sich schon durch die Konsequenz, daß trotz eines solchen Kauf- oder Kommissionsgeschäfts B von A auf Grund des ursprünglichen Kaufvertrags jederzeit auf Abnahme der Waren und Zahlung des Kaufpreises belangt werden könnte. In Wahrheit liegt zwischen B und C überhaupt kein kausales Verhältnis vor, sondern es kommen nur zwei auf Anweisung des A erfolgende indirekte Zuwendungen, deren Rechtsgrund in den Beziehungen von B und C zu A beruht, in Frage, nämlich eine Tradition des C an B und ein abstraktes Versprechen des B an C, und zwar stehen diese beiden Geschäfte einander nicht völlig isoliert gegenüber, sondern sie sind in ihrer Wirksamkeit voneinander mehr oder weniger bedingt. Denn C überträgt das Eigentum der Waren an B regelmäßig nur unter der Bedingung, daß dieser die fragliche Vinkulationssumme zahlt, oder wenn er dem Kredit des B vertraut, so begnügt er sich damit, die Rechtswirkung des Eigentumsübergangs von dem abstrakten Versprechen der Vinkulationssumme abhängig zu machen, sodaß B schon vor der Zahlung seinerseits über die Waren disponieren kann, sofern er nur das reine Schuldversprechen abgibt. In beiden Fällen wird mithin die Übergabe der Waren von einem Versprechen abhängig gemacht. Der Unterschied der beiden

[1]) Für die Annahme einer Kommission haben sich Trumpler (in Holdheims Monatsschrift Bd. 12 S. 268) und Düringer-Hachenberg, („Komment. z. H.G.B.“ Bd. 3, S. 351) ausgesprochen. Dagegen Flechtheim („Das Vinkulationsgeschäft“ i. d. Ztschr. f. H. R. Bd. 60, S. 133 ff.), welcher seinerseits mit dem Begriff der Anweisung operiert. Siehe auch das Urteil des Reichsgerichts (Bd. 54 S. 213—219), welches einen landrechtlichen Fall behandelt.

Vinkulationsangebote besteht nur darin, daß die Rechtswirkung des Eigentumsübergangs im letzteren Fall bloß vom Versprechen, im ersteren Fall dagegen außer von dem Versprechen auch von seiner Erfüllung bedingt ist. Es wäre irrig, mit Flechtheim[1]) anzunehmen, daß im ersteren Fall von gar keinem Versprechen, sondern nur von einer Zahlung die Rede wäre, denn nach dieser Ansicht käme man zu dem Resultat, daß der vorsichtigere Vinkulant für den Fall, daß B über die Waren, ohne zu zahlen, gutgläubig disponiert hätte, auf einen kondiktizischen Anspruch beschränkt wäre, während der dem B kreditierende Vinkulant, welcher die Übertragung des Eigentums nur vom reinen Schuldversprechen abhängig gemacht hätte, aus diesem inhaltlich viel weitergehende Rechte geltend machen könnte. Umgekehrt geht B die abstrakte Verbindlichkeit dem C gegenüber nur unter der Bedingung ein, daß ihm die im Vinkulationsbrief erwähnten Waren von bestimmter Qualität und Größe übergeben werden.

Dieser Vinkulationsvertrag kann, wenn B Vollkaufmann ist, nach § 350 H.G.B. auch formlos abgeschlossen werden; ja wenn B auf das Schreiben des C ohne weiteres über die Sachen disponiert, so kann dadurch das reine Schuldversprechen, ohne daß die Annahme des Vinkulationsvorschlags dem C gegenüber erklärt würde, auch stillschweigend eingegangen werden, weil nach der Verkehrssitte eine Antwort nicht zu erwarten ist (§ 151 B.G.B.). Wenn jedoch B ein Landwirt ist, welcher für sein Gut Futtergetreide gekauft hat, so muß nach § 780 B.G.B. das reine Schuldversprechen schriftlich abgegeben werden. Ist die Annahme nur mündlich oder gar nur stillschweigend durch Verbrauch nach § 151 B.G.B. erfolgt, so kommt kein gültiges Versprechen zustande, aber auch die Eigentumsübertragung ist nicht wirksam vollzogen, weil eben die Bedingung, nämlich das Existentwerden eines gültigen Schuldversprechens, ausgefallen ist. Daher kann C die Waren vindizieren; wenn B sie aber schon verzehrt oder an gutgläubige Dritte veräußert hat, so haftet er auf Schadenersatz

[1]) Flechtheim, Zeitschr. f. Hand. R., Bd. 60, S. 138. Auch das Reichsgericht (Bd. 54, S. 219) gewährt gleich dem Text dem C gegen B nicht bloß einen Kondiktions-, sondern auch einen Vertragsanspruch, ohne freilich letzteren näher zu charakterisieren.

nicht schon wegen jeder Fahrlässigkeit, sondern diese Folge tritt nur ein, wenn ihm bei Erlangung des Besitzes dolus oder culpa lata bezüglich des dem C zustehenden Eigentums zur Last fällt, oder wenn er die fragliche Disposition nach Erlangung der Kenntnis oder nach Rechtshängigkeit vornimmt, (§§ 989 und 990 B.G.B.). Sind dagegen diese Voraussetzungen nicht vorhanden, so ist C bei Verfolgung seiner Rechte gegenüber dem B auf den Rechtsbehelf der ungerechtfertigten Bereicherung beschränkt, (§§ 812, 816 B.G.B.).

Legt man die Konstruktion der delegations-abstrakten Forderung zum Zwecke der Erklärung des Vinkulationsgeschäftes zugrunde, so ergeben sich die Konsequenzen ohne Schwierigkeiten von selbst. Der Importeur B kann nach den allgemeinen Regeln rein persönliche Rechtsbehelfe, insbesondere kondiktizische Einreden, welche ihm gegen A zustehen, dem C gegenüber regelmäßig nicht geltend machen, weil das Deckungsverhältnis infolge analytischer Vereinfachung des Tatbestandes ausgeschieden ist. Daher darf B dem C weder entgegenhalten, daß er seinem Käufer A den Kaufpreis schon pränumerando gezahlt habe, noch darf er geltend machen, daß der zwischen ihm und A abgeschlossene Kauf wegen Fehlens einer zugesicherten Eigenschaft gewandelt sei, oder daß er mit A einen Rücktritt von diesem Kaufvertrag vereinbart habe. Ebensowenig ist es ihm gestattet, mit kompensablen Gegenforderungen, die ihm gegen A zustehen, dem abstrakten Anspruch des C gegenüber aufzurechnen. Nur wenn sich der Vinkulant C als Werkzeug des Verkäufers A gebrauchen läßt, um dem Importeur B die Geltendmachung der ihm gegen A zustehenden Einwendungen abzuschneiden, so würde in einer solchen Kollusion ein Verstoß gegen die guten Sitten liegen, welcher nach den §§ 826, 853 B.G.B. für den Importeur B eine Einrede der Arglist begründet. Sind dagegen beide Kausalbeziehungen nicht in Ordnung, so ist die via directa gegeben und damit ein unmittelbarer kondiktizischer Ausgleich zwischen B und C ermöglicht. Dieser Rechtsbehelf ist deshalb von besonderer Wichtigkeit, weil er einen Ausweg eröffnet, der es gestattet, daß B die ihm gegen A zustehenden Verteidigungsmittel, wie Minderung des Kaufpreises wegen tatsächlicher Mängel der gelieferten Waren oder Gegenforderungen auch dem abstrakten Anspruch des C wenigstens insoweit entgegenhalten kann, als der von B an A gewährte effektive Vorschuß hinter der Vinkulationssumme zurückbleibt. Denn die indirekte Vermögenszuwendung der abstrakten Forderung soll dazu dienen, im Deckungsverhältnis die Kaufforderung des A gegen B und im Valutaverhältnis den Darlehnsanspruch des C gegen A zu erledigen. Wenn der Kaufpreis wegen ädilizischer Mängel von 2000 M. auf 1800 M. gemindert wird, so kann B auch die Vinkulationssumme um 200 M. kürzen, wenn C die Waren mit nicht mehr als 1800 M. bevorschußt hat. Denn unter dieser Voraussetzung ist das Deckungsverhältnis in Höhe von 200 M. nicht in Ordnung, und andererseits enthält das Valutaverhältnis im gleichen Betrage eine bloß fiduziarische Zuwendung, weil C in Höhe der Differenz nur Inkassomandatar ist, so daß auch die im Deckungsverhältnis gegebenen rein persönlichen Rechtsbehelfe, insbesondere die Kondiktionseinrede, nach allgemeinen Grundsätzen auch ihm entgegenstehen. Im übrigen kann dagegen B dem C gegenüber nur solche Momente, welche Bedingung des reinen Schuldversprechens sind, wie z. B. bestimmte Zusagen des C bezüglich der Qualität oder Quantität der gelieferten Waren, für sich ins Feld führen. So zeigt sich bei allen Detailfragen, daß die Annahme eines reinen Schuldversprechens geeignet ist, die überaus schwierigen Verhältnisse der Warenvinkulation klar und einfach zu ordnen[1].

---

[1] Während der Korrektur dieser Arbeit erhielt ich Kenntnis von der interessanten und scharfsinnigen Abhandlung von James Breit („Das Vinkulationsgeschäft [die Lombardierung rollender Güter]", Tübingen 1908), welcher es sich vor allem angelegen sein läßt, den Satz zu verteidigen, daß der Importeur B auch dem Vinkulanten C gegenüber die ihm gegen seinen Lieferanten A zustehenden Einwendungen insoweit geltend machen kann, als der effektive Vorschuß hinter der Vinkulationssumme zurückbleibt. Meines Erachtens kann man diese Regel, welche unbedingt notwendig ist, wenn vermieden werden soll, daß das Vinkulationsgeschäft zu unlauteren Zwecken mißbraucht werde, in viel einfacherer Weise auf Grund der Anweisungstheorie mittels einer via directa Kondiktion als durch das von Breit konstruierte Ablösungsrecht begründen. Eine eingehendere Auseinandersetzung mit den teilweise recht gewagten Ausführungen des genannten Autors kann an dieser Stelle nicht erfolgen.

§ 5.

Die order-abstrakte Forderung.

Order-abstrakt ist eine Forderung nicht schon dann, wenn die in dem Versprechen liegende Zuwendung sich darin erschöpft, nur einmal mehrere Kausalrelationen auszuschalten, sondern dieser Begriff ist erst anwendbar, wenn jedesmal durch eine besonders geartete Rechtsnachfolge — nämlich bei Inhaberpapieren und blanko-girierten Orderpapieren durch bloße Papierübertragung, bei den übrigen Orderpapieren außerdem durch Indossierung — ohne Hinzutritt eines neuen Versprechens weitere Kausalrelationen ausgeschaltet werden. Bei dem Anweisungsakzept können, wie schon ausgeführt, sehr wohl mehr als zwei Beziehungen beiseite geschoben werden, wenn B die Anweisung nicht dem C, sondern dessen Zessionaren D oder E gegenüber annimmt. Aber damit ist auch die analytische Funktion des Akzepts am Ende ihrer Wirksamkeit angelangt, weitere Vereinfachungen kann sie nicht mehr erzielen. Wenn also D das ihm von B gegebene Akzept an E abtritt, so kann B diesem gegenüber nach allgemeinen Grundsätzen (§§ 404 ff. B.G.B.) die ihm gegen D zustehenden Einwendungen geltend machen. Soll eine weitere analytische Vereinfachung durch Ausschaltung des Deckungsverhältnisses B/D stattfinden, so ist hierfür ein neues Versprechen des B an E notwendig. Ganz anders ist aber die Sachlage, wenn es sich um ein abstraktes Inhaber- oder Orderpapier handelt, denn in diesem Fall wird der gleiche Effekt dadurch erzielt, daß das Inhaberpapier übergeben und das Orderpapier außerdem giriert wird, da das Wesen dieser Papiere gerade darin besteht, daß der Verpflichtete die Leistung jedem formell legitimierten Papierberechtigten selbständig verspricht. Daher erschöpft sich die analytische Funktion des Wechselakzepts nicht darin, die zwischen dem Annehmenden B und dem Erklärungsempfänger D bestehenden Beziehungen B/A, A/C, C/D, B/C auszuschalten, sondern durch jedes weitere Indossament werden nicht nur, wie bei der Zession, die ferneren Valutaverhältnisse D/E, E/F usw., sondern auch die ferneren Deckungsverhältnisse B/D, B/E usw. beiseite geschoben. Aber diese unerschöpfliche, sich stets erneuernde Delegationsfunktion ist nur die eine Seite in der Rechtsnatur der orderabstrakten Forderung, zugleich ist sie stets in einem vollkommenen skripturmäßigen Wertpapier verkörpert und unterliegt daher auch den wichtigen Regeln, welche dieses für die Volkswirtschaft so bedeutungsvolle Rechtsinstitut ordnen. Daher ist zunächst ein kurzer Blick auf die Lehre von den Wertpapieren zu werfen.

Gewöhnlich versteht man im Anschluß an Brunner[1]) unter einem Wertpapier eine Urkunde „über ein Privatrecht, dessen Verwertung durch die Innehabung der Urkunde privatrechtlich bedingt ist“. Hiernach würden auch solche Urkunden, die, wie Sparkassenbücher und Versicherungspolicen, zwar für die Übertragung ohne Bedeutung sind, deren Besitz dagegen für die Rechtsausübung wesentlich ist, als Wertpapiere, wenn auch nur als unvollkommene, anzusehen sein. Die Bezeichnung eines vollkommenen Wertpapiers verdienen dagegen nur diejenigen Urkunden, welche auch bezüglich der Übertragung eine Mittlerrolle spielen. Hier sind ferner zwei Unterarten zu unterscheiden: entweder muß bei der Übergabe der Urkunde noch eine weitere auf Übertragung des verbrieften Rechts gerichtete Willenserklärung hinzutreten, oder es genügt die Verschaffung des Rechts am Papier, welches das Recht aus dem Papier notwendig nach sich zieht. Bei der letzteren Art ist der dem Rechtsinstitut zugrundeliegende Gedanke der Verkörperung des bloß ideell existierenden Rechts an ein materielles Substrat, abgesehen von der Amortisation bis in seine letzten Kon-

---

[1]) Brunner („Die Wertpapiere“ in Endemanns „Handbuch des Handelsrechts“, Bd. 2 S. 147). O. Lehmann („Zur Theorie der Wertpapiere“ S 2ff.) und Gierke („Deutsches Privatrecht“, Bd. 2 S. 103 ff., insbesondere S. 117), handeln eingehend von der Einteilung der Wertpapiere.

sequenzen durchgeführt. Die Order- und die Inhaberpapiere[1]) gehören zu dieser vollkommensten Art der Wertpapiere, denn bei ihnen genügt zur Verfügung über das verbriefte Recht die bloße Übertragung des dinglichen Rechts an der Urkunde. Außerdem sind sie aber auch skripturrechtliche Wertpapiere, oder wie Brunner (S. 168) sagt, „Wertpapiere öffentlichen Glaubens", weil der gutgläubige Erwerber, wenn dem Veräußerer ein bestimmter Rechtsschein zur Seite steht, in der Art geschützt wird, daß zu seinen Gunsten der Schein als Wirklichkeit gilt. Daher erwirbt er das verbriefte Recht nach Maßgabe der Urkunde auch dann, wenn es seinem Autor niemals zugestanden hat oder wenn es inzwischen erloschen ist. Ferner wird das Recht, soweit die Wirkung des guten Glaubens reicht, von allen ihm anhaftenden Mängeln befreit. Jedoch tritt bei den nicht blanko-girierten Orderpapieren diese Ausnahme von dem Satz „nemo plus juris transferre potest, quam ipse habet" nur dann ein, wenn das Papier mittels Indossament auf den Erwerber übertragen wird. Ist dieses nicht geschehen, so erlangt letzterer nach den allgemeinen Grundsätzen der Zessionslehre nur die seinem Vorgänger zustehenden Rechte und ist daher allen Einwendungen aus dessen Person ausgesetzt. Diese Publizitätswirkung der Übertragung von Order- und Inhaberpapieren ist ein Ausfluß der germanischen Idee der Gewere[2]). Wem in bezug auf eine Sache oder ein Recht ein tatsächliches Herrschaftsverhältnis zur Seite steht, kann sich nicht bloß, um sein Recht zu erhärten, auf dieses Faktum berufen, sondern es wird auch, sofern die Gewere und das in ihr verkörperte Recht auf einen gutgläubigen Erwerber übertragen wird, zu dessen Gunsten so angesehen, als ob die Gewere mit dem Recht, das Faktische mit dem Juristischen, übereinstimmte. Nicht nur in den §§ 891 ff. B.G.B., welche das Vertrauen auf das Grundbuch schützen, sondern auch in den §§ 932 ff. B.G.B., welche den gutgläubigen

[1]) Die sogenannten unvollkommenen Orderpapieren, bei denen die spezifischen Rechtswirkungen des technischen Orderpapiers nämlich die Orderdelegation und der Schutz des guten Glaubens nicht Platz greifen, bleiben hier unberücksichtigt. Über unvollkommene Orderpapiere siehe: Behrend, „Die unvollkommenen Orderpapiere" S. 5.

[2]) Literatur siehe bei Gierke, „Deutsches Privatrecht", Bd. 2 S. 187.

Fahrniserwerb regeln, und vor allem in dem Artikel 74 der Wechselordnung, welcher die skripturrechtliche Natur des Wechsels statuiert, lebt der germanische Gedanke der Gewere weiter fort.

Die Order- und Inhaberpapiere können Rechte der verschiedensten Art, nämlich Mitgliedsrechte, wie die Namens- und die Inhaberaktie[1]), oder dingliche Rechte, wie den Grundschuldbrief auf den Inhaber (§ 1195 B.G.B.) verkörpern. Es ist keineswegs notwendig, daß der Inhalt der Urkunde ein Forderungsrecht betrifft, auch braucht die verbriefte Obligation nicht immer abstrakter Natur zu sein, vielmehr ist es begrifflich sehr wohl möglich, daß die Forderung einen kausalen Charakter an sich trägt[2]). Freilich in der Mehrzahl der Fälle ist die in einem Order- oder Inhaberpapier verkörperte Obligation von ihrem Rechtsgrund losgelöst. Auf diese Rechtsgebilde finden daher sowohl die auf Order- und Inhaberpapiere bezüglichen Regeln, als die für order-abstrakte Forderungen geltenden Grundsätze Anwendung. Die Publizitätswirkung der germanischen Gewere trifft hier mit der wesentlich gesteigerten Delegationsfunktion des römischen Rechts zusammen. Es ist für das richtige Verständnis der abstrakten Order- und Inhaberpapiere von der größten Wichtigkeit, die Gewere- und die Delegationsfunktion der Urkunde streng zu scheiden. Soweit durch die Delegationswirkung des Indossaments Rechtsbeziehungen zwischen den Beteiligten ausgeschaltet werden, können deren Mängel dem Gläubiger selbst dann, wenn er von der Sachlage orientiert war, nicht entgegengehalten werden, es sei denn, daß er sich nach den konkreten Verhältnissen durch den fraglichen Erwerb eines Verstoßes gegen die guten Sitten schuldig gemacht hätte und daher nach § 826 B.G.B. für den entstandenen Schaden haften würde. Dagegen können auf Grund der Gewerefunktion der Urkunde sonstige Einwendungen, welche dem Vorgänger entgegenstehen, zugunsten

---

[1]) Gierke, („Deutsches Privatrecht“, Bd. 1 S. 144) hält die Namensaktie für ein unvollkommenes Orderpapier. Dagegen mit Recht Jacobi, („Die Wertpapiere“, S. 355) und Staub, („Kommentar z. H.G.B“, Bd. 1 zu § 223 Anm. 19 S. 673).

[2]) Dagegen rechnet O. Lehmann („Wertpapiere“, S. 41) sämtliche vollkommene Wertpapiere zu den abstrakten Forderungspapieren

des Erwerbers nur dann eingeschränkt werden, wenn dieser in gutem Glauben war, d. h. wenn er weder den fraglichen Tatbestand kannte, noch sein Irrtum auf grober Fahrlässigkeit beruhte.

Die Zahl der eigentlichen Orderpapiere ist eine beschränkte. Schon im zweiten Paragraphen dieser Abhandlung wurde die Auffassung Hellwigs, welcher lehrt, daß durch Begründung einer abstrakten Forderung zugunsten Dritter ein ziviles Orderpapier geschaffen werden könne, abgelehnt, weil diese Ansicht dem in § 363 H.G.B. enthaltenen immanenten Werturteil, die Orderpapiere abgesehen vom Wechsel auf Handelskreise zu beschränken, zuwiderläuft. Vielmehr sind in dem heutigen deutschen Reichsrecht nur sieben abstrakte Orderpapiere anerkannt[1]):

1. der kaufmännische Verpflichtungsschein und der trockene oder eigene Wechsel;

2. die kaufmännische Anweisung und die Tratte oder der gezogene Wechsel;

3. das Konnossement der Seeschiffer, der Ladeschein der Frachtführer und der Lagerschein der staatlich zur Ausstellung solcher Urkunden ermächtigten Anstalten.

Dagegen zählen der Bodmereibrief und die Seeversicherungspolice zu den kausalen Orderpapieren, so daß bei ihnen von einer Delegationsfunktion keine Rede sein kann. Außerdem ist bei beiden Arten von Wertpapieren, insbesondere bei der Orderpolice, auch die Publizitätswirkung wesentlich eingeschränkt. Sämtliche der genannten Papiere mit alleiniger Ausnahme des Wechsels sind gewillkürte Orderpapiere, d. h. sie können nur dann durch Indossament übertragen werden, wenn sie ausdrücklich an Order lauten, während umgekehrt der trockene und der gezogene Wechsel nur Rektapapiere sind, wenn sie die sogenannte negative Orderklausel enthalten. Zunächst soll die Ordertratte behandelt werden, welche eine besonders ausführliche Betrachtung verdient, weil sie sich als der Normaltypus des abstrakten Orderpapiers kennzeichnet.

---

[1]) In dem neuen Scheckgesetz vom 11. März 1908 ist auch der Scheck als gesetzliches Orderpapier anerkannt (§ 8).

I. Die Ordertratte.

Eine eingehendere Besprechung der verschiedenen Wechseltheorien würde außerhalb des Rahmens dieser Arbeit fallen und kann um so mehr unterbleiben, als die einzelnen Theorien von Lehmann und Kuntze[1]) bis in ihre letzten Nüancierungen hinein verfolgt worden sind. Die von Thöl, Goldschmid, Brunner, Gierke u. a.[2]) vertretene Vertragstheorie verlangt zur Entstehung des Wechselanspruchs einen auf Geben und Nehmen des Wechsels gerichteten Vertrag, ohne welchen die Ausstellung oder die sonstige Zeichnung einen Rechtseffekt zu äußern nicht imstande sei. Stobbe[3]) hält zwar einen Vertrag nicht für schlechthin notwendig, aber eine Emission, ein einseitiges Ausderhandgeben, wird auch von ihm als Erfordernis für die Entstehung einer Verbindlichkeit gefordert, während Lehmann[4]) in Annäherung an die Vertragstheorie einen an sich zur Eigentumsübertragung geeigneten Rechtsakt als Voraussetzung aufstellt. Alle diese Theorien sind unhaltbar, denn ihre Konsequenz, daß die Existenz des Wechselanspruchs des gutgläubigen Indossatars von der Gültigkeit des Begebungsakts abhängig ist, widerspricht dem Grundgedanken des Artikel 74 der Wechselordnung, welcher den Ausschluß der Vindikation gegen den gutgläubigen, formell-legitimierten Inhaber schlechthin und nicht etwa bloß für den Fall eines gültigen Begebungsvertrags statuiert. Der Hinweis darauf, daß in dem von der formellen Legitimation handelnden Art. 36 W.O. nur der Indossatar, nicht aber der Remittent erwähnt werde, und daß daher durch Art. 74 W.O., der auf Art. 36 Bezug nimmt, der gutgläubige Remittent nicht geschützt werde, erledigt sich durch die Erwägung, daß der Art. 36 W.O. gar keine Veranlassung hatte, bezüglich des Remittenten Bestimmungen zu treffen, weil sich

---

[1]) O. Lehmann, „Lehrb. d. Deutschen Wechselrechts“, S. 145—206. Kuntze, „Das Wechselrecht“ i. Endemanns „Hndb. d. Handelr.“, Bd. 4 S. 47 ff.

[2]) Thöl, „Handelsrecht“, Bd. 2, S. 213—235. Goldschmid, Zeitschr. f. Hndsr. Bd. 28 S. 63—114. Brunner, in „Endemanns Handb.“ Bd. 2 S. 167. Gierke, „Deutsches Privatrecht“, Bd. 2 S. 108—115.

[3]) Stobbe, „Deutsches Privatrecht“ 3. Aufl., Bd. 3 S. 182.

[4]) O. Lehmann, „Wechselrecht“, S. 274.

dessen Legitimation schon aus dem Grundwechsel ergibt. Vielmehr sprechen innere Gründe dafür, den Remittenten bezüglich des gutgläubigen Erwerbs nicht schlechter zu stellen, als den Indossatar, weil es vom teleologischen Standpunkte aus ganz irrelevant erscheint, ob der Wechsel auf den Nehmer als Remittenten lautet, oder ob er an eigene Order gestellt und darauf an den Nehmer indossiert wird. Aber auch wenn man Art. 74 W.O. auf den Remittenten nicht anwenden wollte, so würde sich hieraus noch gar nichts für die These ergeben, daß auch zur Entstehung des dem Indossatar zukommenden Wechselanspruchs eine Begebung unter allen Umständen notwendig sei, denn nach Art. 74 W.O. wird der gutgläubige, formell-legitimierte Indossatar schlechthin geschützt, ohne daß weiter unterschieden würde, ob die Urkunde dem Aussteller abhanden gekommen ist, oder ob er sie freiwillig aus den Händen gegeben hat.

In noch unzweideutigerer Weise ist im § 794 Abs. 1 B.G.B., welcher bestimmt, daß der Aussteller aus einer Schuldverschreibung auf den Inhaber auch dann verpflichtet wird, wenn sie ihm gestohlen worden, oder wenn sie sonst ohne seinen Willen in den Verkehr gekommen ist, zum Ausdruck gelangt, daß eine Verbindlichkeit unter Umständen selbst dann ins Leben tritt, wenn der Aussteller die Urkunde nicht freiwillig aus den Händen gegeben hat. Während Lehmann[1]) auf Grund dieser Bestimmung bezüglich der Inhaberpapiere, nicht aber bezüglich der Orderpapiere, nunmehr die Kreationstheorie vertritt, sucht Gierke[2]) die Vertragstheorie durch die Fiktion zu retten, daß es sich hier um einen gesetzlich fixierten Schadenersatz, nicht aber um die Erfüllung einer Vertragspflicht handele. Anstatt aber den § 794 B.G.B. als einen durchaus singulären Rechtssatz anzusehen, muß man vielmehr den dieser Vorschrift zugrundeliegenden Gedanken ausfindig machen und hierauf die Theorie der skriptur-rechtlichen Wertpapaiere begründen. Geht man auf diese Weise vor, so wird man finden, daß sich bei ihnen der Schutz des guten Glaubens auch gegenüber dem Aus-

---

[1]) O. Lehmann bei Stobbe, „Deutsches Privatrecht“, Bd. 3 S. 185, und D. Juristenztg. Bd. 5 Spalte 171.

[2]) Gierke, „Deutsches Privatrecht“, Bd. 2 S. 112.

steller bewährt. Diese Sicherung des Publikums ist unbedingt geboten, denn würde die Gültigkeit des Wechselversprechens von der Vornahme eines Vertrages oder des einseitigen Rechtsgeschäfts der Emission abhängig gemacht, so wäre es um die Verkehrsfähigkeit des Wechsels geschehen, denn niemand würde es wagen können, einen Wechselbrief zu erwerben, weil man es diesem nicht ansehen kann, ob ein gültiger Vertrag oder eine wirksame Emission vorgenommen worden ist.

In das entgegengesetzte Extrem, wie die Vertrags- und die Emissionstheorie, verfällt die Kreationstheorie[1]), welche die Wechselverbindlichkeit durch bloße Niederschrift entstehen läßt, so daß der Aussteller vor der Begebung gleichsam sein eigener Gläubiger ist. Diese Lehre führt zu der Konsequenz, daß beim Inhaberpapier jeder beliebige Besitzer, auch der Dieb, durch die bloße Tatsache der Innehabung zum Gläubiger wird, und daß dasselbe beim Orderpapier wenigstens für jeden formell-legitimierten Inhaber gilt. Diese Folgerung hat Kuntze[2]) in der Tat gezogen und das Unbefriedigende dieses Ergebnisses dadurch zu mildern gesucht, daß er dem Schuldner eine exceptio doli gewährte. Gegen diese Konstruktion erhebt sich jedoch das Bedenken, daß es ein unnötiger Umweg ist, zunächst dem Dieb das Eigentum und die Gläubigerschaft feierlich zuzusprechen, um ihm dann die Ausübung seiner Rechte durch Gewährung einer exceptio doli zu vereiteln.

Die Erwägung, daß es der Vorschrift des Art. 74 der W.O. nicht entspricht, auch den Dieb zum Eigentümer und Gläubiger zu stempeln, hat zu der von Grünhut, Staub und Dern-

---

[1]) Kuntze (Endemanns „Handbuch d. Handelsr.", Bd. 4 S. 70 ff. und „Inhaberpapiere", S. 329—384) ist der Begründer der Kreationstheorie. Seine Anhänger sind von ihm in Endemanns „Handbuch" (S. 58) zitiert. Eine besonders extreme Ausgestaltung der Kreationstheorie ist die von Volkmar und Loewy („Wechselordnung", Einleitung S. 12) vertretene Personifikationstheorie, welche das Papier selber für den Gläubiger und den Inhaber für dessen Vertreter hält. Grawein („Perfektion des Akzeptes", S 41), der im übrigen die Vertragstheorie vertritt, sieht dagegen im Akzept einen einseitigen Rechtsakt.

[2]) Kuntze, in „Endemanns Handb.", Bd. 4 S. 58. Der Entwurf I. des B.G.B. hat diese schroffe Kreationstheorie noch dadurch zu überbieten gesucht, daß er in § 687 dem Schuldner sogar die Einwendung des unredlichen Erwerbs abschnitt. Dagegen mit Recht Gierke, „Entwurf" S. 229.

burg[1]) vertretenen Redlichkeitstheorie geführt, nach welcher der Wechsel zwar durch einseitige Erklärung geschaffen, aber nur von einem gutgläubigen, formell-legitimierten Inhaber erworben wird, so daß erst in dessen Person der Wechselanspruch zur Entstehung gelangt. Diese Lehre, welche einerseits das Verkehrsbedürfnis befriedigt und andererseits auch nicht mit elementaren ethischen Postulaten in Konflikt kommt, trifft zwar in der Mehrzahl der Fälle durchaus das Richtige, aber theoretisch befriedigend ist auch ihre Lösung des Problems nicht. Denn die Erfordernisse, die sie bezüglich eines gültigen Wechsels aufstellt, sind teils zu weitgehend, teils unzureichend. Denn einmal wird nicht jeder gutgläubige, formell - legitimierte Inhaber Wechselgläubiger. Dieses gilt z. B. von dem Finder eines blanko-girierten Wechsels, welcher gutgläubigerweise die gefundene Urkunde für sein Eigentum hält, denn das Verkehrsbedürfnis erfordert es durchaus nicht, den gutgläubigen Finder eines fremden Wechsels zum Eigentümer zu stempeln[2]). Auf der andern Seite wird aber auch der formell-legitimierte Erwerber, welcher sich den Wechsel von dem wahren Berechtigten aushändigen läßt, selbst dann Gläubiger, wenn er irrigerweise angenommen hat, daß sein Autor nicht berechtigt wäre. Der böse Glaube schadet hier ebensowenig, als beim Eigentumserwerb vom Berechtigten.

Der Fehler der Redlichkeits-, wie der Kreationstheorie besteht darin, daß sie beide bei der Konstruktion des Wechsels von durchaus anomalen Fällen ausgehen. Diese Methode ist aber in der Wechsellehre ebenso unzulässig, als bei Erörterung der Voraussetzungen des Fahrniserwerbs, wo bisher niemand die Behauptung aufgestellt hat, daß das Eigentum des Vorgängers unerheblich sei, weil unter Umständen der Mangel des Eigentums durch guten Glauben geheilt werden kann.

---

[1]) Grünhut, „Wechselrecht", Bd. 1 S. 266—293; Staub, „Kommentar zur W.O.", Einleitung § 9—17 S. 3—7; Dernburg, „Lehrbuch d. B.G.B.", Bd. 2 § 249 S. 279.

[2]) Wer freilich, wie Staub, außer der Besitzergreifung von seiten des gutgläubigen, formell-legitimierten Inhabers noch einen besonderen Erwerbstitel fordert, unterliegt diesem Einwand nicht. Überhaupt nähert sich Staub bereits ganz entschieden der im Text vertretenen Vereinigungstheorie.

So muß auch bei der Konstruktion des Wechsels zunächst ein normaler, von pathologischen Elementen freier Tatbestand zugrundegelegt und die Erörterung außerordentlicher Umstände einer späteren Untersuchung vorbehalten werden. Was die Entstehung des Wechselanspruchs angeht, so zeigt die bisherige Entwickelung, daß man zu einem befriedigenden Resultat nicht gelangt, wenn man, wie dies von der Kreations- und von der Vertragstheorie geschehen ist, in durchaus einseitiger Weise immer nur das eine Moment, also entweder die Begebung oder die Ausstellung, hervorhebt. Vielmehr kann nur die Vereinigungstheorie, welche sowohl dem Skripturakt, als der Urkundenübergabe gerecht wird, das Problem in einer Weise lösen, welche die positiven Vorschriften beachtet und den Bedürfnissen des Verkehrs, wie den ethischen Postulaten Rechnung trägt. Als Hauptvertreter der Vereinigungstheorie ist Jacobi [1]) anzusehen, denn er scheidet streng zwischen der Ausstellung und dem Begebungsvertrag, wenn auch nicht verkannt werden soll, daß er der Ausstellung als Rechtsakt nicht völlig gerecht wird, da er diesen Vorgang im wesentlichen als einen rein tatsächlichen ansieht [2]). Jedenfalls darf man ihn ebensowenig zur Vertragstheorie, wie Kohler [3]) zur Emissionstheorie zählen, denn das diesen verschiedenen Lehren gemeinsame Merkmal, daß zur Entstehung des Wechselanspruchs ein Vertrag, bzw. eine Emission in Wirklichkeit und nicht bloß in der Vorstellung eines gutgläubigen Beteiligten vorhanden sein muß, fehlt gerade in deren Ausführungen. Vielmehr lassen beide den Anspruch in der Hand eines gutgläubigen Indossatars, auch wenn die Urkunde dem Aussteller abhanden gekommen ist, zur Entstehung gelangen. Nach Jacobi (S. 191) wird sogar der gutgläubige Remittent geschützt. Diese letztere Folgerung steht freilich im Widerspruch mit seiner These, daß ein Begebungsvertrag nur zugunsten des gutgläubigen Dritterwerbers als abgeschlossen gilt, denn unmöglich kann man den Remittenten, der sich die Urkunde gutgläubig von einem Pseudo-

[1]) Jacobi in seinen beiden wertvollen Abhandlungen, „Die Wertpapiere“, Jena 1901 und „Das Wertpapier als Legitimationsmittel“, München 1906.

[2]) Jacobi, „Wertpapiere“ S. 184.

[3]) Kohler in seinem Archiv für Bürgerl. Recht, Bd. 6 S. 331.

vertreter des Ausstellers aushändigen läßt, als Dritterwerber bezeichnen. Aber wie man auch über diese Einzelfrage urteilen mag, das Hauptverdienst Jacobis, mit Nachdruck betont zu haben, daß bei Erörterung der Entstehung eines Wechselanspruchs die normalen und die pathologischen Fälle streng geschieden werden müssen, bleibt trotz alledem vollauf bestehen.

Unter Zugrundelegung dieser Methode sind zunächst die normalen Voraussetzungen für die Verbindlichkeit des Ausstellers, des Indossanten, des Akzeptanten und des Avalisten festzustellen und erst dann sind die pathologischen Fälle, die eine Haftung der genannten Personen erzeugen, zu betrachten. Was zunächst die schriftliche Erklärung des Ausstellers angeht, so enthält diese einen doppelten Rechtseffekt, nämlich eine Anweisung und ein abstraktes Regreßversprechen. Die Anweisung besagt, daß der Aussteller A die vom Trassaten B an den Remittenten C oder einen andern Empfangsberechtigten X gemachte wechselmäßige Leistung so ansehen wolle, als ob die fragliche Geldsumme von B an A und von diesem an C oder X gezahlt wäre. Außerdem enthält die Wechselausstellung notwendig das nicht bloß an den Remittenten, sondern an jeden formell-legitimierten, berechtigten Urkundenbesitzer gerichtete abstrakte Versprechen, dafür eintreten zu wollen, daß der Trassat am Verfalltage den Wechsel einlösen werde.

Mit der bloßen Unterschreibung eines den Anforderungen des Artikel 4 der W.O. entsprechenden Grundwechsels ist aber die Verpflichtung noch nicht ins Leben getreten. Vielmehr muß der Remittent oder beim Wechsel an eigene Order der erste Indossatar das Eigentum an dem körperlichen Substrat, nämlich der Wechselurkunde, erlangen. Der Eigentumserwerb erfolgt normalerweise nach § 929 Satz 1 B.G.B. dadurch, daß der Eigentümer die Sache dem Erwerber übergibt und beide darüber einig sind, daß das Eigentum übergehen soll. Jedoch genügt auch eins der Traditionssurrogate, wie traditio brevi manu (§ 929 Satz 2), Besitzkonstitut (§ 930), oder Abtretung des Anspruchs auf Herausgabe (§ 931), von denen die letzte Eventualität wohl nur sehr selten vorkommen dürfte, weil sich so leicht niemand dazu verstehen wird, einen in dritter Hand befindlichen Wechsel zu erwerben. Der Aussteller ist regelmäßig zur Eigentumsübertragung befugt, weil er die Urkunde durch Spezifikation als sein Eigentum erworben hat, da der Wert des Stoffes gegenüber der Bedeutung des Skripturaktes minimal ist. Sollte aber wirklich einmal der Fall eintreten, der weniger in der Praxis eine Rolle spielt, als in Lehrbüchern figuriert, daß nämlich der Aussteller auf einem sehr wertvollen Stück Papier, etwa einer Rafaelschen Zeichnung, einen Wechsel geschrieben hat, so würde er zwar selber kein Eigentum erwerben, aber der gutgläubige formell-legitimierte Inhaber müßte geschützt werden. Deshalb ist anzunehmen, daß dieser das Eigentum erlangt, aber nicht schlechthin, sondern nur bis zum Eintritt der Resolutivbedingung, daß der Wechsel irgendwie durch Zahlung oder auf andere Weise erledigt wird. Dann kann der Eigentümer der Rafaelschen Zeichnung die ehemalige Wechselurkunde vindizieren, denn es hieße, über das Ziel hinausschießen, wenn man ihm auch jetzt, wo kein Wechselbeteiligter mehr geschützt zu werden braucht, den Zugriff versagen wollte.

Fraglich kann es sein, ob außer der Übergabe und deren Surrogaten auch die übrigen Fälle der Übertragung von Fahrniseigentum, wie Okkupation, Fundverschweigung und Vermengung zur Anwendung kommen. Jacobi und Langen [1]) verneinen diese Eventualität, welche sich nur äußerst selten ereignen mag, denn man pflegt keine Wechsel zu derelinquieren, und wenn sie verloren sind, so wird man sich nach ihrem Verbleib erkundigen, sodaß eine Fundverschweigung kaum Platz greifen dürfte. Ferner repräsentiert der Wechsel regelmäßig einen verhältnismäßig so hohen Wert, daß nur ein sehr genialer Künstler durch eine auf die Urkunde gesetzte Skizze mittels Spezifikation Eigentum erwerben könnte und schließlich tragen doch Wechselurkunden einen viel zu individuellen Charakter an sich, als daß ihre dingliche Rechtslage durch untrennbare Vermengung verändert werden könnte. Immerhin scheint mir der Verkörperungsgedanke zu dem Resultat zu führen, daß der Wechselanspruch auch dann, wenn der Aussteller das Eigentum auf diese abnorme Art zugunsten eines formell-legitimierten

---

[1]) Jacobi, „Wertpapiere“, S. 177, S. 249; Langen, „Die Kreationstheori“ S. 51.

Inhabers verliert, in dessen Person ebenso entsteht, wie er auf den Erwerber übergehen würde, falls der Remittent oder ein Indossatar sein Urkundeneigentum und damit seine Gläubigerstellung auf eine solche anomale Weise einbüßen würde. Freilich könnte die logische Konsequenz durch einen Sonderrechtssatz durchbrochen werden, wenn teleologische Momente eine Modifikation des Grundprinzips gebieterisch verlangten, aber hierzu liegt schon wegen der praktischen Seltenheit der genannten Tatbestände kein Grund vor [1]).

Die Ausstellung charakterisiert sich als eine einseitige Willenserklärung, welche man insofern als nicht empfangsbedürftig bezeichnen kann, als sie, wenn sie auch wie jede Erklärung einen Adressaten hat, doch schon mit ihrer Niederschrift perfekt geworden ist. Bevor der Eigentumserwerb nicht erfolgt ist, liegt freilich kein Wechselanspruch, sondern nur der Keim eines solchen vor, denn es ist bloß eine Rechtslage geschaffen, welche durch den Hinzutritt eines neuen Moments sich zu einem subjektiven Recht verdichten kann. Aber darum ist die Ausstellungserklärung nicht minder abgegeben, weil sie erst unter Hinzutritt weiterer Momente zu wirken beginnt. Der Vergleich mit dem eigenhändigen Testament liegt nahe: wie dieses schon durch die Niederschrift als errichtet gilt, aber erst mit dem Tode des Erblassers zu wirken beginnt, so gilt auch die Erklärung des Wechselausstellers schon mit der Niederschrift als abgegeben, wenn sie auch erst dann zu wirken imstande ist, wenn ein weiteres Moment, nämlich der Eigentumserwerb von seiten des Remittenten oder eines anderen formell legitimierten Inhabers, hinzutritt.

Ganz analoge Grundsätze gelten vom vorprotestlichen Indossament [2]), das gleich einer neuen, auf den Grundwechsel gepfropften Tratte fungiert. Denn es enthält außer der Entäußerung eine zweite Anweisung und regelmäßig [3]) auch ein

---

[1]) Übereinstimmend: Pappenheim, „Kritische Vierteljahrsschrift", Bd. 44 S. 344—349.

[2]) Während das Indossament eines präjudizierten Wechsels gleich einer neuen Sichttratte behandelt wird (Art. 16 Abs. 1), kommt dem Indossament des protestierten Wechsels nur die Wirkung einer Zessionserklärung zu (Art. 16 Abs. 2).

[3]) Während der Aussteller seine Regreßpflicht nicht durch einen Vorbehalt beseitigen kann, ist die gleiche Befugnis dem Indossanten im

ferneres abstraktes Regreßversprechen zugunsten eines jeden formell-legitimierten Eigentümers, aber auch hier ist die Wirksamkeit des Skripturakts nicht nur davon abhängig, daß der verfügende Wechselgläubiger die Indossamentserklärung auf einen formell-korrekten Grundwechsel setzt, sondern der Wechselnehmer muß auch das Eigentum an der Urkunde erwerben, was normaler Weise ebenfalls nur im Wege der §§ 929—931 B.G.B. geschehen kann.

Während es nicht zulässig ist, eine gewöhnliche Forderung in der Art zu begründen, daß der Gegner bloß Pfandgläubiger, dagegen der Versprechende Drittschuldner und Gläubiger in einer Person wird, steht nichts im Wege, an einem Wertpapier, das noch nicht begeben ist, ein beschränktes dingliches Recht zu begründen. Daher können nicht bloß der Remittent und die Indossatare, sondern auch der Aussteller den Wechsel in der Art veräußern, daß der Erwerber nur das Pfandrecht oder den Nießbrauch an dem Wertpapier erlangt. Hierbei darf aber nicht übersehen werden, daß nach den §§ 1292 und 1274 B.G.B. zur Bestellung eines Pfandes an einem Wechsel ein durch bloßes Besitzkonstitut vermittelter Urkundenbesitz nicht ausreicht und daß das Surrogat der Abtretung des Herausgabeanspruchs nur dann genügt, wenn der Eigentümer den mittelbaren Besitz auf den Pfandgläubiger überträgt und die Verpfändung dem Besitzer anzeigt (§ 1205 B.G.B.). Ferner kann nach § 1206 B.G.B. an Stelle der Übergabe der Urkunde die Einräumung des Mitbesitzes nur dann treten, wenn sich die Sache unter dem Mitverschlusse des Gläubigers befindet oder, falls sie im Besitz eines Dritten ist, die Herausgabe nur an den Eigentümer und den Gläubiger gemeinschaftlich erfolgen kann.

Bezüglich der Begründung eines dinglichen Rechts unterliegt es keinem Bedenken, diese Beschränkung auch äußerlich im Indossament zum Ausdruck zu bringen. Regelmäßig wird die Bezeichnung „Pfand-Giro“ freilich vermieden, vielmehr begnügt man sich mit dem gewöhnlichen Indossament. Durch

---

Art. 14 eingeräumt. Hat der Indossant seinem Giroakt die Worte „Nicht an Order“ oder einen gleichbedeutenden Ausdruck hinzugefügt, so haftet er nach Art. 15 nur seinem unmittelbaren Indossatar selbständig, den ferneren Erwerbern aber nur kraft Zessionsrechts.

diese Unterlassung erlangt der Erwerber freilich Dritten gegenüber die Legitimation als Eigentümer und Vollgläubiger, so daß er schlechthin und nicht bloß im Rahmen des § 1295 B.G.B. als zum Verkauf ermächtigt gilt. Nicht minder kann das Eigentum am Wechsel und damit die Gläubigerschaft bloß fiduziarisch auf den Erwerber übertragen werden, weil letzterer nur als Geschäftsführer des Verfügenden in dessen Interesse tätig werden soll. Der Fall des verdeckten Prokura-Indossaments ist einer der wichtigsten Anwendungsfälle der fiduziarischen Rechtsübertragung und im praktischen Leben von der größten Bedeutung, weil der Verkehr das offene Prokura-Indossament, das dem Indossatar bloß Vollmacht gibt, nicht liebt. Schließlich ist noch des gemischten Fiduziargeschäftes zu gedenken, durch welches der Erwerber im eigenen Interesse zur Stärkung seiner Rechtsstellung anstatt des Pfandes oder des Nießbrauchs das fiduziarische Eigentum erhält. In diesem Fall liegt, soweit das beschränkte dingliche Recht reicht, eine echte Vermögenszuwendung vor. Dagegen ist die Übertragung des Restrechts eine bloß fiduziarische Leistung. Diese Kombination von Pfand und Fiduzia unterscheidet sich von dem obigen Fall, wo der Erwerber durch Vollindossament bloß Pfandgläubiger wird, dadurch, daß ihm dort nur der Schein des Eigentums, welcher vom Gegner durch Gegenbeweis zerstört werden kann, zur Seite steht, während er durch den fiduziarischen Rechtserwerb wirklich Eigentümer wird.

Nicht minder wie die Ausstellung und das Indossament beruht auch das Akzept auf einem einseitigen Rechtsakt. Jedoch besteht hier der große Unterschied, daß abgesehen vom Blanko-Wechsel eine Übertragung des Eigentums oder eines beschränkten dinglichen Rechts am Papier zur Entstehung des Wechselanspruchs nicht notwendig ist, weil sich die Urkunde bereits im Eigentum des Ausstellers, des Remittenten oder eines Indossatars befindet. Daher wird der Akzeptant, ebenso wie der Ehrenakzeptant schon durch die Niederschrift verpflichtet, ohne daß eine Rückgabe der Urkunde notwendig wäre (Art. 21 der W.O.). Für die Gültigkeit des Avals sind dieselben Erfordernisse, wie bezüglich der Hauptverbindlichkeit aufzustellen. Mithin genügt beim Akzeptaval die bloße Niederschrift, während bei den übrigen Arten von Wechselbürgschaften noch der dingliche Rechtserwerb hinzuzutreten hat. Außerdem muß eine Hauptunterschrift wenigstens formell vorliegen, wenn sie auch materiell ungültig oder gefälscht sein kann.

Bisher wurden fast nur die normalen Fälle in Betracht gezogen, daß der Aussteller das Papier dem Remittenten übergibt und daß letzterer den Wechsel, sei es in Blanko, sei es auf einen bestimmten Namen weiter indossiert und die Wechselurkunde einer hiernach formell-legitimierten Person übergibt und daß diese den Wechsel schließlich auf dieselbe Weise weiter veräußert. Die Hauptschwierigkeiten bieten aber die pathologischen Fälle, deren sachgemäße Regelung der beste Prüfstein für die Richtigkeit einer Wechseltheorie ist. Insbesondere kommt der Fall in Betracht, daß der Wechsel dem Aussteller, dem Remittenten oder einem Indossatar abhanden kommt oder ihm unterschlagen wird und einem gutgläubigen, formell-legitimierten Inhaber in die Hände fällt. Als formell-legitimiert gilt der Remittent und derjenige Indossatar, welcher durch eine ununterbrochene Kette von undurchgestrichenen Indossamenten mit dem Remittenten verbunden ist (Art. 36 W.O.). Daher muß das erste Indossament vom Remittenten und die übrigen Indossamente von derjenigen Person, welche nach dem vorhergehenden Indossament als legitimiert erscheint, herrühren, wobei zu bemerken ist, daß durch ein Blanko-Giro jedermann formell legitimiert ist. Daher kann, wenn ein Blanko-Giro die zusammenhängende Kette abschließt, jeder Inhaber den Wechsel gutgläubig erwerben, eine Konsequenz, welche einerseits die Verkehrsfähigkeit des Wechsels wesentlich erhöht, aber auch andererseits für den wahren Gläubiger eine große Gefahr in sich birgt. Die Echtheit der Indossamente zu prüfen, ist der Erwerber nicht verpflichtet, seine privilegierte Stellung als Gewereinhaber geht nicht einmal dadurch verloren, daß das ihn legitimierende Indossament gefälscht ist[1]. Ist die formelle Legitimation nicht

[1]) Düringer-Hachenburg („Kommentar zum H.G.B." Bd. 2. S. 455 zu § 365) leugnen, daß die Mängel des Rechtsgeschäfts, durch welches der Indossatar das Orderpapier erwirbt, samt und sonders durch seinen guten Glauben geheilt würden. Hiermit steht jedoch, wie schon Staub (W.O. Art. 74 § 3) mit Recht hervorgehoben hat, ihre Behauptung (S. 454) im

vorhanden, weil die Kette der Indossamente zerrissen ist, ohne daß die Lücke durch den Nachweis eines materiellen Rechtserwerbs, wie Zession oder Universalnachfolge, geschlossen werden könnte, so findet nicht nur keine Publizitätswirkung statt, sondern der Indossatar wird nicht einmal aus den echten Indossamenten, welche der Lücke folgen, als Gläubiger berechtigt, weil das Eigentum an der Urkunde trotz seines guten Glaubens wegen Fehlens der Legitimation nicht auf ihn übergegangen ist und damit das unumgänglich notwendige Erfordernis für die Entstehung des Wechselanspruchs, nämlich der Erwerb des dinglichen Rechts an dem materiellen Substrat, nicht erfüllt wird.

Damit aber die Rechtsvorteile des bona fide-Verkehrs zugunsten des Erwerbers eintreten, muß er außer der formellen Legitimation einen qualifizierten Urkundenbesitz im Sinne der §§ 932 ff. B.G.B. erlangen. Daher genügt ein Besitzkonstitut wohl beim Erwerb von einem Berechtigten, aber die Publizitätswirkungen treten nach § 933 B.G.B. erst ein, wenn der Pseudoberechtigte realiter tradiert. Ebenso erwirbt man bei der traditio brevi manu auf Grund seines guten Glaubens nur, wenn man den Besitz der beweglichen Sache von dem Veräußerer erlangt hat (§ 932 Abs. 1 Satz 2 B.G.B.). Schließlich treten bei der mittels Zession des Herausgabeanspruchs erfolgten Eigentumsübertragung die Publizitätswirkungen nur dann ein, wenn der Veräußerer mittelbarer Besitzer war oder wenn der Erwerber den Besitz der Sache von dem Dritten erlangt (§ 934 B.G.B.). Als kritischer Augenblick, wo der gute Glaube, d. h. die Abwesenheit von dolus und culpa lata, vorhanden sein muß, gilt bei der traditio brevi manu der Vertragsabschluß, im übrigen aber der Zeitpunkt der Einräumung der tatsächlichen Gewalt. Nur bei der Abtretung des Herausgabeanspruchs würde es, sofern der Veräußerer mittelbarer Besitzer war, sogar genügen, wenn der gute Glaube zur Zeit der Zession nicht fehlte. War dagegen der Veräußerer nicht mittelbarer Besitzer oder erfolgte die Eigentumsübertragung

---

Widerspruch, wonach der Schuldner dem Gläubiger den Einwand des mangelnden Begebungsvertrages, insbesondere die Unechtheit des letzten Indossaments, nur dann entgegensetzen könne, wenn letzterer nicht im guten Glauben war.

durch Besitzkonstitut, so muß der gute Glaube noch im Augenblick der Einräumung der tatsächlichen Gewalt vorhanden sein.

Außer der formellen Legitimation ist zum Eintritt des gutgläubigen Wechselerwerbs ferner notwendig, daß der Wille der Parteien auf die Verschaffung eines selbständigen Wechselrechts und nicht auf bloße Zession gerichtet ist[1]). Dieses Erfordernis darf nicht mit der Herstellung der formellen Legitimation verwechselt werden. Denn wenn beides auch meistens zusammenfällt und die Form eine Vermutung für jenen Parteiwillen liefert, so ist es immerhin möglich, daß ein Erwerber trotz formeller Legitimation nur Zessionar werden soll. Viel häufiger ist dagegen der Fall, daß der Zessionar auch die formelle Legitimation nicht erlangt, weil ihm ein namenindossierter Wechsel formlos übergeben wird. Dann tritt schon aus diesem Grunde kein bona fide-Erwerb zu seinen Gunsten ein, aber richtiger Ansicht nach[2]) ist er imstande, den Wechsel weiter zu indossieren, denn durch die Zession sind alle Rechte seines Vorgängers und mithin auch die Befugnis, zu indossieren, auf ihn übergegangen. Daher ist auch der Wechselzessionar in der Lage, seinem Indossatar ein selbständiges Recht zu verschaffen und dadurch für ihn einen gutgläubigen Rechtserwerb zu ermöglichen. Freilich ist die Kette der Indossamente hierdurch äußerlich unterbrochen, aber damit ist die formelle Legitimation des nachzessionellen Indossatars nicht beseitigt, sondern nur insofern erschwert, als er genötigt ist, die Lücke durch Nachweis der materiellen Gültigkeit seiner Zession zu überbrücken, ebenso wie ein Indossatar auch eine etwaige Universalsukzession, welche natürlich auf der Urkunde nicht sichtbar ist, erhärten muß.

Liegen die erwähnten Voraussetzungen alle vor, so tritt ein gutgläubiger Rechtserwerb von außerordentlich weitem Umfang ein. Würde sich die Publizitätswirkung nicht über den durch die §§ 932 ff. B.G.B. bezüglich des Fahrniserwerbs gesteckten Rahmen hinaus erstrecken, so würde der Empfänger das Eigentum nur erwerben, wenn er ohne grobe Fahrlässigkeit den Veräußerer für den Eigentümer der Urkunde an-

---

[1]) Ebenso R.G. Bd. 33 S. 147.

[2]) Ebenso Staub, W.O. S. 52 zu Art. 9 § 9. Anderer Ansicht Grünhut, „Wechselrecht", Bd. 2 S. 109.

gesehen hätte. Dagegen würde die irrige Annahme, daß der Veräußerer zwar nicht Eigentümer, aber zur Verfügung berufen sei, nach § 366 H.G.B. nur dann geschützt, wenn die Verfügung durch einen Kaufmann im Betriebe seines Handelsgewerbes erfolgte. Auch würde regelmäßig die Publizitätswirkung wegfallen, wenn das Papier dem Berechtigten gestohlen, verloren oder sonst abhanden gekommen wäre. In Wirklichkeit ist aber der Geweregedanke bei allen Papieren, in denen eine Wechselerklärung verkörpert ist, ganz erheblich gesteigert. Durch die Vorschrift des Art. 74 der W.O., nach welcher der formell-legitimierte Besitzer nur dann zur Herausgabe des Wechsels angehalten werden kann, wenn er den Wechsel in bösem Glauben erworben hat oder ihm bei der Erwerbung des Wechsels eine grobe Fahrlässigkeit zur Last fällt, wird jeder Mangel des Begebungsaktes durch den guten Glauben geheilt. Nicht bloß dann, wenn der Erwerber den veräußernden Nichtkaufmann irrigerweise für befugt angesehen hat, geht das Eigentum auf ihn über, sondern es können auch Willensfehler des Verfügungsgeschäfts, wie Irrtum, Betrug oder Zwang, dem nicht grob-fahrlässigen Nehmer nicht entgegengehalten werden. Sogar der Mangel der Geschäftsfähigkeit in der Person des Veräußerers kann den Rechtserwerb eines Gutgläubigen nicht hindern, und ebenso ist die Tatsache, daß die Wechselurkunde dem Berechtigten abhanden gekommen ist, für den Erwerb des Orderpapiers ebenso irrelevant wie für den Verkehr mit Inhaberpapieren. Auch wenn über das Vermögen des Veräußerers das Konkursverfahren eröffnet worden ist, kann die nach § 7 K.O. eintretende Beschränkung in der Verfügungsmacht des Kridars den gutgläubigen Erwerb nicht hindern. Vielfach wird freilich das Gegenteil mit der Begründung gelehrt, daß § 7 K.O. als Spezialregel die Grundsätze des Wechselrechts durchbreche[1]). Mit demselben Recht könnte man aber den Art. 74 W.O. dem § 7 K.O. gegenüber als Spezialnorm ausspielen. In Wahrheit läßt sich diese Kontroverse nicht mit Hilfe solcher formallogischer Argumente, sondern nur durch teleologische Erwägungen lösen. Die Rücksicht auf die Verkehrssicherheit

---

[1]) Staub, W.O. zu Art. 74, § 4, S. 176.

spricht entschieden dafür, den Schutz des guten Glaubens auch den Bestimmungen der K.O. gegenüber zur Anwendung zu bringen, denn es ist nicht einzusehen, warum das Beschlagsrecht der Konkursgläubiger den Gefahren des Wechselrechts weniger zum Opfer fallen darf als das Eigentum und die Vollgläubigerschaft.

Nach dem allgemeinen Prinzip, nach welchem das Recht aus dem Papier dem Recht am Papier folgt, erlangt der Nehmer dasjenige obligatorische Recht, welches dem von ihm erworbenen dinglichen Recht entspricht. Ist er Eigentümer geworden, so hat er damit auch den abstrakten Anspruch als Vollgläubiger gewonnen; ist ihm dagegen nur der Nießbrauch oder das Pfandrecht an dem körperlichen Substrat zuteil geworden, so hat er auch bezüglich des Wechselanspruchs nur die Stellung eines Nießbrauchers oder Pfandgläubigers inne. Wenn der Wechsel sich bereits in den Händen des Remittenten oder eines Indossatars befunden hat, so verlieren diese ihre Gläubigerschaft oder ihr Recht wird wenigstens mit einem Teilrecht belastet. Wenn jedoch die Wechselurkunde dem Aussteller abhanden gekommen ist und von einem formell-legitimierten Inhaber gutgläubig erworben wird, so kommt erst jetzt ein Wechselanspruch zustande, und zwar erwirbt der Remittent bzw. beim Wechsel an eigene Order der Indossatar, sofern sie Papiereigentümer geworden sind, die Vollgläubigerschaft. Hat er aber an dem körperlichen Substrat nur ein beschränktes dingliches Recht erlangt, so wird der Aussteller selber sein eigener durch das betreffende dingliche Recht beschränkter Gläubiger, während der Remittent, bzw. beim Wechsel an eigene Order der Indossatar die Stellung als Nießbraucher oder Pfandgläubiger dieses Wechselanspruchs gewinnt.

Wie infolge der Publizitätswirkung des Art. 74 der W.O. eine Verbindlichkeit überhaupt erst zur Entstehung kommen kann, so ist es nicht minder möglich, daß ein Wechselanspruch, welcher durch Zahlung oder auf andere Weise erloschen ist, durch gutgläubigen Erwerb wieder auflebt. Hat also der Wechselschuldner, ohne sich die Urkunde zurückgeben zu lassen, die Forderung getilgt, und veräußert darauf der bisherige Gläubiger den Wechsel unredlicherweise oder aus Versehen an einen gutgläubigen, formell-legitimierten Inhaber, so erwirbt dieser den sich aus der Urkunde ergebenden Wechselanspruch, als ob er niemals erloschen gewesen wäre. Aber auch zugunsten des Schuldners wirkt die Vorschrift des Art. 74 W.O., denn nicht nur können sich der Akzeptant, der Trassant oder ein Indossant, wie jeder andere Erwerber, den Wechsel nach Art. 10 W.O. indossieren lassen, so daß ihr guter Glauben in gleicher Weise geschützt wird, wie das Vertrauen eines bisher außerhalb des Kreises der Wechselbeteiligten stehenden Indossatars, sondern der Schuldner wird auch vor einer erneuten Zahlungspflicht bewahrt, wenn er selbst nach Ablauf der Protestfrist den Wechsel bei einem zwar formelllegitimierten, aber materiell nicht berechtigten Inhaber gutgläubig einlöst. Freilich muß er die Identität des Zahlungsempfängers mit dem letzten Indossatar auf eigenes Risiko hin prüfen, ohne sich in dieser Hinsicht auf seinen guten Glauben berufen zu können, da ihm die Quittung nicht gleich einem Indossament die priviligierte Stellung der formellen Legitimation verschafft [1]). Aber was die materielle Berechtigung des formelllegitimierten Zahlungsempfängers angeht, so wird der nicht auf grober Fahrlässigkeit beruhende Irrtum des Schuldners geschützt, so daß seine Verpflichtung auch dann erlischt, wenn der Zahlungsempfänger die Urkunde gestohlen und außerdem etwa noch eine Fälschung begangen hat.

Der Publizitätscharakter des Art. 74 W.O. hat ferner die Wirkung, daß sogar Willensmängel der Ausstellung, wie Irrtum, Zwang oder Betrug, durch gutgläubigen Rechtserwerb geheilt werden. Denn der Nehmer des Wechsels darf davon ausgehen, daß der Veräußerer über alle in Betracht kommenden Momente orientiert ist und daher auch etwaige Umstände, welche die Grundlage für die Anfechtung des Rechtsgeschäfts der Aus-

---

[1]) Ebenso Staub, W.O. zu Art. 36 § 17 S. 107; anderer Ansicht Grünhut („Wechselrecht“, Bd. 2 S. 261), welcher auch einen nicht grob-fahrlässigen Irrtum bezüglich der Identität schützen will, da der Zahlende den Wechsel auf sich girieren lassen könne und in diesem Fall der gutgläubige Erwerb unangreifbar sei. Dieser Hinweis ist nicht beweiskräftig, da die Zahlung meistens, insbesondere von seiten regreßpflichtiger Personen, erst nach Ablauf der Protestfrist erfolgt und in diesem Fall nach Art. 16 Abs. 2 W.O. ein gutgläubiger Rechtserwerb des Indossatars nicht Platz greift.

stellung bilden, genau kennt. In einer Fortgabe des Wechsels trotz Kenntnis des Anfechtungsgrundes würde eine Bestätigung der Ausstellung liegen, so daß sich der Wechselschuldner auf Irrtum, Betrug oder Zwang nicht mehr berufen könnte. Da der gute Glaube des Erwerbers an die bestätigende Wirkung der Wechselbegebung nach Art. 74 W.O. geschützt wird, so können auch die der Ausstellung anhaftenden Anfechtungsgründe und nicht minder die Nichtigkeit wegen Scherzes (§ 118 B.G.B.) dem gutgläubigen Erwerber nicht entgegengehalten werden. Das gleiche muß vom Akzept gelten, denn wenn auch in der Regel nicht der Akzeptant, sondern der Präsentant oder sein Mandant Papiereigentümer ist und der Akzeptant daher nur den Verwaltungsbesitz an der Urkunde zurückgewähren kann, so müssen doch etwaige Anfechtungs- oder Nichtigkeitsgründe durch gutgläubigen Empfang des Papiers in gleicher Weise wie bezüglich der Ausstellung und des Indossaments erlöschen, denn es ist nicht einzusehen, warum der Empfänger schlechter gestellt sein sollte, weil er nur den Besitz zurückerhält und nicht auch das Eigentum, das ihm schon längst zusteht, vom Akzeptanten erwirbt.

Jedoch wird nicht jeder Mangel des einseitigen Verpflichtungsaktes schlechthin durch guten Glauben geheilt. So kann sich der Wechselgläubiger, wenn der Erklärende unzurechnungsfähig gewesen ist, oder wenn der fragliche Skripturakt fälschlich angefertigt oder verfälscht worden ist, nicht etwa darauf berufen, daß er jene Tatsachen weder gekannt hat, noch seine Unkenntnis auf grober Fahrlässigkeit beruhte. Denn damit überhaupt die spezifischen Publizitätswirkungen des Wechselrechts eintreten können, muß eine äußerlich korrekte echte Wechselerklärung eines Geschäftsfähigen vorliegen. Freilich braucht der Erklärende bei der Niederschrift nicht das Bewußtsein zu haben, daß er einen Wechselskripturakt vornimmt. Vielmehr genügt es, wenn sich aus dem Inhalt der Niederschrift objektiv nach Treu und Glauben mit Rücksicht auf die Verkehrssitte der Sinn ergibt, daß eine Wechselverpflichtung gewollt sei. Was die Voraussetzungen des Rechtsscheins anlangt, so gilt hier die reine Erklärungstheorie [1]), denn

---

[1]) Grünhut, „Wechselrecht", Bd. 1 S. 326.

ein vom objektiven Sinn abweichender innerer Wille ist für den Eintritt der Publizitätswirkung irrelevant, im Gegenteil wird ein solcher Geschäftsfehler durch den guten Glauben des Erwerbers geheilt. Wenn also z. B. ein Kaufmann in der Meinung, einen Privatbrief vor sich zu haben, einen Wechselentwurf unterschreibt, so kann er sich einem gutgläubigen, formell-legitimierten Inhaber gegenüber nicht darauf berufen, daß er sich über den Inhalt seiner Erklärung im Irrtum befunden habe. Diese Entscheidung ist durchaus angemessen: wer eine urkundliche Erklärung abgibt, in welcher der Verkehr mit Recht ein Wechselversprechen sieht, muß die Gefahr dieser seiner Handlung auf sich nehmen und darf das Risiko seines Verhaltens nicht auf gutgläubige Dritte abwälzen. Daher tritt in dem ausgeführten Umfange ein Schutz des guten Glaubens ein, so daß der betreffende Mangel demjenigen Erwerber nicht entgegengehalten werden kann, der ihn in dem kritischen Augenblick der Erlangung des Papierbesitzes nicht kannte oder dessen Irrtum nicht auf grober Fahrlässigkeit beruhte. Ja es genügt sogar, wenn der Erwerber zwar den Sachverhalt kannte, aber den guten Glauben seines Vormanns als vorliegend ansah. Denn in diesem Fall durfte er annehmen, daß sein Autor den Wechselanspruch fehlerfrei erworben habe und daher auch imstande sei, ihn zu übertragen.

Eine notwendige Voraussetzung für die Existenz des Wechselanspruchs ist die Herstellung eines den Vorschriften des Art. 4 der W.O. entsprechenden Wechselbriefs. Sämtliche Schuldner, der Aussteller, der Akzeptant und die Indossanten haften nur unter der Voraussetzung, daß der Grundwechsel äußerlich in Ordnung ist, während die materielle Gültigkeit des Skripturakts der Ausstellung für die Verpflichtung des Akzeptanten und der Indossanten keine Bedeutung hat. Daher erzeugt der sogenannte Blankowechsel noch keinen Wechselanspruch. Andererseits ist er auch nicht ohne jede juristische Bedeutung, vielmehr wird dadurch, daß eine solche unvollständige Wechselerklärung abgegeben und das Eigentum oder ein anderes dingliches Recht an der unausgefüllten Urkunde von dem Empfänger des Papiers erworben wird, bereits ein bedingter Wechselanspruch hervorgerufen, der von der Ergänzung des Skripturakts abhängig ist. Zu einer solchen

Ausfüllung ist der Berechtigte selber befugt, und zwar geht diese unwiderrufliche Vollmacht als Annexum des Rechts an der Wechselurkunde auf jeden ferneren Erwerber über. Wird die Ausfüllung versehentlich oder unredlicherweise der Abmachung zuwider, z. B. auf eine höhere Summe, als vereinbart, vorgenommen, so muß der Blankozeichner dem gutgläubigen Dritten gegenüber den Wechsel in dem Umfang, wie er tatsächlich ergänzt ist, honorieren, also eventuell auch die höhere Summe zahlen. Denn wer einen Blankowechsel zeichnen will oder wer auch nur eine Erklärung abgibt, in welcher nach Treu und Glauben eine Blankowechselunterschrift erblickt werden muß, hat den hieraus entstehenden Schaden auf sich zu nehmen und darf ihn nicht auf den gutgläubigen Verkehr abwälzen, weil er einen Rechtsschein in die Welt gesetzt hat, auf den man muß vertrauen können, wenn das Rechtsinstitut des Blankowechsels lebenskräftig bleiben soll[1]).

Wenn auch der formell-legitimierte Inhaber infolge seines guten Glaubens einen vorher nicht oder doch nicht in dem Umfang bestehenden Wechselanspruch erwirbt, so unterliegt er doch darum nicht minder den kondiktizischen Ansprüchen und Einreden, welche berufen sind, einen mit Rücksicht auf die relative Rechtslage unbilligen bona fide - Erwerb auszugleichen[2]). Daher kann der Wechselschuldner, welcher bei der bona fide - Entstehung des Wechselanspruchs den Verlust trägt, nicht nur den Veräußerer kondiktizisch und eventuell auch deliktisch belangen, sondern nach § 816 Abs. 1 Satz 2 B.G.B. muß auch der unentgeltliche Erwerber den Wechsel als ungerechtfertigte Bereicherung herausgeben und ist daher bei Geltendmachung seines Anspruchs einer Kondiktionseinrede ausgesetzt. Hat er jedoch die Gläubigerschaft auf Grund eines onerosen Titels erlangt, so braucht er seine Bereicherung nicht herauszugeben, selbst wenn er mit dem Wechselerwerb ein glänzendes Geschäft gemacht haben sollte.

Neben dieser Publizitätswirkung übt jedes vorprotestliche

---

[1]) Für den Eintritt der Publizitätswirkung zugunsten des gutgläubigen Nehmers eines Blankowechsels spricht sich auch das R.G. (Bd. 65 S. 411) aus

[2]) So mit Recht Reichsgericht (Bd. 45 S. 261—265). Umgekehrt leugnet Staub (W.O. zu Art. 74 § 13 S. 178), daß dem Wechselgläubiger ein kondiktizischer Rechtsbehelf aus § 816 Abs. 2 B.G.B. entgegenstehe.

Indossament noch eine Delegationsfunktion aus, indem die zwischen dem bisherigen Gläubiger und Schuldner etwa vorhandenen persönlichen Beziehungen ausgeschaltet werden. Diese Ausscheidung trifft nicht nur die dem Wechselanspruch zugrundeliegenden Kausalrelationen, sondern nicht minder jede andere bloß relative Beziehung, welche nicht einmal Rechtsgrund der abstrakten Obligation ist, aus denen aber doch Einwendungen, wie Kompensations- und Retentionsbefugnisse, hergeleitet werden können. Diesen rein relativen Beziehungen darf dagegen die Einrede aus § 853 B.G.B., daß der Wechselgläubiger die Forderung gegen den Wechselschuldner durch eine von ihm begangene unerlaubte Handlung erlangt habe, nicht zugezählt werden. Denn wenn auch der deliktische Erwerb des Wechselanspruchs eine Schadenersatzforderung erzeugt, welche infolge der Delegationswirkung ausgeschaltet wird und daher zur Aufrechnung nicht verwandt werden kann, so wird doch durch den deliktischen Tatbestand nach § 853 B.G.B. zugleich die erlangte Forderung selber mit einer Einrede behaftet und ihr insofern ein Makel aufgedrückt, der nicht schon durch die analytische Vereinfachung des Tatbestandes, sondern nur durch einen gutgläubigen Rechtserwerb beseitigt werden kann. Unter den einzelnen Anwendungsfällen des § 853 B.G.B. verdient vor allem der Verstoß gegen die guten Sitten der Erwähnung, welcher dadurch begangen wird, daß der Indossatar in der Absicht, dem Schuldner Einwendungen abzuschneiden, den Wechsel erwirbt. Aus einem derartigen illoyalen Verhalten des Indossatars erwächst für den Wechselschuldner schon nach § 826 B.G.B. ein Schadenersatzanspruch, mit welchem er gegen den Wechselanspruch aufrechnen kann. Außerdem gewährt ihm aber § 853 B.G.B. in diesem Fall auch eine Einrede im technischen Sinne, weil die unerlaubte Handlung gerade in dem Erwerb der fraglichen Wechselurkunde besteht. Während die Kompensationsbefugnis auch dem von der Sachlage orientierten Indossatar nicht entgegengehalten werden kann, weil rein relative Rechtsbeziehungen durch die Delegationsfunktion des Giros ausgeschaltet werden, ist die Erhebung der Einrede aus § 853 B.G.B. nur dem gutgläubigen Erwerber gegenüber ausgeschlossen, denn der deliktische Mangel der Forderung kann im Gegensatz zum bloß kondiktizischen nicht durch eine analytische Vereinfachung des Tatbestandes, sondern nur durch die Publizitätswirkung des Indossaments geheilt werden.

Daß sich der Akzeptant dem Remittenten gegenüber auf seine persönlichen Beziehungen zum Aussteller nicht berufen darf, ist keine Eigentümlichkeit der Ordertratte, sondern gilt nicht minder für die gewöhnliche Anweisung und den Rektawechsel. Die gesteigerte Delegationsabstraktheit des Wechsels, die ich als Orderabstraktheit bezeichnet habe, zeigt sich darin, daß durch jedes vorprotestliche Indossament weitere relative Beziehungen ausgeschaltet werden. Indossiert also der Remittent C den akzeptierten Wechsel an D, ohne eine Befreiungsklausel hinzuzufügen, so erlangt letzterer drei abstrakte Schuldner, nämlich B als Akzeptanten, A als Aussteller und C als Indossanten. Wenn man zunächst den regelmäßigen Fall unterstellt, daß die tatsächlich vorhandenen Kausalbeziehungen der äußeren Erscheinung des Wechsels entsprechen, daß also nur B mit A, dieser mit C und letzterer mit D kausal verbunden ist, so würde sich folgendes Bild ergeben: da D mit C direkt verknüpft ist, so kann letzterer alle Einwendungen aus dem zwischen ihnen vorhandenen Grundverhältnis mittels einer Kondiktionseinrede in gleichem Umfange geltend machen, als ob die Urkunde nicht einen Wechsel, sondern ein reines Schuldversprechen enthielte. Denn sofern Gläubiger und Schuldner kausal verbunden sind, kommt hinsichtlich der Kondiktionsmöglichkeit ein Unterschied zwischen den verschiedenen Arten der abstrakten Obligation nicht zur Geltung. Die Differenz macht sich aber sofort bemerkbar, wenn ein Wechselanspruch zwischen kausal unverbundenen Personen in Frage kommt. Was zunächst den Anspruch des D gegen A anlangt, so sind durch die in der Indossierung des C liegende Anweisung die Kausalrelationen A/C und C/D ausgeschaltet, so daß der abstrakte Anspruch des D gegen A bezüglich der Kondiktionsmöglichkeit gerade so behandelt werden muß, als ob A eine gewöhnliche von C ausgestellte bürgerliche Anweisung zugunsten des D akzeptiert hätte. Daher kann A dem D gegenüber aus seinen Beziehungen zu C selbst dann keine Kondiktionseinrede herleiten, wenn D von der Mangelhaftigkeit des Deckungsverhältnisses A/C beim Wechselerwerb orientiert war, wenn er also z. B. wußte, daß dem A gegen C eine condictio indebiti zustehe, denn es kommt hier kein gutgläubiger Rechtserwerb in Frage, vielmehr tritt bei dieser Gelegenheit die Delegationswirkung des Wechsels in die Erscheinung. Nur wenn beide Kausalbeziehungen A/C und C/D nicht in Ordnung sind, kann A dem D gegenüber eine Kondiktionseinrede geltend machen, weil die Abschneidung der via directa nur zu ganz unnötigen Weiterungen führen würde. Ebenso ist dem A nach § 822 B.G.B. gestattet, die Vereitelung des der Zuwendung A/C zugrundeliegenden Geschäftszweckes auch dem D gegenüber geltend zu machen, wenn C deshalb nicht kondiktizisch haftet, weil er den Wechsel dem D unentgeltlich zugewandt hat.

Ist jedoch das Deckungsverhältnis A/C gesetzlich reprobiert, weil eine verpönte Naturalobligation, wie Spiel, Wette, Ehemakel usw., in Frage kommt oder weil das Grundgeschäft gegen ein gesetzliches Verbot oder die guten Sitten verstößt, so ist zwar die Wechselverpflichtung des A nach allgemeinen Grundsätzen materiell nichtig, jedoch tritt zugunsten des D ein gutgläubiger Rechtserwerb ein[1]). Daher kann ihm die zwischen A und C vorhandene Spielkausa nur dann entgegengehalten werden, wenn ihm der fragliche Tatbestand bekannt war oder seine Unkenntnis auf grober Fahrlässigkeit beruhte. Ist dagegen das Valutaverhältnis C/D gesetzlich reprobiert, so ist zwar C selber dem D nicht wechselrechtlich verpflichtet, jedoch erwirbt D den dem C gegen A zustehenden Wechselanspruch, weil in der Übergabe eines gemachten Wechsels eine effektive Zuwendung liegt, welche in ihrer Rechtswirkung durch die Verwerflichkeit der Grundbeziehung nicht tangiert wird. Nur wenn die Beziehung C/D gegen eine gesetzliches Verbot oder die guten Sitten verstößt und nur den Empfänger ein subjektiver Vorwurf trifft, so ist auch die Zuwendung der Wechselurkunde nach den im dritten Paragraphen ausgeführten Grundsätzen nichtig. Mithin ist C. Wechselgläubiger geblieben und D hat nur den Schein der Berechtigung erworben, so daß sich auch A darauf berufen kann, daß D dem C den Wechsel abgewuchert hat. Ist dagegen die Tratte in die Hand eines ferneren gutgläubigen, formell-legitimierten Inhabers E gelangt,

---

[1]) Anderer Ansicht, Oertmann, D. Juristenztg. Bd. 7 S. 107.

so kann sich weder der bewucherte C, noch dessen Vormann A auf den Verstoß gegen § 138 Abs. 2 B.G.B. berufen.

Durchaus entsprechende Regeln greifen bezüglich der dem D gegen B zustehenden Akzeptforderung Platz. Außerhalb des Wechsels bestehende Rechtsbeziehungen kann der Akzeptant B dem D nur dann entgegensetzen, wenn sie ihm unmittelbar gegen D zustehen, wenn er also z. B. gegen den Indossatar D eine fällige Gegenforderung innehat. Dagegen kann B aus seinen Beziehungen zu C keinerlei Schutzbehauptungen herleiten, selbst wenn D über die Sachlage beim Wechselerwerb genau Bescheid gewußt hätte. Denn die relativen Beziehungen B/C sind durch die Delegationsfunktion des dem D von C gegebenen Indossaments ausgeschaltet. Wenn daher auch B gegen C Gegenforderungen geltend machen könnte, so darf er doch dem D gegenüber mit ihnen nicht aufrechnen, und wenn er sich gegenüber dem C auf Einreden aus dem Deckungsverhältnis B/A deshalb berufen dürfte, weil auch das Valutaverhältnis A/C nicht in Ordnung ist oder die Voraussetzungen des § 822 B.G.B. (unentgeltliche Zuwendung) vorliegen, so kann B dem D gegenüber hieraus Schutzbehauptungen nicht schon dann herleiten, wenn D beim Erwerb über die Sachlage orientiert war, sondern diese Möglichkeit ist erst gegeben, wenn entweder das Valutaverhältnis C/D ebenfalls Not leidet und mithin die via directa gegeben ist, oder wenn C deshalb nicht kondiktizisch haftet, weil er den Wechsel dem D unentgeltlich zugewandt hat. Da durch jedes fernere Indossament immer je ein Deckungs- und Valutaverhältnis mehr ausgeschaltet wird, so ist die Wahrscheinlichkeit, daß der Schuldner aus dem ursprünglichen Deckungsverhältnis eine Kondiktionseinrede herleiten kann, um so geringer, je weiter Schuldner und Gläubiger in der Kette der Kausalbeziehungen entfernt sind, denn die Existenz einer Einrede setzt voraus, daß sämtliche Zwischenglieder nicht in Ordnung sind oder wenigstens auf einem unentgeltlichen Rechtsgrund beruhen. Ist auch nur eine einzige onerose Kausalbeziehung einwandsfrei, so entfällt die Kondiktionsmöglichkeit, weil die via directa versperrt ist. Nur wenn der Kläger den Wechsel in der dem Vertragsgegner bekannten Absicht erworben hat, dem Beklagten den Gebrauch der ihm gegen den Veräußerer zustehenden Rechtsbehelfe abzuschneiden, so entspringt aus einem solchen kollusiven Verhalten eine Einrede wegen Verstoßes gegen die guten Sitten (§§ 826, 853 B.G.B.), mit deren Hilfe der Beklagte gegenüber dem abstrakten Anspruch des neuen Gläubigers die ihm gegen den Vormann zustehenden Schutzbehauptungen geltend machen kann[1]).

Bisher wurde nur der Fall ins Auge gefaßt, daß die kausale Verknüpfung dem in der Wechselurkunde äußerlich zutagetretenden Zusammenhang entspräche, daß also B mit A, dieser mit C, letzterer mit D usw. kausal verbunden sei. Diese Gestaltung liegt keineswegs immer vor, sondern wie ein Anweisungsakzept zwischen kausal verbundenen Personen abgegeben werden kann und ein reines Schuldversprechen zuweilen eine materiell delegations-abstrakte Forderung enthält, so kann es sich ebensogut ereignen, daß äußerlich einander folgende Wechselbeteiligte nur mittelbar kausal verbunden sind, und nicht minder ist es möglich, daß entferntere Personen, z. B. B und D, durch ein direktes kausales Band verknüpft sind. Hinsichtlich der Kondiktionsmöglichkeit kommt es stets nur auf den wirklichen, nicht aber auf den scheinbaren kausalen Zusammenhang an. Steht also in der Kette zwischen C und D noch eine aus der Wechselurkunde nicht ersichtliche Person X, so kann C dem D nicht etwa entgegenhalten, daß ihm gegen X eine condictio indebiti zustehe, denn durch das Indossament C/D sind auch die Beziehungen C/X und X/D ausgeschaltet, und umgekehrt kann B, wenn er selber von D ein Darlehn aufnimmt und A und C nur aus Gefälligkeit zur Steigerung von B.s Kredit zeichnen, dem D gegenüber das Ausbleiben der Valutazahlung oder andere Einwendungen in gleicher Weise entgegenhalten, als wenn er ein reines Schuldversprechen abgegeben hätte.

Die scharfe Gegenüberstellung der Publizitätswirkung und der Delegationsfunktion wird gewöhnlich bei Erörterung des

---

[1]) So führt auch das Reichsgericht (Juristische Wochenschrift Bd. 37 S. 151 Nr. 25) aus, daß „ein Indossatar, der den Wechsel für eigene Rechnung erwarb, nur solche Einreden aus der Person des Vorbesitzers sich entgegensetzen lassen muß, deren Vereitelung er in kollusivem Zusammenwirken mit dem Veräußerer bezweckte“.

Wechselrechts nicht genügend hervorgehoben. Dies gilt insbesondere von denjenigen Schriftstellern, die, wie Wieland und Neubecker[1]), einen von der Kausalforderung verschiedenen Wechselanspruch leugnen. Für sie existiert immer nur die ursprüngliche Verbindlichkeit aus Kauf, Darlehn usw., welche durch den Wechselskripturakt zwar modifiziert, aber nicht mittels analytischer Vereinfachung beiseite geschoben wird. Daher findet wohl auf Grund des gutgläubigen Erwerbs eine Reinigung von Einwendungen, eine „Ausscheidung von Krankheitsstoff" statt, aber von einer Delegation, einer Ausschaltung von Kausalrelationen oder anderen rein persönlichen Beziehungen kann bei dieser Konstruktion nicht die Rede sein. Vielmehr ist der neue Gläubiger nur durch seinen guten Glauben geschützt, so daß ihm Einwendungen, die er gekannt hat, stets entgegengehalten werden können, auch wenn sie bloß das Fehlen des Rechtsgrundes betreffen. Daher könnte A, welcher dem C den Wechsel auf eine Kaufgeldschuld hingegeben hätte, sich dem D gegenüber darauf berufen, daß dieser die Nichtigkeit des Kaufgeschäftes oder die vollzogene Wandlung beim Wechselerwerb gekannt hätte. Ganz konsequent bezeichnen Wieland und Neubecker eine Forderung nicht etwa dann für abstrakt, wenn sie von ihrem Rechtsgrund losgelöst ist, denn eine solche Trennung verwerfen sie ja gerade, sondern sie gebrauchen diesen Ausdruck für den Fall, daß eine Forderung durch gutgläubigen Erwerb überhaupt erst entstanden oder wenigstens auf diese Weise von Einwendungen gereinigt worden ist.

Die herrschende Ansicht, welche den abstrakten Anspruch, das Summenversprechen im Sinne Thöls, von der Kausalforderung sehr wohl zu trennen weiß, hat es doch nicht verstanden, die Delegationsfunktion zu ihrem Recht kommen zu lassen. Vielmehr tritt diese Wirkung des Indossaments auch bei ihr viel zu sehr hinter den gutgläubigen Rechtserwerb zurück. Infolgedessen herrscht über den wichtigen Punkt, ob der Wechselschuldner dem neuen Gläubiger die ihm gegen den Indossanten zustehenden Einwendungen nur bei dolus

---

[1]) Wieland, „Wechsel" S. 182 ff.; Neubecker, „Der abstrakte Vertrag" S. 49.

oder schon bei cupla lata des Erwerbers entgegenhalten kann, oder ob er sich darauf auch dem von der ganzen Sachlage orientierten Indossatar gegenüber nicht berufen darf, eine große Unklarheit, die besonders bei Staub offen in die Erscheinung tritt. Seine im Art. 82 W.O. gegebene Darstellung der Wechseleinreden[1]) ist wenig befriedigend; er unterscheidet die jedem Wechselgläubiger entgegenstehenden exceptiones in rem, welche, wie mangelnde Geschäftsfähigkeit, unterlassener Protest, die Gültigkeit der urkundlichen Erklärung betreffen oder sich, wie die Mängel der Form des Wechsels aus dem Inhalt der Urkunde ergeben, von den exceptiones in personam, welche „zwar den objektiven Bestand der betreffenden Obligation unberührt lassen, aber aus irgendeinem Rechtsgrunde dem betreffenden Kläger entgegengehalten werden können". Diese persönlichen Einreden, zu denen Staub die Einwände des mangelnden Begebungsvertrages, der unberechtigten Ausstreichung des Domizilvermerks, der unberechtigten Ausfüllung des Wechselblanketts, der erledigten Depotsicherheit, der Kompensation und, soweit dies überhaupt zulässig ist, den Einwand der nicht geleisteten Valuta rechnet, treffen sämtlich ohne Unterschied den dolosen Rechtserwerber, d. h. den Indossatar, welcher bei der Wechselübergabe über die Sachlage orientiert war. Nur bei Erörterung der Kompensation kommt auch Staub (§ 29 S. 207) das Bedenken, ob wirklich schon in jedem Erwerb des Wechsels mit dem Bewußtsein, daß dem Wechselschuldner gegen den bisherigen Gläubiger eine Gegenforderung zustehe, ein solcher dolus liege. Er verneint diese Frage, da an und für sich das Bestehen einer Gegenforderung kein dem Wechsel anhaftender Mangel sei. Wenn aber die Erklärung der Aufrechnnng bereits erfolgt oder wenigstens zu erwarten wäre, und dies dem Erwerber bekannt gewesen sei, so läge ein dolus vor. Damit tritt neben die Einreden in rem und in personam eine dritte Kategorie von höchst persönlichen Einwendungen, die nicht einmal dem wissenden Dritten entgegengehalten werden können. Staub sucht diese Erscheinung, welche zu seiner grundlegenden Konstruktion in schneidendem Widerspruch steht, durch den

[1]) Staub, „Wechselordnung" zu Art. 82 S. 198 ff., besonders §§ 2—5.

Hinweis zu erklären, daß sich auch der Zessionar, der sich prinzipiell alle Einwendungen des Zedenten gefallen lassen muß, doch solche Einwendungen, die infolge ihrer Sonderheit einen höchst persönlichen Charakter haben, nicht entgegensetzen zu lassen braucht (§ 16). Diese Bemerkung ist bezüglich solcher Einwendungen, welche wegen ihrer ausschließlichen Beziehung auf die Person des Zedenten den Zessionar nicht treffen, durchaus richtig, denn wenn z. B. der Gläubiger dem Schuldner verspricht, ihn während eines bestimmten Zeitraums nicht zu belangen, aber diese Befugnis seinem Zessionar vorbehält, so ergibt sich die Rechtsfolge, daß der Schuldner dem Zessionar die Stundung nicht entgegenhalten kann, schon aus dem Inhalt der ursprünglichen Stundungsabrede und hat mit der rechtsverstärkenden Wirkung des Indossaments nichts zu tun. Auch die Tatsache, daß der Gefälligkeitsakzeptant dem Dritten gegenüber Einwendungen aus dem Gefälligkeitscharakter seines Skripturaktes unter keinen Umständen herleiten kann, ist kein Resultat spezifisch wechselrechtlicher Vorschriften, sondern würde in gleicher Weise zutreffen, wenn der Akzeptant, anstatt einen Wechsel anzunehmen, ein reines Schuldversprechen abgegeben hätte, denn es war sein zweifelloser Wille, sich dem Dritten zu verpflichten, um auf diese Weise den Kredit seines Freundes zu stärken. Daher kann er sich ebensowenig wie ein gewöhnlicher Bürge seiner Verbindlichkeit durch den Hinweis entziehen, daß der Gefälligkeitscharakter des Akzepts dem Gläubiger nicht unbekannt geblieben wäre.

Ganz anders aber liegt die Sache bezüglich der noch nicht vollzogenen Aufrechnung. An dieser Stelle zeigt es sich deutlich, daß die Staubsche Zweiteilung unzureichend ist und durch eine Dreiteilung ersetzt werden muß. Denn nach Staub müßte der Schuldner mit einer ihm gegen den bisherigen Gläubiger zustehenden Forderung auch dem neuen Indossatar gegenüber aufrechnen können, sofern dieser im kritischen Augenblick die Existenz der Gegenforderung gekannt hat. Der Hinweis darauf, daß auch dem Zessionar nicht alle Einwendungen entgegenstehen, welche dem Zedenten gegenüber zulässig sind, versagt hier vollständig, weil nach § 406 B.G.B. dem debitor cessus die Befugnis zuerteilt ist, gegenüber dem Zessionar mit Forderungen, die ihm gegen den Zedenten zustehen, aufzurechnen, es sei denn, daß er bei dem Erwerb der Gegenforderung von der Abtretung Kenntnis hatte, oder daß die Gegenforderung erst nach der Erlangung der Kenntnis und später als die abgetretene Forderung fällig geworden ist. Hieraus ergibt sich, daß der Satz von der Unzulässigkeit der Aufrechnung, dessen Richtigkeit Staub als kundiger Praktiker herausgefühlt hat, unmöglich durch Verweisung auf die Zessionslehre begründet werden kann. Wenn man dagegen die Delegationsfunktion des Artikels 82 W.O. und die Publizitätswirkung des Artikels 74 W.O. genau voneinander scheidet, so ist es ohne weiteres klar, daß der Wechselschuldner auch dem wissenden Indossatar gegenüber mit den ihm gegen den bisherigen Gläubiger zustehenden Forderungen deshalb nicht aufrechnen darf, weil die neben dem Wechselanspruch existierenden persönlichen Beziehungen durch das Indossament ausgeschaltet sind und daher von einem gutgläubigen Rechtserwerb keine Rede mehr sein kann.

Die Vermengung dieser beiden Funktionen verführt Staub zu einem doppelten Fehler: einmal läßt er bei den den Wechselanspruch als solchen affizierenden Einwänden der mangelnden Begebung, der abredewidrigen Blankettausfüllung, der Zahlung usw. den gutgläubigen Rechtserwerb schon bei grob-fahrlässiger Unkenntnis eintreten, trotzdem Art. 74 W.O. die grobe Fahrlässigkeit dem Wissen ausdrücklich gleichstellt. Auf der andern Seite erweitert er die Einwendungsmöglichkeit dadurch in ganz unzulässiger Weise, daß er die aus rein persönlichen Rechtsbeziehungen entspringenden Verteidigungsmittel, wie die Kondiktionseinreden und die Aufrechnungs- und Retentionsbefugnisse, auch dem wissenden Dritten gegenüber zuläßt.

Die Staubsche Ansicht[1]), welche die Delegations- und die Publizitätswirkung miteinander vermengt, ist ebenso unhaltbar wie die Wielandsche Theorie, welche die beiden Funktionen bewußtermaßen identifiziert. Vielmehr ist ihre scharfe Trennung sowohl aus Zweckmäßigkeitsrücksichten geboten, als durch die speziellen Vorschriften des positiven Rechts und die systema-

---

[1]) Grünhut, („Wechselrecht“ Bd. 2 S. 129 ff.), hält ebenfalls an der Zweiteilung der Einwendungen fest.

tischen Folgerungen aus dem Rechtsganzen erfordert. Teleologisch rechtfertigt sich die in jeder Delegation liegende analytische Vereinfachung des Tatbestandes mit Rücksicht auf die Sicherung der absoluten Rechtslage, weil es nur hierdurch dem Wechselerwerber erspart werden kann, sich um die Rechtsbeziehungen seines Autors bekümmern zu müssen. Die bloße Publizitätswirkung reicht keineswegs zu seinem Schutze aus, denn würde er sich aus grober Fahrlässigkeit bezüglich der Vereitelung des zwischen seinem Vorgänger und dem Schuldner verabredeten Geschäftszwecks oder über das Vorhandensein von Gegenforderungen des Schuldners gegen den Indossanten täuschen, so würde er den Schaden zu tragen haben, und wenn man inkonsequenterweise den guten Glauben nur bei wirklicher Kenntnis der fraglichen Umstände als ausgeschlossen betrachten wollte, so müßte der Erwerber sich im Prozeß auf Erörterungen über sein Wissen von Dingen, die ihn gar nichts angehen, einlassen und im günstigsten Fall einen Reinigungseid bezüglich seiner Unkenntnis schwören. Das ist gerade für die Gewissenhaftesten eine schwere Pein, weil sie über Verhältnisse, in die sie sich nicht hineinmischen dürfen, ohne dem Vorwurf der Neugierde zu begegnen, meistens nur sehr unvollkommen orientiert sind.

Ein Mißbrauch der Delegation zum Nachteil des Wechselschuldners ist nicht zu befürchten, weil der Erwerber, wenn die Kausalbeziehung reprobiert ist, nur im Falle seines guten Glaubens geschützt wird, und ihm andererseits wegen eines Verstoßes gegen die guten Sitten die Einrede der Arglist aus §§ 826, 853 B.G.B. entgegensteht, wenn er den Wechsel im Einverständnis mit dem Veräußerer nur in der Absicht, dem Schuldner Einwendungen abzuschneiden, erstanden hat. Würde man darüber hinaus dem Schuldner gestatten, aus seinen Rechtsbeziehungen zum Veräußerer Schutzbehauptungen gegen den Erwerber herzuleiten, so würde der Wechsel seine wichtige volkswirtschaftliche Aufgabe, als kaufmännisches Papiergeld zu fungieren, gar nicht oder doch nur sehr unvollkommen erfüllen können, weil jeder Erwerber befürchten müßte, anstatt einen abstrakten Wertträger zu erlangen, in den Strudel rein persönlicher Beziehungen seiner Vorgänger hineingerissen zu werden[1]). Wer sich das Eigentum an Silbermünzen übertragen läßt, kann von einem Dritten, welcher dem Tradenten seinerseits die Münzen indebite gegeben hat, unter keinen Umständen auf Herausgabe belangt werden, da die condictio indebiti dem ferneren Erwerber auch dann nicht entgegensteht, wenn ihm das Vorhandensein der Kondiktion nicht unbekannt geblieben ist. Während der größere Schutz den für den Kleinverkehr bestimmten Silbermünzen nicht vorenthalten wird, sollte der Wechselschuldner die Indossatare mit einer gegen den Rechtsvorgänger zustehenden condictio indebiti belästigen können, obgleich der für den internationalen Großverkehr bestimmte Wechsel als der denkbar abstrakteste Wertträger vor solchen rein persönlichen Einwendungen in viel höherem Maße geschützt werden muß.

Für die hier vertretene Auffassung spricht vor allem der Art. 82 der W.O., welcher bestimmt, daß sich der Wechselschuldner nur solcher Einreden bedienen kann, welche aus dem Wechselrecht selbst hervorgehen oder ihm unmittelbar gegen den jedesmaligen Kläger zustehen. Dagegen bietet die Interpretation dieses Artikels, insbesondere der Worte „welche aus dem Wechselrecht selbst hervorgehen", für die Gegner große Schwierigkeiten, welche diese vergebens zu beseitigen suchen. So stellt Bernstein[2]) die nach Wechselrecht zulässigen den gemeinbürgerlichen Einwendungen gegenüber. Ob aber eine Einrede dem betreffenden Gläubiger gegenüber statthaft ist, kann sich auch bezüglich der gemeinbürgerlichen Einwendungen, z. B. der Zahlung, nur nach Wechselrecht entscheiden. Daher ist dieser Einteilungsgrund nicht geeignet, die schwierige Frage nach dem subjektiven Umfang der Einredemöglichkeit sachgemäß zu lösen. Wenn Staub[3]) diejenigen Einwendungen, welche den objektiven Bestand der Wechselforderung in Frage stellen, und welche daher einem jeden Gläubiger entgegengesetzt werden können, von den übrigen

---

[1]) Auf die volkswirtschaftliche Funktion des Wechsels als kaufmännisches Papiergeld hat zuerst Einert hingewiesen, „Das Wechselrecht", Leipzig, 1839 S. 37 ff.

[2]) Bernstein, „Wechselordnung" zu Art. 82 W.O. §§ 1 und 2 S. 309 ff. Ähnlich Lehmann, „Wechselrecht" S. 124.

[3]) Staub, „Wechselordnung" zu Art. 82 §§ 1—5 S. 198 ff.

Schutzbehauptungen, auf welche sich der Schuldner nur einem speziellen Gläubiger gegenüber berufen darf, unterscheiden will, so ist auch diese Auslegung unbefriedigend, weil sie dem Art. 82 W.O. eine sinnlose Tautologie unterschiebt, denn sie läßt ihn die Trivialität sagen, daß sich der Schuldner derjenigen Einreden bedienen dürfe, welche er entweder jedem Gläubiger oder nur dem betreffenden Gläubiger, welcher klagt, entgegensetzen dürfe. Dagegen gibt der Artikel einen durchaus verständigen Sinn, wenn man davon ausgeht, daß er die gesteigerte Delegationsfunktion des Wechsels statuiere, während der Art. 74 W.O. seine Publizitätswirkung außer Zweifel setzt. Denn Art. 82 W.O. will offenbar ein Doppeltes besagen:

1. Die Einreden, welche aus dem Wechselrecht selbst hervorgehen, sind die den Wechselanspruch als solchen betreffenden Einwendungen. Sie können prinzipiell gegen jeden Rechtsnachfolger geltend gemacht werden, sei es, daß die Existenz der Wechselverbindlichkeit schlechthin negiert wird, sei es, daß nur die Berechtigung eines speziellen Wechselgläubigers in Abrede gestellt wird. Hierbei darf jedoch nicht übersehen werden, daß nach Art. 74 W.O. der gute Glaube im weitesten Umfange geschützt wird.

2. Die außerhalb des Wechsels stehenden persönlichen Beziehungen können stets nur demjenigen Gläubiger, in dessen Person sie entstanden sind, entgegengehalten werden, während sie seinem Rechtsnachfolger nicht einmal dann zum Nachteil gereichen, wenn er über sie orientiert war.

Daß die vorstehende Auslegung des Art. 82 W.O. richtig ist, wird ferner durch die §§ 784, 796 B.G.B. bestätigt, welche in ähnlicher Weise von Einwendungen reden, welche die Gültigkeit der Annahme oder der Ausstellung betreffen, oder sich aus der Urkunde ergeben, oder dem Schuldner unmittelbar gegen den Gläubiger zustehen. Da die genannten Paragraphen des B.G.B. dem Art. 82 W.O. nachgebildet sind, so darf man sie zur Unterstützung der obigen Auslegung um so unbedenklicher heranziehen, als sie gerade die Delegationsfunktion des Anweisungsakzepts und des abstrakten Inhaberpapiers außer Zweifel setzen wollen. Man findet also auch hier dieselbe Gegenüberstellung der rein persönlichen Einreden zu den den abstrakten Anspruch als solchen betreffenden Einwendungen, nur daß im B.G.B. die letztere Kategorie in zwei Unterarten, nämlich in die die Gültigkeit des Akzepts und der Ausstellung betreffenden und in die sich aus dem Inhalt der Urkunde ergebenden Einwendungen zerlegt wird. Als ein Fortschritt gegenüber der Wechselordnung kann diese Einteilung unmöglich angesehen werden, da sie keineswegs erschöpfend ist, denn es gibt viele den abstrakten Anspruch betreffende Einwendungen, die sich weder aus dem Ausstellungsakt, noch aus dem Urkundeninhalt ergeben, wie z. B. der Einwand der vollzogenen Zahlung, der doch sicherlich dem bösgläubigen Erwerber eines Inhaberpapiers entgegengehalten werden kann. Aber wenn auch die Formulierung des B.G.B. weniger glücklich ist, so soll doch mit den fraglichen Worten offenbar derselbe Gedanke ausgedrückt werden, als mit der Bestimmung des Art. 82 der W.O., denn es liegt kein Grund zu der Annahme vor, daß die Delegation im B.G.B. anders, als in der W.O. aufzufassen wäre. Steht aber einmal fest, daß der Art. 82 der W.O. mit dem § 784 B.G.B. inhaltlich übereinstimmt, so ergibt sich daraus ohne weiteres die Konsequenz, daß der Art. 82 W.O. nur von den Delegations-, nicht aber von irgendwelchen Publizitätswirkungen redet[1]. Denn beim Anweisungsakzept tritt, von der Reprobation des Deckungsverhältnisses abgesehen, kein gutgläubiger Rechtserwerb ein, sondern es findet nur eine einmalige Ausschaltung von zwei Kausalbeziehungen statt.

Schließlich spricht noch die Analogie mit den beweglichen Sachen für den Ausschluß rein persönlicher Einreden gegenüber dem orientierten Dritten, da, wie schon erwähnt, die condictio indebiti unter keinen Umständen dem Dritterwerber entgegensteht. Macht man einmal mit dem Verkörperungsgedanken vollen Ernst, so ergibt sich unweigerlich die Konsequenz, daß die abstrakte Forderung durch die Verkettung mit dem materiellen Substrat nicht nur an den Publizitätswirkungen des Fahrnisrechts teilnimmt, sondern daß ihre Verkehrsfähigkeit auch durch Einschränkung rein persönlicher Einreden erhöht wird.

Legt man die soeben entwickelte Wechseltheorie zugrunde,

---

[1]) Auf den Delegationscharakter des Art. 82 W.O. weist auch Wendt hin („Das allgemeine Anweisungsrecht“, S. 180 ff.).

so kommt man bezüglich der Wechseleinwendungen zu einer Dreiteilung. Einmal zerfallen alle Verteidigungsmittel in Schutzbehauptungen in rem und in personam, je nachdem, ob die aus dem Papiereigentum entspringenden obligatorischen Verpflichtungen negiert werden, oder ob gegen den Wechselanspruch aus rein persönlichen Rechtsbeziehungen Kondiktionseinreden oder Kompensations- oder Retentionsbefugnisse geltend gemacht werden. Während letztere nur demjenigen Gläubiger, in dessen Person sie entstanden sind, entgegengehalten werden können, stehen umgekehrt die den Wechselanspruch als solchen betreffenden Einwendungen prinzipiell jedem Rechtsnachfolger entgegen. Jedoch wird dieser Grundsatz durch die wichtige Ausnahme durchbrochen, daß der gutgläubige, formell-legitimierte Inhaber bezüglich aller Einwendungen geschützt wird, welche nicht eine Rechtsscheinvoraussetzung, d. h. ein Erfordernis für den Eintritt des bona fide-Verkehrs, in Abrede stellen. Hieraus ergibt sich folgendes Schema:

I. Verteidigungsmittel in rem, welche den Wechselanspruch als solchen betreffen, einerlei ob der Beklagte jede aus der betreffenden Urkunde entspringende Verbindlichkeit in Abrede stellt, indem er einen Formfehler im Grundwechsel geltend macht, oder ob er bloß seine eigene Wechselverpflichtung leugnet, indem er die Echtheit der eigenen Unterschrift bestreitet, oder ob er schließlich nur die Aktivberechtigung eines bestimmten Wechselgläubigers angreift, indem er auf eine Lücke in der Girokette hinweist. Diese Verteidigungsmittel zerfallen in zwei Unterarten, nämlich in

a) solche Einwendungen, welche auch dem gutgläubigen Erwerber entgegengehalten werden können. Dies ist z. B. der Fall, wenn das Vorhandensein eines Formfehlers im Grundwechsel oder der Mangel in der Geschäftsfähigkeit des Wechselbeklagten oder die Fälschung oder Verfälschung seiner Unterschrift geltend gemacht wird,

b) und in solche Einwendungen, welche dem bona fide-Verkehr zugänglich sind und daher dem nicht dolosen und nicht grobfahrlässigen Erwerber nicht entgegenstehen. Diese Sachlage ist z. B. gegeben, wenn Willensmängel des Skripturakts, Reprobation der Kausalbeziehung, Zahlung oder andere Tilgungsgründe vorgebracht werden.

II. Verteidigungsmittel in personam, welche nur demjenigen Gläubiger, in dessen Person sie entstanden, dagegen seinem vorprotestlichen Indossatar, auch wenn er von ihnen Kenntnis erlangt hat, niemals entgegengehalten werden können, nämlich die Einrede der ungerechtfertigten Bereicherung und die Kompensations- und Retentionsbefugnisse.

Legt man diese Dreiteilung zugrunde, so ist man imstande, die einzelnen Wechseleinreden nach einem allgemeinen Prinzip auf ihre juristische Bedeutung hin zu prüfen. Bisher herrschte gerade auf diesem Gebiet in besonders hohem Maße eine dilettantische Gefühlsjurisprudenz, welche nach ihrem unkontrollierten Rechtsempfinden entschied, ob eine Einrede auch dem Rechtsnachfolger entgegenstände. War man geneigt, dem Schuldner zu helfen, so wurde das Universalheilmittel der exceptio doli generalis hervorgekehrt. Diese Methode ist durchaus verwerflich, denn die exceptio doli generalis enthält gar keine juristische Begründung, sondern nur das Eingeständnis der eigenen Unzulänglichkeit, eine ausreichende Rechtfertigung der getroffenen Entscheidung zu finden. In dem folgenden alphabetischen Verzeichnis der Wechseleinreden soll gezeigt werden, daß man auch ohne Zuhilfenahme eines solchen Notbehelfs alle kasuistischen Detailfragen durch bloße Ableitung aus den Grundprinzipien in einer die teleologischen Anforderungen befriedigenden Weise beantworten kann.

Arglist. Der Ausdruck „Einrede der Arglist“ oder „exceptio doli“ ist vieldeutig. Man versteht unter diesem terminus gewöhnlich die aus dem römischen Recht stammende exceptio doli generalis, mit welcher geltend gemacht wird, daß der erhobene Anspruch im Sinne einer über dem positiven Recht schwebenden Billigkeit unbegründet sei. Eine solche exceptio doli generalis, welche die Grundsätze des richtigen Rechts in höherem Maße, als dieses vom positiven Recht gestattet ist, zur Herrschaft bringen will, ist, wie schon ausgeführt, nach heutigem Recht unzulässig und auch unnötig, da man auch ohne dieses fragwürdige Hilfsmittel zu angemessenen Resultaten gelangen kann [1]). Inbesondere läßt sich der durchaus be-

[1]) Staub („W.O.“ zu Art. 82 § 14 S. 202) spricht sich ebenfalls gegen die Zulässigkeit der exceptio doli generalis aus.

rechtigte Einwand des versteckten Inkassomandats, wie unten gezeigt werden wird, auch auf andere Weise, nämlich unter dem Gesichtspunkt des fiduziarischen Rechtsgeschäfts, befriedigend begründen.

Ferner wird der Ausdruck „exceptio doli" auch in dem Sinne des dolosen Rechtserwerbs gebraucht [1]). Aber auch in dieser Hinsicht kommt der Einrede keine selbständige Bedeutung zu. Die Behauptung, daß dem Wechselerwerber die dem Vormann entgegenstehenden Einwendungen bekannt gewesen seien, ist bezüglich der rein persönlichen Rechtsbeziehungen irrelevant, weil letztere infolge der Delegationsfunktion des Indossaments vollständig ausgeschaltet sind. Im übrigen kann zwar der Schuldner geltend machen, daß der Wechselgläubiger die dem Wechselanspruch seines Vorgängers entgegenstehenden Einwendungen gekannt habe, oder daß seine Unkenntnis auf grober Fahrlässigkeit beruhe. Damit wird aber nicht etwa eine Einrede im technischen Sinne erhoben, sondern der fehlerfreie Rechtserwerb des Gläubigers durch die Behauptung der rechtshindernden Tatsache des bösen Glaubens geleugnet. In dieser Einwendung des Wechselschuldners ist ebensowenig eine exceptio zu erblicken, als in der vom Vindikationsbeklagten vorgebrachten Behauptung, daß der Kläger das Eigentum deshalb nicht erworben habe, weil er im kritischen Augenblick bezüglich des Eigentums seines Rechtsvorgängers nicht im guten Glauben gewesen sei.

Der Begriff der exceptio doli hat für das heutige Reichsrecht nur insofern Bedeutung, als man unter diesem Ausdruck die Einrede aus § 853 B.G.B. versteht, mit der geltend gemacht wird, daß, wenn jemand durch eine von ihm begangene unerlaubte Handlung eine Forderung gegen den Verletzten erlangt, der Verletzte die Erfüllung auch dann verweigern kann, nachdem der Anspruch auf Aufhebung der Forderung verjährt ist. Damit diese Einrede vorliegt, ist es also notwendig, daß eine der in den §§ 823 ff. B.G.B. umschriebenen deliktischen Tatbestände gegeben ist. Zu ihnen zählen vor allem der Betrug, die widerrechtliche Drohung und der in § 826 B.G.B. enthaltene

---

[1]) In diesem Sinne faßt Staub („W.O." zu Art. 82 § 15 S. 203) die exceptio doli auf.

generelle Verweis auf die guten Sitten. Hinsichtlich dieses letzten Punktes muß man sich aber vor dem Fehler hüten, den § 826 B.G.B. über Gebühr auszudehnen. Insbesondere ist ein Verstoß gegen die guten Sitten nicht schon dann gegeben, wenn dem Erwerber das Vorhandensein einer seinem Vormann entgegenstehenden persönlichen Einrede bekannt war. Denn wollte man dies annehmen, so würde man die Delegationswirkung wieder beseitigen und sich in die Irrgänge der exceptio doli generalis verlieren, sondern § 826 B.G.B. greift nur im Falle der Kollusion Platz, wenn der Erwerber im Einverständnis mit dem Veräußerer darauf ausgeht, dem Schuldner eine Einrede abzuschneiden[1]). Ist dagegen einem Wechselerwerber gegenüber die exceptio doli specialis gegeben, so kann sie auch dessen Rechtsnachfolger entgegengehalten werden, außer wenn sich dieser in gutem Glauben befunden hat.

Aufrechnung. Bezüglich dieses Einwandes muß unterschieden werden, ob die Aufrechnung zur Zeit des Erwerbs von seiten eines neuen Indossanten bereits vollzogen ist oder nicht. Im ersteren Fall ist der gegen den Kompensanten und seine Nachmänner gerichtete Wechselanspruch in gleicher Weise wie durch Zahlung getilgt. Jedoch kann der erloschene Anspruch in den Händen eines gutgläubigen, formell-legitimierten Inhabers wieder aufleben. In dieser Hinsicht darf aber nicht übersehen werden, daß ein nachprotestliches Indossament keine Publizitätswirkungen ausübt und daß ein nach Präjudizierung erfolgendes Giro nur die Rechte gegen den Akzeptanten, den Ehrenakzeptanten und seine Avalisten, nicht aber gegen die Regreßpflichtigen und beim benannten Domizilvermerk nicht einmal gegen den Akzeptanten wieder aufleben läßt. Dieser Hinweis ist hier besonders wichtig, weil gegen

[1]) Anderer Ansicht: Staub, „W·O." zu Art. 82 § 16 S. 203. Übereinstimmend: Dernburg, „Bürgerl. Recht" Bd. II, 2 S. 368 § 276; Grünhut, „Wechselrecht", Bd. 2 S. 139; Rehbein, „W.O." zu Art. 82 Nr. 8. Ebenso die Judikatur des Reichs-Oberhandelsgerichts (Entscheidungen Bd. 7 S. 252, Bd. 8 S. 357, Bd. 10 S. 391, Bd. 13 S. 262, Bd. 23 S. 338) und des Reichsgerichts (Bd. 9 S. 149, Bd. 57 S. 391). Näheres siehe bei Brütt, „Kunst der Rechtsanwendung", S. 212.

einen Wechsel fast immer erst nach Verfall, und zwar regelmäßig nach oder kurz vor Ablauf der Protestfrist aufgerechnet wird.

Ist dagegen die Kompensation noch nicht erklärt, so kann hieraus, wie schon ausgeführt, dem Indossatar auch bei Kenntnis von der Existenz einer Gegenforderung weder eine Einrede entgegengesetzt, noch eine Kompensationsbefugnis ihm gegenüber ausgeübt werden, da sich die Existenz der Gegenforderung als ein rein persönlicher Rechtsbehelf charakterisiert, welcher durch die Delegationsfunktion des Indossaments ausgeschaltet ist. Nicht einmal, wenn der Erwerber wußte, daß eine Aufrechnung bevorstände, steht ihm irgendeine Einwendung entgegen, da er sich um fremde Rechtsbeziehungen nicht zu bekümmern braucht. Nur wenn er sich positiv als Werkzeug gebrauchen läßt, um dem Schuldner sein Kompensationsrecht zu nehmen, so liegt in diesem Gebaren ein illoyales Verhalten, das eine Einrede der Arglist aus den §§ 826, 853 B.G.B. hervorruft.

Begebungsmangel. Die Wechselbegebung muß vom Wechselschluß streng geschieden werden: die erstere verhält sich zum letzteren wie die Tradition zum Kauf oder nach der Terminologie des A.L.R. wie der modus zum titulus. Denn durch die Wechselbegebung wird das Eigentum an der Urkunde übertragen und damit über das Wechselrecht verfügt, während der Wechselschluß die eine Einwirkung auf relative Beziehungen bezweckende Kausalabrede enthält, welche den die Vermögenszuwendung rechtfertigenden Rechtsgrund schaffen soll. Das Fehlen des Wechselschlusses erzeugt daher nur eine dem Dritterwerber nicht entgegenstehende Kondiktion, dagegen verhindert der Mangel der Wechselbegebung die Entstehung oder die Übertragung des Wechselanspruchs. Während das Nichtvorhandensein der Kausalabrede durch die Delegationsfunktion beseitigt wird, kann das Fehlen einer gültigen Wechselbegebung nur durch den guten Glauben des formell-legitimierten Inhabers geheilt werden, so daß z. B. der Remittent das Papiereigentum und die Vollgläubigerschaft erwirbt, wenn er ohne grobe Fahrlässigheit den Urkundendieb, der ihm den Wechsel aushändigt, für einen Bevollmächtigten des Ausstellers hält.

Bereicherung. Die Einrede, daß der Wechselgläubiger auf Kosten des Schuldners ohne rechtlichen Grund bereichert sei (§§ 812, 821 B.G.B.), gründet sich darauf, daß der Gläubiger den Wechselanspruch durch eine Leistung des Verlustträgers oder auf andere Weise erlangt hat. Die letzteren Fälle sind sehr selten: es kommt hier die Möglichkeit in Frage, daß der Wechselgläubiger durch Spezifikation, Vermengung oder Fundverschweigung das Eigentum an der Urkunde und damit die Vollgläubigerschaft erlangt hat. Ferner gehört auch der Fall des § 816 Abs. 1 Satz 2 B.G.B. hierher, daß der gutgläubige Wechselerwerber seinen Anspruch durch eine unentgeltliche Zuwendung gewonnen hat.

Sehr viel wichtiger ist aber die andere Eventualität, daß der Gläubiger den Wechsel durch Leistung des Schuldners auf dessen Kosten ohne rechtlichen Grund erwirbt. Dieser Tatbestand ist gegeben, wenn entweder überhaupt kein eine Kausalabrede enthaltender Wechselschluß zustandekommt, oder wenn der mit der Leistung bezweckte Erfolg der Einwirkung auf relative Beziehungen mißlungen ist. Auf die einzelnen Fälle des Fehlens eines Rechtsgrundes braucht hier nicht näher eingegangen zu werden, da das Nötige bereits im dritten Paragraphen entwickelt worden ist. Dort wurden nicht nur die verschiedenen Möglichkeiten einer Einwirkung auf relative Beziehungen, insbesondere der Fall des Nichteintritts des mit der Leistung nach dem Inhalt des Rechtsgeschäfts bezweckten Erfolgs, erörtert, sondern auch auf die Regelung der Beweislast eingegangen und hervorgehoben, daß dort, wo der erstrebte Erfolg in die Zukunft gestellt ist, der Kondizent, also in diesem Fall der Wechselschuldner, den Eintritt, wenn auch nicht den Inhalt der Entscheidung zu beweisen habe. Ferner sei noch an folgendes Moment erinnert, welches besonders für das Wechselrecht von Bedeutung ist: da eine Kondiktion nach § 813 B.G.B. nicht gegeben ist, wenn eine betagte Forderung vorzeitig erfüllt wird, so kann der Wechselschuldner die Leistung nicht schon dann verweigern, wenn der Wechsel zur

Sicherung eines Anspruchs aus einem gegenseitigen Vertrag gegeben und die Gegenleistung nicht rechtzeitig erfüllt wird, sondern eine Kondiktion greift nur dann Platz, wenn infolge Verzuges nach § 326 B.G.B. der Rücktritt erklärt oder der Schadenersatz wegen Nichterfüllung gewählt worden ist. Nur wenn das Gegenteil ausgemacht ist oder sich aus den Umständen ergibt, kann der Wechselschuldner trotz § 813 B.G.B. die Einrede des nicht erfüllten Vertrages geltend machen.

Sind die Parteien kausal verbunden, so gilt bezüglich der Kondiktionsmöglichkeit beim Wechsel nichts anderes als beim reinen Schuldversprechen. Nur wenn keine solche Verknüpfung vorliegt, macht sich der Unterschied bemerkbar, weil die Kausalbeziehungen infolge der Delegationsfunktion ausgeschaltet werden. Daher kann der Schuldner, wie schon ausgeführt, den in seinem Verhältnis zum Wechselnehmer vorhandenen Mangel des Rechtsgrundes einem entfernteren Gläubiger nur in den seltenen Fällen entgegensetzen, wenn sämtliche Beziehungen zwischen ihnen nicht intakt sind oder wenn nach § 822 B.G.B. der primäre Kondiktionsschuldner deshalb nicht haftet, weil er den Wechsel dem Dritterwerber unentgeltlich zugewandt hat. Hieraus ergibt sich die Konsequenz, daß, während die Tilgung des abstrakten Anspruchs die Kausalverbindlichkeit stets gleichzeitig zum Erlöschen bringt, bezüglich des umgekehrten Falles zwischen der gewöhnlichen und der delegationsabstrakten Forderung genau unterschieden werden muß. Die Berichtigung des Kausalanspruchs, welche die abstrakte Forderung niemals eo ipso beseitigt, bewirkt zwischen kausal verbundenen Personen ohne weiteres eine Kondiktion, während das Wegfallen der zugrundeliegenden Verbindlichkeit zwischen kausal unverbundenen Parteien keine größere Bedeutung hat, als wenn die Verbindlichkeit niemals existiert hätte, also abgesehen von den Fällen der via directa, des unentgeltlichen Erwerbs (§ 822 B.G.B.) und der Kollusion (§ 826 B.G.B) dem Dritterwerber auch bei Kenntnis nicht entgegengehalten werden kann. Hat also z. B. der Akzeptant B seine Kausalschuld dem A gezahlt, so kann er sich weder dem Remittenten C, noch den Indossataren gegenüber auf diese Tatsache berufen, selbst wenn sie den Beteiligten nicht unbekannt geblieben ist.

B e t r u g. Der Wechselschuldner, welcher zu einem Skripturakt oder zur Wechselbegebung durch arglistige Täuschung bestimmt worden ist, kann das Rechtsgeschäft innerhalb eines Jahres anfechten und nach Ablauf dieser Frist immerhin noch eine Einrede aus § 853 B.G.B. geltend machen, sofern der Wechselnehmer die Täuschung selber begangen hat, oder die von einem Dritten verübte Täuschung kannte oder ohne grobe Fahrlässigkeit kennen mußte. Der § 123 B.G.B. gewährt freilich schon bei geringer Fahrlässigkeit des Vertragsgenossen die Anfechtungsmöglichkeit, aber diese Regel wird durch Art. 74 W.O., welcher nur die grobe Fahrlässigkeit der Arglist gleichstellt, für das Wechselrecht modifiziert. Dritten gutgläubigen, formell-legitimierten Erwerbern[1]) kann daher weder die Einwendung der erfolgten Anfechtung, noch die Einrede aus § 853 B.G.B. entgegengehalten werden. Umgekehrt darf man nicht etwa auf Grund des § 123 Abs. II Satz 2 B.G.B., wonach dem bösgläubigen Dritten gegenüber, welcher aus der Erklärung unmittelbar ein Recht erworben hat, eine Anfechtung ohne Rücksicht auf ein Verschulden des Erklärungsempfängers zulässig ist, annehmen, daß auch, wenn der Vertragsgegner des Getäuschten vom Betruge ohne grobe Fahrlässigkeit nichts wußte, der bösgläubige Indossatar trotzdem der Anfechtung unterliege. Diese Deduktion ist irrig, weil der Indossatar zwar ein von seinem Vormann unabhängiges Recht erlangt, aber der Erwerb nicht unmittelbar durch das Rechtsgeschäft des Getäuschten, sondern nur infolge der im Giro liegenden Veräußerung stattfindet.

B l a n k e t t a u s f ü l l u n g, a b r e d e w i d r i g e. Dieser Einwand kann, wie schon ausgeführt, gutgläubigen Erwerbern nicht entgegengehalten werden, sofern der Schuldner ein Wechselblankett hat ausstellen wollen oder wenigstens eine Erklärung abgegeben hat, in der man nach Treu und Glauben einen Blankettwechsel erblicken muß. Hat er also z. B. ein vorgedrucktes Wechselformular unterschrieben, so ist damit

[1]) Für den Schutz des guten Glaubens: Staub, „W.O." zu Art. 82 § 9 S. 201; Rehbein, „W.O" zu Art. 82, Ziffer 5. Dagegen: Stranz, „W.O." zu Art. 82 Anm. 9 S. 212.

ein seine Haftung begründender Rechtsschein gegeben. Wenn dagegen jemand seinen Namen nur auf ein weißes Stück Papier setzt, ohne eine Wechselerklärung abgeben zu wollen, etwa um sich im Schreiben zu üben oder eine Blankettvollmacht zu erteilen, so wird der gutgläubige, formelllegitimierte Inhaber nicht geschützt, weil es an einer Voraussetzung des Rechtsscheins fehlt.

Bürgschaft. Hier müssen zwei Fälle streng geschieden werden: entweder wird eine Wechselverbindlichkeit zur Sicherung einer zivilrechtlichen Bürgschaft eingegangen, oder der Wechselschuldner zeichnet zwar nur, um den Kredit eines andern Wechselbeteiligten zu erhöhen, tritt aber nicht mit dem Wechselgläubiger, sondern nur mit dem Hauptschuldner in eine unmittelbare kausale Berührung, weil keine zivilrechtliche Bürgschaft, sondern eine gewöhnliche Delegationssituation vorliegt. Im ersteren Fall kann der Bürge alle dem Hauptschuldner zustehenden Einwendungen geltend machen und sich insbesondere darauf berufen, daß die Hauptverbindlichkeit gar nicht existiert. Hat also z. B. A mit dem Kapitalisten C einen Darlehnsvertrag abgeschlossen und B für die Schuld des A die Bürgschaft übernommen, so kann sich C dadurch sichern, daß er sich einen von A auf B gezogenen und von diesem akzeptierten Wechsel aushändigen läßt. In diesem Fall sind B und C durch die zivilrechtliche Bürgschaftsobligation kausal verbunden, auch wenn letztere nur mündlich abgeschlossen wäre, denn nach § 766 Satz 2 B.G.B. wird der Mangel der Form durch Erfüllung geheilt. Die Wechselhingabe ist zwar keine effektive, sondern nur eine ideelle Zuwendung, aber dieser Umstand hindert die Heilung ausnahmsweise nicht, weil der Wechsel eine die bloße Schriftlichkeit noch übertreffende Form an sich trägt[1]). Weil B und C kausal verbunden sind, so kann B gegenüber dem abstrakten Anspruch mittels einer Kondiktion die ihm als Bürgen zustehenden Einwendungen erheben, also z. B. behaupten, daß A die versprochene Darlehnsvaluta gar nicht erhalten habe, während

[1]) Reichsgericht, Bd. 51 S. 114.

natürlich der weitere Wechselerwerber D, auch wenn er orientiert ist, infolge der Delegationsfunktion des Indossaments gegen solche Einwendungen geschützt ist. Nur die Einrede der Vorausklage verliert der Bürge auch dem kausal verbundenen Wechselgläubiger gegenüber durch die Begründung des Wechselanspruchs, weil im Falle einer bloß verfrühten Leistung nach § 813 B.G.B. ein kondiktizischer Ausgleich nicht gegeben ist[1]). Ganz anders ist aber die Sachlage zu beurteilen, wenn B und C durch kein kausales Band verknüpft sind, sondern wenn sich B nur dem A gegenüber, sei es aus Gefälligkeit, sei es gegen Provision, erboten hat, dessen Kredit durch Annahme der Tratte zu heben, und ausschließlich A mit C über den Darlehnsvertrag handelseinig geworden ist. Nach allgemeinen Grundsätzen darf B dem C gegenüber aus dem Valutaverhältnis A/C allein keine Einwendungen herleiten, so daß er sich z. B. nicht darauf berufen kann, daß A von C die Darlehnssumme nicht erhalten hat. Nur wenn auch das Deckungsverhältnis B/A Not leidet, ist die via directa und damit die Kondiktionslage gegeben[2]).

D e p o t w e c h s e l. Unter einem Depotwechsel versteht man einen solchen Wechsel, welcher zur Sicherung künftig entstehender oder wenigstens künftig fällig werdender Forderungen hingegeben wird. Der Erwerber C erlangt entweder das Pfandrecht oder, was häufiger ist, das fiduziarische Eigentum. In beiden Fällen kann er den Wechsel gegen den Drittschuldner B einklagen, ohne daß ihm aus der Depotabrede A/C Einwendungen entgegengehalten werden könnten, denn auch wenn ihm bloß das Pfandrecht übertragen worden ist,

---

[1]) Reichsgericht, Bd. 48 S. 156.

[2]) Über die Wechselbürgschaft siehe die interessanten und scharfsinnigen Ausführungen von Wieland („Wechsel" S. 244 ff.), welcher jedoch seiner Grundanschauung gemäß die Einwendungen aus der Bürgschaft auch dem orientierten Indossatar gegenüber zuläßt und sogar schon in der bloßen Bezeichnung „Avalist" oder „Wechselbürge" eine den guten Glauben des Dritterwerbers ausschließende Kenntlichmachung der zivilrechtlichen Bürgschaft erblickt, trotzdem das Aval einen rein formellen Charakter an sich trägt und einen Rückschluß auf die Kausalbeziehung kaum zuläßt.

kann er nach § 1294 B.G.B. schon vor Eintritt der Verkaufsberechtigung den Wechsel durch Einziehung realisieren. Freilich darf er in diesem Fall das einkassierte Geld nach § 1288 B.G.B. nicht für sich verwenden, sondern muß zusammen mit dem Verpfänder dahin wirken, daß der eingezogene Betrag, soweit es ohne Beeinträchtigung seines Interesses tunlich ist, nach den für die Anlegung von Mündelgeld geltenden Vorschriften verzinslich angelegt und ihm gleichzeitig an dieser Forderung das Pfandrecht bestellt wird. Ist dem Wechselerwerber jedoch das fiduziarische Eigentum und die Vollgläubigerschaft übertragen, so darf er sich den eingezogenen Betrag aneignen und den Verpfänder auf einen bloß obligatorischen Rückgabeanspruch beschränken, wodurch das Fiduziarpfand an der Forderung in ein irreguläres Geldpfand sich verwandelt. Wird der gesicherte Anspruch fällig, so kann der Gläubiger mit demselben gegen seine eigene Kautionsschuld aufrechnen, so daß ihm durch die Realisierung des Wechsels die denkbar größte Sicherung zuteil wird.

Auch gegen den Wechselschuldner A, welcher die Urkunde zur Sicherung übergeben hat, kann der Erwerber den Depotwechsel einklagen, freilich ist er in diesem Fall allen Einreden aus dem Valutaverhältnis A/C ausgesetzt. Die Kondiktionsmöglichkeit ist aber nicht schon gegeben, wenn bisher noch kein gesicherter Anspruch fällig geworden ist, sondern dieses Verteidigungsmittel steht dem Schuldner A nur zu, wenn er nachweist, daß auch künftig die Entstehung von Verpflichtungen aus dem gesicherten Rechtsverhältnis nicht zu erwarten ist, denn es ist im Zweifel als Wille der Parteien zu unterstellen, daß dem Erwerber C der Betrag des Depotwechsels am Verfalltag zuteil werden soll, wenn er auch im Fall eines reinen Pfandes zur Anlegung des einkassierten Geldes verpflichtet ist[1]).

Dagegen kann der Drittschuldner B dem C aus dem Deckungsverhältnis B/A von dem Fall der Kollusion abgesehen Einwendungen auch dann nicht entgegenhalten, wenn dieser sie gekannt hat. Nur wenn die Voraussetzungen der via directa und der Unentgeltlichkeit des Valutaverhältnisses

---

[1]) Daß die obigen Grundsätze nur im Zweifel gelten, betont R.O.H.G. Bd. 17 S. 282.

(§ 822 B.G.B.) gegeben sind, ist es dem Schuldner B gestattet, auch dem abstrakten Anspruch des C gegenüber eine Kondiktion vorzubringen. Daher kann er insbesondere seine Einwendungen aus dem Deckungsverhältnis B/A dem C wenigstens insoweit entgegenhalten, als dieser dem A weder einen Vorschuß gegeben hat, noch auch in der Zukunft zu erwarten ist, daß A dem C auf Grund des Kausalverhältnisses, dessen Sicherung der Depotwechsel dient, irgendeinen Betrag schuldig werden wird.

Indossiert C den Depotwechsel an D weiter, so muß unterschieden werden: war C fiduziarischer Eigentümer und Vollgläubiger, so konnte er die Tratte ohne weiteres begeben und daher erwirbt D den Wechsel einwandsfrei, selbst wenn C durch die Veräußerung die mit A getroffene Abrede verletzt haben sollte. Dieser Umstand kann dem D von A nicht schon entgegengehalten werden, wenn D den Sachverhalt gekannt hat, sondern eine Einrede der Arglist wegen Verstoßes gegen die guten Sitten (§§ 826, 853 B.G.B.) ist nur dann gegeben, wenn sich D zum Werkzeug des von C gegen A verübten Vertrauensbruchs gemacht hat. War C dagegen nur Pfandgläubiger, so durfte er den Wechsel gemäß § 1295 B.G.B. erst nach Eintritt der Verkaufsberechtigung und nur unter der Voraussetzung, daß er einen Börsen- oder Marktpreis hat, aus freier Hand durch einen öffentlich ermächtigten Handelsmäkler oder durch eine zur öffentlichen Versteigerung befugte Person zum laufenden Preise veräußern. Eine im Widerspruch mit dieser Regel vorgenommene Indossierung ist zwar zugunsten des gutgläubigen Erwerbers gültig, sofern dem C die formelle Legitimation als Vollgläubiger zur Seite steht. Hat er jedoch nur auf Grund eines äußerlich erkennbaren Pfandindossaments das Pfandrecht erlangt, so kann von einem gutgläubigen Rechtserwerb nicht die Rede sein, da dem Indossatar der Inhalt der Urkunde als bekannt gilt.

Differenzgeschäft. Die Tatsache, daß die Wechselverpflichtung auf Grund eines Differenzgeschäftes (§ 764 B.G.B.) oder eines klaglosen Börsentermingeschäfts (§ 66 d. Börsengesetzes) eingegangen sei, macht zwar den Wechselanspruch des

Kausalgläubigers C ungültig[1]), wirkt aber nicht gegen den ferneren gutgläubigen, formell-legitimierten Wechselerwerber D. Wird dagegen zur Berichtigung einer solchen reprobierten Naturalobligation ein gemachter Wechsel übergeben, so kann der Gläubiger C gegen den Drittschuldner B vorgehen, weil der Mangel des Valutaverhältnisses A/C durch die eine effektive Zuwendung enthaltende Abtretung des Wechselanspruchs geheilt wird. Das gleiche gilt, wenn der nichtige Wechselanspruch von dem Naturalschuldner A freiwillig gezahlt wird. Hat dieser aber den Wechsel bei dem gutgläubigen Erwerber D einlösen müssen, so kann er den gezahlten Betrag nach § 816 B.G.B. von seinem Naturalgläubiger C in Höhe von dessen Bereicherung kondizieren, außer wenn er zur Zeit der Einziehung des Wechsels mit der Berichtigung der klaglosen Verbindlichkeit einverstanden war[2]).

D i s k o n t i e r u n g. Wer einen Wechsel ausgehändigt erhält, um ihn zu diskontieren und den Erlös seinem Mandanten herauszugeben, erlangt damit nicht etwa nur die mit der Erteilung einer Vollmacht verknüpfte formelle Legitimation gemäß Art. 36 W.O., sondern er erwirbt auch materiell die Stellung als Vollgläubiger und Eigentümer. Freilich sind diese Rechte nur fiduziarischer Natur, weil sie ihm ausschließlich zwecks Ausführung des Diskontierungsauftrags zuteil geworden sind. Daher ist er nicht darauf beschränkt, den Wechsel mit der Wirkung zu diskontieren, daß der Erwerber Gläubiger wird, sondern er kann den Wechsel auch gegen die Drittschuldner geltend machen. Dagegen ist es ihm nicht möglich, seinen Auftraggeber mit Erfolg zu belangen, weil dieser ihm aus dem Mandat die Einrede, daß die ihm gemachte Zuwendung bloß fiduziarischer Natur ist, entgegenhalten könnte. Kraft seines fiduziarischen Eigentums ist der Beauftragte dagegen in der Lage, den Wechsel jedem Erwerber zuzuwenden, selbst wenn dieser gewußt hat, daß er sich durch die Veräußerung mit den Anordnungen seines Mandanten in Widerspruch setzt.

[1]) Das gleiche gilt, wenn der Kausalanspruch aus einem Spiel oder einer Wette oder aus Aufträgen zu solchen Geschäften entsprungen ist. Siehe R.G. Bd. 51 S. 158 und Bd. 52 S. 39.

[2]) Stranz, „W.O.“ zu Art. 82 Anm. 37a S. 223, R.G. Bd. 51 S. 359.

Regelmäßig ist es dem Beauftragten auch gestattet, das Papier für sich selber zu kaufen. In diesem Fall verwandeln sich sein Papiereigentum und seine Vollgläubigerschaft aus einem fiduziarischen in ein gewöhnliches Vermögensrecht, sodaß er nunmehr auch seinen Auftraggeber ebenso, wie die übrigen Wechselschuldner belangen kann.

Duplikatseinlösung. Der Einwand, ein Wechselduplikat eingelöst zu haben, kann der Regreßschuldner nach Art. 67 Satz 1 W.O. jedem Gläubiger entgegenhalten, ohne daß sich letzterer auf seinen guten Glauben berufen dürfte, denn jeder Erwerber eines Wechselduplikats muß mit der Möglichkeit rechnen, daß ihm ein anderer Duplikatsinhaber zuvorkomme. Will er dieses Risiko nicht laufen, so muß er sich den ganzen Satz aushändigen lassen. Günstiger ist die Stellung des Eigentümers eines akzeptierten Exemplars. Denn wenn der Akzeptant mehrere Exemplare angenommen, oder wenn er auf ein nicht angenommenes Duplikat hin Zahlung geleistet hat, so kann er den Inhaber eines akzeptierten Exemplars, welcher beim Erwerb in gutem Glauben war, nicht etwa auf die bereits erfolgte Honorierung verweisen, denn der Erwerber eines akzeptierten Exemplars soll mit Bestimmtheit wenigstens auf die Leistung des Akzeptanten rechnen können, ohne befürchten zu müssen, daß ihm ein anderer Duplikatinhaber zuvorkomme. Der Wortlaut des Art. 67 Ziff. 2 W.O. scheint sogar das Recht des Erwerbers ohne Rücksicht auf dessen guten Glauben statuieren zu wollen. Innere Gründe sprechen jedoch für die gegenteilige Auffassung, da der Erwerber keinen Schutz verdient, wenn er das Akzept in dem Bewußtsein, daß bereits ein anderes Exemplar eingelöst sei, für sich erlangt.

Erlaß. Bezüglich dieses Einwands muß genau beachtet werden, wie weit der subjektive Umfang der Abrede nach der aktiven und der passiven Seite reicht[1]). Was den ersten Punkt anlangt, so kann der Wechselgläubiger nur auf die

[1]) Siehe hierüber R.G. Bd. 59 S. 319.

eigene Geltendmachung seiner Forderung verzichten, aber seinem Rechtsnachfolger diese Befugnis vorbehalten. In diesem Fall ist es dem Schuldner schon nach dem Inhalt des Erlaßvertrags verwehrt, sich dem neuen Gläubiger gegenüber auf die fragliche Abrede zu berufen, ohne daß die rechtsverstärkende Wirkung des Indossaments als Erklärungsgrund herangezogen zu werden brauchte. Was die passive Seite anlangt, so kann der Gläubiger entweder nur die Verbindlichkeit seines Vertragsgenossen erlassen oder den Verzicht auch auf dessen Nachmänner ausdehnen. Das letztere ist im Zweifel als gewollt anzusehen, denn wenn diese Ausdehnung nicht Platz griffe, würde der ganze Verzicht für den Begünstigten nahezu wertlos sein, da er immer noch der Regreßklage seiner Nachmänner ausgesetzt bliebe. Schließlich ist es auch möglich, daß sämtliche Wechselansprüche einschließlich der gegen die Vormänner gerichteten Verbindlichkeiten beseitigt werden sollen. Eine so weit tragende Wirkung des Verzichts darf aber nur unterstellt werden, wenn der Erlaßgegner nach den Kausalbeziehungen seinen Vormännern gegenüber zur Revalierung verpflichtet ist. Ist in aktiver Hinsicht keine subjektive Beschränkung stipuliert, so wirkt der Erlaß gleich der Zahlung auf die betreffenden Wechselansprüche tilgend. Wenn aber die Urkunde nicht unschädlich gemacht wird, sondern in die Hand eines gutgläubigen, formell-legitimierten Inhabers gelangt, so lebt der Wechselanspruch trotz des Verzichts wieder auf.

F ä l s c h u n g. Der Einwand, daß die Wechselerklärung des Beklagten falsch angefertigt oder verfälscht sei, steht jedem Erwerber ohne Rücksicht auf seinen guten Glauben entgegen, weil durch dieses Vorbringen eine Voraussetzung des Rechtsscheins, nämlich die Echtheit eines sich äußerlich als Wechselerklärung kennzeichnenden Skripturakts, in Abrede gestellt wird. Sofern aber die Echtheit einer andern Unterschrift Voraussetzung des klägerischen Anspruchs ist, wird der Fälschungseinwand durch den gutgläubigen Rechtserwerb ausgeschlossen. Wenn also dem formell-legitimierten Wechselgläubiger D die Urkunde von X gestohlen und darauf von diesem mit einem falschen Blanko-Indossament versehen und dem gutgläubigen E ausgehändigt wird, so kann E den D auf Zahlung nicht belangen, weil dieser aus dem gefälschten Indossament auch dem gutgläubigen Erwerber nicht haftet. Dagegen erlangt E die Wechselansprüche gegen diejenigen Wechselbeteiligten, deren Unterschrift echt ist, weil er infolge seines guten Glaubens und seiner formellen Legitimation Wechseleigentümer geworden ist. Was die Beweislast anlangt, so braucht der Kläger nur die Echtheit der Unterschrift zu erhärten, da in diesem Fall die im Wechsel enthaltenen Erklärungen als von dem Aussteller abgegeben gelten (§ 416 Z.P.O.). Inwieweit demgegenüber Durchstreichungen, Radierungen, Einschaltungen oder sonstige äußere Mängel die Beweiskraft der Urkunde ganz oder teilweise aufheben oder mindern, entscheidet das Gericht nach freier Überzeugung (§ 419 Z.P.O.). Wendet dagegen der Beklagte ein, daß seine Wechselerklärung nachträglich in widerrechtlicher Weise geändert worden sei, so hat er seinerseits die Verfälschung nachzuweisen.

Gefälligkeitsgeschäft. Ein Gefälligkeitsgeschäft liegt nicht etwa schon dann vor, wenn ein Dritter durch Wechselzeichnung seinen Kredit zu Gunsten des Materiell-Beteiligten in die Wagschale wirft, sondern man kann nur dann von einer Gefälligkeit reden, wenn der Inderzedent sich dem Kreditbedürftigen gegenüber zur Zahlung am Verfalltag gar nicht verpflichten wollte. Wenn also A und C von D ein Darlehn aufzunehmen wünschen, letzterer aber aus Mißtrauen gegen ihren Kredit noch die Wechselunterschrift des ihm als solvent bekannten B verlangt und daraufhin B den von A ausgestellten und von C als Remittenten an D indossierten Wechsel akzeptiert, so können die Beziehungen des B zu A und C von doppelter Art sein: entweder schließen A und C mit B einen Kreditvertrag, durch welchen sich B gegen Provision und eventuelle Sicherheit zur Kreditgewährung verpflichtet, oder B zeichnet nur aus Gefälligkeit, ohne sich eine Gegenleistung auszubedingen und ohne sich daher selber zu irgend einer Leistung obligieren zu wollen, indem er von der Erwartung ausgeht, daß ihn A oder C rechtzeitig davor bewahren, aus dem Akzept belangt zu werden. Im ersteren

Fall verpflichtet er sich, seinem Vertragsgenossen durch rechtzeitige Honorierung des Wechsels einen Kredit einzuräumen, während dem Gefälligkeitsakzeptanten eine solche Verbindlichkeit völlig fernliegt. Daher können A und C, sofern ihnen die Kreditgewährung versprochen ist, auch aus dem Akzept gegen B vorgehen, ohne in dieser Hinsicht eine Einwendung befürchten zu müssen. Denn durch das Akzept hat sich B nicht bloß gegenüber D, sondern nicht minder auch gegenüber A und C verpflichtet und diesem Wechselanspruch fehlt auch der Rechtsgrund nicht, da ein synallagmatischer Kreditvertrag zustandegekommen ist. Haben freilich A und C ihre Verpflichtungen nicht erfüllt, indem sie z. B. die nötige Sicherheit nicht bestellt haben, so kann B nicht nur die ihm nach § 326 B.G.B. wegen Verzugs zustehenden Befugnisse geltend machen, sondern auch die Erfüllung seiner Kreditzusage bis zur Bewirkung der Gegenleistung verweigern, denn wenn auch der von der verfrühten Leistung handelnde § 813 B.G.B. an und für sich auf die bis zur Bewirkung der Gegenleistung betagte Verpflichtung des B Platz greifen würde, so muß doch in diesem Fall nach den konkreten Umständen eine entgegengesetzte Parteiabrede unterstellt werden, wonach der Kapitalist B trotz seines Wechselakzepts sich die Befugnis vorbehält, seine Verpflichtung zur Kreditgewährung bis zur Bewirkung der Gegenleistung zu verweigern.

Ganz anders ist aber die Sachlage zu beurteilen, wenn A und C keinen Kreditvertrag mit B abgeschlossen, sondern von ihm das Akzept nur aus Gefälligkeit erlangt haben. In diesem Fall kann B, falls er von A oder C aus dem Akzept belangt wird, einwenden, daß es ihm völlig fern gelegen habe, sich ihnen gegenüber zu verpflichten. Man kann die Gewinnung eines Wechselanspruchs von Seiten des A und C gegen B als ein unfreiwilliges Fiduziargeschäft bezeichnen, denn in Wahrheit wollte B weder dem Aussteller A, noch dem Remittenten C eine Zuwendung machen. Daß B diesen beiden Wechselbeteiligten überhaupt verpflichtet wird, liegt an der Sprödigkeit des Wechselrechts, welches nicht zuläßt, daß der Anspruch des Ausstellers oder des Remittenten gegen den Akzeptanten hinwegbedungen werden kann.

Daß B sich dem D und seinen Nachmännern gegenüber,

auch wenn sie von der Sachlage orientiert sind, nicht auf den Gefälligkeitscharakter seines Akzepts berufen kann, folgt aus dem Wesen der Interzession und bedarf daher keiner Begründung aus spezifisch wechselrechtlichen Prinzipien.

Geschäftsfähigkeit. Bezüglich der mangelnden Geschäftsfähigkeit, welcher der Zustand der Bewußtlosigkeit oder der vorübergehenden Störung der Geistestätigkeit gleichsteht, gelten dieselben Grundsätze, wie bezüglich der Echtheit des Skripturakts: da die volle Geschäftsfähigkeit des Erklärenden Voraussetzung des Rechtsscheins ist, kann dieser, sofern seine eigene Verpflichtung in Frage kommt, den Mangel auch dem gutgläubigen Erwerber entgegenhalten. Soweit dagegen die gültige Willenserklärung einer anderen Person als des Beklagten Voraussetzung des klägerischen Wechselanspruchs ist, wird der gute Glaube des Erwerbers geschützt. Verklagt also der Remittent C den Akzeptanten B, so kann sich der Kläger C diesem gegenüber nicht darauf berufen, daß er ihn, den Akzeptanten, ohne grobe Fahrlässigkeit für zurechnungsfähig gehalten habe. Ist dagegen der Aussteller A bei der Begebung nicht geschäftsfähig gewesen, so kann der beklagte Akzeptant B dem Inhaber C diesen Umstand nur entgegenhalten, wenn letzterer beim Erwerb nicht in gutem Glauben war.

Hinterlegung. Die Voraussetzungen für die Zulässigkeit der Hinterlegung ergeben sich teils aus Art. 40 W.O., teils aus den Bestimmungen des B.G.B. §§ 372 ff. Nach Art. 40 W.O. darf der Akzeptant, von dem die Zahlung des Wechsels zur Verfallzeit nicht gefordert wird, nach Ablauf der für die Protesterhebung mangels Zahlung bestimmten Frist die Wechselsumme auf Gefahr und Kosten des Inhabers ordnungsmäßig deponieren, während § 372 B.G.B. jedem Schuldner, also nicht bloß dem Akzeptanten, die gleiche Befugnis erteilt, wenn der Gläubiger im Verzuge der Annahme ist, oder wenn der Schuldner aus einem anderen in der Person des Gläubigers liegenden Grunde oder infolge einer nicht auf Fahrlässigkeit beruhenden Ungewißheit über die Person des Gläubigers seine Verbindlichkeit nicht oder nicht mit Sicherheit erfüllen kann.

Liegen diese Voraussetzungen vor, so bewirkt die Hinterlegung, welche nicht mehr zurückgenommen werden kann, nach § 378 B.G.B. gleich der Zahlung, daß alle Ansprüche, für welche die Hinterlegung erfolgte, getilgt werden. Die bloß provisorische Hinterlegung dagegen erzeugt nach § 379 B.G.B. nur eine Einrede gegen diejenigen Personen, zu deren Gunsten sie vorgenommen ist. Da sie aber regelmäßig für den jeweilig Berechtigten erfolgt, so kann jeder Wechselgläubiger mittels Einrede auf die hinterlegte Summe verwiesen werden[1]).

Inkassomandat. Die rechtliche Behandlung der Einwendung, daß der als Vollindossatar legitimierte Kläger bloßer Inkassomandatar seines Indossanten sei und sich daher alle Schutzbehauptungen aus dessen Person gefallen lassen müsse, gehört zu den berühmtesten Kontroversen des Wechselrechts. Während das R.O.H.G.[2]) einen solchen Einwand an sich für nicht stichhaltig ansah, sondern nur im Fall der Kollusion eine exceptio doli gewährte, sucht das Reichsgericht[3]) den für den Wechselschuldner gefährlichen Wirkungen des verdeckten Inkasso-Giros durch die allgemeine Annahme einer exceptio doli abzuhelfen, indem es davon ausgeht, daß sich der Wechselkläger schon dadurch einer Arglist schuldig mache, daß er die aus der Person seines Auftraggebers abgeleiteten Schutzbehauptungen nicht gegen sich gelten lassen wolle. Wenn auch das Ergebnis, zu dem das Reichsgericht gelangt, durchaus annehmbar ist, kann doch die zur Begründung dienende Konstruktion nicht befriedigen, denn der Inkassomandatar braucht sich durch die Zurückweisung der fraglichen Einwendungen gar keines dolus schuldig zu machen, weil er sehr wohl fest davon überzeugt sein kann, daß sie auch in der Person seines Auftraggebers nicht begründet seien. Wenn man aber zu einer ganz farblosen exceptio doli generalis seine Zuflucht nehmen wollte, indem man in dem Ausschluß der Einwendungen eine objektive Unbilligkeit sieht, so ist diese These zwar durchaus

---

[1]) R.G., Bd. 53 S. 204, Bd. 55 S. 47.

[2]) R.O.H.G., Bd. 5 S. 36—38, Bd. 6 S. 54, Bd. 10 S. 156, Bd. 11 S. 111.

[3]) R.G., Bd. 4 S. 100—102, Bd. 11 S. 9, Bd. 23 S. 124, Bd. 36 S. 53—55, Bd. 41 S. 114—116; Jur. Woch.-Schr., Bd. 37 S. 151.

zutreffend, aber in ihr ist keine Begründung, sondern nur eine selber des Beweises bedürftige Behauptung enthalten.

Ebensowenig kann man mit Wieland[1]) davon ausgehen, daß das verdeckte Inkasso-Giro die Vollgläubigerschaft nicht in Wahrheit, sondern nur dem Scheine nach übertrage, daß ihm vielmehr nur ein Vertretungsverhältnis eigentümlicher Art zugrundeliege. Denn eine derartige Interpretation des Parteiaktes widerspricht der offenbaren Absicht der Beteiligten, welche dem Inkassomandatar gerade die Befugnis, den Wechsel in eigenem Namen einzuklagen, verschaffen wollen, während ihm das Prokura-Indossament nur die Möglichkeit gewährt, den Anspruch in fremdem Namen geltend zu machen. Die Konsequenz der Wielandschen Konstruktion würde dahin führen, daß der mit verdecktem Inkasso-Giro versehene Mandatar ohne Rücksicht darauf, ob die gegen den Auftraggeber vorgebrachten Einwendungen begründet wären oder nicht, abgewiesen werden müßte, sobald der Inkasso-Charakter des Indossaments feststände. Denn ein mit bloßer Vollmacht versehener Mandatar darf die seinem Auftraggeber zustehenden Forderungen wohl in dessen Namen, nicht aber in eigenem geltend machen. Wieland (S. 306) sucht diesem unannehmbaren Ergebnis, welches das so beliebte Institut des verdeckten Inkasso-Giros mit einem Schlage vernichten würde, durch die Annahme zu begegnen, daß nach Offendeckung des Inkassoverhältnisses ein Personenwechsel in der Klägerstellung insofern zulässig sei, als der Auftraggeber nunmehr an Stelle des Inkassomandatars die Klägerstellung innehabe, während sich letzterer in einen bloßen Prozeßbevollmächtigten verwandele. Eine solche Veränderung der Parteirolle ist aber, wenigstens nach deutschem Reichsrecht, unzulässig. Vielmehr muß ein bloß bevollmächtigter Mandatar, welcher die Forderung in eigenem Namen geltend gemacht hat, wegen mangelnder Aktiv-Legitimation abgewiesen werden, so daß dem Mandanten nichts anderes übrig bleibt, als nunmehr die Klage in eigenem Namen zu erheben.

Dagegen kommt man zu durchaus annehmbaren Resultaten, wenn man das verdeckte Inkassogiro als ein fiduziarisches

---

[1]) Wieland, „Der Wechsel“, S. 282—310, insbesondere S. 303.

Rechtsgeschäft auffaßt[1]). Durch das fiduziarische Indossament des D erwirbt der Mandatar E das unbeschränkte Papiereigentum und die Vollgläubigerschaft, so daß er den Wechsel veräußern und gegen jeden Schuldner geltend machen kann. Immerhin gilt der Wechsel im Innenverhältnis D/E als Vermögensbestandteil des D, weil dem E nur eine Rechtsmacht, aber keine Vermögenszuwendung zuteil werden sollte. Dieses Moment wirkt auch im Außenverhältnis in einer doppelten Richtung: einmal können die Schuldner B, A, C sämtliche Einreden, welche ihnen gegen D zustehen, auch dem E gegenüber geltend machen, weil dem Verhältnis D/E keine onerose causa zugrundeliegt und deshalb die von der unentgeltlichen Zuwendung handelnden §§ 816 Abs. I Satz 2 und 822 B.G.B. Platz greifen[2]). Freilich sind D und E nicht durch eine liberale causa, sondern durch ein Mandatsverhältnis verbunden, aber diese Tatsache spricht nicht gegen die Anwendbarkeit der genannten Paragraphen, denn da im Verhältnis D/E überhaupt von keiner eigentlichen Vermögenszuwendung und daher auch von keiner causa die Rede ist, so rechtfertigt sich die Zulässigkeit der Kondiktion um so mehr, als sie schon im Falle einer unentgeltlichen Zuwendung Platz greift.

Wie der Schuldner einerseits die ihm gegen den Auftraggeber zustehenden Einwendungen auch dem Inkassomandatar gegenüber geltend machen kann, so ist es ihm andererseits verwehrt, aus dessen Person rein relative Rechtsbeziehungen, wie Gegenforderungen oder Retentionsbefugnisse, gegen den Wechselanspruch ins Feld zu führen. Denn wie schon im ersten Paragraphen hervorgehoben wurde, bewirkt der fiduziarische Charakter der Zuwendung, daß der veräußerte Gegenstand im Verhältnis zu den Gläubigern des Erwerbers als zum Vermögen des Verfügenden gehörig angesehen wird, so daß er weder von einem einzelnen Gläubiger gepfändet werden kann, noch in die Konkursmasse des Fiduziars fällt. Aus dem gleichen Grunde ist aber auch die Aufrechnung und die Zurückbehaltung ausgeschlossen, weil sich die Ausübung

---

[1]) Staub, „Wechselordnung", Art. 17· S. 71.

[2]) Hierauf hingewiesen zu haben, ist das Verdienst von Hellwig, „Wesen und subjektive Begrenzung der Rechtskraft", S. 295.

dieser Befugnisse als eine kraft Selbsthilfe zulässige Zwangsvollstreckung kennzeichnet. Das Ergebnis, daß es dem Schuldner nicht gestattet ist, aus der Person des Inkassomandatars Einwendungen herzuleiten, ist durchaus angemessen, denn die Zulassung solcher Schutzbehauptungen würde dem Schuldner einen unverdienten Vorteil verschaffen, wie ihn umgekehrt die Unzulässigkeit der Einreden aus der Person des Inkassoindossanten unbilligerweise schädigen würde[1]).

Irrtum. Der Einwand, daß der objektive Sinn der Wechselerklärung mit dem wahren Willen nicht übereinstimme, weil z. B. die Wechselsumme versehentlich zu hoch angegeben ist, gewährt zwar nach § 119 B.G.B. ein Anfechtungsrecht, diese Divergenz zwischen Wille und Erklärung kann aber einem gutgläubigen, formell-legitimierten Inhaber nicht entgegengesetzt werden[2]). Diese Regelung trifft nicht nur bezüglich des Begebungsvertrags, sondern auch bezüglich des einseitigen Akts der Ausstellung oder eines sonstigen schriftlichen Verpflichtungsvermerks zu. Denn wenn dieses Rechtgeschäft auch wegen Geschäftsirrtums nach § 119 B.G.B. anfechtbar ist, kann dieser Umstand dem gutgläubigen, formell-legitimierten Inhaber nicht entgegengehalten werden, weil dieser annehmen durfte, daß etwaige Mängel des einseitigen Rechtsgeschäfts durch eine einwandsfreie Begebung geheilt wären.

Eine hiernach zulässige Anfechtung des Begebungsvertrags erfolgt nach § 143 Abs. 2 B.G.B. dem Vertragsgenossen gegenüber. Auch die Ausstellung oder ein sonstiger Skripturakt kann nach § 143 Abs. 4 B.G.B. ausschließlich dem ersten

---

[1]) Dagegen stehen nach Dernburg („Lehrb. d. bürgerl. Rechts" II, 2 § 264 Ziff. 3 S. 327) und Grünhut („Wechselrecht", Bd. 2 S. 131 § 86 Anm. 3) die aus der Person des Auftraggebers entspringenden Einwendungen dem Mandatar nur im Falle der Kollusion entgegen.

[2]) Ebenso Rehbein, „W.O." zu Art. 82 Anm. 5 S. 133; Grünhut, „Wechselrecht", Bd. 1 S. 326 § 35 Anm. 2. Dagegen erkennen Staub, („W.O." zu Art. 82 § 25 S. 206); Stranz, (S. 217); Bernstein, („W.O." zu Art. 82 No. 32 S. 320) und Langen („Die Kreationstheorie", S, 127) bezüglich des Irrtums keinen gutgläubigen Rechtserwerb an, während der Gläubiger nach Dernburg, („Bürgerl. Recht" II 2 § 276d S. 363) nur dann geschützt wird, wenn den Erklärenden ein Verschulden trifft.

Wechselerwerber gegenüber angefochten werden, weil nur er allein auf Grund des nichtempfangsbedürftigen Rechtsgeschäfts unmittelbar einen rechtlichen Vorteil erlangt hat, während die ihm folgenden Indossatare zwar ein selbständiges Recht erwerben, aber ihre Stellung doch durch die Veräußerung von seiten ihres Vormanns bedingt und insofern nur mittelbar vom Erklärenden abgeleitet ist. War auch dem folgenden Indossatar der die Anfechtung rechtfertigende Tatbestand bekannt, oder beruhte seine Unkenntnis auf grober Fahrlässigkeit, so kann die Nichtigkeit, welche aus der dem ersten Erwerber gegenüber erklärten Anfechtung entspringt, ohne weiteres dem bösgläubigen Indossatar entgegengesetzt werden, wenn ihm auch die Ausübung der Anfechtungsbefugnis ohne jedes Verschulden unbekannt blieb (§ 142 Abs. 2 B.G.B.).

Konfusion. Wenn sich vor dem Ablauf der Protestfrist Gläubiger und Schuldner dadurch in einer Person vereinigen, daß z. B. D den Wechsel von E mittels Indossaments zurückerwirbt, so wird hierdurch die Verpflichtung des D ebenso wenig wie diejenige des Zwischenindossanten E definitiv beseitigt, vielmehr ruhen sie nur so lange, als D den Wechsel nicht weiter begibt. Ein Erlöschen der Verbindlichkeit des D und E ist deshalb ausgeschlossen, weil D immerhin noch den Wechsel weiter indossieren und auf diese Weise dem ferneren Erwerber einen originären Anspruch verschaffen kann, da er selbst wie E jedem formell-legitimierten Berechtigten gegenüber eine selbständige Regreßpflicht übernommen hat. Nach Protesterhebung kann dagegen infolge der Vorschrift des Art. 16 Abs. 2 W.O. kein neuer Gläubiger mehr ein nicht abgeleitetes Recht erwerben. Deshalb erlöschen unter dieser Voraussetzung die Verbindlichkeiten der Zwischenschuldner, dagegen kann der Konfundent gegen seine Vormänner in gleicher Weise vorgehen, als wenn er den Wechsel im Regreßwege eingelöst hätte. Ist der Wechsel dagegen präjudiziert, so sind zwar die Regreßverpflichtungen erloschen, aber hinsichtlich des Akzepts kann trotz der Vereinigung ein neuer Erwerber durch ein weiteres Indossament ein selbständiges Recht erlangen.

Kontokorrent. Die Behauptung, daß zwischen den Wechselparteien ein Kontokorrentverhältnis bestände, ist in dieser allgemeinen Form ohne rechtliche Bedeutung, weil sich das Kontokorrent im Zweifel nicht auf Wechsel mitbezieht. Sollte aber ausnahmsweise vereinbart sein, auch die Wechsel im Kontokorrentwege zu verrechnen, so wirkt diese Abrede, da sie schon ihrem Inhalt nach höchst persönlicher Art ist, nur unter den Parteien. Wenn aber der Wechselanspruch durch ein Saldoanerkenntnis, das, wie im dritten Paragraphen ausgeführt wurde, novatorisch wirkt, getilgt ist, so kann diese Beendigung der Wechselverpflichtung von dem gutgläubigen Erwerb des formell-legitimierten Inhabers abgesehen jedermann entgegengehalten werden. Als getilgt muß der Wechsel aber auch dann gelten, wenn die Wechselsumme im beiderseitigen Einverständnis im Kontokorrent zu Lasten des Wechselschuldners gebucht worden ist, denn in der Einstellung der Wechselsumme in die Debetseite des Wechselschuldners liegt ein novatorisch wirkendes reines Schuldversprechen.

Legitimationsmangel. Eine selbständige Bedeutung kommt dem Fehlen der formellen Legitimation nicht zu, denn wenn der Kläger den äußeren Schein nicht für sich hat, so ist er nicht etwa schon aus diesem Grunde abzuweisen. Vielmehr trifft ihn nur der Nachteil, daß er seine materielle Berechtigung durch den Nachweis des zivilrechtlichen Erwerbsakts, z. B. der Zession, erhärten muß, ohne sich in dieser Hinsicht auf eine Vermutung stützen zu können. Mißlingt ihm dieser Beweis, so scheitert die Klage an der Klippe der mangelnden Aktivberechtigung.

Abgesehen von dieser Erschwerung der Klägerposition bringt ihm das Fehlen der formellen Legitimation den ferneren großen Nachteil, daß er sich alle seinem Vormann entgegenstehenden Einwendungen ebenfalls entgegenhalten lassen muß, weil bei mangelnder formeller Legitimation weder die Delegationsfunktion, noch die Publizitätswirkung eintritt. Wird vom beklagten Wechselschuldner ein Mangel in der äußeren Legitimation vorgebracht, so kann also mit diesem Einwand dreierlei gemeint sein: entweder soll die Aktivberechtigung des Klägers negiert oder der Eintritt der Publizitätswirkung oder der Delegationsfunktion geleugnet werden. Da der fernere Wechselinhaber, welcher von einem nicht legitimierten Besitzer erworben hat, den Rechtsschein ebenso wenig für sich hat, wie sein Vormann, so treten die Nachteile, wie sie soeben geschildert sind, auch in seiner Person ein.

Präjudizierung. Den Einwand der Präjudizierung kann jeder Regreßschuldner jedem Wechselgläubiger gegenüber vorbringen, da eine ordnungsmäßige Protesterhebung vom Protesterlaß abgesehen unbedingte Voraussetzung der Regreßverbindlichkeit ist. Wenn der Wechsel einen Domiziliaten benennt, so ist nach Art. 43 W.O. die Protesterhebung sogar zur Erhaltung des Anspruchs gegen den Akzeptanten notwendig[1]. Von einem gutgläubigen Rechtserwerb kann in all diesen Fällen schon deshalb keine Rede sein, weil sich der Verfalltag aus dem Inhalt der Urkunde ergibt und sich nach diesem Datum die Protestfrist ohne weiteres berechnen läßt. Erwirbt also F den Wechsel nach Verfall, aber vor Ablauf der Protestfrist, so muß er, sofern ihm die Protesturkunde nicht eingehändigt wird, selber unverzüglich Protest erheben lassen. Ist aber die Protestfrist abgelaufen, so kann zu Lasten der Regreßpflichtigen[2] überhaupt kein gutgläubiger Rechtserwerb eintreten, denn entweder ist der Wechsel präjudiziert, dann sind sie infolge dieses Umstandes frei geworden, oder wenn ordnungsmäßig Protest erhoben ist, so trägt das Nachindossament nur Zessions-Charakter an sich und kann daher keine Publizitätswirkungen ausüben.

Prolongation. Die Wechselprolongation kennzeichnet sich als eine Stundung des Wechselanspruchs, welche den Verfalltag unberührt läßt, so daß an diesem früheren Datum Protest erhoben werden muß, um die Regreßverpflichtungen

[1]) Jedoch haften der Aussteller und der Akzeptant nach Art. 83 WO. trotz der Präjudizierung wenigstens bis zum Betrage ihrer Bereicherung.

[2]) Genauer gesagt mit Einschluß des Akzeptanten beim benannten Domizilwechsel und mit Ausschluß der Wechselbeteiligten, welche den Protest erlassen haben.

aufrechtzuerhalten, wenn auch der Akzeptant infolge der Prolongation erst am späteren Datum zu zahlen hat. Da die Stundung als ein teilweiser Erlaß, nämlich als ein solcher bezüglich der Zeit, anzusehen ist, so kommen die oben beim Erlaß entwickelten Grundsätze hier analog zur Anwendung. Dies gilt insbesondere auch von dem subjektiven Umfang der Rechtswirkung, sowohl nach der aktiven, wie nach der passiven Seite hin, eine Frage, welche nur nach Feststellung des konkreten Parteiwillens zu beantworten ist. Mithin kann sich die Stundungsabrede auf alle Wechselschuldner oder auf einige oder schließlich nur auf einen einzigen erstrecken. Ferner kann der Gläubiger nur für seine eigene Person die Stundung gewähren, dagegen seinem Rechtsnachfolger die Befugnis vorbehalten, den Wechsel zu dem früheren ursprünglichen Termin geltend zu machen, oder er kann die Prolongation unbeschränkt auch zu Lasten der ferneren Gläubiger vornehmen. Im letzteren Fall kann aber die fragliche Abrede nach allgemeinen Grundsätzen einem gutgläubigen, formell-legitimierten Inhaber nicht entgegengehalten werden, es sei denn, daß sie auf der Urkunde vermerkt ist. Mit dieser Stundung, welche nur den Zahlungstag hinausschiebt, aber den Verfalltag unverändert läßt, darf die Ausstellung eines neuen Wechsels mit späterem Verfalltag nicht verwechselt werden.

Rechtshängigkeit. Rechtskraft. Der Indossatar erwirbt zwar ein von der Befugnis seines Vorgängers unabhängiges Recht, aber diese seine Stellung ist doch bedingt durch die Veräußerung des dem Indossanten zustehenden Rechts. Daher ist, wie Hellwig[1]) mit Recht ausführt, der Indossatar als Rechtsnachfolger des Indossanten anzusehen, wenn er auch infolge seines guten Glaubens vielleicht mehr Rechte erwirbt, als diesem zustanden. Daher finden die §§ 265 und 325 Z.P.O. über die Rechtshängigkeit und die Rechtskraft grundsätzlich auch auf die durch Indossament vermittelte Rechtsnachfolge Anwendung: mithin hat die Veräußerung auf den Prozeß keinen Einfluß. Der Indossatar ist nicht berechtigt, ohne Zustimmung des Gegners den Prozeß

[1]) Hellwig, „Wesen der Rechtskraft", S. 291.

als Hauptpartei an Stelle des Rechtsvorgängers zu übernehmen oder eine Hauptintervention zu erheben (§ 265 Abs. 2 Z.P.O.). Vielmehr hat der bisherige Gläubiger den Rechtsstreit in Prozeßstandschaft für den Erwerber weiterzuführen. Ebenso erstreckt sich die Rechtskraft des zwischen den bisherigen Parteien erlassenen Urteils grundsätzlich auch auf den Indossatar, der die Gläubigerschaft nach Rechtshängigkeit erlangt hat. Jedoch wird diese grundlegende Regel durch die Vorschrift des § 325 Abs. 2 Z.P.O., nach welcher die Vorschriften des Bürgerlichen Rechts zugunsten derjenigen, welche Rechte von einem Nichtberechtigten herleiten, entsprechende Anwendung finden, in so weitgehendem Maße durchbrochen, daß sie fast in ihr Gegenteil verkehrt wird. War dem Indossatar zur Zeit des Erwerbs die Rechtshängigkeit weder bekannt, noch beruhte seine Unkenntnis auf grober Fahrlässigkeit, so erstreckt sich die Rechtskraft nicht auch gegen ihn und ebensowenig steht ihm die Einrede der Rechtshängigkeit entgegen. Deshalb kann auch der Wechselschuldner nach § 265 Abs. 3 Z.P.O. dem bisherigen Gläubiger entgegenhalten, daß er zur Erhebung des Klageanspruchs nicht mehr befugt sei, weil er infolge der Veräußerung aufgehört habe, aktiv berechtigt zu sein, und auch die Prozeßstandschaft für den Erwerber deshalb nicht Platz greife, weil sich die Rechtskraft wegen § 325 Abs. 2 Z.P.O. auf letzteren nicht erstrecke. Der gute Glaube ist schon dann als nicht vorhanden anzusehen, wenn dem Erwerber die Rechtshängigkeit bekannt war, mag er auch noch so fest an das fehlerfreie Recht seines Vormanns geglaubt haben, während ihm umgekehrt die Rechtskraft nicht entgegensteht, wenn ihm auch etwaige materielle Mängel bekannt waren, sofern er sich nur bezüglich der Rechtshängigkeit in gutem Glauben befand. In diesem Fall mag der Schuldner einen neuen Prozeß gegen den Indossatar beginnen, wenn er sich getraut, ihm hinsichtlich eines materiellen Moments Vorsatz oder grobe Fahrlässigkeit nachzuweisen. Ohne Rücksicht auf seinen guten Glauben muß sich der Indossatar das gegen seinen Vormann ergangene Urteil entgegenhalten lassen, wenn er nur fiduziarischer Inkassomandatar ist, weil infolge Fehlens einer onerosen causa die §§ 816, 822 B.G.B. Platz greifen.

Löst der Indossant den Wechsel im Regreßweg ein, so entsteht zwar kein neuer Anspruch, vielmehr lebt nur die ursprüngliche Forderung, welche dem Indossanten gegen seinen Vormann zustand, wieder auf. Aber dieses Aktuellwerden des alten Anspruchs ist nur durch den Umstand ermöglicht, daß das Recht des Nachmanns zu seinen Gunsten fortgefallen ist. Daher muß, wie Hellwig (S. 298) mit Recht ausführt, auch der einlösende Indossant als Rechtsnachfolger des Regredienten angesehen werden, und deshalb erstreckt sich die Rechtskraft eines zwischen dem Regredienten und dem Wechselschuldner ergangenen Urteils grundsätzlich für und gegen den einlösenden Indossanten. Freilich wird auch diese Regel infolge des gutgläubigen Rechtserwerbs durch eine weittragende Ausnahme durchbrochen. Da der Regreßpflichtige von seiner Schuld befreit wird und damit das Wechseleigentum und die Gläubigerschaft zurückgewinnt, sofern er nur den formell-legitimierten Inhaber ohne grobe Fahrlässigkeit für den wahren Gläubiger angesehen hat[1]), so kann ihm ein gegen den Indossatar ergangenes Urteil nach § 325 Abs. 2 Z.P.O. nicht entgegengehalten werden, sofern er die Rechtshängigkeit bei der Einlösung ohne grobe Fahrlässigkeit nicht gekannt hat[2]). Nur wenn der Indossatar fiduziarischer Inkassomandatar war, muß er die Rechtskraft trotz seines guten Glaubens gegen sich gelten lassen, weil die §§ 816 Abs. I Satz 2 und 822 B.G.B. wegen Fehlens einer onerosen causa Platz greifen[3]).

Schenkung. Der Einwand, daß dem Wechsel eine wegen Formmangels ungültige Schenkung zugrundeliege, ist zweifellos insoweit unbegründet, als es sich um die Ver-

---

[1]) Reichsgericht Bd. 55 S. 49.

[2]) Wenn Hellwig (S. 301) die Erstreckung der Rechtskraft auf den einlösenden Indossanten auch dann ausschließt, wenn er die Rechtshängigkeit kannte, so steht diese These mit dem Grundgedanken des Art. 74 W.O., der nur einen gutgläubigen Rechtserwerb kennt, im Widerspruch.

[3]) Dagegen sucht das R.G. (Bd. 36 S. 53—57) den obigen Satz durch Annahme einer exceptio doli zu rechtfertigen. Siehe auch R.G. Bd. 43 S. 40—44.

äußerung eines gemachten Papiers handelt. Wenn also z. B. D einen von A ausgestellten, von B akzeptierten und von C indossierten Wechsel seinerseits schenkweise an E giriert, so können sich weder A, B, C gegenüber der Klage des E auf die Schenkung berufen, noch vermag D die Urkunde von E zu kondizieren, da in der Fortgabe des Wechsels eine effektive Zuwendung liegt, welche nach § 518 Abs. 2 B.G.B. den Formmangel heilt. Fraglich ist es dagegen, welchen Einfluß die Schenkungskausa auf die in dem Indossament des D liegende abstrakte Regreßverbindlichkeit ausübt. Wenn auch § 518 B.G.B. zur Gültigkeit des Schenkungsversprechens die gerichtliche oder notarielle Beurkundung erfordert, so kann doch deshalb die schenkweise gegebene Wechselverbindlichkeit nicht ungültig sein, weil der Wechsel seiner eigenen ganz spezifisch ausgestalteten Form unterliegt und daher nicht durch gerichtliche oder notarielle Beurkundung vollzogen werden kann[1]). Trotz der Rechtsbeständigkeit des Wechselanspruchs ist aber der Schenkgeber D, welcher, ohne die Befreiungsklausel hinzuzufügen, die obige Tratte auf Grund einer formlosen Schenkung weiter indossiert hat, durch eine Kondiktionseinrede geschützt, weil infolge der Nichtigkeit der Schenkung die Zuwendung des Rechtsgrundes entbehrt. Der § 518 Abs. 2 B.G.B., der die infolge effektiver Leistung eintretende Heilung der Formlosigkeit statuiert, findet in diesem Fall keine Anwendung, weil sich einerseits die Wechselverbindlichkeit als eine bloß ideelle Zuwendung kennzeichnet und andererseits die Wechselform zwar die einfache Schriftlichkeit, aber nicht die gerichtliche oder notarielle Beurkundung ersetzt und daher wohl eine formlose Bürgschaftserklärung, aber kein formloses Schenkungsversprechen heilen kann[2]). Die Tatsache, daß der Formmangel nur eine Kondiktion begründet, aber den Wechselanspruch nicht ungültig macht, bringt es mit sich, daß der fernere Indossatar F sich den Schenkungseinwand auch dann nicht entgegensetzen zu lassen braucht, wenn er über die Sachlage orientiert war, während ein Mangel des Wechselanspruchs selber nur infolge seines guten Glaubens beseitigt werden könnte.

---

[1]) R.G. Bd. 11 S. 2 und die dort zitierten Entscheidungen des R.O.H.G.
[2]) Anderer Ansicht: R.G., Bd. 2 S. 5 für das ehemalige Preußische Recht.

Scherz. Nach § 118 B.G.B. ist eine nicht ernstlich gemeinte Willenserklärung, die in der Erwartung abgegeben wird, der Mangel der Ernstlichkeit werde nicht verkannt werden, schlechthin nichtig. Diese Bestimmung findet sowohl auf die Wechselausstellung und die andern Skripturakte, als auf die Papierbegebung Anwendung. Jedoch kann die Nichtigkeit der fraglichen Rechtsgeschäfte dem ferneren gutgläubigen, formell-legitimierten Inhaber nicht entgegengehalten werden. Wenn also z. B. der Rechtslehrer A zu didaktischen Zwecken einen Wechsel zugunsten seines Schülers C ausstellt, so kann A dem gutgläubigen Indossatar D, welchem C das Papier giriert hat, die aus § 118 B.G.B. fließende Nichtigkeit nicht entgegenhalten, mag das Papier von A an C ausgehändigt sein oder mag sich letzterer die Urkunde rechtswidrig angeeignet haben.

Simulation. § 117 B.G.B. bestimmt, daß eine empfangsbedürftige Willenserklärung, die mit Einverständnis des andern Teils nur zum Schein abgegeben wird, nichtig ist. Das gleiche gilt nach § 116 Satz 2 B.G.B., wenn dem Empfänger bekannt war, daß sich der Erklärende insgeheim vorbehalten habe, das Erklärte nicht zu wollen. Beide Bestimmungen können nur auf die Papierbegebung, nicht aber auf den einseitigen Skripturakt Anwendung finden, weil letzterer sich als eine nicht empfangsbedürftige Willenserklärung kennzeichnet, bei der eine Simulation begrifflich ausgeschlossen ist. Die aus der Simulation entspringende Nichtigkeit des Begebungsaktes darf nach allgemeinen Grundsätzen dem gutgläubigen, formell-legitimierten Erwerber nicht entgegengehalten werden. Richtiger wäre es wohl gewesen, wenn man den guten Glauben in diesem Fall nur bei dolus ausgeschlossen hätte. Da aber ein besonderer Schutz des Dritterwerbers gegen Simulation vom B.G.B. nicht allgemein statuiert worden ist, so können nur die sonstigen zum Schutz des gutgläubigen Verkehrs gegebenen Vorschriften, wie §§ 932 ff., B.G.B., Art. 74 W.O., Anwendung finden, welche die grobe Fahrlässigkeit dem Wissen gleichstellen. Dieser legislativ-politische Fehler wird aber dadurch wesentlich gemildert, daß der Richter hinsichtlich der

Simulation des Begebungsvertrags nur sehr selten eine grobe Fahrlässigkeit des Erwerbers als vorhanden ansehen wird.

Valutamangel. Der Einwand, daß die Valuta für den Wechsel nicht gezahlt sei, ist an und für sich rechtlich irrelevant. Nur wenn auf Grund der Kausalbeziehung infolge Fehlens der Gegenleistung der Geschäftszweck als vereitelt zu betrachten ist, greift die Kondiktionseinrede durch.

Verjährung. Die Wechselverjährung läuft hinsichtlich eines jeden Wechselanspruchs durchaus selbständig, so daß nach den §§ 425, 429 Abs. III B.G.B., welche den Art. 80 W.O. ersetzt haben, die Unterbrechung immer nur in bezug auf diejenigen Wechselbeteiligten, in deren Person sie eintritt, zu wirken vermag. Hierbei darf aber nicht übersehen werden, daß nach Art. 77 W.O. die dreijährige Frist zugunsten des Akzeptanten ohne Rücksicht auf die persönlichen Verhältnisse des Wechselgläubigers schlechthin vom Verfalltag zu laufen beginnt. Hinsichtlich des Regreßanspruchs muß unterschieden werden: wenn der primäre Regreß genommen wird, so läuft nach Art. 78 W.O. die Verjährungsfrist, welche je nach der geographischen Zone 3, 6 oder 18 Monate beträgt, gegen den Inhaber vom Tage des erhobenen Protestes an. Gegen den Remboursregredienten beginnt die Frist nach Art. 79 W.O. nicht schon mit diesem Augenblick, sondern erst mit dem Tage der Zahlung oder der Klageerhebung. Wenn daher mehrere Regresse stattfinden, namentlich wenn außerdem die längere Frist von 18 Monaten Platz greift, so kann es sich sehr leicht ereignen, daß der Anspruch gegen den Akzeptanten zu der Zeit, wo der letzte Regreßschuldner belangt wird, bereits verjährt ist, ohne daß dem Beklagten eine Verjährungseinrede gegen den Remboursregredienten zur Seite stände. In diesem Fall muß es dem Regreßschuldner gestattet sein, sich auf die zugunsten des Akzeptanten eingetretene Verjährung zu berufen, weil ihm dadurch, daß die Regreßgläubiger es versäumt haben, für die nötige Unterbrechung der Verjährung gegenüber dem Akzeptanten zu sorgen, die Möglichkeit genommen ist, sich an diesem schadlos zu halten. Von dieser Ausnahme abgesehen kann sich aber niemand auf die zugunsten eines andern Schuldners eingetretene Verjährung berufen, da diese Einrede höchst persönlicher Natur ist. Im übrigen mag noch hervorgehoben werden, daß die zugunsten des Ausstellers und des Akzeptanten eintretende Verjährung den Anspruch nicht mittels einer peremptorischen Einrede schlechtweg negiert, sondern daß sie nur bewirkt, daß der Aussteller und der Akzeptant in Höhe der Bereicherung haften, eine Verpflichtung, welche ihrerseits der gewöhnlichen dreißigjährigen Verjährung unterliegt.

Vollmacht. Der Mangel der Vollmacht kann jedem Wechselbeteiligten, auch wenn er beim Erwerb in gutem Glauben gewesen ist, entgegengehalten werden, denn der Vertretene kann durch die Wechselerklärung eines falsus procurator ebensowenig verpflichtet werden, als durch eine gefälschte Unterschrift, da er keinen Erklärungskörper in die Welt gesetzt hat, in welchem der gutgläubige Verkehr einen gültigen Wechselskripturakt erblicken mußte. Wenn jedoch der Vertretene eine nach außen unbeschränkbare Vollmacht, z. B. eine Prokura, erteilt hat, so kommt eine dem Bevollmächtigten gegebene Weisung, z. B. das Verbot, Wechsel zu zeichnen, dem Erwerber gegenüber auch dann nicht in Betracht, wenn dieser die Beschränkung gekannt hat. Nur wenn er sich vom Prokuristen als Werkzeug unehrlicher Machenschaften gebrauchen ließ, so begründet eine solche Kollusion die Einrede der Arglist gegenüber dem Wechselgläubiger[1]). Wußte dieser z. B., daß der Prokurist den Wechsel nur in der Absicht zeichnete, um sich die Valuta rechtswidrig anzueignen, so macht sich der Wechselgläubiger der Beihilfe zur Unterschlagung schuldig und deshalb ist gegen ihn ein Anspruch und eine Einrede aus unerlaubter Handlung aus § 823 Abs. 2 B.G.B. wegen Verletzung des Schutzgesetzes des § 246 Str.G.B. gegeben.

Nach Art. 95 W.O. haftet der falsus procurator ohne Rücksicht auf eigenes Verschulden jedem Wechselgläubiger persönlich

[1]) So auch R.G. Bd. 57 S. 391.

auf Erfüllung seines Skripturakts, während ihn nach § 179 Abs. 1 B.G.B. eine Verpflichtung zur Erfüllung oder zum Schadenersatz nur bei Kenntnis von dem Mangel seiner Vertretungsmacht trifft und er im übrigen nach Abs. 2 nur für das negative Interesse einzutreten hat. Trotz des scheinbar entgegenstehenden Textes muß angenommen werden, daß die Haftung aus Art. 95 W.O. nur zugunsten des gutgläubigen Erwerbers eintritt, denn der Wechselnehmer, welcher sich wissentlich mit einem falsus procurator eingelassen hat, muß stets mit der Möglichkeit rechnen, daß der Geschäftsherr die Genehmigung nicht erteilt. Der Art. 74 W.O. stellt aber nur die grobe Fahrlässigkeit dem Vorsatz gleich, während nach § 179 Abs. 3 B.G.B. schon die leichte Fahrlässigkeit des Gegenkontrahenten die Haftung des falsus procurator ausschließt.

W u c h e r. Liegt dem Wechsel ein wucherisches Geschäft zugrunde, so ist nicht nur die eigene Verpflichtung des Bewucherten ungültig, sondern auch die Übertragung des Papiers und die Abtretung der Gläubigerschaft ist nichtig, weil nur dem Empfänger ein Verstoß gegen ein gesetzliches Verbot oder gegen die guten Sitten zur Last fällt. Diese Nichtigkeit kann zwar einem ferneren gutgläubigen, formell-legitimierten Inhaber nicht entgegengesetzt werden, aber es muß hier besonders streng geprüft werden, ob den Erwerber nicht zum mindesten der Vorwurf der groben Fahrlässigkeit trifft, denn Leute, welche sich von Wucherern Wechsel indossieren lassen, stehen selber im Verdacht, lichtscheue Geschäfte zu betreiben.

Z a h l u n g. Die Zahlung und ihre Surrogate, wie Hingabe an Zahlungsstatt, Novation usw., tilgen den Wechselanspruch schlechthin, ohne daß noch außerdem eine Rückgabe der Urkunde nötig wäre. Wenn aber der Schuldner seine Verbindlichkeit gegenüber einem formell-legitimierten, aber materiell nicht berechtigten Inhaber ohne grobe Fahrlässigkeit erfüllt, so erlischt seine Schuld nur unter der Voraussetzung, daß er die Wechselurkunde zurückerhält, da sich die

Publizitätswirkungen dem Geweregedanken entsprechend an den körperlichen Besitz anschließen müssen.

Wird das bezahlte Papier später von einem gutgläubigen, formell-legitimierten Inhaber erworben, sei es, daß der Schuldner die Urkunde überhaupt nicht zurückerhalten, oder daß er sie später wieder verloren hat, so lebt der Wechselanspruch trotz der Tilgung wieder auf, außer wenn der Wechsel schon protestiert ist. In diesem Fall nämlich wirkt das Indossament nur gleich einer Zession, während durch den gutgläubigen Erwerb eines präjudizierten Wechsels die Verpflichtung gegen den Akzeptanten und diejenigen Personen, deren Schuld durch ordnungsmäßige Protesterhebung nicht bedingt ist, neu entstehen kann.

Welche Ansprüche durch die Zahlung getilgt werden, hängt ausschließlich von der ausdrücklichen oder stillschweigenden Erklärung des Zahlenden ab. Im Zweifel ist davon auszugehen, daß der Wechselschuldner nur seine eigene Verbindlichkeit und damit zugleich diejenige seiner Nachmänner berichtigen will. Demnach würden durch die Zahlung des Akzeptanten sämtliche Schuldner, durch diejenige des Ausstellers alle Indossanten befreit werden, während durch die Leistung des Ehrenintervenienten die Verbindlichkeiten der Nachmänner des Honoraten beseitigt würden. Jedoch vermag der Zahlende eine abweichende Anrechnung zu bestimmen: so kann ein Indossant zu Ehren eines ferneren Vormanns intervenieren und damit die Zwischenschuldner befreien. Aber nicht minder vermag er durch Berichtigung des Akzepts alle Verbindlichkeiten zu erledigen. Zahlt der Domiziliat, so ist als Regel zu unterstellen, daß er die Wechselsumme an Stelle des Bezogenen leisten will. Hat er jedoch zu dessen Kredit kein Vertrauen und will er sich daher nicht mit einem Revalierungsanspruch gegen diesen begnügen, hält er dagegen den regreßpflichtigen D für solvent, so kann er auch zu dessen Ehren zahlen und sich damit den Regreßanspruch gegen diesen seinen Honoraten sichern.

Zwang. Nach § 123 Abs. 1 B.G.B. ist eine Willenserklärung anfechtbar, wenn der Erklärende zur Abgabe widerrechtlich durch Drohung bestimmt worden ist. Von der Anfechtung wegen arglistiger Täuschung unterscheidet sich diese Art der Anfechtung dadurch, daß sie auch zulässig ist, wenn die Drohung von einem Dritten ausgeht und der Empfänger diese Tatsache weder kannte, noch kennen mußte. Für das Wechselrecht ist diese Differenz unerheblich, denn mag die Ausstellung oder mag die Papierbegebung infolge widerrechtlicher Drohung fehlerhaft sein, so kann dieser Mangel dem gutgläubigen Gegner nicht entgegengehalten werden. Noch weniger ist es natürlich zulässig, daß sich der Schuldner dem gutgläubigen Dritterwerber gegenüber auf diesen Umstand beruft. Eine Geltendmachung dieses Fehlers ist schon dann ausgeschlossen, wenn der Dritte nur bezüglich des guten Glaubens seines Vormanns selber in gutem Glauben war.

Im Gegensatz zu dieser vis compulsiva, welche nur eine unzulässige Motivierung psychologisch hervorruft, bewirkt die rein physische vis absoluta die Nichtigkeit der Wechselerklärung, welche auch gutgläubigen Erwerbern entgegengehalten werden kann, weil eine mit äußerer Gewalt abgetrotzte Erklärung einer gefälschten Unterschrift gleichsteht[1]).

Zwangsvergleich. Der im Konkursverfahren abgeschlossene Zwangsvergleich befreit nach § 193 K.O. immer nur den Kridar selber in Höhe der erlassenen Akkordrate. Dagegen können sich seine vom Wechselgläubiger belangten Nachmänner zu ihren Gunsten auf den Akkord nicht berufen. Vielmehr braucht sich der Wechselgläubiger nur den wirklich erhaltenen Betrag anrechnen zu lassen. Ist also z. B. im Konkurs über das Vermögen des Akzeptanten B ein Zwangsakkord von 50 % abgeschlossen, so kann der Wechselgläubiger E, welcher auf seinen Wechsel von 1000 M. aus der Masse 500 M. ausgezahlt erhalten hat, die Regreßpflichtigen A, C, D auf den Rest von 500 M. belangen. Hat einer von ihnen die fragliche Summe beglichen, so kann auch er sich nicht mehr an den Akzeptanten halten, denn da sein Wechselanspruch nicht erst durch die Einlösung entstanden ist, sondern

[1]) Staub, „W.O.“ S. 216 zu Art. 82 § 68; Bernstein, „W.O.“ S. 334 zu Art. 82 Anm. 77.

schon vorher existierte, so unterliegt er als Konkursforderung ebenfalls dem Zwangsakkord, und zwar gilt diese Einschränkung auch bezüglich des Kausalanspruchs[1]).

II. Die Rektatratte.

Ist der Tratte dadurch der Rektacharakter aufgeprägt, daß der Aussteller die negative Orderklausel in die Urkunde aufgenommen hat, so ist sie damit fast auf das Niveau einer gewöhnlichen Anweisung herabgedrückt. Von dieser unterscheidet sich der Rektawechsel nur durch zwei Momente: einmal trifft auch den Aussteller des Rektawechsels die abstrakte Regreßpflicht, von der er sich nicht einmal durch einen Vermerk befreien kann, während der Anweisende nach B.G.B. überhaupt keine skripturmäßige Verbindlichkeit auf sich zu nehmen vermag. Ferner greift beim Rektawechsel wenigstens zugunsten des Remittenten ein gutgläubiger Rechtserwerb Platz, während bei der bürgerlichen Anweisung, von der Reprobation des Deckungsverhältnisses abgesehen, eine Publizitätswirkung niemals in Funktion tritt. Daher wird wohl der Remittent eines Rektawechsels, aber nicht der Nehmer einer gewöhnlichen Anweisung geschützt, wenn er ohne grobe Fahrlässigkeit annimmt, daß diejenige Person, welche ihm die Urkunde aushändigt, vom Aussteller bevollmächtigt sei, oder wenn es ihm ohne culpa lata unbekannt geblieben ist, daß der Akzeptant sich bei der Niederschrift der Annahme hinsichtlich der Höhe der Wechselsumme geirrt hat und daher zur Anfechtung dieses seines einseitigen Rechtsgeschäfts berechtigt ist. Dagegen tritt zugunsten des ferneren Rechtsnachfolgers auch beim Rektawechsel ebensowenig ein gutgläubiger Rechtserwerb als eine Delegation ein, weil der Rektawechsel nur zediert, aber nicht indossiert werden kann.

III. Die übrigen abstrakten Orderpapiere.

Die übrigen Orderpapiere können wesentlich kürzer behandelt werden, weil die leitenden Grundsätze bereits in dem die Ordertratte analysierenden Abschnitt entwickelt worden

[1]) R.O.H.G., Bd. 11 S. 308, Bd. 24 S. 142.

sind. Am nächsten steht ihr der trockene Wechsel, welcher gleichfalls nur auf Geld lautet, von jedermann ausgestellt werden kann und die Regreßpflicht der Indossanten statuiert. Der trockene Wechsel unterscheidet sich vom gezogenen im wesentlichen nur dadurch, daß ersterer keine an den Bezogenen gerichtete Aufforderung zu zahlen, sondern nur ein Zahlungsversprechen des Ausstellers enthält. Deshalb hat der Aussteller des trockenen Wechsels dieselbe Stellung inne, wie der Akzeptant einer Tratte, so daß zur Erhaltung des Regreßrechts der Protest ihm gegenüber erhoben werden muß. Der einseitigen Willenserklärung, durch welche ein trockener Wechsel ausgestellt wird, fehlt ebenso wie dem Trattenakzept der Anweisungscharakter, aber in jedem Indossament ist dieses Moment bei beiden Wechselarten vorhanden. Daher wird durch jedes vorprotestliche Giro nicht nur ein gutgläubiger Rechtserwerb vermittelt, sondern auch eine Delegation bewerkstelligt, durch welche die rein persönlichen Rechtsbeziehungen, insbesondere die Kausalrelationen, ausgeschaltet werden.

Kaufmännische Anweisungen und kaufmännische Verpflichtungsscheine, welche auf vertretbare Sachen lauten, ohne daß die Leistung von einer Gegenleistung abhängig gemacht ist, sind zwar nicht wie der Wechsel gesetzliche Orderpapiere, aber sie können durch Indossament übertragen werden, wenn sie an Order lauten (§ 363 H.G.B.). Das Indossament begründet zwar abweichend vom Wechsel wegen Fehlens der Garantiefunktion keine Regreßpflicht der Giranten, und ebensowenig haftet der Aussteller einer Orderanweisung. Im übrigen aber finden auf die genannten Orderpapiere die Grundsätze des Wechselrechts entsprechende Anwendung. Insbesondere vermittelt das Indossament nicht bloß einen gutgläubigen Rechtserwerb, wie sich aus § 365 H.G.B. durch die Verweisung auf Art. 74 W.O. ergibt, sondern die Delegationsfunktion bewirkt auch eine Ausschaltung von Kausalrelationen. Denn entsprechend den §§ 784, 796 B.G.B. gibt § 364 H.G.B. den Inhalt des Art. 82 W.O. in der neueren Fassung wieder, indem er bestimmt, daß der Schuldner dem legitimierten Besitzer der Urkunde nur solche Einwendungen entgegensetzen kann, welche die Gültigkeit seiner Erklärung in der Urkunde betreffen oder sich aus dem Inhalt der Urkunde ergeben oder ihm unmittelbar gegen den Besitzer zustehen. Die Orderanweisung und der Orderverpflichtungsschein verhalten sich zueinander wie der gezogene Wechsel zum trockenen, denn bei der Anweisung nimmt der Akzeptant dieselbe Stellung des Alleinverpflichteten ein, wie beim Verpflichtungsschein der Aussteller. Weil die genannten Personen, die allein einen sie verpflichtenden Skripturakt vornehmen können, die wichtigsten Beteiligten sind, so wird nur bezüglich ihrer Person die Kaufmannseigenschaft verlangt.

Nächst dem Wechsel sind die an Order gestellten Traditionspapiere, nämlich das Konnossement der Seeschiffer, der Ladeschein der Frachtführer und der Lagerschein der staatlich zur Ausstellung solcher Urkunden ermächtigten Anstalten, die interessantesten unter allen abstrakten Orderpapieren. Denn einmal verbriefen sie nicht wie die bisher besprochenen Urkunden eine typische Leistung, sondern sie enthalten ein individuell gefärbtes Versprechen, und ferner vermitteln sie außer der Übertragung der gegen den Aussteller gerichteten Forderung noch einen dinglichen Rechtserwerb an dem verschickten oder deponierten Gut. Die juristische Natur dieser Traditionspapiere ist sehr bestritten: viele Autoren wollen ihnen den abstrakten Charakter absprechen, aber dieser Ansicht liegt eine Verwechselung der Begriffe „abstrakt“ und „typisch“, „kausal“ und „individuell“ zugrunde[1]).

In dem Konnossement, welches als das wichtigste Traditionspapier zunächst allein ins Auge zu fassen ist, verspricht der Schiffer als Bevollmächtigter des Reeders, Güter bestimmter Art und Menge, deren Empfang er bescheinigt, vom Ablade- nach dem Löschungshafen zu transportieren und sie dort dem legitimierten Inhaber auch nur eines Exemplars auszuliefern. Der Inhalt dieser Verbindlichkeit ist zweifellos individuell charakterisiert, denn die Art und der Umfang der versprochenen Leistung ist nicht wie beim Wechsel oder beim Darlehn ein für allemal schablonenhaft fixiert, sondern die

---

[1]) Für die kausale Natur: Goldschmidt, „Handb. d. H.R“, Bd. 1 S. 685; Schaps, „Komment. z. Seerecht“, S. 494 zu § 642 Anm. 9. Für die abstrakte Natur: Endemann, „Handelsrecht“, S. 651, Kuntze, „Inhaberpapiere“, S. 496.

Konnossementobligation, welche in hohem Maße den Grundsätzen der bona fides unterliegt und daher imstande ist, sich den verschiedensten Umständen anzuschmiegen, umfaßt eine große Menge von Einzelansprüchen, welche nach Umfang und Inhalt außerordentlich variieren. Ferner ist zu beachten, daß der Schiffer nicht etwa eine generische Verpflichtung eingeht, denn er verspricht nicht, schlechthin Waren von bestimmter Art und Menge im Löschungshafen zu liefern, sondern seine Verbindlichkeit bezieht sich nur auf diejenigen konkreten Güter, welche er im Abladehafen empfangen hat. Deshalb ist er einerseits nicht befugt, die zur Beförderung übergebenen Güter durch andere Waren von derselben Qualität zu ersetzen, und andererseits wird er von seiner Verbindlichkeit befreit, wenn die Güter auf der Reise infolge eines von ihm nicht zu vertretenden Umstandes, z. B. durch Feuer oder Schiffbruch, untergehen[1]).

Aber trotz alledem ist der Konnossementanspruch keineswegs kausaler Natur. Dieses wäre vielmehr nur der Fall, wenn die Konnossementverbindlichkeit nicht bloß durch Verweisung auf den Typus des Frachtvertrags inhaltlich charakterisiert würde, sondern wenn der Anspruch des Papierberechtigten von der Existenz und Gültigkeit eines konkreten Frachtvertrags und von dem wirklichen Empfang der in der Urkunde bezeichneten Güter abhängig wäre. Träfe diese Voraussetzung zu, so könnte sich der Schiffer gegenüber dem Konnossementkläger darauf berufen, daß überhaupt kein Frachtvertrag abgeschlossen sei, oder daß dieser ganz andere Klauseln als das Konnossement enthielte, oder daß er die angeblich zum Transport übernommenen Güter in Wirklichkeit gar nicht erhalten habe. Da das Konnossement ein skripturrechtliches Wertpapier ist, so könnten diese Einwendungen allerdings einem gutgläubigen, formell-legitimierten Inhaber nicht entgegengesetzt werden, aber dieses Moment würde noch garkein Argument für die abstrakte Natur des Konnossements abgeben, denn der gutgläubige Rechtserwerb muß von der Delegationsfunktion streng geschieden werden. Abstrakt ist ein Anspruch vielmehr nur dann, wenn die Kausalbeziehung

---

[1]) R.G. Bd. 20 S. 65.

dem neuen Anspruch gegenüber nur im Kondiktionsrahmen zur Geltung kommen kann. Diese Abstraktheit ist verschiedener Abstufung fähig: der dem Zweck der bloßen Klageerleichterung dienende niedrigste Grad der Isolierung besteht darin, daß das Fehlen des Rechtsgrundes prinzipiell jedem Rechtsnachfolger entgegengesetzt werden kann, wenn auch vielleicht diese Regel durch gutgläubigen Rechtserwerb modifiziert wird. So wird z. B. die Grundschuld, der infolge Fehlens des Rechtsgrundes eine Kondiktionseinrede entgegensteht (§§ 1192, 1157 Satz 1 B.G.B.), in der Hand eines gutgläubigen Erwerbers von diesem Mangel befreit (§ 1157 Satz 2 B.G.B.). Den zweiten Grad der Isolierung stellt die einfache Delegation dar, durch welche nur einmal zwei oder mehrere Kausalrelationen ausgeschaltet werden, so daß dem Dritten, von den Fällen der via directa und der unentgeltlichen Zuwendung (§ 822 B.G.B.) abgesehen, ein Mangel im Deckungsverhältnis auch dann nicht entgegengehalten werden kann, wenn er über die Sachlage orientiert war. Die höchste Ausgestaltung erlangt die Isolierung dagegen, wenn jedesmal bei Eintritt eines neuen durch Indossament legitimierten Rechtsnachfolgers weitere Kausalrelationen oder andere rein persönliche Rechtsbeziehungen ausgeschaltet werden, so daß dem Schuldner ohne Rücksicht auf den guten Glauben des Erwerbers ein Zurückgreifen auf jene Verhältnisse von obigen beiden Ausnahmen abgesehen nicht gestattet werden kann.

Wenn das Konnossement als skripturrechtliches Wertpapier kausaler Natur gestaltet wäre, so könnte ein Mangel im Kausalverhältnis zwar einem gutgläubigen Erwerber nicht entgegengehalten werden, aber von dieser Publizitätswirkung abgesehen würde der Frachtvertrag maßgebend bleiben, weil das Papier keine selbständige Verbindlichkeit verbriefte, sondern nur einen synallagmatischen Vertrag dokumentierte. In Wirklichkeit ist jedoch das Konnossement jedem Papiereigentümer gegenüber schlechthin maßgebend ohne Rücksicht darauf, ob dem Berechtigten der Mangel des kausalen Frachtvertrages bekannt war[1]). Dieser Satz ergibt sich nicht nur aus § 364 Abs. 2 H.G.B., nach welchem der Schuldner dem

---

[1]) Ebenso R.G. Bd. 4 S. 91, Bd. 14 S. 7, Bd. 34 S. 79, Bd. 46 S. 5.

legitimierten Besitzer der Urkunde nur solche Einwendungen entgegensetzen kann, welche die Gültigkeit seiner Erklärung in der Urkunde betreffen oder sich aus dem Inhalt der Urkunde ergeben, oder ihm unmittelbar gegen den Besitzer zustehen, sondern außerdem bestimmt § 651 Abs. 1 H.G.B. noch speziell, daß das Konnossement für das Rechtsverhältnis zwischen dem Verfrachter und dem Empfänger der Güter maßgebend sei. Auch wenn der Schuldner gar keinen Frachtvertrag abgeschlossen oder keine Güter zur Beförderung übernommen hat, kann er doch dem Indossatar diese Tatsachen ebensowenig entgegensetzen als den Umstand, daß das Konnossement vom Frachtvertrag inhaltlich abweicht oder daß die im Konnossement bezeichneten Güter mit den tatsächlich verladenen Waren nicht übereinstimmen. Denn nach den §§ 652 Satz 1 und 653 Abs. 3 H.G.B. ist der Verfrachter dem Empfänger für die Richtigkeit der im Konnossement enthaltenen Bezeichnung der angeblich verladenen Güter verantwortlich, ohne daß es auf die Identität der übernommenen und der abgelieferten Waren ankäme. Die Bestimmung des § 652 Satz 2 H.G.B., daß sich die Haftung des Verfrachters auf den Ersatz des Minderwerts beschränkt, der sich aus der Nichtübereinstimmung der Güter mit der im Konnossement enthaltenen Bezeichnung ergibt, ist ein die Verpflichtung des Reeders modifizierender Sonderrechtssatz, welcher die grundlegende Konstruktion nicht alteriert.

Hat der Schiffer nach Ausstellung des Konnossements die übernommenen Waren dem Befrachter, dem Ablader oder auf deren Anweisung einer sonstigen Person wieder ausgeliefert, so kann er nach § 659 H.G.B. diesen Umstand dem Konnossementinhaber ebensowenig entgegenstellen als die Tatsache, daß er niemals in den Besitz der zu befördernden Güter gelangt ist. Diese Haftung des Verfrachters steht nicht etwa mit der Regel, daß der Schiffer keine generelle Leistung verspricht, sondern sich nur zum Transport konkreter Güter verpflichtet, im Widerspruch. Denn diese individuelle Leistung ist nur der primäre Inhalt der Verbindlichkeit, außerdem übernimmt der Schiffer durch die Konnossementzeichnung die Garantie dafür, daß die tatsächlichen Angaben der Urkunde, wie z. B. der Empfang der fraglichen Waren, auf Wahrheit beruhen, so daß der Reeder jedem berechtigten Konnossementinhaber den Schaden ersetzen muß, der aus der Unrichtigkeit jener Angaben hervorgeht.

Die bloße Kenntnis des Erwerbers, daß der Inhalt des Konnossements mit dem Frachtvertrag nicht übereinstimmt, oder daß die angeblich verladenen Güter in Wahrheit gar nicht zur Beförderung übergeben sind, begründet gegen ihn nicht etwa ohne weiteres die exceptio doli, denn wie das Reichsgericht[1]) zutreffend ausführt, wird die gegenteilige Ansicht „dem Zweck und der Bedeutung der hier in Betracht kommenden Urkunden, welche Träger des in ihnen verkörperten Rechts sind, und deren Inhalt daher im Verkehr als unbedingt maßgeblich angesehen wird, nicht gerecht. Wer daher, wie im vorliegenden Falle der Kläger, eine solche Urkunde im Vertrauen auf ihren Inhalt gegen Valuta erwirbt und die daraus sich ergebenden Rechte verfolgt, handelt nicht deshalb schon arglistig oder unredlich, weil er weiß, daß dem Verpflichteten gegenüber bestimmten anderen Personen Einwendungen zustehen, die ihm nicht entgegengesetzt werden können“. Wenn das R.G.[2]) trotzdem die abstrakte Natur des Konnossements leugnet, weil der Frachtvertrag die rechtliche Grundlage der Verpflichtung des Verfrachters bleibe, so steht diese These mit den eigenen Ausführungen des R.G., nach welchen eine Abweichung des Konnossements vom Frachtvertrag auch dem wissenden Dritten nicht entgegengehalten werden darf, in einem völligen Widerspruch, welcher sich nur aus der Verwechslung der Begriffe „kausal“ und „individuell-charakterisiert“ erklärt.

Gegen die abstrakte Natur des Konnossements spricht nicht etwa der Umstand, daß der Konnossementinhaber nur gegen Zahlung der Fracht und etwaiger sonstiger Auslagen, wie sie sich aus der Urkunde ergeben, die Herausgabe der versandten Waren verlangen kann. Denn die Berichtigung dieser Ansprüche ist nicht Inhalt einer eigenen Verbindlichkeit des Konnossementberechtigten, sondern nur Bedingung der Geltendmachung seiner Forderung[3]). Wie schon im ersten

---

[1]) R.G., Bd. 57 S. 65. Früher schon Bd. 14 S. 7.

[2]) R.G., Bd. 57 S. 64.

[3]) Goldschmid, „Handbuch des Handelsrechts“, Bd. 1 S. 699.

Paragraphen ausgeführt wurde, läßt eine abstrakte Verbindlichkeit nicht nur im allgemeinen eine Bedingung zu, sondern diese Bedingung kann auch die Erfüllung einer Gegenleistung zum Inhalt haben.

Nimmt freilich das Konnossement auf Bestimmungen des Frachtvertrags Bezug, so können diese Abmachungen jedem Erwerber entgegengehalten werden. Dieser Umstand spricht aber ebenfalls nicht gegen die Theorie der Orderabstraktheit, weil durch solche Verweisungen die fraglichen Bestimmungen des Frachtvertrags selber zum integrierenden Bestandteil der Konnossementurkunde geworden sind. Trotz dieser Klausel ist das Konnossement abstrakt geblieben, denn von den bestimmten Ausnahmen abgesehen kann sich der Verfrachter auf rein persönliche Rechtsbeziehungen, insbesondere auf spätere Abänderungen des Frachtvertrags, auch dem orientierten Dritten gegenüber nicht berufen. Ferner kann der Schiffer durch Aufnahme sonstiger Klauseln die Verpflichtung des Verfrachters modifizieren, solche Freizeichnungen spielen bekanntlich in der Praxis des Seeverkehrs eine bedenklich große Rolle [1]). Über die Tragweite einiger solcher typischer Klauseln, wie z. B. „Inhalt unbekannt", „Zahl, Maß, Gewicht unbekannt", „Frei von Bruch", „Frei von Leckage", „Frei von Beschädigung" geben die §§ 654—658 H.G.B. wichtige Auslegungsregeln. Ferner bestimmt § 653 Abs. 2 H.G.B., daß, wenn die Güter dem Schiffer in Verpackung oder in geschlossenen Gefäßen übergeben worden sind und dies aus dem Konnossement ersichtlich ist, der Verfrachter für die Richtigkeit der Bezeichnung der Güter dem Empfänger insoweit nicht verantwortlich ist, als ungeachtet der Sorgfalt eines ordentlichen Schiffers die Unrichtigkeit der in dem Konnossement enthaltenen Zeichnung nicht wahrgenommen werden konnte. Alle diese Regeln modifizieren wohl den Umfang und den Inhalt der Konnossementobligation, lassen aber ihre order-abstrakte Natur unberührt.

Neben dieser Delegationsfunktion des Indossaments unterliegt das Konnossement nicht minder wie der Wechsel den Grundsätzen des gutgläubigen Rechtserwerbs. Hat ein zurech-

[1]) Für die Zulässigkeit auch der inhaltlich umfassendsten Befreiungsklauseln das R.G. (Bd. 52 S. 402).

nungsfähiger und genügend bevollmächtigter Vertreter des Reeders eine Willenserklärung abgegeben, in welcher der Verkehr nach Treu und Glauben ein Konnossement erblicken muß, so kommt der Anspruch, wie er sich aus der Urkunde ergibt, in der Hand eines formell-legitimierten, gutgläubigen Papiererwerbers zu voller Wirksamkeit, oder wenn die Forderung mit Einwendungen oder Anfechtungsbefugnissen behaftet ist, so wird sie durch gutgläubigen Rechtserwerb von diesen Mängeln befreit. Gelangt also z. B. das dem Schiffer abhanden gekommene Konnossement in den Besitz eines gutgläubigen, formell-legitimierten Inhabers, so erwirbt dieser das Eigentum am Papier und damit die Vollgläubigerschaft. Wenn der Schiffer nach allgemeinen Grundsätzen die Ausstellung der Urkunde wegen Irrtums, Betrugs oder Zwangs anfechten könnte, so würde dieser Mangel doch einem gutgläubigen, formell - legitimierten Inhaber ebensowenig entgegenstehen, als wenn die Kausalrelation reprobiert, also z. B. der Frachtvertrag wucherisch wäre und deshalb auch der abstrakte Anspruch der Nichtigkeit unterläge. Wird die Konnossementverbindlichkeit durch Erfüllung, Hingabe an Erfüllungsstatt oder auf andere Weise getilgt, oder wird sie durch Erlaß beseitigt oder sonstwie modifiziert, so können alle diese Momente dem gutgläubigen Erwerber nicht entgegengehalten werden, während nachträgliche Veränderungen des Frachtvertrags nicht einmal den orientierten Dritten treffen, weil sie sich nur auf das infolge Delegation ausgeschaltete Kausalverhältnis beziehen.

Sind der Konnossementinhaber und der Reeder kausal verbunden, so kann letzterer alle Mängel des Rechtsgrundes mittels einer Kondiktionseinrede geltend machen, denn die zwischen unmittelbaren Vertragsparteien bestehende Konnossementverbindlichkeit dient gleich dem reinen Schuldversprechen nur der bequemeren Durchführung des Kausalanspruchs und muß daher im Falle eines Konflikts vor ihm weichen. Wenn also der Befrachter den Konnossementanspruch erhebt, so kann der Reeder mit Erfolg einwenden, daß ein gültiger Frachtvertrag überhaupt nicht zustandegekommen ist, oder daß er inhaltlich nicht mit der Konnossementurkunde übereinstimmt. Ein solcher Widerspruch liegt aber nicht schon dann vor, wenn das Konnossement mit dem Frachtvertrag nicht übereinstimmt, sondern es muß noch außerdem erhellen, daß die Abweichung nicht von den Parteien beabsichtigt ist, sondern auf Irrtum beruht. Auch nachträgliche Abänderungen des Frachtvertrags muß sich der Befrachter in gleicher Weise, wie die ursprüngliche Abweichung entgegenhalten lassen. Sind überhaupt keine Güter zur Verladung gekommen, oder sind die übernommenen Waren von anderer Art oder Qualität oder geringer an Quantität, als sich aus dem Inhalt des Konnossements ergibt, so kann sich der Reeder dem kausal verbundenen Konnossementinhaber gegenüber auch auf diese Tatsache berufen, weil nach dem Kausalverhältnis, das mit Hilfe der Kondiktionseinrede zur Geltung kommt, der Verfrachter nur insoweit auf Herausgabe der Güter haftet, als er sie wirklich empfangen hat. Aus demselben Grunde kann der Reeder zu seiner Verteidigung anführen, daß er die verladenen Waren auf Anordnung des Befrachters aus den Händen gegeben habe. Diesen Grundsatz bringt § 651 Abs. 3 H.G.B., nach welchem für das Rechtsverhältnis zwischen dem Verfrachter und dem Befrachter die Bestimmungen des Frachtvertrags maßgebend bleiben, unzweideutig zum Ausdruck. Das gleiche gilt für den fiduziarischen Indossatar, welcher den Konnossementanspruch in eigenem Namen, aber auf Rechnung des Befrachters geltend macht, denn die Forderung, welche Gegenstand des Prozesses ist, gehört dem klagenden Indossatar nur der Form nach, in Wirklichkeit ist das Recht nach der substantiellen Seite beim Fiduzianten geblieben.

Dagegen kann der Reeder dem Ablader, der das Konnossement geltend macht, weder eine ursprüngliche Abweichung zwischen dem Frachtvertrag und dem Konnossement, noch eine nachträgliche Abänderung des Frachtvertrags entgegenhalten, denn der Ablader, welcher mit dem Befrachter nicht identisch ist, steht mit dem Reeder in keinem direkten kausalen Zusammenhang. Vielmehr sind beide nur mit dem Befrachter verbunden, und zwar hat letzterer mit dem Ablader in der Regel einen Unterfrachtvertrag abgeschlossen. Wenn der Reeder dem Ablader gegenüber durch den Schiffer oder einen andern Vertreter das Konnossementversprechen abgibt, so liegt dieser Zuwendung eine Delegation zugrunde, durch die die Beziehungen zwischen Reeder und Befrachter einerseits und zwischen Befrachter und Ablader andererseits ausgeschaltet werden. Jedoch kann sich der Reeder darauf berufen, daß der Ablader überhaupt keine Waren zur Beförderung abgeliefert hat, oder daß diese doch von anderer Art und Menge sind, als das Konnossement angibt. Denn die ordnungsmäßige Ablieferung der dem Inhalt des Konnossements entsprechenden Waren im Abladehafen ist die dem Ablader obliegende Gegenleistung, von der sein Konnossementanspruch in der Art abhängig ist, daß das Unterlassen dieser Gegenleistung hinsichtlich des Konnossementanspruchs die Kondiktionslage erzeugt.

Sind dagegen Konnossementinhaber und Reeder kausal unverbunden, so kann letzterer alle die erwähnten aus dem Kausalverhältnis entspringenden Einwendungen dem Erwerber trotz seiner Kenntnis nicht entgegensetzen, mag dieser der erste Nehmer der Urkunde, auf dessen Namen das Konnossement lautet, oder mag er ein nach Art. 36 W.O. formelllegitimierter Indossatar sein. Ebensowenig darf sich der Reeder auf Kompensations- oder Retentionsbefugnisse berufen, die ihm gegen den Befrachter oder gegen einen anderen Rechtsvorgänger des Urkundeninhabers zustehen. Nur die bekannten drei Ausnahmen finden sich auch hier wieder: dem Reeder ist eine Kondiktionseinrede nicht versagt, wenn infolge eines Mangels in sämtlichen Kausalbeziehungen die via directa gegeben ist, oder wenn die Voraussetzung des § 822 B.G.B., nämlich die Unentgeltlichkeit des Valutaverhältnisses, zutrifft. So ist dem Reeder z. B. eine Kondiktion zu gewähren, wenn ein Konnossement, ohne daß überhaupt Waren zum Transport übernommen sind, irrtümlich ausgestellt wird und der Befrachter dieses Wertpapier entweder verschenkt oder in Erfüllung einer nicht vorhandenen Kaufschuld übergibt[1]. Schließlich steht dem Reeder eine exceptio doli zu, wenn der Erwerber die Urkunde im kollusiven Einverständnis mit dem Veräußerer an sich gebracht hat, um dem Schuldner die Geltendmachung von Einwendungen abzuschneiden.

Aber nicht nur obligatorische Rechte überträgt das Konnossement, sondern in seiner Eigenschaft als Traditionspapier

---

[1]) R.G. Bd. 20 S. 68, Schaps „Seerecht“, S. 517 Anm. 10 zu § 651.

vermittelt es auch den Wechsel in der dinglichen Rechtslage bezüglich der zur Beförderung übernommenen Güter. Diesen wichtigen Grundsatz spricht der § 647 H.G.B. aus. „Die Übergabe des Konnossements an denjenigen, welcher durch das Konnossement zur Empfangnahme legitimiert wird, hat, sobald die Güter von dem Schiffer oder einem andern Vertreter des Reeders zur Beförderung übernommen sind, für den Erwerb von Rechten an den Gütern dieselben Wirkungen, wie die Übergabe der Güter." Mithin tritt die Traditionswirkung nur ein, wenn der Schiffer oder ein sonstiger Vertreter des Reeders die Güter zur Beförderung übernommen hat, während eine Verladung nicht erforderlich ist. Sind die Güter noch nicht in den Besitz des Reeders getreten, so wird dieser durch die Ausstellung des Konnossements zwar obligatorisch verpflichtet, aber eine Veränderung der dinglichen Rechtslage greift nicht Platz. Eine fernere Voraussetzung der Traditionswirkung ist die formelle Legitimation des Konnossementinhabers[1]): wird dem Papiererwerber der Konnossementanspruch nur zediert, nicht aber indossiert, so mag auf Grund des § 931 B.G.B ein Übergang des Eigentums eintreten, sofern der Parteiwille auf diesen Rechtseffekt gerichtet ist, aber die spezifischen Wirkungen des Indossaments eines Traditionspapiers greifen nicht Platz, so daß ausschließlich die Regeln des B.G.B. Anwendung finden. Erlangt der Konnossementinhaber dagegen die formelle Legitimation, so ist die Verkettung der dinglichen Rechtslage an die Schicksale des Papiers und des in ihm verbrieften obligatorischen Rechts eine notwendige Verbindung. Eine auf Parteiwillkür beruhende Trennung dieser verschiedenen Rechte würde leicht dazu führen, den Verkehr mit den Traditionspapieren zu gefährden. Daher kann der berechtigte Konnossementinhaber sich nicht darauf beschränken, das Eigentum an der Urkunde und den obligatorischen Anspruch abzutreten, sich selber aber das Eigentum an den verladenen Gütern vorbehalten. In gleicher Weise ist mit der Begründung eines Nießbrauchs oder Pfandrechts am Konnossement notwendig das entsprechende dingliche Recht an den Waren verbunden, sofern nur der Erwerber

---

[1]) Schaps, „Seerecht", S 508 Anm. 7 zu § 647.

die formelle Legitimation erlangt. Wenn Schaps (S. 509) die gegenteilige Auffassung durch den Hinweis zu stützen sucht, daß der Spediteur, an den das Konnossement giriert sei, wohl Eigentümer der Urkunde und Gläubiger, aber nicht Eigentümer der Güter werde, weil die Waren aus seiner Konkursmasse vindiziert werden könnten, so ist diese letztere Behauptung bezüglich der Aussonderungsmöglichkeit zwar zutreffend, aber sie spricht nicht gegen die Annahme, daß der Spediteur Eigentümer geworden, weil der Erwerb der verladenen Güter ebenso wie der Urkunde und der Vollgläubigerschaft nur fiduziarischer Natur ist.

Die Behandlung des ebenso schwierigen als interessanten Problems der Traditionspapiere liegt außerhalb des Rahmens dieser Abhandlung und kann daher nur kurz skizziert werden. Es stehen sich hauptsächlich zwei Theorien gegenüber: die relative und die absolute[1]). Die erstere[2]) sucht die Bestimmungen, welche den durch das Konnossement vermittelten dinglichen Rechtserwerb regeln, nach Möglichkeit mit den Grundsätzen des B.G.B. über den Mobiliarverkehr in Übereinstimmung zu bringen, wenn sie auch nicht verkennt, daß die vom B.G.B. aufgestellten Regeln durch die Ordernatur des Konnossements mehr oder weniger modifiziert werden. Die relative Theorie hält aber grundsätzlich daran fest, daß der Besitz auch bei den mittels Traditionspapieren erfolgenden Verfügungen die Mittlerrolle spielt. Dementsprechend sieht sie in dem Schiffer den Besitzdiener und in dem Reeder den unmittelbaren Besitzer, welcher für den jeweiligen Konnossementberechtigten als mittelbaren Besitzer detiniert. Ist das Konnossement nur zwecks Pfandbegründung übergeben, so ist der Pfandgläubiger der untere und der Verpfänder der höhere mittelbare Besitzer der Waren. In der Übergabe der Urkunde

---

[1]) Heymann („Die dingliche Wirkung der handelsrechtlichen Traditionspapiere", in der Festgabe für Felix Dahn Teil 3 S. 136—147) gibt eine ausführliche Literaturangabe hinsichtlich der einzelnen Autoren.

[2]) Hauptvertreter der relativen Theorie sind: Goldschmid, „Handbuch" Bd. 1 S. 721 ff.; Boyens, „Das deutsche Seerecht" Bd. 2 S. 329; Hellwig, „Verträge" S. 497 ff.; Gierke, in Kohlers „Enzyklopädie" Bd. 1 S. 977; Jacobi, „Wertpapiere" S. 271 und S. 302; Schaps, „Seerecht" S. 506.

und der damit verbundenen Veräußerung des Konnossementanspruchs liegt eine den Erfordernissen des § 870 B.G.B. entsprechende Abtretung des mittelbaren Besitzes, welche ihrerseits nach § 931 B.G.B. die Warentradition ersetzt und nach § 934 B.G.B. auch den gutgläubigen Rechtserwerb vermittelt. Nicht minder kann auf diese Weise eine Verpfändung vorgenommen werden, weil die nach § 1205 Abs. 2 B.G.B. erforderliche Anzeige an den unmittelbaren Besitzer unterbleiben darf, da sich der Verfügende nach Übergabe der Urkunde nicht mehr als Nochberechtigten ausweisen kann. Eine überaus wichtige Abweichung in der Regelung der durch Traditionspapiere vermittelten Warenverfügungen vom Mobiliarsachenrecht des B.G.B. muß auch die relative Theorie anerkennen: der § 936 Abs. 3 B.G.B., wonach das dem Drittbesitzer zustehende beschränkte dingliche Recht auch dem gutgläubigen Erwerber gegenüber nicht erlischt, greift zugunsten des Reeders nicht Platz, denn in dem gleichen Umfang, wie seine Einwendungen gegenüber dem obligatorischen Anspruch beschränkt sind, ist es ihm auch verwehrt, auf dinglicher Grundlage ruhende Schutzbehauptungen geltend zu machen.

Im Gegensatz zu dieser von der relativen Theorie erstrebten Anlehnung an die Grundprinzipien des B.G.B. geht umgekehrt die absolute[1]) Theorie davon aus, daß sich die Übergabe der Traditionspapiere entsprechend der traditio cartae des Mittelalters als eine selbständige Art des Eigentum- und Pfanderwerbs kennzeichne, welche man nur verstehen könne, wenn man sich von dem Traditionssystem des römischen Rechts und des B.G.B. emanzipiere. Sind die Güter einmal zur Beförderung übernommen, so ändert sich mit der Übergabe der Urkunde auch die dingliche Rechtslage an den Waren, ohne daß es auf die Besitzverhältnisse weiter ankäme Auch wenn der Schiffer gar nicht mehr für den Konnossementinhaber als mittelbaren Besitzer detiniert, ja sogar wenn er

---

[1]) Hauptvertreter der absoluten Theorie sind: Brunner, in „Endemanns Handbuch", Bd. 2 S. 150; Kohler, in Grünhuts Zeitschrift Bd. 14 S. 167; Strohal, „Sukzession in den Besitz", S. 212; Pappenheim, „Transportgeschäft", S. 65; Staub, „Kommentar z. H.G.B." Bd. 2 S. 1159 Anm. 33 zu § 363, S. 1165 Anm. 10 zu § 365; Heymann, „Traditionspapiere" S. 147.

selber den unmittelbaren Besitz verloren hat, sei es, daß andere Personen ihn erlangt haben, sei es, daß die Güter in niemandes tatsächlicher Gewalt stehen, so bewirkt trotzdem die traditio cartae auch bezüglich der Waren die Veränderung der dinglichen Rechtslage. Nur darf natürlich nicht nach dem maßgebenden inländischen oder ausländischen Recht ein gutgläubiger Rechtserwerb mittels Erlangung der tatsächlichen Gewalt über die verladenen Güter stattgefunden haben.

Vergleicht man die praktischen Konsequenzen der beiden Theorien miteinander, so ist der Unterschied nicht so groß, als es wohl zunächst den Anschein hat, sofern nur die relative Theorie die Abschüttelung des Oberbesitzes nicht allzu leicht gestaltet. Übereinstimmung dürfte darüber herrschen, daß es nach dem bekannten römisch-rechtlichen Satz „nemo sibi causam possessionis mutare potest“ als unzulässig angesehen werden muß, wenn der unmittelbare Besitzer, der für einen Oberbesitzer detiniert, sich unter Abschüttelung des mittelbaren Besitzes dadurch zum Eigenbesitzer machen könnte, daß er sich insgeheim vorbehält, künftig für sich und nicht für den Oberbesitzer zu detinieren, oder daß er diese seine Absicht in vertrautem Kreise äußert. Auch die bloße an den Oberbesitzer gerichtete Aufkündigung dürfte nicht genügen, weil es nicht angängig ist, daß der unmittelbare Besitzer durch eine einseitige willkürliche Erklärung dem mittelbaren Besitzer die Eigentumsvermutung, welche nach § 1006 Abs. 3 B.G.B. allemal für den höchsten Oberbesitzer spricht, rauben dürfte. Wenn der Oberbesitzer freilich die Angelegenheit auf sich beruhen läßt und nicht unverzüglich gegen den widerspenstigen Detentor vorgeht, so verliert er allerdings seinen mittelbaren Besitz, weil nunmehr die faktische Beziehung zur Sache so weit gelockert ist, daß von einer Sachherrschaft nicht mehr die Rede sein kann[1]). Solange der Schiffer als Organ des Reeders die tatsächliche Gewalt ausübt, detiniert er mithin notwendigerweise für den jeweiligen formell-legitimierten Konnossementinhaber als mittelbaren Besitzer, mag er sich

[1]) Über die Abschüttelung des Oberbesitzes siehe Crome, „Lehrb. d. B.G.B.“ Bd. 3 S. 44.

auch noch so ernstlich vornehmen, die Waren für sich oder seinen Reeder als Eigenbesitzer innezuhaben. Da eine Aufkündigung an den Konnossementinhaber praktisch kaum ausführbar sein dürfte und noch weniger in dem Unterlassen von Gegenmaßregeln von seiten des mittelbaren Besitzers nach Lage der Sache ein Verlust des Oberbesitzes zu sehen ist, so kann die relative Theorie für die Zeit, wo der Schiffer noch die tatsächliche Gewalt ausübt, ohne eine unzulässige Fiktion davon ausgehen, daß der Konnossementinhaber notwendigerweise mittelbarer Besitzer bleibt und daher nach § 870 B.G.B. diese Rechtsposition zedieren kann, wodurch nach den §§ 931, 934, 1205 B.G.B. dieselben Wirkungen erzielt werden, als wenn man mit der absoluten Theorie die Veränderung der dinglichen Rechtslage bezüglich der Waren unmittelbar an die Schicksale der Urkunde knüpft. Eine praktische Konsequenz zieht der Gegensatz der beiden Theorien nur für den selteneren Fall nach sich, daß der Schiffer den Besitz verliert, mag diese Tatsache auf seinem Willen beruhen oder nicht. Wenn ein Dritter die tatsächliche Gewalt an den Gütern ohne das Eigentum erlangt, so kann sich die relative Theorie freilich durch die Annahme helfen, daß in der Verfügung über die Urkunde zugleich eine nach § 931 B.G.B den Eigentumserwerb vermittelnde Abtretung des Herausgabeanspruchs liege. Aber dieses Aushilfsmittel versagt einmal bei der Verpfändung, welche nach § 1205 B.G.B. außer der hier nicht notwendigen Anzeige die Abtretung des mittelbaren Besitzes verlangt, und zweitens in dem Falle, daß der Veräußerer nicht Eigentümer ist und der Erwerber das fragliche Recht nur auf Grund seines guten Glaubens erlangt. Denn auch hier tritt nach § 934 B.G.B. die dingliche Rechtsveränderung nur ein, wenn der mittelbare Besitz übertragen wird. Sind aber die Waren, welche der Schiffer verloren hat, überhaupt in keines Menschen Besitz gelangt, sondern auf eine einsame Insel geworfen, so ist der Eigentümer nach der relativen Theorie gar nicht in der Lage, über die Güter zu verfügen, und daher würde in diesem Fall durch die Konnossementübergabe weder das Eigentum übergehen, noch ein Pfand bestellt werden.

Diesen Schwierigkeiten ist nur die absolute Theorie gewachsen. Da nach ihr eine Veränderung der dinglichen Rechtslage von dem Besitz des Schiffers an den Gütern unabhängig ist, so geht mit der Verfügung über die Urkunde auch das Eigentum, der Nießbrauch oder das Pfandrecht an den Waren über, selbst wenn sie durch das Meer auf eine unbewohnte Insel geworfen sind. Nur wenn dritte Personen infolge gutgläubigen Rechtserwerbs, Spezifikation usw. das Eigentum erlangt haben, hört auch nach der absoluten Theorie die Fähigkeit der Urkunde auf, die dingliche Rechtslage an den Waren zu ändern, weil der Eigentümer, welcher selber den unmittelbaren Besitz innehat, durch die Begebung der Urkunde nicht geschädigt werden kann. Ganz anders verhält es sich dagegen mit dem durch die Papierinnehabung vermittelten Besitz an den verladenen Gütern, denn dieser steht dem formell-legitimierten Konnossementinhaber nur so lange zu, als der Schiffer die tatsächliche Gewalt an den Waren ausübt. Gibt er sie auf oder geht sie ihm unfreiwillig verloren, so ist auch die Beziehung des formell-legitimierten Konnossementinhabers zu den Gütern so weit gelockert, daß von einem Besitz nicht mehr die Rede sein kann.

Die absolute Theorie verdient entschieden den Vorzug. Denn einmal zeichnet sie sich durch große Einfachheit und Klarheit ihrer Prinzipien aus. Der Grundgedanke, von dem sie ausgeht, besteht in der Annahme, daß die rechtlichen Schicksale der zur Beförderung übernommenen Güter an die Konnossementurkunde geknüpft sind. Daher bedingt das dingliche Recht am Papier das entsprechende Recht an den Waren, sofern nicht ein Dritter durch gutgläubige Erlangung der tatsächlichen Gewalt oder aus anderen Gründen unmittelbar an den Gütern das Eigentum, den Nießbrauch oder das Pfandrecht erwirbt. Ferner gewährleistet nach der absoluten Theorie die formell-legitimierte Urkundeninnehabung, wenigstens solange der Schiffer die Güter noch in Händen hat, auch den Besitz an diesen Waren. Aber auch vom teleologischen Standpunkt aus empfiehlt sich die absolute Theorie mehr, denn sie kommt in einigen Fällen zu Resultaten, welche angemessener sind, da sie den Konnossementinhaber in höherem Grade schützen, ohne Dritten einen ungebührlichen Schaden zuzufügen. Denn in dem Falle, daß der Konnossementerwerber das Eigentum an den Waren nur durch gutgläubigen Rechtserwerb erlangt, weil nicht der Indossant D, sondern X der Eigentümer ist, kann es doch vom teleologischen Standpunkt aus unmöglich als gerechtfertigt angesehen werden, hinsichtlich des Rechtserwerbs des Konnossementinhabers einen Unterschied zu machen, ob die Waren im Augenblick der Urkundenbegebung sich noch in den Händen des Schiffers befinden oder von Seeräubern fortgenommen oder an eine öde Insel getrieben sind.

Da mit dem Eigentum oder einem beschränkten dinglichen Recht am Papier notwendig das entsprechende Recht an den verladenen Gütern verbunden ist, so ergibt sich aus diesem Parallelismus die wichtige Konsequenz, daß der gutgläubige Rechtserwerb hinsichtlich der zur Beförderung übergebenen Waren durch Ausstellung des Konnossements ganz erheblich gesteigert wird. Während die Publizitätswirkungen regelmäßig aufhören, sofern die bewegliche Sache gestohlen, verloren oder sonst abhanden gekommen ist, tritt diese Ausnahme hinsichtlich des gutgläubigen Rechtserwerbs an solchen Gütern, über die ein Konnossement ausgestellt ist, nicht ein [1], wie schon im mittelalterlichen Hanseatischen Recht [2] die zwar gestohlenen, aber übers Meer gekommenen Waren dem gutgläubigen Erwerber nicht mittels einer Vindikation entrissen werden konnten. Auch sonstige Mängel des Übertragungsaktes, wie die Unzurechnungsfähigkeit des Verfügenden, sind nicht imstande, den Übergang des Eigentums an den Konnossementwaren auf den gutgläubigen Erwerber zu hindern oder mit einer Anfechtungsbefugnis zu behaften. Jedoch darf nicht übersehen werden, daß diese Regelung nur für die absolute Rechtslage gilt, daß aber auch hier nach allgemeinen Grundsätzen ein Ausgleich der Vermögensverschiebung mittels Kondiktion Platz zu greifen hat, wenn deren Voraussetzungen vorliegen.

Größere Schwierigkeiten bietet die Tatsache, daß im Seeverkehr regelmäßig mehrere Konnossementexemplare ausgestellt werden. Solange freilich die sämtlichen Duplikate, der sogenannte ganze Satz, in einer Hand vereinigt bleiben, sind

---

[1]) Ebenso Staub, „Komment. z. H.G.B.“ S. 1165 Anm. 10 zu § 365; dagegen Jacobi, „Wertpapiere“ S. 303; Boyens, „Seerecht“ Bd. 2 S. 331; zweifelnd Heymann, „Traditionspapiere“ S. 234.

[2]) Stobbe-Lehmann, „Deutsches Privatrecht“ Bd II 1 S. 259.

keine Komplikationen zu befürchten. Wenn aber die einzelnen Exemplare an verschiedene Nehmer begeben werden, oder wenn dem Inhaber ein Duplikat gestohlen wird und in die Hand eines formell-legitimierten, gutgläubigen Erwerbers gelangt, so fragt es sich, wie der Konflikt zwischen den verschiedenen Duplikatinhabern zu schlichten ist. Solange der Schiffer den Bestimmungshafen nicht erreicht hat, kann er die Güter mit befreiender Wirkung nach § 659 H.G.B. nur dann herausgeben, wenn ihm sämtliche Exemplare ausgehändigt werden. Dagegen ist er nach § 645 Abs. 1 H.G.B. verpflichtet, im Löschungshafen dem legitimierten Inhaber auch nur eines Exemplars die Güter auszuliefern. Melden sich dagegen mehrere legitimierte Konnossementinhaber, so hat der Schiffer nach § 646 H.G.B. sie sämtlich zurückzuweisen, die Güter in einem öffentlichen Lagerhaus oder sonst in sicherer Weise zu hinterlegen und die Konnossementinhaber, die sich gemeldet haben, unter Angabe der Gründe seines Verfahrens hiervon zu benachrichtigen. Während die verschiedenen Duplikatinhaber bis zur Ankunft im Löschungshafen nur gemeinschaftlich berechtigt sind und daher auch nur gemeinschaftlich über die verladenen Güter dem Schiffer Anweisungen erteilen können, so verwandelt sich mit der Erreichung des Reiseziels ihre Gläubigerschaft in eine solidare, so daß der Schiffer mit befreiender Wirkung an jeden beliebigen Konnossementinhaber leisten kann. Melden sich jedoch mehrere gleichzeitig, oder macht ein zweiter Duplikatinhaber seinen Anspruch zwar später als der erste, aber vor der Auslieferung der Waren an diesen geltend, so verwandelt sich die solidare Berechtigung dieser Konnossementinhaber in eine schlichte Mitgläubigerschaft gemäß § 432 B.G.B., denn nunmehr hat zwar jeder der Konnossementinhaber, die sich gemeldet, noch einen Anspruch gegen den Schiffer, aber seine Klage richtet sich nicht mehr auf Aushändigung an ihn, sondern nur noch auf Hinterlegung in einem Lagerhaus.

Ganz entsprechend der obligatorischen Rechtslage gestaltet sich auch der durch die Konnossementansprüche vermittelte Oberbesitz der Duplikatinhaber. Da der Schiffer während der Reise nur den gemeinschaftlichen Anordnungen sämtlicher Urkundenbesitzer zu gehorchen hat, so kennzeichnet sich ihr Mitbesitz als Mitverschlußbesitz[1]), denn sie können die tatsächliche Gewalt nur gemeinschaftlich ausüben, gleich als ob die Waren sich in einem durch mehrere Schlösser abgesperrten Raum befänden, zu dem jede Partei je einen verschiedenen Schlüssel in Händen hat. Mit der Ankunft im Löschungshafen nimmt der Mitbesitz ebenso wie der obligatorische Anspruch einen solidarischen Charakter an. Die tatsächliche Herrschaft der verschiedenen Duplikatinhaber über die verladenen Waren gleicht nunmehr umgekehrt dem Fall, daß bewegliche Sachen nur durch ein Schloß verwahrt werden, zu dem jeder Mitbesitzer einen gleichförmigen Schlüssel innehat. In dem dritten Stadium dagegen, wenn sich mehrere Duplikatinhaber im Löschungshafen melden, so verwandelt sich der solidarische Mitbesitz wieder in einen Mitverschlußbesitz zurück.

Von diesen Beziehungen der verschiedenen Duplikatinhaber zum Schiffer ist das zwischen ihnen existierende Innenverhältnis und die von diesem abhängige dingliche Rechtslage streng zu trennen. In dieser Hinsicht muß unterschieden werden, ob sich ein Konnossementinhaber die Waren im Löschungshafen hat ausliefern lassen, bevor ein anderer Inhaber sich gemeldet hat, oder ob mehrere Gläubiger ihren Anspruch geltend machen und der Schuldner deshalb die Waren hinterlegt. Im ersteren Fall erlangt der Prävenient ohne Rücksicht auf seine Priorität nach § 648 H.G.B. das seinem Recht an dem Konnossementexemplar entsprechende Recht an den Waren oder an der Geldentschädigung mit definitiver Wirkung auch für das Innenverhältnis. Er ist selbst dann zur Ausgleichung nicht verpflichtet, wenn er sich beim Erwerb seines Exemplars oder bei Aushändigung der Güter im Löschungshafen nicht in gutem Glauben befunden hat[2]). Waren aber zu der Zeit, wo der zweite Inhaber sich meldete,

[1]) Wolff („Der Mitbesitz nach dem B.G.B.". Jherings Jahrb. Bd. 44 S. 159), spricht in diesem Fall von „Gesamthandbesitz". Meines Erachtens ist dieser Ausdruck deshalb weniger glücklich, weil nicht bloß Miteigentümer zur gesamten Hand, sondern auch solche nach Bruchteilen den Mitbesitz unter Mitverschluß ausüben können.

[2]) Anderer Ansicht Hellwig, „Verträge", S. 514. Gegen ihn Heymann, „Traditionspapiere", S. 227.

die Güter dem ersten Inhaber noch nicht ausgeliefert, so entscheidet nach § 649 H.G.B. unter den konkurrierenden Gläubigern die Priorität, denn es geht derjenige Papierinhaber vor, dessen Exemplar von dem gemeinschaftlichen Vormann, welcher mehrere Konnossementexemplare an verschiedene Personen übertragen hat, zuerst der einen dieser Personen dergestalt übergeben worden ist, daß diese zur Empfangnahme der Güter legitimiert wurde. Dagegen entscheidet das Gesetz nicht den Fall, daß das eine Exemplar dem gemeinsamen Vormann gestohlen, verloren oder sonst abhanden gekommen und von einem gutgläubigen, formell-legitimierten Inhaber erworben worden ist. Die analoge Anwendung des § 649 H.G.B. führt zu dem allgemeineren Grundsatz, daß allemal der Augenblick entscheidet, wo das Eigentum an dem Duplikat, sei es infolge Verfügung des Vormanns, sei es aus einem andern Grunde, wie gutgläubigem Rechtserwerb, Spezifikation usw., aus dem Eigentum des gemeinschaftlichen Vormanns getreten ist. Wenn also der gutgläubige Indossatar F das Duplikat von dem Dieb X vor der Zeit erworben hat, zu der der gemeinschaftliche Vormann D ein anderes Duplikat an E veräußerte, so geht F vor, während im umgekehrten Fall dem E die Priorität zukommt. Sind die beiden Exemplare zu gleicher Zeit veräußert oder läßt sich die Priorität nicht mehr feststellen, so haben die beiden Konkurrenten gleichen Rang, so daß sie das Miteigentum der verladenen Güter zu gleichen Quoten erwerben und der Schadenersatz zwischen ihnen geteilt werden muß[1]). Sind die den beiden Beteiligten zustehenden dinglichen Rechte ungleichartig, hat also z. B. F das Eigentum und E nur den Nießbrauch erworben, so muß der zwischen ihnen bestehende Interessenkonflikt in der Art entschieden werden, daß F das Eigentum an der einen ideellen Hälfte unbelastet erhält, während ihm die andere Hälfte auch zufällt, aber der Nießbrauch des E vorgeht. Ein Konflikt zwischen Eigentum und Pfandrecht ist dagegen nicht möglich, denn sollen die schwimmenden Waren verpfändet werden, so genügt es nicht, wenn nur ein Teil der Exemplare übergeben würde.

---

[1]) Siehe hierüber: Hellwig, „Verträge", S. 509; Boyens, „Seerecht", Bd. 2 S. 328; Schaps, „Seerecht", S. 512 Anm. 3 zu § 649; Heymann, „Traditionspapiere", S. 220.

In diesem Falle wäre nämlich das Erfordernis des § 1206 B.G.B., daß der dem Pfandgläubiger eingeräumte Mitbesitz ein Mitverschlußbesitz sein muß, deshalb nicht erfüllt, weil der Verpfänder mit Hilfe des in seinen Händen gebliebenen Exemplars dem Pfandgläubiger im Löschungshafen zuvorkommen und sich die Güter ausliefern lassen könnte. Deshalb kann wohl das Eigentum und der Nießbrauch an schwimmenden Gütern durch die Begebung auch nur eines Exemplars erfolgen, aber eine Verpfändung ist nur durch Übergabe des ganzen Satzes rechtlich wirksam [1]).

Die dingliche Rechtslage, welcher die verladenen Waren in der Zwischenzeit unterworfen sind, entspricht durchaus dem Innenverhältnis, das die Beziehungen der Duplikatinhaber zueinander im Löschungshafen regelt. Wird dem E von dem gemeinschaftlichen Vormann D nur ein Duplikat voll indossiert, so erwirbt dieser das Eigentum an den tatsächlich zur Beförderung übernommenen Waren nur unter der Resolutivbedingung, daß ihm kein anderer Duplikatinhaber im Löschungshafen zuvorkomme. Wenn D später ein anderes Exemplar an F begibt, so erlangt letzterer nur die Rechtslage des dinglichen Rückfalls, denn ihm wird das Eigentum nur unter der Suspensivbedingung, daß er dem E im Löschungshafen zuvorkomme, übertragen. Auch sein guter Glaube kann in dieser Hinsicht nicht geschützt werden, denn jeder Duplikatinhaber muß mit der Eventualität rechnen, daß der Vormann schon ein anderes Exemplar begeben hat. Melden sich E und F gleichzeitig, oder macht E seinen Anspruch geltend, bevor die Waren an F ausgehändigt sind, so ist die Bedingung, welche auf das Eigentum des E resolutiv und auf dasjenige des F suspensiv wirkte, ausgefallen und damit das Eigentum des E unbedingt geworden und dasjenige des F in sich zusammengebrochen. Wenn umgekehrt dem F die Güter im Bestimmungshafen übergeben sind, bevor E sich meldete, so hat sich infolge Eintritts der Bedingung das Eigentum des letzteren nach rückwärts aufgelöst, während das Eigentum des F unanfechtbar geworden ist.

---

[1]) Ebenso Wolff in seiner Kritik von Heymann, „Traditionspapiere" in der Zeitschrift f. Handelsr., Bd. 58 S. 623

Ist das Konnossement nicht an Order gestellt, so findet nur eine einmalige Ausschaltung von Kausalbeziehungen statt, und sofern der Konnossementempfänger mit dem Befrachter identisch ist oder als sein Fiduziar fungiert, tritt überhaupt keine Delegationswirkung ein. Daher verursacht in diesem Fall die Ausstellung des Konnossements gleich dem zwischen kausal verbundenen Parteien gegebenen Anweisungsakzept nur eine Verstärkung der Klägerposition, aber keine Sicherung der absoluten Rechtslage. In dem regelmäßigen Fall aber, daß der Empfänger des Rektakonnossements mit dem Befrachter nicht identisch ist, kann die Nichtigkeit des Frachtvertrags und die Nichtabladung der Güter dem ersteren nicht entgegengehalten werden, da das Kausalverhältnis mittels analytischer Vereinfachung des Tatbestandes ausgeschaltet worden ist. Dagegen stehen seinem Rechtsnachfolger alle gegen den Veräußerer zulässigen Einwendungen entgegen, weil die im Rektakonnossement verbriefte Forderung nur eine einfache, aber keine gesteigerte Delegationsabstraktheit an sich trägt. Ferner tritt auch im Verhältnis des Reeders zum Urkundenempfänger keine Publizitätswirkung ein, weil das Rektakonnossement im Gegensatz zum Rektawechsel kein skripturrechtliches Wertpapier ist. Daher kann der Reeder die Willenserklärung des Schiffers wegen Irrtums, Betrugs oder Zwangs selbst dann anfechten, wenn der Empfänger diesen Mangel weder gekannt hat, noch seine Unkenntnis auf grober Fahrlässigkeit beruhte.

Was die dingliche Rechtslage anlangt, so erwirbt der Empfänger des Rektakonnossements das Eigentum oder das beschränkte dingliche Recht an den Waren im Verhältnis zum Reeder infolge der Delegationswirkung des Konnossements ohne Rücksicht auf etwaige ihm zustehende dingliche Rechte, während nach § 936 Abs. 3 B.G.B. der unmittelbare Drittbesitzer solche Rechte auch durch gutgläubigen Erwerb nicht verliert. Dagegen tritt im Verhältnis zu den Eigentümern, welche den Besitz unfreiwillig verloren haben, die verstärkte Publizitätswirkung, welche schon bei Orderkonnossementen nicht unbedenklich ist, bei den Rektakonnossementen nicht ein, so daß der Dritte die ihm gestohlenen Waren vom Rektakonnossementinhaber vindizieren kann. Wenn der Empfänger das Konnossement weiter begibt, so regelt sich die Veränderung der dinglichen Rechtslage ausschließlich nach den Bestimmungen des B.G.B., weil der Eintritt der Traditionswirkung an die Voraussetzung der formellen Legitimation geknüpft ist, welche dem Zessionar des Rektakonnossements abgeht.

Für die beiden übrigen Traditionspapiere, nämlich den Ladeschein und den Lagerschein, gelten analoge Grundsätze, welche wohl im einzelnen vom Konnossementrecht abweichen, in der Hauptsache aber mit ihm übereinstimmen. Während der Landtransport-Ladeschein in den §§ 444—450 H.G.B. seine Regelung gefunden hat, gelten hinsichtlich der Binnenschiffahrt die §§ 72—76 B.Sch.G., welche die Haftung des Reeders in einigen Punkten wesentlich milder gestalten. Im Landtransportverkehr ist der Frachtführer zur Ausstellung eines Ladescheins nicht verpflichtet, und tatsächlich ist dieses Rechtsgebilde dort nicht gebräuchlich, dagegen wird dem Ablader vom Binnenschiffer regelmäßig ein an Order gestellter Ladeschein ausgehändigt. Wie das Wechselduplikat nur im überseeischen Großverkehr üblich ist, so wird auch beim Binnentransport zu Wasser der Ladeschein nur in einem Exemplar ausgestellt, so daß die aus der Mehrheit von Konnossementexemplaren entstehenden Schwierigkeiten hier wegfallen.

Was den Lagerschein anlangt, so wird dieser abgesehen von § 363 H.G.B. nur im § 424 H.G.B. erwähnt, welcher im Gegensatz zu § 647 H.G.B. den Traditionscharakter dieses Wertpapiers nur für den Fall anordnet, daß es an Order gestellt wird. Da nur die staatlich hierzu ermächtigten Anstalten Orderlagerscheine ausstellen dürfen und diese Erlaubnis nur in geringem Umfange erteilt wird, so haben sich die Inhaberlagerscheine mehr und mehr eingebürgert, nachdem sich das Reichsgericht[1]) dahin entschieden hat, daß Inhaberlagerscheine auch ohne staatliche Ermächtigung gezeichnet werden dürfen. Dieses Urteil ist zwar insofern nicht unbedenklich, als es dem immanenten Werturteil des § 363 H.G.B. nicht gerecht wird, denn wenn schon die Ausstellung von Orderlagerscheinen an staatliche Ermächtigung geknüpft wird, so muß dies um so mehr

[1]) R.G. Bd. 59 S. 374.

von Inhaberlagerscheinen gelten, welche in noch höherem Maße einen negoziablen Charakter an sich tragen. Vom legislativ-politischen Standpunkt aus verdient das genannte Urteil dagegen volle Zustimmung, denn ein Rechtssystem, welches die allgemeine Wechselfähigkeit zuläßt, sollte nicht so engherzig sein, die Ausstellung negoziabler Lagerscheine der staatlichen Aufsicht zu unterstellen. Ferner wäre es durchaus erwünscht, das in Elsaß-Lothringen und in Bremen bereits existierende Zweischeinsystem, wonach das eine Exemplar der Übertragung des Eigentums, das andere der Verpfändung der hinterlegten Waren dient, auch reichsgesetzlich durchzuführen. Erst dann würde der Lagerschein einen dem Konnossement ebenbürtigen Rang einnehmen und es damit dem Mittelstand, insbesondere den Landwirten, Winzern und kleinen Fabrikanten, ermöglichen, sich durch Lombardierung ihrer Produkte einen billigen Kredit zu verschaffen [1]).

IV. Die kausalen Orderpapiere.

Die beiden noch übrigen Orderpapiere, der Bodmereibrief und die Seeversicherungspolice, sind nicht abstrakter, sondern kausaler Natur, denn sie verkörpern nicht eine von ihrem Rechtsgrund losgelöste Obligation, sondern einen Anspruch, welcher von der Existenz der Grundbeziehung abhängig ist. Daher übt das Indossament nur eine Publizitätswirkung aus, während dem Giro eine Delegationsfunktion vollständig fehlt.

Was den Bodmereibrief angeht, so beurkundet dieser ein Darlehn, „welches von dem Schiffer als solchem kraft der in diesem Gesetzbuch ihm erteilten Befugnisse, unter Zusicherung einer Prämie und unter Verpfändung von Schiff, Fracht und Ladung oder von einem oder mehreren dieser Gegenstände in der Art eingegangen wird, daß der Gläubiger wegen seiner Ansprüche nur an die verpfändeten (verbodmeten) Gegenstände nach der Ankunft des Schiffes an dem Ort sich halten kann, wo die Reise enden soll, für welche das Geschäft eingegangen ist (Bodmereireise)“ (§ 679 H.G.B.). Die Ausstellung des Bodmereibriefes verstärkt die Rechte des Gläubigers insofern,

---

[1]) Ebenso Goldschmidt, „Archiv für Bürgerl. Recht“, Bd. 30 S. 427.

als ihm nur unter dieser Voraussetzung die spezifischen Vorteile des Bodmereigläubigers, wie z. B. die Arrestierungsbefugnis (§ 691 Abs. 2 H.G.B) zuteil werden, während er ohne Aushändigung der Urkunde nur diejenigen Rechte hat, welche ihm zustehen würden, wenn der Schiffer zur Befriedigung des Bedürfnisses ein einfaches Kreditgeschäft eingegangen wäre[1]. Dagegen schafft der Bodmereibrief nicht etwa eine von dem Rechtsgrund losgelöste Obligation, denn die Existenz der Darlehnsforderung bleibt nach wie vor die notwendige Voraussetzung des Anspruchs aus dem Bodmereibrief. Dieser Grundsatz ergibt sich unzweideutig aus § 528 Abs. 2 H.G.B., nach welchem die Gültigkeit des Geschäftes weder von der wirklichen Verwendung, noch von der Zweckmäßigkeit der unter mehreren Kreditgeschäften getroffenen Wahl, noch von dem Umstand abhängig ist, ob dem Schiffer das erforderliche Geld zur Verfügung gestanden hat, es sei denn, daß der Dritte in bösem Glauben war. Wenn schon die wirkliche Verwendung des empfangenen Geldes für die Gültigkeit des Bodmereianspruchs derart von Bedeutung ist, daß das Fehlen dieses Umstandes nur durch guten Glauben gehoben werden kann, so gilt das gleiche noch viel mehr von dem Abschluß des Darlehnsgeschäfts und dem Empfang der Valuta. Gerade aus der Tatsache, daß das Fehlen dieser beiden Momente, welche den Rechtsgrund des Bodmereianspruchs bilden, nur durch guten Glauben geheilt werden, im übrigen aber unterschiedslos jedem Erwerber gegenüber geltend gemacht werden kann, folgt ohne weiteres, daß der Abschluß des Darlehnsgeschäfts und der Empfang der Valuta prinzipiell die Voraussetzung des Bodmereianspruchs bilden, mag ihr Fehlen auch durch die Publizitätswirkung des Orderpapiers beseitigt werden. Mithin finden alle diejenigen Regeln des Wechselrechts, welche mit der Delegationsfunktion zusammenhängen, auf Bodmereibriefe keine Anwendung. Dagegen greift der gutgläubige Rechtserwerb auch hier, von einer Ausnahme abgesehen, schlechthin Platz. Daher können dem Rechtserwerber stets alle ihm bekannten Einwendungen entgegengehalten werden, denn da der Bodmereibrief überhaupt kein abstraktes Papier ist, so bleibt für eine

---

[1]) Schaps, „Seerecht" S. 577, Anm. 1 zu § 682.

die rein persönlichen Rechtsbeziehungen ausschaltende Delegation kein Raum. Im übrigen kann sich der Schuldner dem Indossatar gegenüber auf solche Schutzbehauptungen, die letzterer ohne grobe Fahrlässigkeit nicht gekannt hat, nicht berufen. Denn nach § 365 H.G.B. findet der Art. 74 W.O. auch auf den Bodmereigläubiger Anwendung, so daß der formell-legitimierte, gutgläubige Inhaber einen mangelfreien Anspruch gegen den Schuldner erwirbt. Nur der Einwand, daß der Schiffer zur Eingehung des Geschäfts überhaupt oder in dem vorliegenden Umfange nicht befugt gewesen sei, kann auch dem gutgläubigen Indossatar nach § 686, Abs. 3 H.G.B. entgegengehalten werden. Schließlich sei noch erwähnt, daß der Bodmereibrief, ebenso wie das Konnossement in mehreren Exemplaren ausgestellt werden kann. Die sich hieraus ergebenden Komplikationen werden in analoger Weise, wie beim Konnossement durch die §§ 688 ff. H.G.B. gelöst.

Noch weniger als der Bodmereibrief enthält die an Order gestellte Seeversicherungspolice einen abstrakten Anspruch, denn es würde den auf Vermeidung von Wettassekuranzen gerichteten versicherungstechnischen Grundsätzen völlig widerstreiten, wenn das Policeversprechen ohne Rücksicht auf die Gültigkeit des zugrundeliegenden Versicherungsvertrags rechtsbeständig wäre. Vielmehr ist der Anspruch aus der Police nicht nur von der Existenz eines Versicherungsvertrags, sondern auch noch von einer großen Anzahl sonstiger Momente abhängig. So muß der Versicherungsnehmer nach § 781 H.G.B. angeben, ob er den Vertrag für eigene oder für fremde Rechnung oder für Rechnung „wen es angeht" abschließt. Ferner ist eine Versicherung für fremde Rechnung gegenüber dem Versicherer nur dann verbindlich, wenn nach § 782 Abs. 1 H.G.B. entweder der Versicherungsnehmer zur Eingehung der Versicherung von dem Versicherten beauftragt ist, oder wenn der Mangel eines solchen Auftrags von dem Versicherungsnehmer bei dem Abschluß des Vertrages dem Versicherer angezeigt wird.

Aber das Indossament der Seeversicherungspolice enthält nicht nur keine Delegationsfunktion, sondern auch ein gutgläubiger Rechtserwerb tritt dem Schuldner gegenüber nur in sehr beschränktem Maße ein. Denn der Versicherer kann sich auch dem gutgläubigen Indossatar gegenüber auf alle aus dem Versicherungsvertrag entspringenden Einwendungen berufen und insbesondere geltend machen, daß der Versicherungsnehmer für fremde Rechnung weder Auftrag erhalten, noch das Fehlen des Auftrags angezeigt habe. Die Orderklausel hat überhaupt nur drei Wirkungen:

1. Während der mit § 334 B.G.B. inhaltlich übereinstimmende § 890 H.G.B., nach welchem der auf Zahlung der Versicherungsgelder belangte Versicherer bei der Versicherung für fremde Rechnung Forderungen, die ihm gegen den Versicherungsnehmer zustehen, nicht aufrechnen kann, bezüglich aller Versicherungsverträge für fremde Rechnung außer Zweifel setzt, daß im Verhältnis des Versicherers und des Versicherungsnehmers zum Versicherten ein Vertrag zugunsten Dritter vorliegt, wird dagegen bei den nicht an Order gestellten Policen durch die Abtretung des Anspruchs vom Versicherten an einen Dritten kein selbständiges Recht im Sinne des § 334 B.G.B. geschaffen, denn nach § 899 Abs. 3 H.G.B. kann sich der Versicherer nicht nur der Einreden und Gegenforderungen bedienen, welche ihm unmittelbar gegen den Erwerber zustehen, sondern auch derjenigen, welche er dem Versicherten hätte entgegenstellen können, der aus dem Versicherungsvertrage nicht hergeleiteten, jedoch nur insofern, als sie bereits vor der Anzeige der Übertragung entstanden sind. Ist die Police dagegen an Order gestellt und wird sie von dem Versicherten zugleich mit dem versicherten Gegenstand weiter veräußert, so kann der Schuldner dem Erwerber nicht, wie im Fall der Rektapolice, auch die nicht aus dem Versicherungsvertrage hergeleiteten Einwendungen entgegenhalten, sondern er ist auf die Geltendmachung konnexer Schutzbehauptungen beschränkt[1]).

2. Ferner tritt, sofern eine Veräußerung der Police versicherungstechnisch überhaupt zulässig ist, mit jedem Indossament ein Rechtserwerb zu Lasten des bisherigen Gläubigers und zugunsten des gutgläubigen, formell-legitimierten Indossatars ein. Daher kann dem Erwerber die Police nicht entrissen

---

[1]) Ehrenberg, „Versicherungsrecht", Bd. 1 S. 474; Hellwig, „Verträge". S. 568.

werden, mag sie auch dem bisherigen Gläubiger gestohlen und vom Dieb weiter veräußert sein. Denn sofern nicht aus versicherungstechnischen Gründen der Umfang der Haftung des Versicherers trotz gutgläubigen Rechtserwerbs an bestimmte Momente gebunden bleiben muß, nimmt auch die Seeversicherungspolice, wie alle Orderpapiere, an der gesteigerten Publizitätswirkung des Fahrnisrechts teil. Daher wird auch der Schuldner befreit, wenn er gutgläubig die Versicherungsgelder an den formell-legitimierten Inhaber auszahlt und sich die Police zurückgeben läßt.

3. Dagegen muß der Versicherer nach § 889 Abs. 2 H.G.B. die Versicherungssumme dem Dritten noch einmal zahlen, wenn er sie bereits an den Versicherten berichtigt oder mit ihm über seinen Anspruch ein Rechtsgeschäft, z. B. einen Erlaß, abgeschlossen hat, ohne sich die Police zurückgeben zu lassen oder sie wenigstens mit der erforderlichen Bemerkung zu versehen, und die Urkunde darauf von einem formell-legitimierten Inhaber gutgläubig erworben wird. Denn die Durchbrechung der Publizitätswirkung des Orderpapiers greift zugunsten des Versicherers nur insoweit Platz, als die den Wettassekuranzen vorbeugenden versicherungstechnischen Grundsätze eine solche Ausnahme erfordern.

Auch der Entwurf des deutschen Scheckgesetzes enthält, soweit die Verpflichtung des Bezogenen in Frage kommt, eine an Order gestellte kausale Verbindlichkeit[1]). Während der Scheckgläubiger gegen den Aussteller und die Indossanten, welche nicht ohne Obligo gezeichnet haben, nach § 14 einen abstrakten Regreßanspruch erlangt, auf welchen die Regeln des Wechselrechts Anwendung finden, haftet ihm der Bezogene nach § 11 Abs. 1 immer nur, soweit er zur Zeit der Vorlegung des Schecks dem Aussteller gegenüber zur Einlösung verpflichtet ist. Da nach § 8 eine Annahme des Schecks als nicht geschrieben gilt, so kann die Verpflichtung des Bezogenen nicht etwa durch Akzept oder Zertifikation irgendwie erhöht werden. Vielmehr bleibt das Deckungsverhältnis, welches

---

[1]) Wenn auch das Scheckgesetz vom 11. März 1908 (§ 13) einen Papieranspruch des Inhabers gegen den Bezogenen nicht mehr anerkennt, so verlieren die obigen Ausführungen damit doch nicht ihre theoretische Bedeutung.

zwischen der Bank und ihren Scheckkunden besteht, auch dem Indossatar gegenüber schlechthin maßgebend, ohne daß für einen gutgläubigen Rechtserwerb Raum bliebe. Die Orderqualität des Schecks, welche ebenso wie beim Wechsel von Gesetzes wegen Platz greift, sofern die Urkunde nicht die negative Orderklausel enthält, macht sich bezüglich der Verpflichtung des Bezogenen in doppelter Hinsicht bemerkbar:

1. Einmal erfolgt durch jedes Indossament eine Drittbestimmung im Sinne des § 334 B.G.B., so daß der Bezogene nunmehr nur konnexe Einwendungen vorbringen kann. Hierbei darf jedoch nicht übersehen werden, daß sich die Bank regelmäßig nur bis zum Betrag des Aktivsaldos zur Honorierung des Schecks verpflichtet und daher schon nach dem Inhalt des Scheckvertrags Gegenforderungen geltend machen kann. Sollte sie aber ihren Kunden versprochen haben, die vom Indossatar präsentierten Orderschecks bis zu einem bestimmten Betrag ohne Rücksicht auf Gegenforderungen, die ihr gegen den Kunden zustehen, einzulösen, so ist sie nach dem Inhalt des Vertrages zur Kompensation nicht befugt.

2. Wenn auch der Inhalt der Verpflichtung des Bezogenen durchaus im Deckungsverhältnis wurzelt, ohne daß dieser Grundsatz durch irgendwelche Delegations- oder Publizitätswirkungen alteriert würde, so tritt doch hinsichtlich der Person des Gläubigers ein gutgläubiger Rechtserwerb in gleichem Umfang wie im Wechselrecht ein. Der Indossatar erlangt zwar nicht zu Lasten des Bezogenen, wohl aber zum Nachteil des bisherigen Gläubigers infolge seines guten Glaubens mehr Rechte, als seinem Vormann zustanden. Wird also z. B. der blanko girierte Scheck dem Eigentümer D gestohlen und von dem nicht dolosen und nicht grob-fahrlässigen Indossatar E erworben, so erlangt dieser das Papiereigentum und die Vollgläubigerschaft aus dem Deckungsverhältnis gegen die Bank. Dagegen tritt unter keinen Umständen eine Publizitätswirkung zum Nachteil der Bank ein. Auch wenn E den Scheck gutgläubig erworben hat, nachdem B die Schecksumme bereits an D gezahlt hat, lebt der Anspruch gegen die Bank nicht etwa in der Hand des E wieder auf. Denn hat B den Scheck einmal honoriert, so ist er seinem Kunden A gegenüber nach dem Inhalt des Scheckvertrags nicht zur

nochmaligen Zahlung verpflichtet, und daher kann er diesen Einwand auch dem D gegenüber geltend machen, weil das Deckungsverhältnis schlechthin maßgebend bleibt. Hat die Bank freilich insofern schuldhaft gehandelt, als sie sich die Scheckurkunde von D bei der Auszahlung nicht hat zurückgeben lassen, so ist sie ihrem Kunden A gegenüber zum Ersatz desjenigen Schadens verpflichtet, welcher dadurch entsteht, daß der Bankkunde A von dem gutgläubigen E auf Grund seiner abstrakten Regreßpflicht oder infolge des gegen ihn bestehenden Kausalanspruchs zur Zahlung gezwungen wird.

V. Die abstrakten Schuldverschreibungen auf den Inhaber.

Zum Schluß dieser Arbeit ist noch ein kurzer Blick auf die abstrakten Inhaberpapiere zu werfen. Eine eingehende Darstellung ist nicht notwendig, weil auf sie die für die abstrakten Orderpapiere geltenden Grundsätze analoge Anwendung finden. Unter einem Inhaberpapier versteht man ein Wertpapier, dessen Eigentümer schlechthin ohne weitere Voraussetzung Träger des in der Urkunde verbrieften Rechts ist[1]). Wenn man gewöhnlich[2]) das Wesen des Inhaberpapiers darin sieht, daß es die Geltendmachung des von ihm beurkundeten Rechts jedem Inhaber des Papiers zusichert, so ist dieser Satz an sich richtig, aber nur eine Folge der absoluten Identität von Eigentum und Gläubigerschaft. Denn da nach § 1006 B.G.B. der Besitzer als Eigentümer gilt und da ferner das Papiereigentum als solches die Gläubigerschaft mit

---

[1]) Brunner, in „Endemanns Handbuch", Bd. 2 S. 196 ff.; Oertmann, „Recht der Schuldverhältnisse" S. 883.

[2]) So: Gierke, „Deutsches Privatrecht" Bd. 2 S. 155; Dernburg („Lehrb. des B.R." Bd. II 1 § 149. I. S. 388) stellt sogar die Behauptung auf, daß der jeweilige Inhaber der Schuldverschreibung Gläubiger der in ihm verbrieften Forderung sei. Beide Autoren sind jedoch, wie ihre weiteren Ausführungen (Dernburg S. 388, Gierke S. 167) beweisen, keineswegs der Ansicht, daß jeder Inhaber, also auch der Dieb oder der Kassenbote, Gläubiger seien, vielmehr wollen sie nur betonen, daß jeder Besitzer die Rechtsmacht habe, die Forderung durch Abheben zum Erlöschen zu bringen.

sich bringt, so braucht der Inhaber nur die Urkunde zu präsentieren und kann im übrigen erwarten, daß man ihm den Mangel seines Rechts nachweise. Von den Orderpapieren unterscheidet sich das Inhaberpapier nur dadurch, daß bei letzterem eine formelle Legitimation auf Grund einer zusammenhängenden Girokette nicht notwendig ist, damit einerseits dem Inhaber die Vermutung der eigenen Berechtigung zu Hilfe kommt, und damit andererseits die Delegations- und die Publizitätswirkungen Platz greifen. Ist dagegen der Inhaber eines Orderpapiers nicht formell-legitimiert, so genügt das auf Grund des Besitzes vermutete Papiereigentum noch nicht, um seinen obligatorischen Anspruch zu begründen. Vielmehr muß er noch außerdem den zivilrechtlichen Erwerbsakt, wie z. B. die Zession, nachweisen. Ist freilich das Orderpapier blanko giriert, so kann es, wie ein Inhaberpapier, ohne seine Publizitätswirkungen oder seine Delegationsfunktion einzubüßen, von Hand zu Hand wandern. Daher unterscheidet es sich vom letzteren nur dadurch, daß es durch Ausfüllung der Lücke oder durch ein Namensindossament in ein gewöhnliches Orderpapier zurückverwandelt werden kann.

Die Inhaberpapiere können Rechte der verschiedensten Art verbriefen[1]). Es kommen nicht nur Forderungen, sondern auch Sachenrechte, wie Inhabergrundschulden, und Mitgliedsrechte, wie Inhaberaktien, in Frage. Was die hier allein interessierenden Schuldverschreibungen auf den Inhaber anlangt, so zerfallen diese in kausale und abstrakte Verbindlichkeiten. Ferner kann ihr Inhalt auf eine typische, genau fixierte Leistung gehen, wie dies z. B. bei Geldpapieren der Fall ist, oder eine mehr individuell charakterisierte Färbung annehmen, wie dies von den Lagerscheinen gilt. Damit die Überschwemmung des Verkehrs mit dubiösen Papieren vermieden wird, unterliegen die Inhaberpapiere einer großen Anzahl von Beschränkungen, deren Aufzählung hier nicht nötig ist. Erwähnt sei nur, daß Inhaberwechsel ungültig sind, daß die Ausgabe von Banknoten den priviligierten Notenbanken vorbehalten bleibt, und daß im Inland ausgestellte Schuldverschreibungen auf den Inhaber, in

---

[1]) Gierke, „Deutsches Privatrecht", Bd. 2 S. 157.

denen die Zahlung einer bestimmten Geldsumme versprochen wird, nach § 795 Abs. I B.G.B. nur mit staatlicher Genehmigung in den Verkehr gebracht werden dürfen. Den Inhaberpapieren sind nach § 807 B.G.B. Karten, Marken oder ähnliche Urkunden, in denen ein Gläubiger nicht bezeichnet ist, die aber von dem Aussteller unter Umständen ausgegeben sind, aus welchen sich ergibt, daß er dem Inhaber zu einer Leistung verpflichtet sein will, im wesentlichen gleichgestellt. Insbesondere finden die Delegationsfunktion und die Publizitätswirkung auch auf diese Urkunden Anwendung. Jedoch müssen die genannten Zeichen wirklich in der Art auf den Inhaber gestellt sein, daß das Eigentum an dem materiellen Substrat ohne weiteres das Recht auf die verbriefte Leistung bedingt. Hat dagegen der Schuldner nur die Befugnis, mit befreiender Wirkung an den Inhaber zu erfüllen, wie dies z. B. bei den Gepäckscheinen der Fall ist, so kann von dem Besitzer eines solchen bloßen Legitimationspapiers noch der Beweis seiner Aktivberechtigung gefordert werden, ohne daß er sich auf eine aus dem Besitz hervorgehende Vermutung berufen dürfte.

Was die Entstehung des Anspruchs aus einer Schuldverschreibung auf den Inhaber anlangt, so finden auch in dieser Hinsicht die bezüglich der Orderpapiere entwickelten Grundsätze analoge Anwendung. Nicht der einseitige Skripturakt genügt, wie die Kreationstheorie vermeint, aber ebensowenig ist ein Vertrag notwendig. Vielmehr ist außer dem einseitigen Rechtsgeschäft der Ausstellung zur Entstehung des Anspruchs nur zu erfordern, daß irgend jemand das Eigentum oder ein anderes dingliches Recht an dem Papier erlangt, wodurch dieser zugleich das entsprechende obligatorische Recht aus dem Papier erwirbt. Wenn man von den durchaus singulären Eigentumserwerbsarten der Spezifikation, der Okkupation, der Vermengung usw. absieht, so erfolgt dieser Wechsel in der dinglichen Rechtslage normalerweise dadurch, daß der Aussteller das Papier begibt. Kommt dagegen die Urkunde gegen den Willen des Ausstellers in den Verkehr oder haftet der Ausstellung oder dem Begebungsakt ein Mangel an, so tritt zum Schutze des gutgläubigen Erwerbers in all diesen Fällen eine Publizitätswirkung von weitestem Umfang ein. Denn der Art. 74 W.O., nach welchem der formell legitimierte Besitzer eines Wechsels nur dann zur Herausgabe desselben angehalten werden kann, wenn er den Wechsel in bösem Glauben erworben hat oder ihm bei der Erwerbung des Wechsels eine grobe Fahrlässigkeit zur Last fällt, muß auch auf Inhaberpapiere Anwendung finden, da man letztere hinsichtlich der Verkehrsfähigkeit unmöglich ungünstiger stellen kann als die Orderpapiere. Nur der eine Unterschied macht sich geltend, daß beim Inhaberpapier eine formelle Legitimation des Besitzers zum Eintritt der Publizitätswirkung nicht notwendig ist. Vielmehr wird jeder nicht dolose und nicht grob fahrlässige Erwerber Papiereigentümer und damit Vollgläubiger, oder wenn er an der Urkunde ein beschränktes dingliches Recht gewonnen, so ist damit das entsprechende obligatorische Recht aus dem Papier verbunden.

Aber nicht nur zu Lasten des Ausstellers treten die Publizitätswirkungen ein, sondern auch der bisherige Urkundeneigentümer und Gläubiger kann sein Recht dadurch verlieren, daß ein Dritter die Urkunde gutgläubig erwirbt. Die sich aus der Theorie des Parallelismus ergebenden Grundsätze greifen auch hier Platz, denn mit dem gutgläubigen Erwerb des Eigentums an der Urkunde ist die Vollgläubigerschaft verbunden, während das beschränkte dingliche Recht am Papier das entsprechende obligatorische Recht nach sich zieht. War die Urkunde und damit die Forderung mit dem Recht eines Dritten belastet, so erlischt dieses nach § 936 B.G.B. durch gutgläubigen Rechtserwerb, wenn der Erwerber das Eigentum und die Vollgläubigerschaft erlangt, während in dem Fall, daß er nur ein beschränktes dingliches Recht gewinnt, das bereits bestehende Recht des Dritten nach den §§ 1032, 1208 B.G.B. nicht untergeht, sondern nur im Range hinter das neue Recht zurücktritt, wenn der Erwerber die Existenz des älteren Rechts ohne grobe Fahrlässigkeit nicht gekannt hat.

Die Publizitätswirkungen hinsichtlich des Erwerbs von Inhaberpapieren sind gegenüber dem gewöhnlichen Fahrnisrecht ganz erheblich erweitert. Der gutgläubige Rechtserwerb tritt nach § 935 Abs. 2 B.G.B. nicht nur ein, trotzdem das Papier gestohlen, verloren oder sonst abhanden gekommen ist. Vielmehr deckt der gute Glaube alle Schäden des Erwerbsaktes, nicht nur das Fehlen des Eigentums des Gegenkontrahenten, sondern auch die mangelnde Befugnis zur Veräußerung, während § 366 H.G.B. den Irrtum hinsichtlich der Verfügungsbefugnis nur dann schützt, wenn ein Kaufmann im Betriebe seines Handelsgewerbes eine ihm nicht gehörige bewegliche Sache veräußert oder verpfändet. Ferner kann auch ein Mangel in der Geschäftsfähigkeit hinsichtlich der Verfügung über ein Inhaberpapier dem gutgläubigen Erwerber nicht entgegengehalten werden, wenn auch ein kondiktizischer Ausgleich nach allgemeinen Grundsätzen Platz greift. Diese erweiterte Publizitätswirkung, welche bisher noch wenig anerkannt ist, weil man die vom § 935 Abs. 2 B.G.B. hinsichtlich der Inhaberpapiere angeordnete Ausnahmevorschrift umkehrte und daraus schloß, daß andere Ausnahmen von den Regeln des Mobiliarrechts vom heutigen Reichsrecht nicht anerkannt würden, ergibt sich aus der Erwägung, daß man die Inhaberpapiere, denen ein viel höherer Grad von Negoziabilität zukommt, hinsichtlich des gutgläubigen Rechtserwerbs keinen weiteren Beschränkungen unterwerfen darf als die Orderpapiere[1]. Entsprechend ihrer nahen Verwandtschaft müssen beide Kategorien von Wertpapieren analogen Regeln unterstellt werden.

Hieraus folgt, daß die Publizitätswirkungen hinsichtlich des Inhaberpapiers ebensowenig übertrieben werden dürfen, als bei den Orderpapieren. Daher kann sich der Schuldner bezüglich des einseitigen Rechtsgeschäfts der Ausstellung sehr wohl auf mangelnde Geschäftsfähigkeit berufen, weil eine echte Willenserklärung einer geschäftsfähigen Partei Voraussetzung des Rechtsscheins ist. Dagegen können Willensfehler der Ausstellung, wie Irrtum, Betrug oder Zwang, einem nicht dolosen und nicht grob-fahrlässigen Erwerber nicht entgegengehalten werden, weil zu seinen Gunsten ein vollwirksamer und fehler-

---

[1]) Umgekehrt will Jacobi („Wertpapiere" S. 72) den klaffenden Riß zwischen Inhaber- und Orderpapieren dadurch ausfüllen, daß er den Art. 74 W.O. einengend auslegt und insbesondere annimmt, daß abgesehen von § 366 H.G.B. ein Mangel in der Verfügungsmacht des Gegenkontrahenten auch bei den Orderpapieren durch guten Glauben nicht geheilt werde. Die meisten Autoren beruhigen sich bei dem offenbaren Widerspruch hinsichtlich des Umfanges des gutgläubigen Rechtserwerbs bei Order- und Inhaberpapieren. So: Langen, „Die Kreationstheorie", S. 92; Gierke, „Deutsches Privatrecht", Bd. 2 S. 167 Anm. 65; Ritter, „Die allgemeinen Lehren des Handelsrechts", S. 144.

freier Begebungsakt, durch welchen etwaige Mängel der Ausstellung durch Genehmigung geheilt würden, unterstellt werden muß. Da das Inhaberpapier nach § 793 Abs. 1 Satz 2 B.G.B. stets Legitimationspapier ist, so wird dem Schuldner die Erfüllung noch mehr erleichtert als bei Orderpapieren. Während der Wechselschuldner den gegen ihn gerichteten Anspruch nur dann zum Erlöschen bringt, wenn er die Wechselsumme dem formell-legitimierten Inhaber der Urkunde ohne grobe Fahrlässigkeit zahlt, wird der Aussteller eines Inhaberpapieres ohne Rücksicht auf seinen guten Glauben nach § 793 Abs. 1 Satz 2 B.G.B. auch durch die Leistung an einen nicht zur Verfügung berechtigten Inhaber befreit, und daher erwirbt er nach § 797 Satz 2 B.G.B. mit der Aushändigung auch das Eigentum an der Urkunde, auch wenn der Inhaber zur Verfügung über sie nicht berechtigt war. Denn es ist dem Aussteller nicht zuzumuten, daß er sich zugunsten des wahren Gläubigers auf einen Prozeß, in welchem ihn die Beweislast trifft, einläßt und auf diese Weise Zeit und eventuell auch Geld verliert. Nur wenn er ohne große Schwierigkeiten die Nichtberechtigung des Präsentanten erhärten kann, so würde er dolos handeln, falls er ihm trotzdem leistete, und daher würde er von seiner Verbindlichkeit gegenüber dem wahren Gläubiger nicht befreit werden[1]). Nichts Abweichendes gilt aber von anderen Mängeln des Tilgungsaktes, wie z. B. dem Fehlen der Geschäftsfähigkeit des Präsentanten. Denn durch eine Prüfungspflicht, welche sich auf diese Punkte erstreckte, würde die Einlösung der Urkunde in gleicher Weise wie durch eine Kontrolle hinsichtlich der Verfügungsmacht erschwert und damit die Negoziabilität der Inhaberpapiere erheblich verringert. Daher kann dem Schuldner das Fehlen der Geschäftsfähigkeit des Präsentanten nicht schon dann entgegengehalten werden, wenn er sie kannte, oder wenn seine Unkenntnis auf grober Fahrlässigkeit beruhte, sondern dieser Einwand trifft ihn nur, wenn er dadurch arglistig gehandelt hat, daß er die Leistung nicht verweigert hat, obwohl er den Mangel der Geschäftsfähigkeit des Präsentanten unschwer erhärten konnte[2]).

[1]) Ebenso Gierke, „Das deutsche Privatrecht", Bd. 2 S. 174 Anm. 95.

[2]) Ebenso Gierke, „Deutsche Juristenzeitung", Bd. 10 S. 92. Anderer Ansicht: Oertmann, „Deutsche Juristenzeitung", Bd. 9 S. 1127, und „Recht der Schuldverhältnisse", S. 888.

Neben dieser Publizitätswirkung kommt bei den abstrakten Inhaberpapieren noch die Delegationsfunktion in Betracht. Da die meisten, wenn auch nicht alle Inhaberpapiere, von ihrem Rechtsgrund losgelöst sind, so ist die genaue Unterscheidung dieser beiden Funktionen bei den abstrakten Inhaberpapieren von gleicher praktischer Bedeutung, wie bei den abstrakten Orderpapieren. Aus der nahen Verwandtschaft zwischen diesen beiden Arten von Wertpapieren folgt die wichtige Tatsache, daß ein Inhaberpapier, sofern es überhaupt abstrakter Natur ist, den höchsten Grad, dessen die Abstraktheit überhaupt fähig ist, nämlich die gesteigerte Delegationsabstraktheit, besitzt. Daher wird nicht nur durch die Verfügung des ersten Gläubigers das Deckungs- und das Valutaverhältnis ausgeschaltet, sondern durch jede weitere Veräußerung werden die ferneren rein persönlichen Rechtsbeziehungen eliminiert. Daher kann sich der Schuldner dem Papiereigentümer gegenüber nicht darauf berufen, daß er seinem Vormann auf Grund des Deckungsverhältnisses nichts schuldig sei oder daß er Gegenforderungen gegen ihn geltend machen könne. Diese Einwendungen sind nicht nur dann ausgeschlossen, wenn der Erwerber nicht in gutem Glauben war, sondern nicht minder, wenn er sie gekannt hat. Nur in den Fällen der via directa und der Unentgeltlichkeit des Valutaverhältnisses (§ 822 B.G.B.) kann dem Schuldner mittels einer Kondiktion geholfen werden, während ein kollusives Verhalten des Erwerbers die exceptio doli specialis hervorrufen würde.

Zu den abstrakten Schuldverschreibungen auf den Inhaber zählen alle Massenpapiere, wie die Anleiheeffekten und die Banknoten, und nicht minder die in großer Zahl in den Verkehr gebrachten Karten, Marken und sonstigen Urkunden des § 807 B.G.B. In all diesen Fällen darf sich der Aussteller nicht darauf berufen, daß es dem Erwerber nicht unbekannt geblieben sei, daß er dem ersten Nehmer nichts schulde oder daß er mit diesem abweichende Abreden getroffen habe. Man übersieht bei diesen Massenpapieren die Delegationsfunktion deshalb so leicht, weil bei ihnen an die Möglichkeit solcher Einwendungen gar nicht gedacht wird. Wenn z. B. C eine ihm von A übergebene Banknote gegen die Reichsbank geltend macht, so kann letztere gewiß nicht einwenden, daß A die

Banknote auf Grund einer Nichtschuld von ihr erhalten habe. Wer würde wohl auf den Gedanken kommen, daß hier der gute Glaube des C noch irgendwie von Bedeutung sein könne und daß C daher einen Reinigungseid schwören müsse?

Wenn die Traditionspapiere, nämlich das Konnossement, der Lade- und der Lagerschein, auf den Inhaber gestellt sind, was nach heutigem Recht zulässig, wenn auch nur bei Lagerscheinen üblich ist, so sind sie ebenso, als wenn sie an Order lauten, abstrakter Natur. Denn die Gültigkeit des Anspruchs aus dem Papier ist weder von der Existenz des Fracht- oder des Verwahrungsvertrags, noch von der wirklichen Abladung oder Hinterlegung der Güter abhängig. Daher finden auf diese Inhabertraditionspapiere dieselben Grundsätze, welche für ein blanko giriertes Konnossement gelten, entsprechende Anwendung. Auch die dingliche Rechtslage an den verladenen und den hinterlegten Gütern wird durch eine Disposition über das Papier verändert. Daher kann man deponierte Waren durch bloße Übergabe des auf den Inhaber lautenden Lagerscheins verpfänden, ohne daß es einer Anzeige gemäß § 1205 Abs. 2 B.G.B. bedürfte [1].

Was schließlich die kausalen Inhaberpapiere anlangt, so kann sich der Schuldner dem wissenden Dritten gegenüber stets auf einen Mangel im Kausalverhältnis berufen, aber auch die Publizitätswirkung dieser Urkunden ist mehr oder weniger eingeschränkt. Zu den kausalen Inhaberpapieren gehören die auf den Inhaber lautenden Versicherungspolicen [2]) und soweit die Verpflichtung gegen den Bezogenen in Frage kommt, auch die Inhaberschecks. Das bei den entsprechenden Orderpapieren Gesagte findet auch hier analoge Anwendung: die Publizitätswirkung erstreckt sich nicht auf das Deckungsverhältnis, so daß der Versicherer und der Bankier einen Mangel des Versicherungs- oder des Scheckvertrags auch dem gutgläubigen Erwerber entgegenhalten darf, während sehr wohl eine Publizitätswirkung zum Nachteil des bisherigen Gläubigers

[1]) Gegen die Traditionswirkung der Inhaberlagerscheine spricht sich Goldschmidt (Archiv f. Bügerl. Recht, Bd. 30 S 402) ohne zureichende Begründung aus.

[2]) Für die Zulässigkeit von Inhaberpolicen, R G. Bd. 16 S. 126.

eintreten kann. Auf der andern Seite liegt in jedem Indossament eine Drittbestimmung im Sinne des § 334 B.G.B., so daß sich der Schuldner dem Indossatar gegenüber ohne Rücksicht auf dessen guten Glauben auf nicht konnexe Schutzbehauptungen nicht berufen kann.

Aus dem Gesagten ergibt sich, daß zwischen den Order- und den Inhaberpapieren ein weitgehender Parallelismus besteht. Insbesondere kann man beide Rechtsinstitute nur dann richtig verstehen, wenn man die Delegationsfunktion von der Publizitätswirkung streng zu scheiden weiß.

C. Schulze & Co., G. m. b. H., Gräfenhainichen.